« LES AVENTURES DE L'ESPRIT »

LAMA SURYA DAS

ÉVEILLEZ LE BOUDDHA QUI EST EN VOUS

Huit pas vers l'éveil :
la sagesse tibétaine vivante en Occident

Traduit de l'américain par Katia Holmes

ROBERT LAFFONT

Titre original : AWAKENING THE BUDDHA WITHIN

ISBN 2-221-08757-7
(édition originale : ISBN 0-553-06695-1 Broadway Books)
Publié avec l'accord de Broadway Books/Bantam Doubleday Dell Publishing Group, Inc., New York.

Belle fleur épanouie sur l'arbre superbe de l'engagement total dans une recherche et une pratique authentiques : tel m'apparaît Éveillez le Bouddha qui est en vous. *Lama Surya Das a trouvé les mots justes pour communiquer la sagesse et l'expérience du bouddhisme à ses contemporains de partout. Une grande réussite, à mes yeux, dont je lui suis profondément reconnaissant. Je souhaite à Lama Surya Das de trouver beaucoup de bonheur à vivre le Bouddha Dharma et à le partager avec l'Occident.*

THICH NHAT HANH,
Village des pruniers, avril 1997.

Dédié
à mes parents,
Joyce et
Harold Miller.

PRÉFACE

On m'a souvent demandé, ces dernières années, de présenter le bouddhisme de A à Z, d'expliquer ce que la sagesse intemporelle des Tibétains pouvait apporter au monde d'aujourd'hui. On aimerait, me disait-on, voir aborder ces thèmes d'un point de vue occidental : qu'est-ce que la voie spirituelle, comment cheminer vers l'éveil, concrètement ? Comment s'y prendre pour méditer et trouver la paix de l'esprit ?

On perçoit actuellement le réel besoin d'un bouddhisme quintessentiel et occidental : un bouddhisme pragmatique, efficace et fondé sur l'expérience, plus que théorique et doctrinal. Notre temps est attiré vers une spiritualité simple, directe, démystifiée ; une forme saine, non sectaire et globale de cheminement vers la sagesse, vers la transformation personnelle et l'éveil ; une voie ouverte aux hommes et aux femmes d'aujourd'hui, engagés dans la vie active.

Ce livre constitue un élément de réponse.

J'ai trouvé dans l'Himalaya un véritable trésor de Dharma vivant et vibrant, une mine d'or de vérité et de félicité. L'éveil est éminemment instructif, source de connaissance profonde et porteur d'un message libérateur qui enrichit la vie et guérit les blessures. Un message aussi utile chez soi qu'au travail, aussi valable pour la vie de famille que pour la vie intérieure, les relations intimes, la mort en pleine conscience et même l'après-mort.

Il y a quelque deux cents ans que le bouddhisme est arrivé en Occident, initialement surtout par le biais de livres et de traductions. Que le présent ouvrage contribue à élargir l'accès à ce trésor intemporel qui est notre héritage spirituel ! Puisse-t-il être utile, faire progresser le bien, être source d'espoir, de force et de bénédictions en ces temps de turbulences que nous vivons.

Je salue le bouddha naturellement présent en vous ! Que tous parviennent à en faire une réalité !

Surya DAS,
Cambridge, Massachusetts, 1997.

Première partie

Découvrir la sagesse ancienne dans un monde moderne

La religion de l'avenir sera une religion cosmique. Elle devra transcender la notion d'un Dieu personnifié, éviter les dogmes et la théologie. Englobant le naturel et le spirituel, elle devra reposer sur un sens du religieux fondé sur l'expérience de l'unité — riche de sens — de toutes choses, naturelles et spirituelles. Le bouddhisme répond à cette description... S'il y a une religion qui puisse s'accommoder des exigences de la science moderne, c'est bien le bouddhisme.

Albert EINSTEIN.

L'arrivée du bouddhisme en Occident pourrait se révéler l'événement le plus important du XXe siècle.

Arnold TOYNBEE, historien.

NOUS SOMMES TOUS DES BOUDDHAS

Que tous les êtres, partout, à qui nous sommes indissociablement liés, s'accomplissent, s'éveillent et deviennent libres. Paix dans ce monde et partout dans l'univers entier ! Puissions-nous arriver tous ensemble au terme du voyage spirituel !

Kopan, Népal, 1971.

C'est le matin, dans la luxuriante vallée de Katmandou. Je suis au sommet de Kopan Hill, dans une petite hutte d'argile au sol de terre battue, avec tout autour la chaîne scintillante de l'Himalaya aux pics enneigés. Le soleil levant a commencé à dissiper les voiles de brume qui s'attardaient sur les rizières, en contrebas. J'aperçois au pied de la colline trois jeunes paysannes népalaises venues puiser de l'eau à une source. Bientôt, l'une d'elles hissera sa jarre sur la tête, la portera jusqu'en haut de la colline pour la déposer à ma porte.

Je suis seul ici pour la semaine : ma première retraite de méditation solitaire. Tout en regardant le soleil se lever et se coucher, chaque jour je médite, je suis attentif au souffle, à ce qui se passe en moi. Suivant la tradition séculaire de l'enseignement oral, un lama tibétain doit venir plus tard me donner des instructions.

Une blague a circulé un moment à propos des chercheurs de vérité, des hommes et des femmes qui, comme moi, voyageaient en quête de spiritualité. Margie Smith, une belle femme qui a eu des enfants dans les années 50 (dans le style June Cleaver ou Harriet Nelson[1]), se rend dans une agence de voyages.

— Il faut absolument que j'aille dans l'Himalaya pour les vacances, déclare Mrs. Smith. Je dois parler à un gourou.

— L'Himalaya, Mrs. Smith ! Vous êtes bien sûre ? s'exclame l'agent. Le voyage est long, la langue différente, la nourriture bizarre, il y a des charrettes à bœufs qui puent… Pourquoi pas Londres, ou la Floride ? La Floride est superbe à cette époque-là…

---

1. June C. et Harriet N., héroïnes de deux sitcoms du début des années 60, incarnent l'archétype de la mère américaine jolie, charmante, sympathique, capable de faire face à tout ou presque et… qui a toujours raison. (N.d.T.)

Mais Mrs. Smith ne veut pas en démordre : il faut absolument qu'elle aille dans l'Himalaya voir un gourou. C'est ainsi que Mrs. Smith met son tailleur bleu — le plus beau — et ses chaussures noires — idéales pour marcher — et part pour l'Orient. Elle prend un avion, un train, un bus et une des fameuses charrettes à bœufs qui puent, eh oui, et elle finit par arriver dans un monastère bouddhiste, au fin fond du Népal. Là, un vieux lama en robe bordeaux et safran lui apprend que le gourou qu'elle recherche est en méditation dans une grotte, au sommet de la colline, et qu'on ne peut pas le déranger. Mais Mrs. Smith est venue de loin, c'est une femme décidée qui n'est pas prête à se laisser décourager pour si peu.

Si bien que le lama finit par s'amadouer.

— D'accord, s'il faut vraiment que vous le voyiez, eh bien, soit ! Mais il y a des règles à respecter : vous ne pourrez pas rester longtemps et, quand vous adresserez la parole au gourou, il ne faudra pas lui dire plus de dix mots. Il vit là-haut tout seul, en silence et en méditation.

Mrs. Smith donne sa parole et, escortée par un petit groupe de lamas et de moines, avec des Sherpas comme porteurs, elle entame la pénible ascension. Ça grimpe dur, mais elle s'accroche. Et, par un énorme effort de volonté et d'énergie, elle parvient au sommet, devant la grotte où médite le gourou. Mission accomplie, Mrs. Smith se plante à l'entrée de la caverne. Et c'est à haute et intelligible voix qu'elle déclare ce qu'elle est venue dire :

— Sheldon !... Cette fois, ça suffit ! C'est ta mère. Rentre immédiatement !

Il fut un temps où je m'appelais Jeffrey Miller. Mais ç'aurait tout aussi bien pu être Sheldon. Il y avait un Sheldon qui habitait le pâté de maisons voisin du nôtre à Long Island, la banlieue où j'ai grandi et où j'ai fait ma bar-mitsva. Mes parents étaient membres de longue date de la synagogue, nous étions une famille juive de la classe moyenne. J'étais un lycéen typique, le genre sportif chevronné qui joue dans les trois équipes de sa boîte[1], et j'avais grandi dans l'idée de devenir joueur de base-ball. J'avais des amis, de bonnes notes, une famille vivant dans une banlieue résidentielle et avec tous ses membres au complet. Alors que faisais-je là, à méditer et à psalmodier des mantras et des prières bouddhistes au sommet d'une montagne de l'Himalaya ? Aujourd'hui, ma propre mère, Joyce Miller, dit « mon fils, le lama », en parlant de moi, quand elle ne s'amuse pas à jouer sur les mots en m'appelant « le deli-lama[2] ».

1. Un bon sportif est recruté pour l'équipe du lycée — football, basket-ball ou base-ball. Les meilleurs se retrouvent parfois dans deux, voire trois de ces équipes, et se reconnaissent par les deux ou trois lettres (une initiale par équipe) qu'ils portent sur leur chemise. L'auteur en avait trois. (N.d.T.)

2. Jeu de mots sur Dalaï-Lama et deli(catessen), les traiteurs juifs. (N.d.T.)

Le voyage en Inde par la route

C'est à la fac que, comme beaucoup d'autres jeunes, j'ai découvert les anciennes traditions de sagesse. J'étais étudiant à la SUNY (*State University of New York*), à Buffalo, quand j'ai participé à une retraite zen à Rochester, dans l'État de New York, vers la fin des années 60. Vous connaissez la boutade qui a cours à propos des turbulentes années 60 ? Si vous vous en souvenez, c'est que vous n'y étiez pas vraiment... J'étais sous beaucoup de rapports très typique de ma génération. Je suis allé à des fêtes pacifistes à San Francisco, j'ai découvert les *encounter groups*[1] et les sources chaudes d'Esalen, j'ai participé à des manifs à Washington, j'ai eu droit au gaz lacrymogène dans une manifestation contre la guerre au Vietnam, près du Pentagone, je me suis fait tremper à Woodstock en 1969.

La guerre, le militantisme étudiant et le mouvement pacifiste, tout cela créait un climat plutôt électrique. C'est dans ce contexte qu'en 1970 la petite copine de mon meilleur ami Barry, Allison Krause, dix-neuf ans, fut tuée à l'université de Kent State en 1970, quand — incroyable mais vrai ! — des membres de la Garde nationale, des Américains comme nous et bien de chez nous, tirèrent sur les étudiants et en tuèrent quatre. J'en fus profondément bouleversé. Comme toujours, la mort, ce grand maître, nous donnait ses leçons radicales, de nature à changer le cours d'une vie. Il se trouve que l'université de Kent State fut également le lieu d'une coïncidence qui eut des répercussions sur moi : l'un des quatre morts s'appelait, comme moi, Jeffrey Miller et venait, lui aussi, de Long Island. Des amis et des connaissances qui avaient entendu le bulletin d'informations et savaient que j'allais parfois voir des copains à Kent State en conclurent que j'étais mort. Et le téléphone se mit à sonner sans arrêt chez mes parents et dans mes pénates d'étudiant.

Je vécus l'enterrement d'Allison dans le flou d'un trop-plein d'émotions : tant de tristesse et de chagrin ! Ensuite, pendant des mois, tout me sembla sans importance, au regard de la vie et de la mort subite et violente d'Allison. J'avais dix-neuf ans et c'était la première fois que je me trouvais face à la mort.

Il y avait à peine quelques semaines qu'Allison et Barry étaient venus me voir. J'avais dormi sur le canapé pour leur laisser ma chambre. Dire qu'on était là, tous les trois dans la même cuisine, à se verser du lait du même carton, en discutant de projets communs ! Allison était artiste peintre, comme Barry, et moi, j'adorais écrire. On avait parlé voyages, évoqué les choses qu'on pourrait faire ensemble. Allison et Barry s'aimaient et

1. Groupes informels visant à développer la capacité des individus à exprimer leurs sentiments et à former des liens affectifs, grâce à des rencontres et des échanges non structurés. (N.d.T.)

voulaient se fiancer. Je les en avais dissuadés, disant qu'ils avaient bien le temps… Comment aurais-je pu songer que la mort viendrait faucher une adolescente ?

Dans la période qui suivit les incidents de Kent State, je repensais souvent aussi au Jeffrey Miller qui s'était fait tuer sur son campus universitaire. On voyait partout la photo tragique de son corps baignant dans une mare de sang, et de la jeune fille éplorée qui sanglotait à ses côtés. Dire que ç'aurait pu être moi ! C'était moi, à en croire le téléphone qui n'arrêtait pas de sonner. Cette leçon, aussi instantanée qu'inoubliable, sur l'éphémère de la vie, catalysa les influences qui allaient bouleverser mon existence.

Tout au long de ce pénible épisode, j'éprouvai de plus en plus l'impression que mes orientations de départ étaient malavisées. J'avais travaillé dans un cabinet d'avocats de Manhattan pendant l'été 1969 et les doléances des jeunes avocats de la Cinquième Avenue m'avaient convaincu que je n'étais pas fait pour devenir un de ces hommes en costume de flanelle grise, style années 50, qui rivalisent entre eux à qui obtiendra la meilleure couchette à bord du *Titanic*. Ce que je voulais, je le savais, ce n'était pas davantage d'argent mais plus de connaissance. Je commençais aussi à éprouver une certaine désillusion par rapport à la politique contestataire et à la logique de la colère. L'idée même de se battre pour la paix me semblait une contradiction. Les incidents de Kent State me permirent de comprendre que ce que je voulais par-dessus tout, c'était devenir plus doux et plus tolérant, trouver une façon non violente de contribuer à rendre le monde moins fou et plus harmonieux.

Le lendemain de l'obtention de mon diplôme, je me lançai dans ma quête, en la seule compagnie de l'Éternel compagnon que je cherchais toujours. Je pris l'avion pour Londres où j'avais des amis qui séjournaient dans un centre soufi. J'avais dans ma ceinture cinq cents dollars — les économies de mes petits boulots d'été et l'argent reçu en cadeau pour mon diplôme. Des dollars que j'avais l'intention de faire durer aussi longtemps que possible. Je ne tardai pas à traverser la Manche pour me rendre en France, d'où j'entrepris de voyager à travers l'Europe en stop, tout en écrivant des poèmes. J'avais un grand mantra, à l'époque : « Apprends-moi ce que tu sais, quel que soit le nom que tu donnes à ça. »

En quête de « sagesse » et de réponses à des questions pas même formulées, je partis pour les îles grecques, pour aller voir un sage dont j'avais entendu parler à la fac, un gardien de chèvres d'un certain âge, prénommé Theos. Arrivé à la petite île de Simi, je trouvai bien ledit Theos, conformément aux indications données. Je passai quelques jours avec lui mais, comme il ne parlait pas plus anglais que moi grec, ses paroles de sagesse — s'il en prononça — tombèrent dans le vide. Soucieux de faire des économies, je dormais sur la plage, dans des pensions ou dans l'étable à chèvres de Theos.

Je me retrouvai, sans même m'en rendre compte, en route vers l'Inde par la voie continentale qui traverse la Turquie, l'Iran, l'Afghanistan, le col du Khyber, puis le Pakistan. Un itinéraire dont le terme naturel est Katmandou. J'ignore encore ce qui m'amena au Népal, sinon que je suivais l'appel du cœur qui m'attirait vers l'Orient.

À mesure que le voyage avançait, j'entendais de plus en plus souvent parler des sages tibétains qui avaient fui leur pays après l'invasion chinoise et passé la frontière pour se réfugier en Inde et au Népal. À en croire la rumeur, plus on se rapprochait du Tibet, plus on avait de chances de trouver l'un de ces vrais sages. On racontait aussi que l'un de ces lamas érudits avait un monastère au sommet d'une colline, dans la vallée de Katmandou, qu'il avait appris un peu d'anglais et voulait bien enseigner aux Occidentaux. Voilà pourquoi à Katmandou, à l'été 1971, je montai dans un autocar népalais bourré de passagers et de poules — à peine la place de caqueter —, en route pour les environs de la ville afin d'aller voir mon premier lama tibétain, Lama Thubten Yeshe. Restait encore, avant d'arriver à lui, à traverser les rizières en pataugeant et à grimper la côte de Kopan Hill.

Qu'est-ce qui est réel ? Qu'est-ce que la vie ? Qu'est-ce que la vérité ?

La première fois que je rencontrai Lama Yeshe, j'avais mille et une questions à lui poser : sur le sens de la vie en général, et de la mienne, en particulier. J'avais vingt ans et mes questions étaient souvent plus subtiles que je ne l'étais. Quel est le sens de la vie ? Quel est mon but ? D'où venons-nous ? Y a-t-il un dieu ? Où est-il ou elle ? Dieu est-il avec moi ? Dieu est-il la Nature ? Dieu est-il la montagne, avec tout ce qui vit et qui pousse dessus ? Pourrai-je apprendre à mener une vie sacrée ? Les yeux de Lama Yeshe pétillaient, amusés, devant l'absurdité cosmique de certaines de mes interrogations. De temps en temps, il éclatait de rire : « Tu es trop, mon garçon ! » Je me rappelle que, la première fois que nous nous sommes vus, il m'a demandé ce que je cherchais et j'ai dû lui avouer franchement que je ne savais pas au juste. À quoi il a répondu : « Voyons si nous ne pouvons pas le découvrir ensemble. » *Ensemble* : le mot était magique.

Le lendemain, je rentrai à Katmandou dans mon hôtel douteux, récupérai mon sac à dos, mon sac de couchage et mon passeport, réescaladai la côte de Kopan Hill et m'installai chez Lama Yeshe. Il y avait déjà là plusieurs Occidentaux, je m'en aperçus alors, mais on ne nous demandait rien : pas de complications, pas d'obligations ni de cotisation. Lama Yeshe était jeune, trente-cinq ans environ. Là, à Kopan, au pied de la montagne Shiva

Pouri, vivaient deux lamas tibétains et une poignée d'Occidentaux dans une villa qui avait jadis appartenu à des Anglais.

C'était un endroit merveilleux : air limpide, chaud soleil, pas d'électricité, ni de route, ni de téléphone, ni de distractions. Nous avions deux latrines, côte à côte : l'une qu'on surnommait Sam, l'autre Sara. Je commençai à apprendre le tibétain et nous construisions des maisons et des huttes pour les nouveaux étudiants qui continuaient à arriver. Lama Yeshe me donnait chaque jour un enseignement d'une heure ou deux.

Véritable bâtisseur de ponts entre les cultures, Lama Thubten Yeshe avait très envie de se perfectionner en anglais. J'assurais ses leçons et d'autres Occidentaux lui parlaient de psychologie et de Freud. Lama Yeshe était une vraie mère poule pour nous, profondément soucieux de notre bien spirituel mais aussi physique. L'une des choses qui m'attira le plus chez lui fut qu'il avait l'air vraiment heureux et riait volontiers. J'aime à penser qu'il le fait toujours, bien qu'il soit décédé depuis. Érudit, il l'était, certes, mais c'était aussi un merveilleux exemple vivant de la sagesse compatissante qu'il enseignait.

Il n'y avait pas un endroit de la planète où j'eusse préféré me trouver à ce moment-là. On avait l'impression que le monde nous appartenait, riche de toutes les promesses et de tous les lendemains qui s'offraient à nous. Les lamas avaient du temps pour leur poignée de disciples, et la civilisation moderne ne les avaient pas changés ni corrompus. Les disciples étaient pour la plupart comme moi, jeunes, spirituellement vierges et ouverts à l'influence bénéfique des enseignements. Une rencontre bénie des dieux, aurait-on dit.

Ici, dans la communauté des assoiffés de vérité de Kopan Hill, mes questions et ma quête ne paraissaient plus bizarres, étranges ni déplacées. Je découvrais soudain que je n'étais pas le seul à rechercher un sens plus profond à la vie. Mes interrogations recoupaient les questions universelles que s'étaient posées des générations de chercheurs : scientifiques en quête de vérité, mystiques aspirant à une expérience directe du divin, âmes pieuses cherchant Dieu. Bouddhistes, juifs, hindous, chrétiens, musulmans : qu'importe l'étiquette, il y avait là tout un monde, une lignée entière de chercheurs dans laquelle je m'inscrivais. À laquelle *j'appartenais*.

C'est à Kopan que je me suis rendu compte qu'un chemin avait déjà été tracé pour parcourir l'univers spirituel. J'ai appris qu'il y avait déjà une carte, des itinéraires recommandés, des panneaux indicateurs et des moyens d'évaluer la distance parcourue. J'ai vu, en commençant à étudier la sagesse compatissante du bouddhisme tibétain, que d'autres étaient déjà parvenus au sommet et pouvaient nous aider à l'atteindre à notre tour. Ici, je ne me sentais plus différent des autres, je n'étais plus à part. On avait tous l'impression d'être de la même famille. J'avais entamé le voyage de retour aux sources.

Faire face aux grandes questions

« Comment aider les autres si l'on n'est pas capable de s'aider soi-même ? nous demanda un jour Lama Yeshe. Libérez-vous, et vous libérerez le monde entier. » Il n'y avait rien qu'il sût ou qu'il possédât que nous ne puissions aussi savoir et posséder, expliqua-t-il, ajoutant : « Ouvrez votre cœur, éveillez votre esprit, et vous y serez. »

Près de trente ans ont passé depuis l'époque où Lama Yeshe répondait à mes grandes questions sur la vie, la mort, le soi, l'illusion, la réalité, l'amour, la transformation. Je me retrouve à présent face aux mêmes interrogations, qu'une nouvelle génération de chercheurs me pose presque quotidiennement, sous toutes sortes de formes : en privé, dans des ateliers regroupant de nombreux participants, par lettre, par téléphone et, maintenant, par le biais de l'e-mail, en choisissant la colonne « Interrogez le Lama » de mon site Internet. C'est du vieux vin présenté dans de nouvelles bouteilles recyclables, le même cirque avec des artistes différents, une ancienne tradition qui offre des applications étonnamment pertinentes pour le monde contemporain.

La vie spirituelle a de tout temps été une quête de sens, la recherche de réponses aux deux grandes questions existentielles : « Qui suis-je ? » et « Pourquoi suis-je ? ». Quête de vérité, d'authenticité personnelle et de réalité, quête du « ce qui est », quête d'une finalité : tels sont les fondements de la voie spirituelle. Les hommes et les femmes prêts à approfondir ces questions ou à s'engager dans un voyage spirituel se trouvent souvent à une sorte de croisée des chemins, sur le plan émotionnel. Parfois, ils sont dans la peine à la suite d'un deuil ou d'une déception — séparation ou décès d'un être cher, crise intérieure, problèmes de santé, ou le sentiment qu'il y a quelque chose qui cloche ou qui manque. Quelquefois, ils veulent simplement trouver le moyen de mieux aimer le monde qui les entoure.

En réalité, il y a toujours un lien entre nos problèmes quotidiens et nos interrogations profondes, notre démarche spirituelle. Par exemple, il m'arrive souvent de discuter avec des hommes ou des femmes qui se plaignent d'avoir l'impression de se retrouver les mains vides, bien qu'ayant scrupuleusement suivi les instructions du Mode d'emploi de la vie. On pourrait croire de prime abord que c'est dû à des problèmes de travail ou de rapports personnels, ou encore à des ennuis de santé, mais il suffit de gratter un peu pour trouver en profondeur des questionnements restés sans réponse. Il y a des gens qui, apparemment, ont tout : famille, carrière, éducation. Tout leur réussit, semble-t-il, et pourtant ils sont insatisfaits.

Dante, qui venait alors d'avoir vingt-cinq ans, écrivait au début de *La Divine Comédie* : « À mi-course du voyage de la vie, je me suis retrouvé dans un bois enténébré où s'égarait le bon chemin. Ah, qu'il est difficile de conter ce que fut ce bois sauvage, rude et pénible !... » C'est en 1300 que Dante reconnaissait s'être ainsi égaré, désemparé, dans le bois enténébré. Je dois dire qu'à l'orée du XXIe siècle je m'identifie sans peine à de tels sentiments. Comme vous, sans doute.

On a trop souvent l'impression que la vie emprunte des voies paradoxales et déroutantes. Le ciel est brumeux, même en plein jour, les panneaux indicateurs sont à peine lisibles ; les flèches et les pancartes — quand on en trouve ! — ont l'air d'indiquer n'importe quelle direction, au petit bonheur la chance. Ne regrette-t-on pas parfois de s'être fourvoyé pour avoir pris le mauvais chemin ? Ou de s'être trop attardé quelque part, quand on savait que c'était une erreur ? Mais alors, pourquoi agit-on de la sorte ?

Quand on songe à sa vie et à ses expériences, on éprouve quelquefois l'intime conviction que tout cela doit bien avoir un sens, au plan de l'univers. Alors qu'à d'autres moments on a l'impression qu'il y a trop de problèmes, trop de chaos partout pour qu'on arrive jamais à s'y retrouver. Pourquoi, on n'en sait rien, cependant on sent confusément qu'on doit bien être responsable de son destin. Et la première fois qu'on entend parler du karma, de l'éventualité d'une existence future, des lois inexorables de la cause et de l'effet, non seulement ça paraît sensé, mais c'est plutôt rassurant.

Rien n'arrive par hasard pour un bouddhiste tibétain, parce que le karma influe sur toute chose. Par exemple, ce n'est pas par accident que vous avez ce livre entre les mains. Sachez, tandis que vous lisez cette ligne, que c'est la somme de vos actes passés, de vos pensées actuelles et de vos intentions par rapport à l'avenir qui vous a amené à ce moment précis de votre vie où vous avez ouvert un livre parlant d'un mode de vie intemporel, introduit en Asie il y a quelque 2 500 ans.

Toutes sortes de motivations nous poussent, les uns et les autres, à nous engager dans des voies spirituelles. On a envie de connaître l'inconnaissable, de se connaître soi-même ou encore de tout connaître. Certains veulent se transformer, d'autres aspirent à des miracles. Nombreux sont ceux qui désirent alléger la souffrance, aider les autres et quitter ce monde en le laissant en meilleur état qu'ils ne l'avaient trouvé. Pour la plupart nous recherchons l'amour et l'accomplissement, d'une manière ou d'une autre. Tout le monde a soif de paix intérieure, d'acceptation, de satisfaction et de bonheur. Ce que nous souhaitons tous, ce sont de vrais remèdes au désespoir, au sentiment d'isolement, à la désespérance. N'est-ce pas de nourriture et de guérison spirituelle que nous avons besoin ? De renouveau, d'un approfondissement du sens de la vie ?

N'avons-nous pas tous l'espoir de rencontrer Dieu et ses myriades de visages ? Comme disait Gandhi : « Je prétends être un chercheur passionné de cette Vérité qui n'est qu'un autre nom de Dieu. » En quête de vérité ou de Dieu, ne prie-t-on pas pour trouver sa voie, sa finalité ?

N'espère-t-on pas trouver son soi véritable, ce qu'on est et ce qu'on est capable d'être ? Mais notre quête de vérité ou de sens manque trop souvent de focalisation ou de direction.

Vous avez peut-être, comme beaucoup d'autres, cherché du sens dans des relations intimes qui ont échoué, ou bien vous vous sentez frustré par une carrière qui ne vous apporte pas les satisfactions que vous escomptiez. Peut-être êtes-vous perturbé par les valeurs incertaines et le matérialisme rampant de la société. Et vous ne pouvez pas vous empêcher de vous demander si c'est bien tout ce qu'il y a. C'est vraiment ça, ma vie ? Est-ce bien ça, ce que je veux devenir quand je serai grand — maintenant ? N'y a-t-il donc rien d'autre ? Quand ma vraie vie va-t-elle commencer ? Ne suis-je pas lié à quelque chose de plus vaste, n'y a-t-il pas de finalité plus profonde, de sentiment d'appartenance ? Pourquoi la vie semble-t-elle si souvent stérile et solitaire, et pourquoi tant de peur, de doute et d'angoisse dans mon cœur ?

Il vous arrive peut-être d'éprouver une sorte de malaise, comme un mal du pays, une tristesse, l'impression qu'il y a quelque chose qui cloche complètement. Vous pouvez le ressentir comme le besoin nostalgique qu'inspire une chose perdue, si familière et pourtant si lointaine. Vous pouvez aussi le vivre comme une faim et un besoin lancinants, conscient que rien n'a pu vous satisfaire pleinement — du moins, durablement. Comme un naufragé à la dérive qui boit de l'eau de mer : une boisson incapable d'étancher la soif.

Réjouissez-vous ! Vous êtes en train de vivre les grandes interrogations que doit affronter tout être pensant. Ce n'est pas une bagatelle, c'est la Grande Affaire d'une vie, la Voie suprême qu'ont parcourue tous ceux qui se sont éveillés à la liberté, à la paix, à l'illumination spirituelle. Vous voilà entré dans la catégorie poids lourds, vous vous mesurez aux anges multidimensionnels de la vie. Vous voulez les voir, les comprendre et, tel Jacob, en recevoir la bénédiction.

Les hommes et les femmes qui suivent une telle voie sont ce qu'on appelle depuis toujours des « chercheurs ». Vous qui lisez ces mots, êtes-vous conscient de votre cheminement, savez-vous ce que vous cherchez ? Êtes-vous prêt à le trouver ? Vous avez sans doute, en tant que chercheur, l'habitude de vous examiner et de vous poser des questions. Peut-être avez-vous déjà une pratique spirituelle ou une foi religieuse, et vous cherchez des conseils pour aller plus loin, pour approfondir les choses. La quête de sens a toujours passé pour une admirable qualité humaine. Comme le disait André Gide : « Croyez ceux qui cherchent la vérité, doutez de ceux qui la trouvent. »

Ce sont souvent des raisons plus ésotériques qui attirent les gens vers le bouddhisme tibétain. Ils ont lu ou entendu des histoires étonnantes de saints et de yogis, d'hommes et de femmes qui ont su atteindre la maîtrise du corps, de l'esprit, du souffle et de l'énergie, et qui en outre ont gardé la mémoire de leurs vies antérieures. Certains chercheurs, curieux de l'inconnu, ont envie d'en savoir plus long sur la lévitation, la mort consciente, le rêve lucide, le voyage astral, le corps d'arc-en-ciel et la clairvoyance. Mais ce n'est pas l'objet de la manœuvre. Certes, le Bouddha a fait des miracles, mais il a toujours recommandé à ses disciples de ne pas montrer leurs pouvoirs miraculeux, sauf pour inspirer la foi aux sceptiques. Les lamas répètent la même chose. La magie, le mystère et l'occulte sont des « effets spéciaux » qu'il est possible de produire, mais l'essentiel est ailleurs. Le miracle du bouddhisme, c'est l'amour, pas la lévitation. La finalité du bouddhisme, c'est l'éveil, pas le voyage astral. Le but est déjà présent dans la voie : comment vivre en état d'éveil.

Sur le chemin de l'éveil

La caractéristique essentielle et fondamentale du bouddhisme est la promesse d'éveil dont il est porteur. Cet enseignement, fondé sur l'exemple du Bouddha, est la somme de 2 500 ans de sagesse qui montre comment un être humain tout à fait ordinaire peut devenir éveillé, aussi éveillé que le Bouddha avant lui. Les enseignements expliquent la nature de l'éveil, en décrivent les différents degrés, les niveaux de profondeur et les types d'expérience ; ils fournissent en outre des instructions précises sur la façon d'atteindre cet état de haute spiritualité. On pourrait comparer le bouddhisme à une excellente carte d'état-major permettant de suivre la route de l'éveil et de la renaissance spirituelle.

La notion de renaissance spirituelle n'est pas l'apanage exclusif du bouddhisme. Les chrétiens connaissent tous l'histoire de Saül, « re-né » sur le chemin de Damas quand un éclair de connaissance de soi fit de ce persécuteur intégriste qu'était Saül un saint homme du nom de Paul. Bien sûr, tout le monde ne peut pas vivre l'expérience de renaissance spirituelle, de transformation de soi, que connut Paul dans un grand éclair de lumière. Il y a dans le bouddhisme différentes manières d'envisager l'éveil : certains pensent qu'il se produit instantanément, d'autres croient qu'il n'arrive qu'au terme d'un processus graduel d'approfondissement de la conscience alerte.

Lorsqu'on m'interroge sur l'éveil, je réponds presque toujours que ce n'est pas ce qu'on s'imagine. L'éveil est un processus mystérieux, à l'instar de Dieu, de la vérité, de l'amour. Il n'y a pas de définition capable d'en embrasser la plénitude. Toute expérience est unique, comme tout être. L'éveil — qu'on l'appelle éveil spirituel, libération, illumination ou satori — signifie profonde transformation intérieure et réalisation de soi. Il y a en fait différents degrés et niveaux dans l'expérience de l'éveil, depuis l'instant où l'on entrevoit la réalité jusqu'au plein accomplissement de la bouddhéité, forme ultime de l'éveil.

Cela dit, je pense qu'il est important de comprendre que, dans le bouddhisme, la renaissance spirituelle n'est pas une rencontre mystique avec Dieu. L'éveil ne signifie pas accéder au divin, mais au contraire devenir plus pleinement humain. Si l'on examine l'expérience archétypale du Bouddha, on constate que son éveil est une appréhension directe de la nature de la réalité — ce que sont les choses, et comment elles fonctionnent. L'éveil est la fin de l'ignorance. Suivre la voie de l'éveil, c'est suivre la voie compatissante d'un mode de vie éveillé. Comme disait le maître zen Dogen : « Être éveillé, c'est ne faire qu'un avec toute chose. »

J'ai aujourd'hui la ferme conviction que l'éveil est une réelle possibilité, pour chacun d'entre nous. Ce n'est pas faute de m'être demandé, en découvrant le bouddhisme, si l'éveil était vraiment accessible à tous ou si ce n'était qu'un mythe. J'ai ensuite personnellement connu des maîtres pleins de sagesse qui semblaient réellement incarner l'éveil, et d'autres qui consacraient leur vie à essayer de l'atteindre. On a parfois l'impression que tout le monde au Tibet a son histoire d'éveil, de la grand-mère au guérisseur, en passant par les moines, les moniales, les mendiants et les gardiens de yaks. Les Tibétains évoquent le cas extraordinaire de monastères, voire de provinces entières, où toute la population avait trouvé l'illumination grâce à la pratique spirituelle. Il y a une très belle prière tibétaine qui formule le souhait de pouvoir atteindre l'éveil tout ensemble. Autrement dit, de trouver le bouddha intérieur et de s'éveiller à sa véritable nature.

Éveiller le bouddha en soi

Je suis allé récemment animer un week-end de retraite dans une église du Texas, et l'école Montessori de l'endroit m'a invité à venir parler aux élèves. Il y avait là soixante-cinq enfants, entre sept et onze ans, et je me demandai un peu ce qu'il convenait de faire. Or, à peine les enfants sont-ils arrivés dans la pièce qu'ils se sont précipités sur moi, se mettant à me grimper sur les genoux, à s'agglutiner autour de moi et à me bombarder de questions. J'avais apporté un gong en laiton, en forme de bol, et à la fin de la rencontre on a fait la méditation du gong : suivez le son du gong, tâchez de voir où il va, et restez un moment « présent » au son.

Le lendemain, une des participantes à la retraite est venue me voir pendant le déjeuner pour me dire que Ryan, son fils de huit ans, était rentré à la maison la veille en lui racontant qu'il s'était produit quelque chose de pas banal à l'école. « Il y a un moine du Tibet, dans l'État de New York, qui est venu », a-t-il rapporté, tout excité.

Ryan expliqua que le moine — il s'agissait de moi — leur avait enseigné des choses sur Dieu, sur Bouddha et sur la méditation du gong. Sa mère l'interrogeant sur ce dernier point, Ryan précisa :

— Ben, il nous a dit de regarder d'où venait le son et d'écouter très attentivement. Je savais pas qu'on pouvait regarder un son et écouter en même temps. C'était drôlement intéressant. Il a dit que si on suivait le son là où il allait, on pouvait se rapprocher de Dieu et de Bouddha. Et je l'ai fait !

— Oui, et alors... ? poursuivit sa mère.

— Eh ben, quand j'ai regardé et que j'ai écouté où allait le son, je me suis pas rapproché de Dieu. *J'étais* Dieu !

Quelle merveille, pensai-je en mon for intérieur ! « ... De la bouche des enfants... », comme disent les Écritures.

Après la méditation du gong, qui ne dure qu'une trentaine de secondes, je leur ai demandé : « Alors, où est-ce qu'il est parti, le son ? » Toutes les mains se sont levées. « Chut ! Ne le dites pas », ai-je répondu. Incroyable. Il y avait même des gamins qui levaient les deux mains ! Que de choses avons-nous oubliées, nous adultes !

J'ai été très touché par l'expérience de ces jeunes enfants, leur capacité de sentir, sans rien ajouter. Ils ne s'interrogeaient même pas sur leurs croyances : « C'est quoi, Dieu ? », « C'est quoi, le Bouddha ? », ou « Qui suis-je pour dire que je suis Dieu, qui suis-je pour savoir ces choses-là ? » On ne censure pas ses pensées à cet âge-là, on affirme carrément : « Ouais, Dieu, eh bien, moi, je suis ça ! »

Dire : « Le royaume de Dieu est en vous », comme l'affirmait Jésus (Luc 17,21), ou que la nature de Bouddha est présente en nous de manière innée, comme font les Tibétains, ne revient-il pas au même, en fin de compte ? *Nous sommes illuminés de l'intérieur, comme par le jaillissement d'une source sacrée.* Et même un enfant peut l'éprouver. Extraordinaire !

Autrement dit, ne cherchez pas l'accomplissement en dehors de vous-même, braquez plutôt le projecteur vers l'intérieur. « Dites donc, qu'est-ce que vous regardez comme ça, d'un œil fixe et stupide ? Vous ne voyez donc pas que c'est de vous-même qu'il est question ? » s'exclama un jour Sawaku Roshi, un maître bouddhiste du XXe siècle. Vous n'allez pas trouver la vérité en dehors de vous. Pas plus par le truchement des amants ou des compagnons, que par celui des amis ou de la famille, et certainement pas grâce à la réussite matérielle. Le seul endroit où trouver votre vérité, c'est dans votre véritable centre spirituel. La vérité se découvre en vivant de manière authentique, selon ce qui est vrai pour soi.

Ne serait-ce pas formidable, de revenir aux sources en soi et d'y trouver le Bouddha, simplement et totalement en paix, sans désir, chaleureux et plein de noblesse d'esprit ? Ne serait-ce pas une réelle satisfaction d'être ainsi en prise directe sur son être authentique ? On comprend la réponse d'un maître indien à qui l'on demandait quel conseil il donnerait aux Occidentaux chercheurs d'éveil : « Restez où vous êtes. » Une formule simple mais profonde. Soyez où vous vous trouvez, soyez ce que vous êtes. Quand *vous* devenez authentiquement *vous*, un bouddha réalise sa bouddhéité. Et vous devenez bouddha en réalisant votre nature originelle et innée, pure de toute éternité. Votre véritable nature, l'état naturel de votre esprit. Cette nature de bouddha innée n'a pas besoin de trouver l'éveil car elle est déjà parfaite, depuis le début des temps sans commencement. Il suffit de s'éveiller à elle. Il n'y a rien d'autre à chercher.

La conscience innée est notre état naturel

Chacun d'entre nous peut (et finira forcément par) trouver l'éveil. Tel est le message de la merveilleuse sagesse que distillent les plus profonds enseignements secrets du Tibet. Il suffit de chercher en soi, de découvrir sa perfection innée. Tout ce qu'on recherche est déjà là. *Les maîtres de la philosophie Dzogchen du Tibet disent que nous sommes tous des bouddhas*. Oui, des *bouddhas*, pas des bouddhistes. Je le souligne parce qu'un jour, à la sortie d'une conférence que je venais de donner, une dame m'a abordé en disant : « Surya, je ne suis pas bouddhiste, je suis catholique. Alors pourquoi dites-vous que nous sommes tous bouddhistes ? » J'aimerais préciser un peu ce point. Même si vous n'êtes pas bouddhiste et que vous n'ayez pas l'intention de le devenir, vous n'en êtes pas moins capable de devenir un bouddha vivant. En effet, plus qu'une religion ou une théologie, le bouddhisme est la promesse que certaines techniques de méditation et d'apprentissage de l'esprit peuvent efficacement nous aider à éveiller notre nature de bouddha et à nous libérer de la souffrance et de la confusion.

Oui, le changement est possible : le bouddhisme l'affirme. Il nous apprend que chacun, quelles que soient ses origines, est le créateur de sa propre destinée. Il nous explique que nos pensées, nos paroles et nos croyances façonnent l'expérience qui fera notre avenir. Il nous dit que tout a sa place, tout est sacré et interdépendant, et il offre un système permettant d'intégrer nos expériences au cheminement spirituel qui mène à la réalisation de la perfection innée. Si la science a fait d'extraordinaires progrès dans la compréhension et la maîtrise de la matière, cette profonde philosophie qu'est le bouddhisme a mis au point au cours des siècles un système qui permet de façonner et de développer le cœur et l'esprit : une méthode d'éveil du bouddha en soi.

L'ennui, c'est que nous sommes pour la plupart des bouddhas endormis. Or, la seule tâche qui nous incombe pour atteindre l'éveil, c'est de s'éveiller à ce que l'on est vraiment, devenant ainsi pleinement conscient, au sens le plus profond du terme. « Quand je m'éveille, tous les êtres s'éveillent », a dit le Bouddha. Aidez-vous et vous aiderez le monde entier.

En pali, langue originelle des écritures bouddhiques, le mot *bouddha* signifie littéralement « éveillé ». S'éveiller de quel sommeil ? serait-on tenté de demander. S'éveiller du sommeil et des rêves de l'illusion, de la confusion et de la souffrance. S'éveiller à ce qu'on est et à tout son potentiel. S'éveiller à la réalité, à la vérité, aux choses telles qu'elles sont.

Aujourd'hui, tout de suite

Le chercheur qui s'engage dans la voie illumine le monde de sa brillante clarté.

Extrait du *Dhammapada* (paroles du Bouddha).

Que trouveriez-vous si vous pouviez entrer en vous-même maintenant, à l'instant même, et réveiller votre bouddha endormi ? Le bouddhisme tibétain explique qu'au cœur de chacun d'entre nous — vous, moi, les autres et toutes les créatures, de la plus grande à la plus petite — se trouve une radieuse clarté intérieure qui reflète notre nature essentielle, invariablement positive. Les Tibétains parlent de cette lumière intérieure en termes de pure radiance ou de luminosité innée. De fait, ils l'appellent la *luminosité fondamentale*, car elle correspond au fondement même de tout être. Il n'y a rien au-delà, rien en deçà. Cette luminosité est sans naissance et sans mort. C'est une luminescente vacuité qu'on appelle aussi « claire lumière », riche de l'essence même de l'amour et de la compassion inconditionnels.

Quelles que soient vos convictions religieuses passées ou présentes, vous remarquerez sans doute que les Tibétains ne sont pas les seuls à associer la luminosité à l'illumination spirituelle ou à une présence spirituelle incandescente. Que ce soit dans les églises chrétiennes, dans les synagogues ou les temples bouddhistes, on brûle des bougies pour symboliser la luminosité spirituelle. Les saints et les grands spirituels sont universellement représentés avec des halos rayonnants, nimbés d'auréoles et d'auras. Il y a du reste des gens qui perçoivent ces manifestations. Dans la tradition judaïque, qui est celle de mon enfance, c'est aux femmes de la maison qu'il revient d'allumer les bougies le vendredi soir, au coucher du soleil. Pourquoi ? Pour inviter la lumière et l'esprit de Dieu à visiter le temple qu'est la maison durant le sabbat.

Pensez aux millions d'hommes et de femmes qui ont allumé des cierges et incliné la tête pour prier. Est-ce parce qu'on croit que le Bouddha, ou toute autre représentation de l'absolu, a besoin d'une bougie pour y voir clair ou se réchauffer ? Évidemment non. Allumer une bougie n'est qu'un moyen symbolique et rituel d'offrir de la lumière dans les ténèbres. La bougie symbolise la lumière intérieure et la sagesse lumineuse qui peuvent guider chacun d'entre nous hors des ténèbres de l'ignorance et de la confusion. La flamme vive est un rappel extérieur de la luminosité et de la clarté intérieures, ce feu spirituel vivant qui brûle dans le temple de notre cœur et de notre âme.

La sagesse intemporelle du bouddhisme nous assure qu'il est possible de reconnaître cette luminosité fondamentale.

Possible pour qui veut bien entendre la sagesse du Bouddha, en méditer les riches leçons, et sincèrement s'engager à les appliquer en s'efforçant de mener une vie impeccable. Ainsi vous atteindrez le cœur de l'éveil : vous saurez ce que vous avez été, vous verrez où vous allez. Vous serez guidé par votre lumière et votre vérité intérieures, la claire lumière qui vous fera voir et vous rendra visible. C'est cela la connaissance totale, l'illumination parfaite. L'éveil, c'est mettre un terme aux errances sans but dans les corridors fantomatiques de la vie et de la mort. C'est avoir trouvé son bouddha « maison ». Et comment ce Bouddha se sent-il ? Parfaitement bien, en paix, à l'aise en toute situation, habité d'un sentiment de vraie liberté intérieure, aussi indépendante des circonstances extérieures que des émotions intérieures.

Réveiller le bouddha en soi et rester éveillé, voilà qui exige une connaissance de soi et une vigilance hors du commun. Il faut être très attentif à ce que l'on pense et fait, et s'engager pour de bon à chercher les réponses en soi. *À l'intérieur*. Au plus profond de son être. Sous la surface des choses, pas simplement à fleur de peau.

Ce n'est certes pas ainsi qu'on nous a conditionnés à penser, nous autres Occidentaux, toujours en quête de réponses extérieures à nous. Amours, amis, parents, autorités, enfants même : on attend d'eux la satisfaction de besoins qu'ils ne peuvent absolument pas satisfaire. On fantasme sur sa carrière, ses amours, l'amitié, l'intimité. On est chargé de fantasmes passés ou à venir, qu'on n'a guère envie d'abandonner : si jamais c'était renoncer à vivre ? Alors que c'est l'inverse : nos espoirs irréalistes ternissent notre appréciation de la vie et entravent la dynamique de l'instant présent.

N'a-t-on pas tous tendance à vouloir satisfaire ses désirs et se faire une petite place au soleil ? Ne nous a-t-on pas conditionnés à mettre avant tout l'accent sur la personnalité, l'apparence ? Le langage de tous les jours fourmille d'ailleurs d'expressions relatives à la projection d'une bonne image. La priorité est à l'image qu'on a de soi et à celle qu'on veut donner aux autres, dans le but de parvenir à ses fins. Ne cherche-t-on pas tous à se sentir en sécurité, assurés, rassurés ?

À force de s'entendre dire : « Ne reste pas planté là, fais donc quelque chose ! », on s'exécute. Et l'on se démène à qui mieux mieux. S'agit-il de rapports amoureux difficiles, on croit trouver la solution en changeant de partenaire ; s'agit-il d'un boulot qui vous rend fou furieux, on se dit qu'un autre travail sera plus satisfaisant ; s'agit-il d'un endroit où l'on se déplaît, on s'imagine qu'on sera plus heureux en déménageant. Mais quand, ensuite, les problèmes refusent de disparaître, on se lamente qu'on est coincés, et l'on cherche de nouveaux moyens de faire bouger les choses.

On pousse même le raisonnement jusqu'à réduire la vie à une compétition permanente. On nous a formés et conditionnés à croire que la vie était affaire de réussite : gagner, perdre, s'affirmer. Alors on investit énormément d'énergie dans des solutions éphémères. Pas étonnant que tant de gens se sentent coupés des autres, seuls, épuisés, désabusés, découragés !

Le bouddhisme chamboule ces aspirations au succès et à la réussite ; il les retourne, les met cul par-dessus tête. Car il n'a pas pour priorité de découvrir de nouveaux modes de conquête de l'espace sidéral, du *cyberspace* ou, simplement même, de l'île de Manhattan. Les traditions de la sagesse nous expliquent qu'on peut se permettre de ralentir, de souffler un peu et de se tourner vers l'intérieur. Acquérir la maîtrise de soi, c'est revenir aux sources de soi, réintégrer le centre de l'être — le mandala universel. On *est déjà* ce qu'on cherche. « Tout est là dans l'état naturel », a dit un jour un lama du temps jadis. Alors, pourquoi aller voir ailleurs ?

Je tiens cependant à préciser, avant de poursuivre, que je ne voudrais pas que la lecture de ces lignes fût prétexte à une sclérose du cœur, prétendument au nom du bouddhisme. Ne nous servons pas du bouddhisme pour devenir des quiétistes, des béni-oui-oui intégristes et puritains. Quand nous méditons, ne soyons pas raides, rigides, coincés dans une attitude fixe, telles d'inertes statues du Bouddha. La plénitude spontanée qu'on nomme « nature de bouddha » est toujours ouverte et fluide. Elle n'est pas statique mais extatique. Elle n'est pas un didactisme gelé, elle n'est pas fixe. Le bouddha en vous n'aura pas exactement la même apparence que le bouddha en moi, ou que celui qui est en vos amis ou chez les membres de votre famille. La bouddhéité — l'éveil — se manifeste sous des myriades de visages, tous aussi merveilleux les uns que les autres. Regardez un peu autour de vous...

Prendre le chemin intérieur, ce n'est pas adhérer à une secte ou cultiver une foi aveugle. C'est au contraire faire preuve de réelle initiative, incarner les plus nobles principes dans sa personne et dans ses actes, à l'inverse de ce que font les adeptes qui se contentent de suivre le mouvement comme des moutons de Panurge. Faire comme tout le monde : tel n'est pas le propos des enseignements les plus profonds qu'offrent les traditions spirituelles, puisque ceux-ci nous parlent de la pure conscience radieuse et de la joyeuse liberté d'être. Il ne s'agit pas seulement de calme mental : si c'est tout ce que vous cherchez, les géants de l'industrie pharmaceutique seront ravis de vous fournir le nécessaire.

La voie de l'illumination et de l'éveil est le contraire d'une tentative d'élimination de soi, de répression de soi. On ne cherche pas à entretenir une personnalité bien polie, efficace, lisse comme l'inox — brillant, mais dur et froid. Il n'y a pas de substitut possible à la vie authentique et fructueuse d'un Bouddha qui déploie son activité. Le Bouddha est plein de vie, heureux et triste. Réveiller le bouddha en soi, c'est lâcher prise de son personnage figé pour s'éveiller, libéré, et *intensément conscient*.

En s'engageant dans un chemin spirituel, on quitte les courants de surface pour les eaux profondes de l'esprit sain. Outre que l'on nage à contre-courant, on sonde les profondeurs de l'être afin de renouer avec sa nature innée. Alors, par où commencer ? Quelqu'un demandait un jour à un vieux lama, arrivé en Inde en 1959 : « Comment avez-vous fait pour vous échapper du Tibet et traverser les neiges de l'Himalaya à pied ? — J'ai mis un pied devant l'autre », a-t-il répondu.

Le chemin commence, comme d'habitude, sous vos pieds, par le premier pas que vous faites. Où en êtes-vous actuellement ? Eh bien, voilà le point de départ.

Respire.
Respire encore.
Souris.
Détends-toi.
Arrive là
Où tu es déjà.
Sois naturel.
Ouvre-toi au non-effort,
À l'être
Plutôt qu'à l'agir.
Laisse tout en plan.
Lâche prise.
Goûte un instant
La joie merveilleuse de la méditation.

UNE PROPHÉTIE TIBÉTAINE

Quand volera l'oiseau de fer et que les chevaux auront des roues, le peuple tibétain sera dispersé sur terre, telles les fourmis, et le Dharma viendra dans le monde des Visages rouges.

Padma Sambhava, gourou indien du VIIIe siècle
et fondateur du premier monastère tibétain.

Le Tibet a toujours été réputé pour la mystérieuse connaissance et les secrets ésotériques qu'il détenait. On ne s'étonnera donc pas que Padma Sambhava, le gourou indien qui introduisit le bouddhisme au Tibet, ait laissé une prophétie relative aux Tibétains et à l'extension du bouddhisme, mais aussi à l'évolution future des moyens de transport…

Quiconque s'intéresse au bouddhisme tibétain s'aperçoit vite de l'importance de Padma Sambhava dans l'histoire du Pays des Neiges. Les Tibétains, qui le révèrent et voient en lui un être totalement éveillé, l'appellent « Gourou Rimpotché » (le précieux gourou) ou le Deuxième Bouddha. C'est aux alentours de 763 apr. J.-C. que Padma Sambhava fonda le premier monastère bouddhiste du Tibet à Samyé. Sa vie et son œuvre étaient appelées à avoir un impact direct sur l'Occident, puisqu'on lui attribue la paternité et la préservation d'une bonne partie des enseignements clés qui attirèrent les Occidentaux vers le bouddhisme. Pragmatique autant que visionnaire, Padma Sambhava avait prévu la tentative d'élimination du bouddhisme perpétrée par un des premiers rois du Tibet ; il chargea donc ses disciples de dissimuler des textes sacrés et des objets rituels dans les nombreuses grottes et rochers des montagnes et de la campagne tibétaine. À en croire la tradition, on aurait ainsi dissimulé plus de cent textes de ce genre, connus sous le nom de *terma*, « trésor » en tibétain.

Padma Sambhava expliqua à ses disciples que, s'il était essentiel que ces *terma* fussent bien cachés pour échapper à tout risque de destruction immédiate, les textes seraient de nouveau révélés quand le monde serait prêt à entendre la vérité qu'ils contenaient, et ce « pour le bien des générations futures ». Des siècles plus tard, des maîtres, officiellement reconnus par les Tibétains comme étant les réincarnations des vingt-cinq disciples originels de Padma Sambhava, se mirent à exhumer ces trésors. Ce n'est pas un vieux mythe dont je vous parle là : il y a parmi les découvreurs de *terma* plusieurs lamas qui ont pu transmettre ces précieux enseignements aux Occidentaux, dont mes maîtres Dudjom Rimpotché, Kangyur Rimpotché et Dilgo Khyentsé Rimpotché.

Ce fut Padma Sambhava qui introduisit la pratique de récitation du *Bardo Thödol*, un texte connu en Occident sous le nom du *Livre des morts tibétain* et qui est un guide pour aider à mourir en pleine conscience. Le *Bardo Thödol* décrit l'expérience de la mort et les étapes (*bardo*) qu'on traverse en se dirigeant vers une nouvelle naissance. Ce livre fait partie des trésors enfouis de Padma Sambhava et sa découverte date du XIVe siècle.

C'est en 1927 que le *Bardo Thödol* parut pour la première fois en anglais, publié par W.Y. Evans-Wentz sous le titre de *The Tibetan Book of the Dead*, introduisant en Occident des notions telles que le karma, le bardo, la claire lumière intérieure, la réincarnation et les « re-naissances » successives. L'ouvrage fit découvrir aux Occidentaux une vision neuve et révolutionnaire de la vie, en même temps qu'il présentait la mort sous un jour nouveau. Carl Jung écrivit dans l'introduction qu'il rédigea pour le *Livre des morts tibétain* : « Cela fait des années, depuis sa publication, que le *Bardo Thödol* est mon compagnon de tous les instants. Je lui dois non seulement nombre d'idées et de découvertes stimulantes, mais aussi quantité d'intuitions fondamentales. » Le vif intérêt suscité par la publication du *Livre des morts tibétain* en anglais fut la preuve que beaucoup de gens, en Occident, souhaitaient en savoir plus long sur les secrets du bouddhisme tibétain.

Le haut lieu du Dharma

Puissé-je, dans toutes mes vies futures,
Ne jamais tomber sous l'influence de mauvais compagnons,
Ne jamais faire le moindre mal à âme qui vive,
Ne jamais être privé de la sublime lumière du Dharma.

Prière tibétaine traditionnelle.

On considère au Tibet que c'est un privilège de naître dans un pays où le Dharma est enseigné. Le Dharma est le plus riche des dons de sagesse et, comme tout don, profite autant à celui qui l'offre qu'à celui qui le reçoit. « Dharma » s'emploie souvent comme synonyme de Bouddha Dharma, les enseignements du Bouddha éveillé et compatissant, le fondateur du bouddhisme qui vécut en Inde du Nord au Ve siècle av. J.-C.

Dharma est un terme sanscrit au sens complexe. On peut le traduire par enseignement, vérité, doctrine, religion, spiritualité ou réalité. Littéralement, cela veut dire « ce qui soutient ou porte ». C'est ainsi que ce terme est souvent assimilé à la vérité — le fondement sur lequel on se tient — et à la voie spirituelle, à savoir le chemin auquel on peut se fier pour soutenir, porter et inclure tout le monde. Une autre acception, moins connue, de Dharma est « ce qui apporte un remède, soulage, guérit et rétablit ». Au niveau le plus subtil, en effet, les vérités qu'incarnent les enseignements du Dharma nous guérissent de nos maux. Là où est enseigné le Dharma, on a la possibilité de trouver l'éveil. Le Bouddha appelait ces endroits-là des « pays centraux ». La plupart des Occidentaux vivent actuellement dans des pays « centraux », des lieux où cette sublime lumière, le don du Dharma, est accessible à tous. Vous pouvez trouver des références au Dharma un peu partout en Occident, même sur l'Internet :

— Qu'a dit le Dalaï-Lama au vendeur de hot dogs à New York ?

— Faites-m'en *un* avec tout[1].

C'est sur America Online que j'ai trouvé cette blague. Le Dharma sur l'Internet illustre bien l'intérêt accru que suscite le bouddhisme en Occident. À une époque où les Occidentaux se penchent de plus près sur leur vie spirituelle, les idées du bouddhisme font de plus en plus partie du quotidien de leur vie. C'est ainsi qu'un personnage de série télévisée peut déclarer : « Ce sera très différent, dans ma prochaine vie », illustrant le fait que rares sont les Américains qui n'ont pas, à un moment ou à un autre, fait allusion à une vie passée ou future, ne serait-ce qu'en plaisantant.

Il y a aujourd'hui près de quinze petits Occidentaux qui ont été recherchés et reconnus comme réincarnations de lamas — ce qu'on appelle des *toulkous*. Lama Thubten Yeshe, par exemple, s'est réincarné en Espagne. Une reconnaissance de réincarnation peu banale a eu lieu récemment, quand un lama tibétain de haut rang et fort respecté, en visite aux États-Unis, a reconnu en une femme de trente-huit ans, une chrétienne du Maryland, la réincarnation d'un maître tibétain.

Si l'on fait un instant taire son scepticisme, il faut alors se demander pourquoi tant de lamas réincarnés ont, semble-t-il, choisi de naître aux États-Unis ? Il n'y a pas de réponse simple, évidemment. Comme l'avait jadis prédit Padma Sambhava, les Tibétains sont maintenant dispersés de par le monde, particulièrement aux États-Unis, le « pays des Visages rouges » de la prophétie, et ils y ont apporté leurs enseignements. Et si la nation américaine avait besoin de la sagesse de ces réincarnations, spirituellement accomplies, et qu'on soit pour la première fois prêts à entendre leur message ?

La sagesse tibétaine arrive en Occident

Jusqu'à l'invasion chinoise de 1950, on voyait surtout dans le Tibet une sorte de Shangri-La, pays magique, riche de sagesse ancienne et de

1. « Faites-moi un avec tout », unissez-moi à toute chose, jeu de mots qui, hélas, se perd en français. (N.d.T.)

beautés inaccessibles, que les étrangers avaient rarement l'autorisation de visiter. L'un des premiers best-sellers mondiaux en livre de poche, le roman d'aventures de James Hilton, *Les Horizons perdus*, publié en 1933, se passe dans un monastère tibétain. Capitale du Tibet et siège du Dalaï-Lama, Lhassa se dresse à plus de trois mille mètres d'altitude, voilée de mythes, ceinte de blancs sommets himalayens qui protègent la ville jadis surnommée « la Cité interdite ». Isolé et cloîtré, le Tibet n'avait pas changé depuis des siècles et résistait fortement à la modernisation et au progrès technologique. Il n'avait pas connu d'ère de la Raison ou d'âge du développement scientifique.

On a souvent tendance, et cela se comprend, à enjoliver le Tibet d'avant l'annexion violente par la Chine. Mais c'est une erreur de s'imaginer que c'était une sorte de Shangri-La où tout le monde était spirituellement éveillé, heureux, non violent et végétarien. S'il est vrai que le Tibet possédait ce qui est sans doute la technologie spirituelle la plus avancée et la connaissance des sciences « intérieures », on ne peut cependant pas prétendre que ce fût une société parfaite. Il y avait énormément de chemin à faire pour traduire en réalités profanes ce qu'on avait apparemment maîtrisé au plan spirituel. En fait, si l'on examine sa situation avec le regard d'un humaniste rationnel, on ne peut pas ignorer que la société tibétaine était une théocratie médiévale, restée à l'écart de la démocratie, de l'alphabétisation et des progrès de la médecine moderne. L'important pour nous, aujourd'hui, c'est d'extraire l'or que contient le minerai de l'Himalaya : trouver l'essence immuable des enseignements de la sagesse dans la roche d'une culture et d'une théologie asiatiques, et d'une cosmologie anachronique.

Avant la mainmise chinoise, la vocation monastique, la vie consacrée à la spiritualité, faisait figure de profession enviable. Un tiers de la population masculine du Tibet vivait dans les milliers de monastères éparpillés dans le pays, et de nombreux couvents abritaient des quantités de moniales. Les seules roues en usage au Tibet étaient, jusqu'à une époque relativement récente, les roues ou moulins à prière qui, avec les rosaires — les *malas* — ne quittaient pas la main des pratiquants, faisant de leurs activités et de leur vie entière une prière incessante.

C'est vers 1920 que le prédécesseur de l'actuel quatorzième Dalaï-Lama, doué de prescience, fit des prophéties augurant mal de l'avenir, selon lesquelles le gouvernement chinois aurait le projet de conquérir le Tibet et d'éradiquer la pratique du bouddhisme. Les Tibétains, qui tenaient plus à conserver le statu quo qu'à évoluer vers une société moderne, ignorèrent l'avertissement. Quand les Nations unies virent le jour après la Seconde Guerre mondiale, le Tibet décida de ne pas en faire partie : un choix rétrograde, qu'il devait payer cher par la suite.

Lorsque la Chine envahit le Tibet en 1950, certains lamas, moines et laïcs eurent l'à-propos de quitter le pays, et une poignée d'entre eux réussit, heureusement, à emporter quelques objets et textes sacrés anciens. Mais le plus clair de la population tibétaine resta sur place. Bien que craignant le pire, le jeune Dalaï-Lama passa encore neuf longues années à Lhassa, tentant vainement de parvenir à des accords pacifiques avec le gouvernement chinois.

En 1959, le climat de tension et d'insécurité dans lequel vivaient les Tibétains depuis neuf ans finit par les pousser à bout, si bien qu'une révolte éclata dans le Kham, la province orientale, et gagna Lhassa. Le Dalaï-Lama comprit la gravité de la situation quand le gouvernement communiste chinois l'invita à assister à une représentation théâtrale en insistant pour qu'il laissât son garde du corps et ses seconds chez lui. Des milliers de Tibétains se massèrent alors autour du palais, soucieux de la sécurité de leur chef temporel et spirituel. Quand on commença à se battre, le Dalaï-Lama, déguisé en paysan, se glissa hors du palais à la faveur de la nuit et commença un périlleux voyage de trois semaines, à cheval et à pied, qui le mena à travers les montagnes du Tibet jusqu'en Inde et à l'asile politique. L'armée chinoise, qui ignorait la fuite du Dalaï-Lama, bombarda son palais le lendemain de son départ, et des milliers de civils sans armes y perdirent la vie.

Tandis que les Chinois se hâtaient de prendre le contrôle des monastères et d'écraser la pratique du bouddhisme, des quantités de lamas et de moines quittaient leur patrie, entreprenant à leur tour le dangereux périple. Près de cent mille Tibétains réussirent à s'enfuir avant que les Chinois ne bloquent les frontières, mais nombreux sont ceux qui disparurent dans les solitudes glacées de l'Himalaya. Quant à ceux qui sont restés au pays, la vie n'a pas été tendre pour eux : moines, moniales, lamas et simples citoyens furent torturés, assassinés. Amnesty International estime qu'il y aurait eu jusqu'à 1,2 million de Tibétains massacrés par l'Armée rouge, et il reste de nombreux Tibétains incarcérés dans des camps, au nord-est du Tibet. De la multitude de monastères séculaires qui ornaient jadis la nudité du plateau himalayen, il ne subsiste que deux douzaines, que les Chinois ont laissés ouverts, surtout à titre de devanture.

Les lamas et les moines qui avaient fui leur pays avaient besoin de se réinstaller quelque part. À l'instar du Dalaï-Lama, qui réside maintenant à Dharamsala, en Inde, ils furent nombreux à s'établir dans les régions et pays limitrophes du Tibet, tels que l'Inde, le Népal, le Sikkim, le Ladakh et le Bhoutan. D'autres se retrouvèrent en France, en Suisse, en Grande-Bretagne ou aux États-Unis. Ces maîtres se souvinrent des instructions que le Bouddha avait données à ses soixante premiers disciples éveillés, les incitant à continuer de propager son enseignement : « Partez, ô moines, pour le bien de la multitude, pour le bonheur de tous, par compassion pour le monde. »

L'Orient en Occident et l'Occident en Orient

Le bouddhisme a transformé chaque culture dans laquelle il s'est implanté, et a lui-même été transformé par cette implantation.

Arnold TOYNBEE.

Après l'invasion chinoise du Tibet, on aurait cru qu'un barrage s'était rompu : la sagesse tibétaine se mit soudain à couler à flots depuis le toit du monde, pour se déverser en Occident. Des moines et des moniales, des lamas et des maîtres qui n'avaient jamais quitté leurs monastères cloîtrés ou leurs ermitages se trouvèrent projetés dans un monde nouveau, rempli d'hommes et de femmes désireux d'étudier le Dharma. Les maîtres tibétains disent que, s'il est possible de trouver un bon côté à l'invasion chinoise, il faut le voir dans cette diffusion des enseignements.

Si Lama Yeshe fut le premier lama à enseigner aux Occidentaux au Népal, il était loin d'être le dernier. C'est vers 1971 que les lamas en exil se rendirent compte que le seul moyen d'assurer la survie de ce bouddhisme si cher à leur cœur était de le transmettre. Nul doute que ces maîtres-là se rappelaient la prophétie de Padma Sambhava, d'autant que plusieurs, parmi eux, étaient les réincarnations reconnues de ses disciples. La prophétie s'accomplit quand arrivèrent des Occidentaux en quête de direction spirituelle, désireux de développer leur spiritualité et de transplanter l'arbre à fleurs de l'éveil dans leurs propres pays.

Lorsque je débarquai à Katmandou en 1971, c'était encore une vallée vierge, préservée du tourisme et presque aussi lointaine que le Tibet. Pour ceux qui « font la route », Katmandou est depuis des siècles le lien entre l'Europe et l'Orient mystique. C'est là que se sont rendus les explorateurs, les hippies, les alpinistes lancés à la conquête de l'Everest et autres chercheurs de tout poil qui voulaient escalader la montagne spirituelle et vaincre le soi. S'il existait des pistes tout autour de Katmandou, qui suivaient les cols ménagés par la nature à travers les montagnes et par lesquels s'effectuaient tous les échanges commerciaux de la région himalayenne, il n'y eut pas de routes à proprement parler avant les années 50 et l'apparition des premières voitures. Celles-ci arrivèrent en pièces détachées, portées à dos d'homme à travers les montagnes.

Le Népal, surnommé le Pays des dieux, nageait comme le Tibet dans un riche bouillon de traditions magiques et mystiques. Le yéti, le mythique « abominable homme des neiges », fut une espèce protégée jusqu'aux années 50 et les expéditions continuent de nos jours à le traquer dans une région où histoire et mythe sont presque indissolublement liés.

En 1971, il y avait un monastère d'obédience bouddhiste tibétaine dans la vallée de Katmandou ; aujourd'hui, il y en a plus de quatre-vingts parsemés dans la campagne. Le monastère comptait à l'époque deux lamas — Lama Yeshe lui-même et Lama Zöpa — et cinq disciples. Il était très facile de s'immerger dans le bouddhisme, très facile d'être disciple, c'est-à-dire de vivre et de travailler intensément avec un lama. Nous vivions comme eux : debout à l'aube et couchés au crépuscule, parce qu'il n'y avait pas l'électricité. Matin, midi et soir, ils s'absorbaient dans leurs pratiques méditatives et nous en faisions autant. Je me souviens que Lama Yeshe s'inquiétait un peu pour Lama Zöpa, si assidu à sa méditation qu'il en perdait le boire et le manger, voire le sommeil.

Le plus clair de notre temps était consacré à l'étude, au travail, à l'autodiscipline, mais cela ne nous empêchait pas de beaucoup nous amuser avec ces merveilleux lamas. Leur joie et leur dévotion étaient telles que c'en était contagieux. Les Tibétains partaient du principe que n'importe qui est capable de rester assis à méditer des heures sans bouger, d'avoir des visions du Bouddha, de faire des rêves en état de conscience lucide et en en gardant le souvenir clair. Alors, les lamas nous montrèrent comment nous y prendre et nous y parvînmes. Incroyable ! Quelles qu'aient été les faiblesses qui se cachaient derrière la façade de la hiérarchie féodale du Tibet, on n'eut guère à en pâtir pendant cette période idyllique.

Nous mangions tous de la soupe aux lentilles puisée à la louche dans des seaux de fer-blanc et de la nourriture végétarienne servie sur de grandes feuilles en guise d'assiettes ; nous travaillions à bâtir des monastères et de quoi loger le flot régulier de nouveaux disciples. Parallèlement, on méditait, on priait, on psalmodiait, on discutait, on débattait et l'on célébrait les fêtes bouddhiques. Nous allions parfois en pèlerinage dans des lieux sacrés, telle la grotte de méditation où Padma Sambhava passa l'essentiel de son temps : des arcs-en-ciel apparurent à notre arrivée. Lama Yeshe commença à nous enseigner le Chemin graduel de l'éveil, le *Lamrim*, dit-on en tibétain. Il s'agit des différents stades de la pratique, étape par étape ; l'itinéraire du voyage spirituel tel qu'il est enseigné depuis toujours à ceux qui cherchent, et tel que je le transmets moi-même maintenant.

En quittant New York en mai 1971, j'avais pour projet de séjourner en Asie jusqu'en août, puis de rentrer et de m'inscrire en doctorat à l'automne.

Je ne pouvais imaginer que l'Asie deviendrait bientôt mon lieu de résidence permanent ; c'est pourtant ce qui arriva. Là, dans le sous-continent indien, j'éprouvais l'impression d'être tombé par hasard sur une mine d'or de sagesse, sur un sanctuaire spirituel. Je me sentais de plus en plus chez moi dans les contreforts de l'Himalaya, malgré les difficultés matérielles. J'avais vraiment l'impression d'être rentré au bercail. Un sentiment que mes maîtres expliquèrent en évoquant des vies passées, mon « sang bouddhiste ». Qui sait ?

Je commençais, au contact des maîtres tibétains, à faire personnellement l'expérience d'une réalité autre, transcendante. Les lamas qui m'enseignaient étaient la personnification, l'illustration même d'une sagesse profonde, d'une capacité d'acceptation qui ne ressemblait à rien de ce que j'avais connu dans le contexte culturel de mon éducation. Tant par l'enseignement que par l'exemple, ils me montrèrent comment me développer spirituellement. J'avais passé ma jeunesse dans une société où les meilleurs éléments, les gens les plus brillants, avaient l'esprit de concurrence au plus haut degré ; ils faisaient médecine ou droit, et se retrouvaient dans Madison Avenue ou à Wall Street. Parmi les bouddhistes de l'Himalaya, en revanche, l'élite choisissait la vie monastique, et les monastères perchés sur les montagnes étaient les centres vitaux d'énergie et d'érudition du pays. Un refuge spirituel dans lequel je me sentais totalement en sûreté.

Le choix me paraissait clair : je mis mon projet de doctorat en attente et le bouddhisme devint ma priorité. L'ennui, c'est que les règlements du gouvernement indien ne coïncidaient pas exactement avec mes intentions. En admettant qu'il en eût les moyens, un Américain ne pouvait pas séjourner indéfiniment en Inde ou au Népal, tant à cause du climat que des problèmes d'obtention de visas. Voilà pourquoi, l'hiver, la plupart des Occidentaux quittaient les montagnes pour le Sud et franchissaient la frontière pour aller se procurer de nouveaux visas, des passeports neufs, voire de nouvelles identités — par des moyens plus ou moins avouables, selon les cas.

Pendant l'hiver 1971-1972, mon maître Lama Yeshe se rendit en pèlerinage à Bodh Gaya, ce village du désert du nord de l'Inde où le Bouddha parvint à l'illumination spirituelle, assis sous l'arbre de la bodhi. Je le suivis, en bus, en train et — oui ! — en charrette tirée par des bœufs. À Bodh Gaya, cet hiver-là, j'eus la chance de participer à plusieurs sessions de dix jours de *Vipassana* (méditation de la vision transcendante) : des retraites silencieuses sous la direction de S.N. Goenka et A. Munindra, au monastère et au centre de méditation birmans.

Pour nous, Occidentaux, c'était une formidable occasion de faire l'apprentissage de la méditation. Personne ne s'en doutait à l'époque, évidemment, mais le pont qui allait aider le Dharma à passer d'Orient en Occident était en train de s'édifier sous nos yeux. Je connus là nombre d'Occidentaux qui enseignent aujourd'hui le Dharma un peu partout dans le monde, et beaucoup sont restés mes amis et collègues les plus proches. Des hommes et des femmes comme Joseph Goldstein, Sharon Salzberg, Dan Goleman, Christopher Titmuss, Fred von Allmen, Tsultrim Allione, Christina Feldman, Stephen Batchelor et Ram Dass.

Je repartis au Népal en mars 1972 pour continuer à étudier auprès de Lama Yeshe, mais mes ressources étaient pratiquement épuisées. Fourrageant au fond de mon sac à dos, je réussis à tirer un ou deux mois de subsistance supplémentaire en exhumant mon blouson de jean que je vendis au Freak Street Bazaar de Katmandou, à un type qui voulait se donner l'air d'un Américain. Mais, à la fin de l'été, je dus me résigner à rentrer, pour cause de mariage dans la famille, mais aussi parce que je n'avais plus un sou.

Avant mon départ du Népal, Lama Yeshe, sachant que je devais passer près de Dharamsala, me demanda d'apporter au Dalaï-Lama des centaines de bâton d'encens qu'il lui offrait. Portant ce présent enveloppé dans un sac en plastique noir avec une lettre d'introduction, je m'assoupis dans le filet à bagages d'un compartiment de troisième classe du train de nuit qui traversait l'Inde. En me réveillant, sept heures plus tard, je m'aperçus que le wagon avait été décroché du train et que je me trouvais dans une autre ville que celle de ma destination. Un groupe d'hommes pointait du doigt mon gros fagot d'encens, chuchotant entre eux que je devais faire partie de la CIA, que je transportais un émetteur à antenne télescopique. Qu'est-ce qu'on ne va pas s'imaginer… Je descendis du train et me retrouvai à Haridwar, aux sources du Gange, au beau milieu d'un grand rassemblement de sages hindous venus célébrer une de leurs fêtes qui attirent des foules énormes

Quand, deux jours plus tard, j'arrivai enfin à mon rendez-vous avec le Dalaï-Lama, il me serra la main le plus amicalement du monde, me fit asseoir sur un divan dans sa villa très simple, genre motel, et nous parlâmes. Je fus frappé : Sa Sainteté, comme on l'appelle, était l'homme le plus gentil, le plus humble et le plus dépourvu d'ego que j'aie jamais vu. C'est d'ailleurs exactement l'impression qu'il donne à tout le monde ou presque. Il s'avéra qu'il s'intéressait beaucoup à mes origines juives : il pensait que les Tibétains, à présent sans patrie, auraient beaucoup à apprendre de l'expérience juive de survie en exil. Il se déclara très impressionné par le fait que le peuple juif eût su maintenir ses traditions religieuses et culturelles à travers les siècles, alors qu'il n'avait ni pays ni patrie.

Le Dalaï-Lama semblait vraiment enthousiaste à propos des étrangers récemment venus au bouddhisme. À son sens, les Occidentaux avaient des affinités avec le bouddhisme parce qu'ils ne croyaient en rien qui ne fût prouvé. Le Bouddha, me rappela-t-il, disait à ses auditeurs de ne rien suivre de manière aveugle, car le bouddhisme est moins affaire de croyance que d'expérimentation raisonnée. En procédant comme un scientifique et en répétant l'expérience du Bouddha, on devrait parvenir au même résultat : l'éveil.

Sa Sainteté déclara qu'il éprouvait beaucoup de respect pour les nouveaux disciples qui consacraient tant de temps à la pratique spirituelle, d'autant qu'il était conscient du peu de temps dont il disposait, lui, pour méditer et étudier, vu les malheurs des Tibétains et ses responsabilités diplomatiques de chef du gouvernement tibétain en exil. Je le quittai en me sentant à la fois ému et très encouragé. Le Dalaï-Lama m'avait donné le sentiment, à moi, le juif de Long Island, que je pouvais être aussi bouddhiste et aussi éveillé que n'importe qui. Cette rencontre contribua à ma décision de revenir vivre au Népal pour approfondir ma connaissance du bouddhisme en l'étudiant de manière traditionnelle et authentique, à la tibétaine, au monastère de mon maître, au sommet de la colline.

J'appris à mon retour aux États-Unis qu'un autre lama tibétain, Chögyam Trungpa Rimpotché, était arrivé et commençait à enseigner. Brillant esprit, lama de haut rang à la personnalité complexe, Trungpa Rimpotché avait fui le Tibet à la tête d'un important groupe de disciples, alors qu'il n'était encore qu'adolescent. Mais son chemin prit une direction inattendue : au lieu de rester en Inde ou au Népal, Trungpa se rendit en Grande-Bretagne où il obtint une bourse pour s'inscrire à Oxford. Son diplôme terminé, il fonda le premier monastère tibétain d'Occident, en Écosse. Il finit cependant par décider, à la lumière de la prophétie de Padma Sambhava, que l'Amérique du Nord serait son « domaine de bouddha », l'endroit où exercer ses activités propres à susciter l'éveil.

Vers la fin de l'automne 1972, je partis vers le Wyoming, pour entendre Trungpa Rimpotché qui donnait son premier séminaire sur la « Folle sagesse », à Jackson Hole. À la différence de la plupart des lamas que j'avais rencontrés, Trungpa n'était pas moine, ou du moins ne l'était plus. Il s'était défroqué quelques années auparavant à la suite d'un grave accident de voiture survenu en Écosse. En fait, il était marié à une Anglaise et ils avaient des enfants en bas âge. Trungpa, qui répétait inlassablement dans ses enseignements qu'on peut tout intégrer à son cheminement spirituel, ne se contentait pas de rester assis au sommet d'une montagne et de méditer. Il savait goûter les plaisirs de l'existence, parfois même à l'excès. À Boulder, les bouddhistes s'amusaient plus qu'ailleurs, mais cela ne devait pas durer. Déjà à l'époque, l'ombre d'un laxisme excessif commençait à s'épaissir, derrière les apparences.

Chögyam Trungpa fut un pionnier du bouddhisme en Occident. Si beaucoup l'ont critiqué pour sa conduite quelquefois scandaleuse et sa consommation d'alcool, nul ne peut contester son intelligence ni ses réelles réussites. Il fonda la première université bouddhiste d'Occident habilitée à décerner des diplômes, le Naropa Institute, à Boulder. Et, à sa mort à l'âge de quarante-huit ans, il avait prodigué son enseignement à des milliers de disciples, écrit et publié plus d'une douzaine de livres. C'était un maître spirituel d'un nouveau genre, en costume-cravate à l'occidentale : dérangeant, iconoclaste, provoquant, ironique, artiste, tout en possédant une érudition et une formation traditionnelles.

L'été de 1973 approchant, je voulus repartir au Népal et vendis tout ce que j'avais : machine à écrire, guitare, voiture (une Mercury décapotable orange, modèle 1968), aspirateur. Ça paraît incroyable de nos jours, mais j'en retirais assez d'argent pour pouvoir retourner en Inde et y rester plusieurs années.

J'étais jeune, enthousiaste, insouciant et sans attaches. J'avais initialement l'intention de retourner à Katmandou auprès de Lama Yeshe pour continuer à étudier avec lui. Mais j'avais entendu dire aux États-Unis que Kalou Rimpotché, un vieux lama tibétain extrêmement révéré, était venu en Occident en 1971 et qu'il voulait bien enseigner le bouddhisme aux Occidentaux, bien que ne parlant pas anglais.

Le monastère de Sonada

« Fais-toi lumière »,
entendais-je
de la bouche du Bouddha, si longtemps perdue ;
chaque jour je l'entendais en m'éveillant avant l'aube
dans cet ermitage des cimes.
La montagne de Kangchendjounga,
parée des joyaux de ses cinq pics,
domine l'horizon du côté de Darjeeling
tandis que j'allume le feu pour le thé
et que je prépare mes prières du matin.

Extrait de mon Journal, 1973.

Kalou Rimpotché était un personnage de légende. Ayant fui le Tibet à pied en 1959, il se retrouva avec quelques autres lamas dans un vieux monastère délabré, juste au-dessus de la voie ferrée, dans le petit village de Sonada, proche de Darjeeling, l'ancienne villégiature de montagne de l'Empire britannique. Kalou Rimpotché et les autres lamas de son monastère n'étaient pas des gourous style jet-set qui sautent d'un avion à l'autre pour parcourir la planète ; ils s'étaient installés là pour de bon, dans leur petit coin de l'Himalaya. On jouissait d'une vue splendide sur le Kangchendjounga, cime aux neiges éternelles et troisième sommet de la planète, mais le monastère n'avait ni électricité, ni téléphone, ni eau chaude. On ne pouvait y accéder qu'en jeep, par une route étroite et difficile, ou par un vieux petit train qui circulait sur des rails de gabarit ancien, à écartement réduit. Survivance de l'Empire britannique, ce tacot aux allures de jouet faisait du quinze à l'heure en descente, traversant les plantations de thé jusqu'au pied de la montagne. Il avançait si lentement qu'on pouvait y monter ou en descendre en marche.

Nous le prenions souvent, ce train, nous les étrangers, les « fans » du Dharma, parce qu'il nous fallait des permis spéciaux, émis par la police de Darjeeling, pour séjourner dans cette région frontalière réglementée, zone à haut risque d'explosion limitrophe de la Chine, du Népal, du Sikkim, du Bhoutan et de l'Inde. En plus des corvées habituelles nécessaires pour se procurer un visa, il fallait se livrer à toutes sortes de manœuvres pour obtenir ces permis, car la police locale craignait que les doux pèlerins que nous étions ne cachent des espions, des communistes en planque ou pire encore. Chaque année, pendant la mousson, il y avait des glissements de terrain tels qu'on ne pouvait plus entrer ni sortir de la zone de montagne pendant une période qui pouvait aller jusqu'à un mois. Il arrivait même que les trombes d'eau emportent le flanc de montagne et que les rails se retrouvent suspendus en l'air. Mais grâce au train — quand il fonctionnait — on restait à l'abri de l'œil inquisiteur de la police des visas.

Kalou Rimpotché était un vieux yogi himalayen à la peau parcheminée. À l'âge de vingt-cinq ans, au terme d'une retraite de trois ans au monastère de son gourou à Palpoung, dans le Kham, province orientale du Tibet, il avait entamé une retraite solitaire et passé douze ans dans des grottes, en pleine montagne sauvage. Il aurait continué à vivre ainsi, si son vieux maître Taï Situ Rimpotché ne lui avait fait savoir que le moment était venu de rentrer au monastère de Palpoung et d'y enseigner.

À l'époque où je fis la connaissance de Kalou Rimpotché, il y avait autant de rides sur son visage que de routes sur une carte d'état-major. Pourtant, il semblait sans âge, hors du temps. Il avait toujours été comme ça, au dire d'un de mes autres maîtres qui l'avait connu quand il était jeune. L'éternel vieux lama. Le visage illuminé par la compassion, l'amour au cœur, Kalou Rimpotché bénissait les animaux et même les tout petits insectes quand il marchait, toujours entouré des moines et moniales dont il supervisait la formation.

Lors de la seconde visite de Kalou Rimpotché aux États-Unis, fin 1976, je fus l'un de ses hôtes et chauffeurs. On s'était dit que, pendant qu'il enseignait à Boston, il aimerait peut-être visiter le port de la ville, haut lieu de l'histoire américaine à ses débuts. Il y a là un aquarium, un énorme réservoir d'eau qui s'élève sur trois étages, peuplé d'une multitude de poissons, de tortues et d'autres animaux marins. Lama Kalou passa le plus clair de l'après-midi à tapoter doucement la vitre de l'aquarium de l'index pour attirer l'attention des poissons. Et chaque fois que l'un d'eux passait devant lui, il le regardait dans les yeux en disant : « Om Mani Pedmé Hung », le mantra de la grande compassion, et il bénissait l'animal, accélérant son parcours vers une meilleure renaissance. Une autre première pour le port de Boston, déjà pionnier en matière de libération[1] !

Chaque matin, à Darjeeling, Kalou Rimpotché bénissait une boîte de sable qu'il répandait ensuite à flanc de colline en priant : « Que toute créature qui se trouve au contact de ce sable, ne serait-ce que d'un grain, soit

1. Allusion aux insurrections de 1770-1773 qui devaient mener à la guerre d'Indépendance contre l'Angleterre. (N.d.T.)

bénie et protégée, et parvienne un jour à l'éveil. » Il faut dire que ce genre de pratique n'est pas rare parmi les lamas tibétains. Le meilleur ami de Lama Kalou était un maître Dzogchen du nom de Chatral Rimpotché qui chaque mois, à la nouvelle lune et à la pleine lune, quittait son monastère de Ghoom pour descendre au marché de Darjeeling ou de Siliguri où l'on vend du poisson vivant. Il en achetait autant qu'il le pouvait et, aidé de ses moines, les emportait dans des seaux d'eau, les bénissait et les relâchait dans les lacs ou les rivières du coin. On enseigne en effet au Tibet que les animaux sont des êtres sensibles qui, comme les êtres humains, transmigrent. Ils possèdent eux aussi la nature de bouddha et le potentiel d'éveil, et c'est pourquoi le Bouddha a prêché le respect de toutes les formes de vie et recommandé de s'abstenir de nuire à quelque créature que ce soit.

C'est à Darjeeling que j'eus l'occasion de bien connaître mon premier *toulkou*, ou lama réincarné. Ce garçon de dix ans était la réincarnation d'un éminent lama, Droukchen Rimpotché, chef spirituel d'une grande école du bouddhisme tibétain. Son gourou à barbe blanche, Thouksay Rimpotché, me demanda si je voulais bien lui apprendre l'anglais, car ses lamas voulaient qu'il fût bien préparé pour l'avenir. Les contacts avec cet enfant et sa famille me permirent de bien mieux comprendre la vie à la tibétaine. Un jour, par exemple, le jeune *toulkou* se tourna vers moi et me dit : « Vous savez, en grandissant je me mets à perdre la mémoire de mes vies antérieures. C'est comme si mon esprit éveillé était peu à peu voilé par les événements de cette vie-ci. » Bien que loin d'être convaincu de l'éventualité de la renaissance, à l'époque, je commençai à y réfléchir plus sérieusement. Je ne pensais pas que mon jeune élève me mentît en me parlant de son expérience et de ses souvenirs ; pourquoi l'eût-il fait ?

Darjeeling était un lieu magique, pour moi. Un « domaine des bouddhas » où les meilleures illustrations vivantes de l'enseignement bouddhique, lamas et maîtres spirituels authentiques, vivaient dans des monastères parsemés le long de la petite route de montagne qui serpentait à travers les plantations de thé. J'y suis souvent retourné, depuis cet âge d'or du début des années 70. J'ai eu la chance de me trouver au monastère de Sonada pendant les derniers jours de Kalou Rimpotché qui s'éteignit en 1989, et aussi quatre ans plus tard, pour l'intronisation de sa jeune réincarnation. Quelques vieux maîtres chers à mon cœur et plusieurs sœurs et frères dans le Dharma vivent toujours dans les lieux bénis que sont ces monastères délabrés mais spirituellement florissants.

Kalou Rimpotché fut l'un de mes gourous-racines et son monastère fut mon port d'attache pendant cinq ans. Je demandai un jour à un autre maître cher à mon cœur, Toulkou Péma, à Darjeeling, comment on peut savoir qui est son gourou-racine, c'est-à-dire son maître principal, surtout si comme moi, et nombre de mes amis, on a étudié et pratiqué sous la direction de plusieurs lamas. Il me répondit que le gourou-racine est celui envers qui l'on éprouve le plus de gratitude. Kalou Rimpotché m'a appris tant de choses dans mes jeunes années que j'ai envers lui une forte dette et que je lui suis très profondément reconnaissant de sa sagesse, de sa patience et de son amour. J'ai l'impression qu'il est toujours avec moi et je rêve souvent de lui.

Un mois après notre première rencontre, Kalou Rimpotché me demanda quelle méditation je pratiquais. Je lui répondis que je suivais le souffle, en me concentrant sur la respiration. « Et sur quoi vous concentrerez-vous quand vous cesserez de respirer ? » rétorqua-t-il, ce qui m'ouvrit les yeux sur le niveau auquel se situait le maître que j'avais devant moi. Kalou Rimpotché était réellement un être transcendant qui vivait, respirait, exsudait du Dharma par tous ses pores. De fait, cela correspond bien au sens du mot « lama » qui signifie littéralement lourd, pondéreux. Un lama est un maître qui incarne le Dharma, lourd de qualités. Et Kalou Rimpotché était un vrai « poids lourd » spirituel.

Dans le droit-fil de la tradition tibétaine, Kalou Rimpotché transmettait la plupart de ses enseignements de manière orale, les émaillant de « chants d'éveil » — odes spontanées inspirées par la joie de l'éveil — et de merveilleuses histoires, donnant aussi parfois des initiations ésotériques. Depuis toujours, les moines et les lamas mémorisent des quantités d'Écritures et de prières, et les transmettent oralement, souvent illustrées d'anecdotes ou de paraboles. Pour recevoir la pleine transmission de la tradition bouddhiste, les lamas tibétains doivent encore aujourd'hui obtenir la transmission orale des Écritures et des enseignements auprès d'un lama habilité. C'est ce qu'on appelle un *loung*, une autorisation rituelle. On raconte, aussi étonnant que ça puisse paraître, que certains lamas étaient doués de pouvoirs de mémorisation prodigieux et qu'ils étaient capables de réciter le canon bouddhique dans l'ordre et intégralement, soit plus de cent volumes de texte…

Une bonne part de la transmission des instructions les plus profondes s'est donc toujours faite dans l'intimité du face-à-face entre maître et disciple. Ces enseignements avaient lieu en privé et passaient d'une génération à l'autre à travers une lignée de transmission des instructions sacrées qu'on disait « chuchotées ». C'est ce qu'on appelle souvent les enseignements secrets du Tibet, connus aussi sous le nom d'« instructions essentielles », la véritable quintessence des instructions — des siècles de sagesse accumulée ; c'est une chaîne d'enseignements ininterrompue, une flamme de vérité et d'accomplissement spirituels transmise d'une personne à une autre, depuis le Bouddha jusqu'à nos jours.

Selon les Tibétains, votre maître spirituel est plus important pour vous que le Bouddha même : on n'a en effet guère de chances de voir le Bouddha, mais on le rencontre en la personne de son maître, manifestation vivante de l'éveil. On dit aussi que votre gourou compte même plus que vos parents car, si ces derniers vous ont élevé dans cette vie-ci, votre gourou vous prend en charge pour la durée de toutes vos vies à venir et vous élève dans la plus profonde de toutes les voies. Les Tibétains éprouvent autant de respect et de gratitude envers leurs maîtres qu'ils en auraient à l'égard du Bouddha, et ils espèrent ainsi trouver inspiration et dévotion, recevoir des bénédictions et progresser spirituellement.

Au monastère de Kalou Rimpotché, je rencontrai un autre lama dont je sens toujours la présence en moi. Le Seizième Gyalwa Karmapa, chef de l'école Kagyu, très orientée vers la méditation, vint à Sonada à l'automne 1973 donner des enseignements et une longue série d'initiations. La lignée des Karmapa est la plus ancienne lignée de toulkous du Tibet puisqu'elle remonte à huit cents ans. Le Seizième Karmapa, reconnu comme bouddha vivant, passait aux yeux de beaucoup pour le plus grand lama de son temps. Un des premiers à comprendre les intentions du gouvernement chinois, il avait quitté le Tibet pour établir un monastère au Sikkim bien avant 1959.

Le Karmapa accomplissait souvent une cérémonie rituelle au cours de laquelle il revêtait une coiffe noire, ornée de joyaux, que l'Empereur de Chine avait fait confectionner à l'intention du Cinquième Karmapa, des siècles auparavant. Quand un Karmapa procède à la cérémonie de la Coiffe noire, il active le potentiel d'éveil présent en chaque être. On dit que quiconque a vu cette coiffe est assuré de parvenir à l'éveil, sinon dans l'immédiat, en tout cas un jour à venir.

Il existe dans le bouddhisme tibétain des cérémonies qu'on appelle des initiations ou transmissions de pouvoir, au cours desquelles s'effectue une transmission de pouvoir spirituel, de maître à disciple : le gourou insuffle au disciple la force spirituelle de pratiquer certaines méditations ésotériques. Le Karmapa étant un être extraordinairement accompli sur le plan spirituel, il se passait souvent des choses exceptionnelles lorsqu'il conférait une initiation. Les disciples assis devant lui, au rang desquels j'étais, avaient toutes sortes d'expériences telles que des visions, des rêves spirituels du Bouddha et de déités, l'ouverture du chakra du cœur, des poussées d'énergie inouïes, des moments de satori (éveil spirituel). Outre que le Karmapa était un être spirituellement accompli, il était plein de puissance, de compassion et d'amour, pétillant de joie et clairvoyant. Également doué d'un merveilleux sens de l'humour, il n'engendrait pas la mélancolie.

Amusé de me savoir juif et bouddhiste, il me taquinait en me tordant l'oreille et en disant : « Juif, juif… *very good* ! », « très bien » étant une des rares expressions qu'il connût en anglais. Un jour, dans son monastère du Sikkim, un grand groupe d'Occidentaux défilait dans sa chambre pour recevoir sa bénédiction qu'il conférait en posant la main sur la tête de chacun en disant « *Very good* ! ». Le hasard fit que Khandro-La, l'épouse de Jamyang Khyentsé Rimpotché, elle-même très accomplie spirituellement, était venue voir le Karmapa ce jour-là. Elle s'empressa de le féliciter : « Formidable ! Vous parlez à chacun dans sa propre langue ! Vous savez vraiment tout ! » dit-elle, taquinant le grand maître, réputé pour son érudition.

Je constatai lors d'un séjour au monastère de Karmapa, au Sikkim, que la lumière de sa chambre semblait rester allumée toute la nuit. Ses assistants m'expliquèrent que le Karmapa n'avait besoin que de deux ou trois heures de sommeil par nuit, du fait que son esprit n'était pas voilé par les ténèbres de l'ignorance. Je le vis plusieurs fois marcher dans la cour en tenue simple, vers trois ou quatre heures du matin, le mala à la main, psalmodiant des mantras, le visage radieux. Il m'arrivait de lui emboîter le pas. Il me témoignait toujours une grande bonté.

Au cours d'une de nos premières rencontres, je lui demandai, sans penser que la question pouvait être inconvenante : « Qu'est-ce que cela veut dire quand les gens disent que vous êtes un “bouddha vivant” ? » L'interprète était si gêné qu'il eut du mal à répéter mon propos. Le Karmapa plongea son regard dans le mien et répondit : « Cela veut dire que j'ai pleinement réalisé en moi ce que vous êtes aussi. »

Le Karmapa était très engagé dans la diffusion du Dharma en Occident. Il se trouvait aux États-Unis durant la phase terminale de la maladie qui devait l'emporter. Pendant une partie du temps qu'il passa là, il fut soigné et entouré par nous tous, au monastère que nous avions construit à son intention à Woodstock, dans l'État de New York. Il mourut finalement dans un hôpital, près de Chicago. Il avait choisi de s'éteindre en Amérique, contrairement au souhait de ses nombreux disciples d'Asie qui voulaient le rapatrier au Sikkim. Un geste à ajouter à la formidable contribution que son école et ses enseignements ont apportée à la croissance du Dharma en Occident, par l'extraordinaire transmission et les bénédictions qu'ils ont dispensées.

J'ai eu la grâce de rencontrer de nombreux maîtres, aussi bons que sages, qui ont généreusement partagé leur héritage spirituel avec nous. Des lamas tibétains tels que le vénérable Kalou Rimpotché, Dilgo Khyentsé Rimpotché, Dudjom Rimpotché, Kangyour Rimpotché et Toulkou Urgyen m'ont enseigné le Dharma. Ils m'ont clairement fait comprendre, en m'ouvrant la grande autoroute de l'éveil, que celle-ci était ouverte à *tous*. En fait, leur principale leçon est peut-être que le Dharma est à la disposition de tous, qu'il attend quiconque veut s'engager sur la voie de l'éveil. À chacun de trouver la porte d'entrée dans le Dharma qui lui convient.

Peu importe qu'on soit homme ou femme, oriental ou occidental, jeune ou vieux. Il existe une infinité de portes d'entrée dans le Dharma, et elles sont faciles à trouver. Rick Fields, le premier historien américain du bouddhisme, a écrit un poème intitulé *Le Mantra de la déesse et du Bouddha* où figurent les vers suivants :

Sois ton souffle,
Ah ! Souris, eh !
Et détends-toi, ho !
Et souviens-toi de ça : tu ne peux pas
rater ton coup.

Trouver sa vérité, sa porte d'entrée dans le Dharma

On n'a pas besoin d'être officiellement bouddhiste pour avoir soif de connaissance et de direction spirituelles. Mon gourou indien, Neem Karoli Baba, nous incitait toujours à apprendre de tout le monde. Nul n'a le monopole du marché de la vérité. « Tout un », telle était sa maxime préférée. Il m'encourageait à servir tous les sages, chercheurs spirituels et saints, à suivre un apprentissage auprès d'eux, indépendamment de leur étiquette ou de leurs croyances car, ce qui compte, c'est le cœur même de la chose. L'esprit de la loi plutôt que la lettre. L'esprit vivant.

Ce grand ancien de la tradition bouddhique qu'était Kalou Rimpotché m'a dit un jour qu'il ne pensait pas qu'un chercheur spirituel ayant des attaches avec le christianisme ou une autre religion dût se convertir au bouddhisme pour pratiquer le Dharma. Après tout, la vérité appartient à quiconque la vénère, la vit et l'aime ; à quiconque s'engage à y adhérer.

Il y a près de 2 500 ans, le Bouddha quitta sa femme, son fils en bas âge, son foyer, sa famille, sa fortune royale, le luxe tranquille et la sécurité de sa vie princière. Revêtir la robe ocre et rapiécée des mendiants pour embrasser la vie de moine ascétique, comme il le fit, c'était renoncer à une multitude de privilèges. Adieu la bonne chère servie sur des assiettes en or, le spectacle divertissant de superbes danseuses, l'amour, l'attachement aux êtres qui lui étaient chers, sans parler de tout le pouvoir et le prestige que lui conférait son rôle de prince héritier. Ce prince connu dans sa jeunesse sous le nom de Siddharta Gautama allait plus tard s'appeler Shakyamuni, le Sage du clan des Shakya, ou encore le Seigneur Bouddha, l'être béni.

Avant la naissance du Bouddha, des voyants avaient prédit à son père, roi du clan des Shakya, que le fils qui allait lui naître deviendrait un roi tout-puissant ou un être pleinement éveillé, selon l'orientation qu'il prendrait. Un choix difficile... Mais à l'âge de vingt-neuf ans, le Bouddha choisit la vie de moine itinérant parce qu'il voulait comprendre la souffrance et découvrir le moyen d'y mettre un terme ; il aspirait à en savoir plus long sur la vie et la mort, il voulait se purifier — dans son corps, son esprit et son cœur — de la souillure de l'illusion et des émotions destructrices. Bref, il souhaitait connaître la vérité et trouver la paix et la liberté intérieures.

Le Bouddha renonça à énormément de choses, au nom de la vérité. Mais, dans un sens, sa décision était peut-être moins compliquée à prendre qu'elle ne le serait pour un homme ou une femme de notre temps. Un jeune parent actuel, par exemple, ne pourrait pas envisager d'abandonner son enfant, comme fit le Bouddha pour s'engager dans la voie spirituelle. Car, à la différence du jeune futur Bouddha, rares sont les hommes ou les femmes d'aujourd'hui qui auraient l'assurance que tous les besoins matériels de leur enfant seraient pourvus s'ils partaient. Il n'y avait qu'une seule façon de suivre une voie sacrée à l'époque du bouddhisme originel : en se détachant radicalement du monde. Nous nous représentons tous des moines, ascètes, le bol de mendiant à la main, parcourant les sentiers poussiéreux de l'Himalaya et méditant. Vous vous imaginez qu'on puisse vivre longtemps ainsi aux États-Unis ou en Europe ?

Jack Kornfield, enseignant spirituel et écrivain, rentra de Thaïlande au milieu des années 70 après s'être fait moine. Il commença par mendier dans New York pour se procurer son unique repas quotidien, à midi, comme il le faisait en Thaïlande. Jack, qui a un doctorat de psychologie, était très décidé, spirituellement évolué et engagé. Mais quand il s'aperçut que sa seule source d'aumônes était l'ambassade de Thaïlande, il ne tarda pas à décider de reprendre la vie de laïc pour enseigner le Dharma. Il est depuis lors devenu l'un des principaux porte-parole du bouddhisme, un enseignant de la méditation et un écrivain très appréciés, ainsi que mari et parent. Il est une parfaite illustration du bouddhiste moderne, solidement formé et profondément enraciné, qui œuvre *dans* le monde sans être complètement *du* monde.

Qu'est-ce qui a le pouvoir de vraiment nous transformer ?

C'est peut-être la véritable interrogation de notre temps. Il est souvent plus important de savoir formuler les bonnes questions, celles qui, enfouies au plus profond de soi, expriment une interrogation authentique et lancinante, que de trouver la bonne réponse, si tant est qu'elle existe. Je crois beaucoup à la tradition authentique et à la sagesse issue de l'expérience éprouvée par le temps, et nombreux sont ceux qui ont parcouru le chemin sacré. Mais cela ne veut pas dire que ce soit la seule voie. Comme disait le poète Basho, dans ses haïkus : « Je ne cherche pas à inscrire mes pas dans ceux des hommes du temps jadis ; je cherche ce qu'ils ont cherché. » Chacun de nous doit trouver sa voie et la suivre au rythme et à l'endroit qui lui conviennent.

Ce qu'il y a de si réjouissant avec le Dharma, c'est qu'il peut accueillir une infinité de formes et de styles. Un fait déjà reconnu en Asie puisqu'il existe de nombreuses écoles de bouddhisme et que chacune offre la possibilité de s'engager à des degrés divers, selon qu'on est moine, moniale, instructeur spirituel ou « fidèle laïc ». Les trois écoles les plus connues en Occident à l'heure actuelle sont le bouddhisme zen, le bouddhisme théravada (parfois aussi appelé « Vipassana ») et le bouddhisme tibétain. On a maintenant tendance à les appeler collectivement « les Trois grandes traditions ».

Ma propre formation est celle d'un lama tibétain. La lignée à laquelle j'appartiens s'appelle le *Rimé*, une lignée tibétaine de pratique spirituelle « non sectaire[1] ». La plupart des maîtres qu'on rencontre en Occident sont issus de cette lignée. Ayant moi-même eu pour maîtres des lamas appartenant aux quatre grandes écoles du bouddhisme tibétain (Nyingma, Sakya, Kagyu et Gélug), la démarche non sectaire cadre bien avec mon expérience vécue et avec le Dharma contemporain, tel que je le comprends. J'éprouve une dévotion particulière pour les traditions Nyingma-Kagyu, celles de mes lamas-racines. L'héritage spirituel dont je me sens investi est le Dzogchen, qu'on appelle parfois la pratique ultime ou les enseignements secrets du Tibet. Certains maîtres ont dit du Dzogchen qu'il était « gardien de son propre secret », à savoir que, même si la vérité est cachée, elle est toujours là pour ceux qui sont prêts à la percevoir. Il a été dit à propos de la vérité du Dzogchen :

> « Étant trop proche de soi, on ne le voit pas ;
> Paraissant trop beau pour être vrai, on n'y croit pas ;
> Étant trop profond, on ne peut le mesurer ;
> N'étant pas extérieur à soi, on ne peut se le procurer. »

Dzogchen : la grande perfection naturelle

> *Un instant de conscience alerte et totale est un instant de liberté et d'éveil parfaits.*
>
> MANJUSHRI, la divinité de la sagesse.

L'un des plus vieux sujets de controverse du bouddhisme est le temps nécessaire pour atteindre l'illumination spirituelle. Certaines écoles sont d'avis que l'éveil est un processus graduel qui se déroule sur de nombreuses vies. La tradition du Dzogchen estime qu'on peut trouver l'éveil en une seule vie — voire une décennie. La voie directe du Dzogchen est celle

1. Ce terme désigne le fait de se réclamer de la tradition du bouddhisme tibétain dans son ensemble, par-delà les distinctions d'écoles ou de lignées de transmission. C'est dans cette acception, proche du terme « œcuménique », qu'il faut le comprendre dans ce livre. (N.d.T.)

que pratiqua Padma Sambhava et qu'il enseigna au Tibet pour la première fois il y a près de 1 300 ans, quoique l'enseignement même eût une origine encore plus ancienne.

Le premier maître indien du Dzogchen, Garab Dorjé, qui vécut au IIe siècle av. J.-C., décrivit cette pratique en ces termes : « Ne revenez pas aux pensées du passé, n'anticipez pas l'avenir et ne suivez pas les pensées illusoires qui se manifestent présentement. Tournez-vous plutôt vers l'intérieur, observez votre véritable nature et restez conscient de votre esprit naturel, tel qu'il est, au-delà des concepts limitatifs que sont le passé, le présent et l'avenir. »

La pratique du Dzogchen met en jeu la conscience alerte, dans sa nudité originelle. Elle ne dépend pas de clichés culturels ou de divinités exotiques. En fait, être dans l'instant présent — la conscience vigilante —, voilà le vrai bouddha, disaient mes maîtres. Le message unique du Dzogchen, c'est que nous sommes tous naturellement des bouddhas et que nous pouvons trouver l'éveil en une seule vie. À voir la vitesse à laquelle va ce monde, nous sommes beaucoup à penser que le Dzogchen est l'enseignement adapté à notre temps.

Un maître tibétain contemporain, Sogyal Rimpotché, souligne que le Dzogchen est tout aussi important pour la vie spirituelle que pour la mort en pleine conscience. Comme il le dit dans *Le Livre tibétain de la vie et de la mort* :

> « On ne peut pas mourir sans peur et complètement rassuré tant qu'on n'aura pas vraiment compris la nature de l'esprit. Car seule cette compréhension, approfondie par des années de pratique assidue, permet de garder l'esprit stable pendant la fusion chaotique qu'est le processus de mort. De tous les moyens que je connais pour aider les gens à comprendre la nature de l'esprit, la pratique du Dzogchen — le plus ancien et le plus direct des courants de sagesse jaillis des enseignements du bouddhisme, source aussi des enseignement du *bardo* — est le moyen le plus clair, le plus efficace et le plus pertinent, au vu du contexte et des besoins actuels. »

Dzogchen, la « Grande Perfection naturelle », va droit au cœur du sujet, tout en offrant une perspective globale qui permet d'intégrer toutes les formes de pratique aux fins de gravir la montagne spirituelle. Cette démarche informelle peut ainsi s'adapter aux besoins de chacun, en tout lieu et en toute circonstance ; elle peut aussi accompagner une pratique formelle qu'elle renforcera et facilitera. C'est pourquoi elle convient si bien à notre époque pluraliste et multiculturelle.

La vie m'a maintes fois démontré la nécessité de garder une vue d'ensemble des choses et de s'adapter aux changements de situation ou de lieu. J'ai dû résoudre le conflit entre la merveilleuse simplicité d'une vie monastique classique et la délicieuse diversité d'une existence où il faut danser avec la vie, jour après jour. On a l'impression que les hommes et les femmes d'aujourd'hui n'arrêtent pas de tomber de Charybde en Scylla, ou autres versions modernes de ces redoutables monstres : on passe du dentiste au psychothérapeute, du conjoint au patron, de l'inspecteur des impôts au professeur de gymnastique. L'ouverture d'esprit et la flexibilité sont de bien utiles qualités...

La voie spirituelle commence ici

Il faut bon gré mal gré affronter chaque jour l'agitation du monde, avec ce qu'il a de confusion et de chaos, mais aussi de joies et de possibilités. Rares sont ceux qui peuvent passer des heures entières à méditer et je doute qu'on trouve en Occident beaucoup de grottes où se retirer pour une retraite solitaire. Le Dalaï-Lama lui-même répète souvent qu'il n'a pas assez de temps pour la méditation et la réflexion. Pourtant, il a su trouver la paix. Alors, comment faire de même ? Comment se transformer, éveiller le bouddha intérieur ?

On n'a guère d'autre choix de nos jours que d'intégrer toutes ses expériences à sa vie spirituelle. Faire feu de tout bois, engraisser les fleurs de la spiritualité avec le fumier de l'expérience. Le sacré est inséparable du profane. Votre vie, c'est votre voie. Vos déceptions font partie de la voie, au même titre que les vêtements que vous donnez à nettoyer ou vos paiements par carte de crédit. Il ne sert à rien d'attendre d'avoir le temps de méditer ou de contempler, parce qu'il se pourrait bien que cela n'arrive jamais. Cultiver la méditation et la conscience vigilante doit devenir une activité à plein temps qui s'inscrira forcément, pour la plupart d'entre nous, dans le contexte d'une vie séculière, ici, dans l'hémisphère ouest.

L'important, pour un chercheur de vérité, c'est la manière de gérer l'instant présent. Cela recouvre la motivation, l'intention, l'aspiration, le désir, l'espoir et l'attente. Il ne s'agit pas seulement de ce qu'on fait, mais de *comment* on le fait. L'instant présent est le point de contact entre le pneu et la route. En termes spirituels, votre progression sur la voie dépend de la direction que vous donnez à votre cœur et à votre âme.

Qu'est-ce qui est le plus susceptible d'induire une transformation ? S'agit-il de changer de vêtements ou de coiffure, de rejoindre un groupe qui espère que son message bouleversera le monde ? Ou suffit-il de recevoir le mantra ou l'initiation suprêmes, d'apprendre à méditer ou à accomplir un rituel, de faire du yoga, de prier, de respirer, de psalmodier, de pratiquer une sexualité cosmique, de se rendre dans l'Himalaya, à

Jérusalem, à La Mecque, au Machu Picchu, au mont Kailash ou au mont Shasta ? Ou de rencontrer le gourou idéal ? Non, je ne crois pas.

Et si c'était une bien plus puissante transformation, un bouleversement majeur, quasi sismique, que de percer les voiles de l'illusion auto-entretenue, de briser la coquille de l'ignorance afin de se trouver face à soi-même ? Si l'on mène une introspection méditative honnête pendant un certain temps, on peut arriver à démanteler la carapace de l'ego et à pénétrer dans la demeure de l'être authentique. Pas facile, me direz-vous, mais en réalité plus simple que vous ne le pensez.

Comme nombre d'amis et de collègues des années 60 et 70, j'ai éprouvé des difficultés lors de mon premier contact avec les traditions asiatiques et avec les lamas, roshis, swamis et maîtres de tout poil qui en étaient les interprètes. Les enseignements et certains maîtres nous parurent d'emblée fort séduisants — il s'avéra qu'ils *l'étaient* —, mais de formidables barrières culturelles, linguistiques et psychologiques se dressaient devant celui qui voulait se former dans l'une des voies ou des disciplines orientales, et adopter une pratique spirituelle authentique.

Il fallait que cette pratique reflétât nos vies, dans leur intégralité, et nos traditions occidentales. Cela, les Tibétains le savaient, et nous, Occidentaux, allions devoir l'apprendre. À l'instar de Kabir, saint et poète indien du XVe siècle qui déclarait : « Je n'ai pas envie de teindre mes vêtements en jaune safran, la couleur du saint ordre ; tout ce que je veux, c'est me teindre le cœur avec l'amour divin. »

On n'a pas besoin de voyager au bout du monde, de rechercher des expériences mystiques exotiques, de maîtriser des mantras ou des traités ésotériques, ou de cultiver des états mentaux extraordinaires pour vivre un changement radical de mentalité, une transformation intérieure. D'un point de vue spirituel, ce qui peut combler nos désirs, nos aspirations et nos besoins est constamment présent et accessible, ici et maintenant — pourvu qu'on ait des yeux pour voir. Comme le dit un vieil adage : « On n'a pas besoin de voir autre chose mais de voir les choses *autrement*. »

J'ai eu la chance de visiter la plupart des hauts lieux de la spiritualité humaine, d'étudier en Inde et au Tibet, et de faire plusieurs fois le tour de la planète en quête de ce que je cherchais. Et maintenant, je joins ma voix à celle de tant d'autres avant moi : on n'a rien vu tant qu'on ne s'est pas trouvé face à soi. Dès lors, chaque instant recèle le miracle ultime, où que l'on se trouve. La vérité et l'amour sont là, dans la paume de la main. Quand un être est spirituellement illuminé, c'est tout l'univers qui s'illumine. Alors, si nous laissions jaillir la lumière ?

La conscience intrinsèque est le dénominateur commun de tous les êtres sensibles. Vivre en étant pleinement conscient, avec la conscience de soi que donne la démarche contemplative : voilà le moyen de devenir ce qu'on est. La conscience est curative. Se connaître et apprendre à lâcher prise : telle est la méthode, le moyen le plus adroit. La spiritualité, c'est se découvrir soi-même et non devenir autre. La véritable transformation ressemble à la transmutation alchimique : le métal brut du soi limité et fini se change en or, comme par magie. L'or spirituel de notre nature transcendante originelle.

Tous ceux qui, au cours des âges, ont entendu le lancinant appel de la vérité ont cru à la force transformatrice de l'illumination spirituelle, alliée au pouvoir illuminant des actes altruistes inspirés par la compassion. Mais l'éternelle question demeure posée : comment avoir la paix dans le monde si, nous, ses habitants, ne sommes pas en paix avec nous-mêmes ? Tant qu'il y aura une séparation entre « eux » et « nous », soi et l'autre, « moi » et « toi », les conflits subsisteront et la transformation de soi restera une simple vue de l'esprit. Comment aimer la terre entière quand on ne s'aime pas soi-même ?

Pour se transformer, il faut se transcender. Le changement intérieur est donc un processus de portée cosmique, qui inclut tout être et toute chose, partout. Une transformation de soi authentique ne concerne pas que soi, elle englobe tout être, car nous sommes tous inextricablement liés, interdépendants. Tout ce qui affecte l'un affecte forcément les autres : attenter au moindre fragment du réseau de la vie, c'est nuire à l'intégralité de l'ensemble. La tribu Xhosa en Afrique a une maxime qui vaut la peine d'être retenue : « Je suis, parce que nous sommes. »

Se construire une vie spirituelle à partir de rien

En parcourant de vieux cahiers, ces derniers temps, j'ai retrouvé des notes que j'y avais consignées quand j'étais au monastère de Lama Yeshe. Y figure entre autres une liste de choses à faire chaque jour, que j'avais intitulée « Besoins quotidiens ». Il y a là des pratiques susceptibles de vous transformer si vous y réfléchissez et si vous les intégrez à votre quotidien.

Besoins quotidiens

Quelques « trucs » pour se construire une vie spirituelle à partir de rien

Prier
Méditer
Être conscient / Rester éveillé
S'incliner
Faire du yoga
Sentir
Psalmodier et chanter
Respirer et sourire

Se détendre / Prendre plaisir / Rire / Jouer
Créer / Imaginer
Laisser couler / Pardonner / Accepter
Marcher / Prendre de l'exercice / Bouger
Travailler / Servir / Apporter sa contribution
Écouter / Apprendre / Questionner
Considérer / Réfléchir
Se cultiver / Améliorer ses compétences
Cultiver la satisfaction
Cultiver la flexibilité
Cultiver une attitude amicale et la collaboration
S'ouvrir / S'élargir / Inclure
S'illuminer
Rêver
Célébrer et apprécier
Remercier
Évoluer
Aimer
Partager / Donner / Recevoir
Marcher en douceur / Vivre en douceur
S'agrandir / Rayonner / Se dissoudre
Simplifier
S'abandonner / Faire confiance
Naître à une vie neuve.

DÉMOLIR LA MAISON ÉDIFIÉE PAR L'EGO

Le héros quitte le monde des jours ordinaires pour s'aventurer dans la contrée du merveilleux surnaturel, y rencontre des forces fabuleuses et remporte une victoire décisive. Le héros revient de cette mystérieuse aventure avec le pouvoir de conférer des bienfaits à ses semblables.

Joseph CAMPBELL.

Il est dix-huit heures trente, un vendredi soir du début de printemps. Scott, qui a récemment fêté son trente-deuxième anniversaire, est sur le point de quitter son bureau. Il a eu une semaine difficile, de longues heures de travail, beaucoup de stress. Scott, qui est célibataire, s'apprête à sortir entre copains pour se détendre et discuter des péripéties de la semaine. Ils ont prévu d'aller au restaurant japonais manger des sushis et boire du saké. Comme toujours, Scott et ses amis passeront une bonne part de leur temps à parler de leurs objectifs professionnels ; ils se plaindront de ne pas gagner assez d'argent et il y en aura au moins un pour se vanter du brillant coup qu'il a réussi dernièrement. Ils compareront aussi leurs expériences amoureuses. Ensuite, ils iront en boîte dans l'espoir d'y rencontrer des femmes.

Scott et ses amis font pratiquement la même chose toutes les semaines. Histoire de « cultiver le réseau », comme ils disent ; affaire de camaraderie masculine, aussi. Deux heures du matin : fidèle à ses habitudes, Scott va rentrer chez lui seul, légèrement soûl, se demandant s'il ne risque pas de se réveiller avec un mal de tête le lendemain et s'il n'a pas trop dépensé ce soir. Il va sans doute se sentir un brin déprimé, un rien seul, avec la sourde impression que la soirée n'a été qu'une pure perte de temps — comme du reste le plus clair de ce qu'il fait. Scott aimerait bien changer. Mais comment ? Et dans quel sens ?

Le scénario est immuable, semaine après semaine. Ce soir, Scott remue bien ces mêmes pensées, mais il se passe quelque chose d'étonnant : tandis qu'il avance dans la rue sombre à la recherche de sa voiture, il appuie sur la télécommande du trousseau de clés qui fait clignoter les phares pour aider le propriétaire à retrouver son véhicule. Au lieu de voir le clignotement attendu, il entend psalmodier à voix basse et découvre un spectacle inhabituel : un homme en robe jaune, assis en position du lotus sous l'unique réverbère de la rue, médite et psalmodie. C'est le Bouddha. Que fait donc ici le Grand Éveillé et quelle sagesse peut-il transmettre à

Scott ? Qu'est-ce que le Bouddha pourrait bien dire à Scott pour l'aider à amorcer un changement, une transformation ?

De fait, on a une idée assez claire de ce qu'il lui suggérerait parce que le Bouddha eut un jour à intervenir dans des circonstances comparables. Il méditait dans une forêt quand vint à passer une bande de villageois fort agités — plusieurs couples et un riche célibataire.

Il s'avéra que le célibataire avait invité sa maîtresse préférée à passer la nuit chez lui, la veille au soir, que celle-ci avait trouvé de l'argent caché sous le lit pendant que l'amant dormait, s'en était emparée et avait pris la poudre d'escampette. Constatant le vol à son réveil, le célibataire rameuta amis et voisins, et tout le monde partit à la poursuite de la femme. C'est ainsi qu'ils tombèrent par hasard sur le Bouddha. Tout excité de rencontrer le Grand Éveillé, le célibataire lui conta sa mésaventure et sollicita son conseil avisé. Bouddha, le sage, lui répondit par une question : « Ne ferais-tu pas mieux de chercher ton véritable soi, au lieu d'errer parmi les dangers de la jungle en quête d'une femme et d'argent ? »

Lorsque Gautama Bouddha posa cette question, il y a 2 500 ans, le célibataire, frappé au plus haut point par sa présence paisible et rayonnante, prit conscience que sa vie hédoniste était sans but et dépourvue de sens. Comprenant que sa vie spirituelle avait toute la profondeur d'une mare à canards, il prit aussitôt des mesures qui allaient transformer son existence. Et, comme c'était la coutume en Inde, il y a des siècles, quand un homme voulait mener une vie de spiritualité, il finit par entrer dans un monastère.

Il y a de fortes chances qu'aujourd'hui le Bouddha poserait la même question à Scott que jadis au riche célibataire : « Plutôt que d'errer parmi les dangers de cette jungle de béton en quête d'une femme et d'argent, ne ferais-tu pas mieux de chercher ton véritable soi ? »

La question n'a-t-elle pas gardé toute sa résonance ? Scott répondrait sans doute : « Qu'entendez-vous par là ? », car il n'aurait sûrement pas la moindre idée de la façon dont on entreprend une telle recherche. Il poserait aussi d'autres questions : « Comment chercher mon soi véritable ? Où aller pour ça ? »

« Par où commencer ? » N'est-ce pas finalement la principale demande des chercheurs de vérité, particulièrement ici, en Occident ? Car il y a de quoi se sentir frustré et bien seul quand on tente d'entamer un cheminement spirituel dans le contexte de la vie contemporaine et du trop-plein d'activités qui la caractérise. On n'a pas toujours près de soi des maîtres, des lamas ou des gourous qualifiés ; les modèles et mentors spirituels authentiques ne courent pas les rues et, si l'idée de se retirer dans un monastère plein d'hommes et de femmes embarqués dans la même quête spirituelle peut paraître séduisante, un tel choix n'est pas une option viable pour la plupart. Alors, par où commencer ? Vous serez peut-être rassuré d'apprendre que les premiers pas à accomplir aujourd'hui sont restés les mêmes qu'il y a 2 500 ans.

Faire le premier pas

Reconnaître que l'éveil est une réelle possibilité

Le Bouddha a réellement existé, c'est un fait historique. Mais, s'il compte parmi les fondateurs des grandes religions du monde, jamais il n'a prétendu qu'il était de nature divine ou qu'il venait de l'au-delà. Le bouddhisme enseigne que le Bouddha est né homme et non dieu, et qu'il a atteint l'éveil au terme de ses recherches pour connaître la nature de la réalité, du soi et du monde. Il n'a pas dû son illumination spirituelle à l'intervention d'une force extérieure, mystique ou provenant de l'au-delà. La voie du Bouddha est celle de la raison lucide. C'est la voie de la réalité, de l'examen critique et d'une recherche assidue sur la nature de la vie. Le Bouddha a du reste lui-même enseigné que la foi aveugle et la dévotion seules ne peuvent mener à la libération et à l'éveil, quelle que soit leur utilité.

Du temps où le Bouddha vivait dans son palais, c'était un homme bon, gentil avec sa femme, sa famille, ses domestiques. Cependant, son potentiel d'éveil avait beau être présent en lui et visible de tous, seul l'énorme travail intérieur qu'il allait opérer en lui-même après son départ du palais devait le mener à l'éveil parfait.

Le Bouddha était à sa naissance un être humain peu différent de vous et de moi. C'est par ses propres efforts qu'il put atteindre la conscience parfaitement alerte et la connaissance de soi, par ses efforts qu'il parvint à connaître tout ce qui était objet de connaissance. La conclusion qui en découle est extraordinaire : *Si le Bouddha a pu atteindre l'éveil, nous le pouvons tous !* S'il a pu appréhender la vérité des choses, telles qu'elles sont, alors c'est également possible pour des gens comme vous et moi. « Quoi, moi ? » vous écriez-vous. Oui, *vous* ! N'oubliez jamais le message révolutionnaire, la bonne nouvelle du bouddhisme : chacun de nous est doté de la lumineuse nature de bouddha, du potentiel d'éveil.

Les Tibétains sont convaincus qu'il y a toujours eu et qu'il y a toujours des êtres éveillés parmi nous. De fait, un peu partout des yogis vivent dans l'anonymat, sans attirer l'attention de quiconque. Les géants spirituels sont unanimement considérés comme des héros au Tibet, où les noms qui laissent une trace dans l'esprit des gens ne sont pas ceux des grands sportifs, des politiciens ou des vedettes de cinéma. Vous pouvez questionner n'importe quel Tibétain sur Milarepa, le yogi et sage du XIe siècle qui vivait dans des grottes, ce poète aimé de tous, parvenu à l'éveil en une seule vie. Les enfants ont tous entendu chanter les odes qui étaient l'expression spontanée de sa sagesse pleine de joie.

De même qu'en Occident les gosses grandissent en croyant pouvoir devenir un jour président, acteur ou sportif de haut niveau, les petits

Tibétains sont élevés dans l'idée qu'il est possible de parvenir à l'illumination spirituelle. La sagesse du Tibet nous apprend que chacun est capable d'éliminer le négatif en lui et les voiles qui lui enténèbrent l'esprit, de parfaire sa connaissance et de pratiquer la compassion universelle. Reconnaissez votre nature de bouddha, votre perfection innée, et vous atteindrez, vous aussi, l'illumination spirituelle.

PRENDRE L'ENGAGEMENT DE S'ÉVEILLER

Le Bouddha ne pourrait — ni ne *voudrait* — vous forcer à prendre la voie de la vérité et de la libération. Pas plus qu'il ne pourrait ni *ne voudrait* vous contraindre à suivre le chemin de la compassion et de la purification, ou à assimiler les leçons libératrices du Dharma qui ouvre les cœurs. Car le bouddhisme enseigne que vous seul contrôlez votre destinée. Elle dépend entièrement de vous : le bouddha est entre vos mains, le potentiel de perfection est déjà vôtre à l'instant où vous lisez ces lignes. La nature de bouddha innée s'exprime à travers notre humaine nature. Prenez l'engagement d'atteindre l'éveil, l'illumination spirituelle, et devant vous s'ouvriront les portes du Dharma et la voie de l'éveil, comme ce fut le cas pour d'innombrables êtres avant vous. S'engager ainsi à s'éveiller, c'est ce qu'on appelle dans le bouddhisme « prendre refuge ».

Prendre refuge

Dans le bouddhisme tibétain, l'une des premières choses que fait un nouveau disciple du Dharma est de s'engager à l'éveil à travers un rite nommé la « Prise de refuge ». Prendre refuge signifie trouver un havre spirituel de confiance, un lieu où reposer le cœur et l'esprit en toute sûreté. La cérémonie du refuge et la récitation de la prière du refuge officialisent l'engagement que l'on prend envers le Bouddha, le Dharma et la Sangha. Le *Bouddha*, le *Dharma* et la *Sangha* sont les « Trois Joyaux » du bouddhisme, un joyau à trois facettes.

La prière du refuge

> *Je prends refuge dans le Bouddha, le maître éveillé, et m'engage à atteindre l'éveil.*
> *Je prends refuge dans le Dharma, l'enseignement spirituel, et m'engage à connaître la vérité, telle qu'elle est.*
> *Je prends refuge dans la Sangha, la communauté spirituelle, et m'engage à mener une vie éveillée.*

Dans le bouddhisme tibétain, quand on prend refuge avec un maître ou un lama pour la première fois, celui-ci vous donne un nom de Dharma, symbole de renaissance spirituelle, et vous coupe une petite mèche de cheveux. La mèche sert à rappeler que lorsque le Bouddha quitta son palais pour devenir moine, renonçant à la vie qu'il avait connue jusque-là, il échangea ses royaux atours contre les humbles vêtements de son cocher, trancha sa princière chevelure d'un coup de sabre et s'en fut seul, les mains vides, dans la forêt, pour trouver la voie de l'éveil.

La première fois que je me suis engagé officiellement dans le bouddhisme, c'était lors d'une cérémonie de refuge faite par Kalou Rimpotché dans son monastère de Sonada, en 1972. Il me coupa une minuscule mèche de cheveux et me donna mon nom de Dharma. Il conféra le refuge à des quantités de gens, nous donnant des noms qui commençaient tous par Karma, pour montrer l'appartenance à la lignée Karma Kagyu dont le Karmapa est le chef spirituel. Karma Teunndroub Tcheupel (qui signifie « accomplir et répandre le plus haut objectif du Dharma ») : tel est le nom de refuge que m'a donné Kalou Rimpotché, précisant que ce serait celui par lequel il m'appellerait, lui, mon gourou, pour me guider dans la traversée du bardo, l'expérience d'après-mort, et m'inviter à rejoindre la lumière. Ainsi, le lien spirituel qui nous unissait perdurerait au-delà de la mort.

J'ai eu de la chance. C'était un privilège d'établir un tel lien avec un ancien, un maître éveillé si profondément ancré dans la tradition sacrée. La cérémonie, qui eut lieu à Darjeeling, province des contreforts de l'Himalaya, accomplie par un lama portant les robes bouddhistes traditionnelles, était le fruit d'une importante décision de ma part. Mais on peut prendre une telle décision chez soi, sans cérémonie. Même ici, dans le monde occidental, vous pouvez vous forger un lien qui ne sera pas moins authentique. À vrai dire, c'est ici qu'il faut le faire puisque c'est ici qu'on se trouve. Et si la vérité, la réalité et la sagesse ne se trouvent pas ici, alors elles ne sont nulle part !

Songez à ce que le Bouddha dut ressentir quand il se détourna des siens et de ses biens matériels pour s'engager dans la voie de la libération. Et il n'y avait pas plus de lamas en robes bordeaux que de moines en robes ocre ou safran, quand il s'est coupé les cheveux. Si le Bouddha a pu prendre sa décision sans cérémonie, vous pouvez en faire autant, pourvu que, comme lui, vous vous engagiez sincèrement à prendre refuge dans la voie de la vérité. Vous éprouverez bien des fois le besoin de prendre refuge, au cours de votre cheminement spirituel. Vous le ferez en réaffirmant chaque jour votre engagement à vous éveiller à travers chacun de vos actes, et en vous remémorant la prière du refuge et ce qu'elle symbolise.

« Je prends refuge dans le Bouddha »

Que signifie vraiment la vénérable formule du refuge : « Je prends refuge dans le Bouddha » ? Est-ce à dire qu'il suffit d'édifier un petit autel et de s'incliner devant une statue achetée chez un antiquaire ? Bien sûr que non. Les représentations du Bouddha ont un sens bien plus profond, qu'on les dispose sur un autel ou qu'on en porte la radieuse image dans son cœur. Prendre refuge dans le Bouddha signifie que vous cherchez l'éveil, la nature de bouddha, la bouddhéité. Vous cherchez l'illumination de l'esprit, l'accomplissement spirituel qui, seul, peut vous offrir un refuge, un sanctuaire, un endroit sûr, un vrai chez-vous.

En prenant refuge dans le Bouddha, on prend refuge dans la sagesse naturelle de l'intelligence innée. Il ne s'agit pas simplement de s'incliner devant une statue et cela n'a rien à voir avec l'adhésion à un dogme. Le Bouddha ne s'est jamais posé en sauveur, il faut plutôt voir en lui un modèle, un maître. « Je montre la voie de l'éveil, mais c'est à chacun d'y cheminer », disait-il d'ailleurs.

Le Bouddha n'a jamais prétendu sauver le monde. Dans le bouddhisme, chacun fait son propre salut. Prendre refuge dans le Bouddha, c'est prendre le ferme engagement de trouver la vérité, de connaître les choses telles qu'elles sont réellement. C'est s'engager à sauver son présent et son avenir. Conscience parfaitement alerte, pur état d'éveil : tel est le bouddha intérieur, la pureté innée de votre cœur-esprit. L'authenticité naturelle qui est le refuge ultime. Là se trouve la vérité intérieure, le maître en soi, le gourou absolu. Ne pas se contenter de connaître et d'expérimenter la réalité avec son cerveau rationnel et logique, mais l'appréhender avec son cœur intuitif. Voilà quelque chose de fiable : trouver la vérité à travers votre propre expérience.

« Je prends refuge dans le Dharma »

Jusqu'à ce que vous trouviez la voie
Vous errerez de par le monde,
Le précieux Bhouddha caché en vous,
Comme emballé dans un tas de chiffons.
... Déballez-le vite,
Ce précieux Bouddha qui est en vous !

Extrait du Soutra du Bouddha.

Prendre refuge dans le Dharma, c'est s'engager à prendre refuge dans un mode de vie qui reflète la vérité. Ce qui fait du Bouddha un être remarquable, c'est que, de toute sa vie, jamais il ne s'est détourné de la réalité. Jamais il n'a tenté d'esquiver la vérité, telle qu'elle était. L'esprit éveillé, qui connaît les choses exactement telles qu'elles sont, voit la réalité et connaît la vérité. Vivez joyeusement la vérité et vous incarnerez le Dharma. Voilà la voie royale qui conduit à l'éveil.

Le Dharma décrit mais ne décrète pas. Il ne nous dit pas ce qu'il faut être, mais nous révèle ce que *sont réellement* les choses. Et, de ce point de vue éveillé, on distingue trois causes essentielles d'insatisfaction et de malheur qu'on appelle les *Trois poisons* ou les *Trois feux*. Ces formes d'affliction de l'esprit sont aussi parfois désignées par le terme d'« émotions négatives » ou « perturbatrices ». On les connaît aussi sous leur nom sanscrit de *kleshas* — des émotions malsaines.

PREMIER POISON : L'IGNORANCE DE LA VÉRITÉ

Il m'est difficile de dire que nous sommes ignorants, vous et moi, sans avoir l'air dogmatique et répressif, à la manière des prêcheurs d'antan qui vous menaçaient des feux de l'enfer. La notion d'ignorance dans le bouddhisme décrit le sempiternel problème de l'illusion et de la confusion. À savoir que, tant qu'on n'aura pas atteint l'éveil, on sera au moins un peu ignorant de la vérité, pas en phase avec la réalité. Car on ne perçoit pas la vérité des choses telles qu'elles sont réellement, directement, sans distorsion ni illusion. On tient dur comme fer à les voir telles qu'on aimerait qu'elles fussent. On se raconte des histoires, on vit ses fantasmes.

DEUXIÈME POISON : L'ATTACHEMENT

À qui ou à quoi êtes-vous le plus attaché ? À une personne ? Un objet ? Une attitude, un type de comportement ? Êtes-vous attaché à une habitude, à une conduite répétitive, voire compulsive ? Êtes-vous attaché à l'argent ? À votre situation ? Et qu'en est-il de l'ambition ? Nos vies sont souvent dominées par toutes les formes que prend l'attachement, si bien qu'on finit par être possédé par ce qu'on possède. On a une telle soif de succès qu'on renonce au vrai vécu, un tel désir de beau qu'on ne voit plus que les imperfections de ce qu'on possède déjà ; on est si attaché aux autres qu'on tente de les contrôler ou de se les approprier. On peut être si attaché à quelque chose ou à quelqu'un qu'on en devient totalement dépendant, au point d'oublier qui l'on est.

Le Dharma nous enseigne aussi que l'attachement génère deux sous-produits venimeux : *l'orgueil* et *la jalousie*. On est si « attaché » à ses biens et à ses succès qu'ils deviennent source d'orgueil, lequel nous pousse à nous définir par rapport à eux. Qui suis-je ? « Je suis le PDG de la société Untel, j'ai un doctorat, je suis femme de médecin, je suis le meilleur basketteur du quartier. » L'orgueil contribue fortement au maintien d'une personnalité rigide ; il nous fixe en un point, nous prend dans ses rets et nous emprisonne, tarissant l'eau vive de l'authenticité et de l'inspiration.

Comme l'orgueil, la jalousie concourt à donner une vision dualiste du monde. « Elle a quelque chose que je n'ai pas, et ça, je le veux. » Ou bien : « Celui-là, il essaie de me prendre un truc et ça ne va pas se passer comme ça ! » L'orgueil et la jalousie sont des manifestations de l'attachement à l'ego. Il est donc essentiel de s'en purifier pour se défaire d'une vision fausse — puisque égocentrique — de la réalité, et introduire l'harmonie et la réconciliation dans sa vie.

L'attachement sous ses différentes formes nous pousse à des actes compulsifs. Une formule est souvent utilisée dans les réunions de l'association Alcooliques anonymes : « Laissez tomber et laissez venir Dieu. » Ce qu'un bouddhiste traditionnel aimerait peut-être paraphraser ainsi : « Laissez tomber et laissez venir Bouddha. » Qu'importent les mots, le principe est le même. Mais ne vous méprenez pas : l'attachement dont il est question, décrit en termes de « poison » ou de « feu » incontrôlés, n'est pas de l'amour, cette capacité d'acceptation authentique qui n'est ni égoïste ni définie par rapport à soi.

TROISIÈME POISON : L'AVERSION

L'aversion, c'est ne pas aimer quelque chose ou quelqu'un. La petite amie de John l'a quitté pour un de ses amis intimes et il les *déteste* tous les deux. Le propriétaire de Dick n'arrête pas d'augmenter le loyer : Dick *déteste* les gens avides. L'aversion qu'on éprouve pour les gens ou les choses est souvent l'expression d'une frustration due à l'attachement. Meryl, qui est angoissée et ne se sent pas tranquille quand elle est seule, *déteste* ce sentiment. On n'aime pas ne pas obtenir ce qu'on veut, on n'aime pas ce qui nous est désagréable. Que d'autres facteurs viennent renforcer l'aversion, et elle tourne souvent à la colère, à la haine et à l'inimitié.

Voici comment les Trois poisons se combinent pour faire notre malheur : étant *ignorant* de la vérité, on s'imagine pouvoir trouver le bonheur à travers l'*attachement* qu'on éprouve pour une personne, un endroit, une chose, un sentiment. Inévitablement, on est déçu et c'est alors que l'*aversion*, voire la haine, pointe son vilain museau.

Ce triste cercle vicieux se reproduit sous une multitude de formes, des plus banales aux plus tragiques. Quand vous allez au supermarché, attaché à l'idée d'y acheter une livre de pêches bien mûres et que vous n'en trouvez que des vertes, cela vous énerve, et vous donnez aux trois poisons l'occasion de perpétuer le cercle vicieux dans votre vie. Les disputes d'amoureux, les rixes et les bagarres en sont d'autres illustrations, de même que les querelles de frontières ou les échanges de tir entre nations.

Je pense qu'il peut être utile d'ajouter un autre poison à ce frustrant mélange de *kleshas* : la *résistance* au changement. Comme le savent les psychologues (et les physiciens), on a tendance à résister au changement, surtout dans les domaines où l'on aurait le plus besoin de transformation. Freud se montra particulièrement lucide en soulignant que la résistance au changement, dans le sens d'une amélioration, est l'une des caractéristiques qui définissent la névrose. Nous avons tous tendance à nous accrocher à nos mauvaises habitudes, à des modes de comportement fossilisés. On n'arrête pas de revenir sur ses pas, de tourner en rond. On ne sort pas de ses ornières, de ses petits coins confortables, quelle que soit l'insatisfaction réelle dans laquelle ils nous laissent.

Le Dharma, facteur de changement

La philosophie bouddhique nous explique qu'il y a moyen de se prendre en main, de changer de direction et de peler les couches d'ignorance, afin de voir avec une totale clarté. Intemporel malgré son ancienneté, le message du Dharma pour le chercheur de vérité est le suivant : il existe une méthode éprouvée permettant de raffiner l'esprit, d'aiguiser la conscience et de transcender la dépendance par rapport aux circonstances extérieures.

Les Tibétains enseignent que le Dharma comprend deux aspects : le Dharma de la Transmission, qui correspond à l'enseignement classique, et le Dharma de l'Intériorisation qui est celui de l'expérience directe.

Le Dharma de la Transmission

La doctrine fondamentale du bouddhisme se trouve dans les paroles et les enseignements du Bouddha consignés dans les Écritures qu'on appelle *soutras*. *Soutra* est la transcription d'un mot sanscrit qui signifiait à l'origine « fil » ou « ficelle ». La guirlande de fleurs, le rosaire, où la cohésion de l'ensemble est assurée par un fil, sert de métaphore à l'agencement de mots et de formules inspirantes autour du fil conducteur de la pensée, tel qu'en produisaient les paroles du Bouddha.

Peu après la mort du Bouddha, cinq cents disciples éveillés organisèrent le Premier Concile bouddhiste afin de pérenniser les paroles du Grand Éveillé après avoir comparé et confirmé leurs souvenirs respectifs. Un des principaux disciples du Bouddha, Ananda, qui était aussi son cousin et l'un de ses seconds, avait assisté à tous les enseignements du maître et, lors du concile, en présence d'autres moines célèbres pour leur extraordinaire mémoire, il récita par cœur tous les sermons du Bouddha. Quand on lit ces textes de nos jours, on se demande parfois pourquoi ils commencent toujours par : « Voilà ce que j'ai entendu. » Or, la tradition nous apprend que c'est ainsi qu'Ananda commençait chacune de ses récitations. Les autres disciples éveillés, nombreux à avoir également assisté aux enseignements, apportaient d'éventuelles corrections de détail et approuvaient la version récitée. Une fois qu'une récitation avait obtenu l'approbation du concile des cinq cents principaux disciples, elle était considérée comme « soutra », à savoir parole authentique du Bouddha. C'est ainsi que cette transmission orale, fraîche et vivante, s'est perpétuée jusqu'à nos jours, nous léguant un héritage spirituel transmis de maître à disciple, sans interruption aucune.

Beaucoup de gens demandent s'il existe une « bible » bouddhique, un canon des Écritures bouddhiques. À titre de référence, voici un résumé du noyau dur des enseignements : outre les *Soutras*, le Bouddha nous a laissé l'exposition des règles et des vœux monastiques, la *Vinaya*, et un corpus de traités de psychologie bouddhique, *l'Abhidharma*. Ces trois grandes sommes d'enseignements du Bouddha Shakyamuni — Soutra, Vinaya, Abhidharma — forment le canon bouddhique, le *Tripitaka*, qui signifie les Trois Corbeilles ou Sommes. Il s'agit des enseignements donnés par le Bouddha historique, initialement consignés en langue pali.

Le Dharma de la Transmission comprend aussi des ouvrages, textes et commentaires dus à des maîtres bouddhistes des générations postérieures à l'époque du Bouddha. On considère qu'en font également partie les soutras mis par écrit à une époque plus tardive, les tantras, et les soutras du Mahayana rédigés en sanscrit. Rentrent aussi dans cette catégorie les tantras plus mystiques ou « non-duels », enseignés par le Bouddha se manifestant sous la forme de déités servant à la méditation, afin de transmettre les enseignements non-duels du Vajrayana, les plus profonds, aux êtres doués de capacités supérieures. C'est ainsi que se constitua le corpus des quatre-vingt-quatre mille enseignements du Bouddha, présentés en trois Véhicules (*Yanas*) : Theravada, Mahayana et Vajrayana. Ces trois cycles d'enseignement, souvent désignés par l'expression les « Trois Tours de la Roue du Dharma », correspondent aux trois grandes traditions bouddhistes parvenues en Occident de nos jours, et aux types de pratique de méditation qui s'y rattachent et qui tendent à dominer actuellement : Vipassana, Zen et Dzogchen-Mahamudra.

Le Premier Cycle du Dharma (premier Tour de la Roue) est la Voie traditionnelle des Anciens, le *Theravada*, parfois qualifiée de manière inexacte de *Hinayana*. Ce cycle comprend les Quatre Nobles Vérités, l'Octuple sentier, les Trois marques ou caractéristiques de l'existence (impermanence, non-soi, souffrance) et l'origine interdépendante (tout ce qui arrive est le résultat du jeu de la cause et de l'effet). Cette Voie est souvent décrite comme étant celle de la libération individuelle, de la purification et d'une conduite extrêmement pure. C'est la Voie des *Arhants* (les « saints »). La Voie théravadine met l'accent sur la vision transcendante, la purification, l'éthique, la retenue, l'abstention du mal, le renoncement et la simplicité. Selon les anciennes écritures, celui qui suit cette voie atteindra l'éveil sept vies après sa première expérience d'illumination spirituelle.

Le Deuxième Cycle du Dharma (deuxième Tour de la Roue) est le *Mahayana* qui met l'accent sur *sunyata*, vacuité infinie et radieuse ouverture. Voie de l'éveil universel, voie héroïque du bodhisattva, elle souligne l'importance d'unir la sagesse et la compassion et de cultiver une motivation altruiste. Le Mahayana met en avant la compassion, la sagesse de la vacuité, l'ouverture, l'altruisme et un courage intrépide. C'est un cheminement susceptible de mener à l'éveil total en quelques existences.

Le Troisième Cycle du Dharma (troisième Tour de la Roue) est le *Vajrayana* qui parle surtout de la nature de bouddha, présente en chacun de manière innée, spontanée, féconde et lumineuse. Le Vajrayana explique le sens du tantra non-duel, dévoilant l'inséparable et indicible union du nirvana et du samsara, du sacré et du profane, du ciel et de la terre. Il souligne l'importance de la transformation, de l'énergie, du pouvoir spirituel que confère l'initiation, de l'utilisation de « moyens adroits » dynamiques. Certains ont atteint l'éveil en une seule vie en suivant cette voie-là.

Ces trois démarches correspondent aux Trois Véhicules du bouddhisme. Historiquement, le Hinayana et le Theravada classiques se sont surtout répandus dans les Écoles du Sud, à Ceylan, en Birmanie, en Thaïlande, au Laos et au Cambodge, tandis que les Écoles du Nord — Népal, Sikkim, Tibet, Mongolie, Corée, Chine et Japon — privilégiaient le Mahayana et le Vajrayana tantrique.

Au dire de mes maîtres et de la lignée tibétaine du Rimé (lignée de pratique « non-sectaire »), il existe un Quatrième Tour de la Roue du Dharma, un quatrième cycle d'enseignements secrets. Il s'agit de l'ultime enseignement bouddhique qui s'appelle *Dzogchen* en tibétain. Considéré commme la voie la plus directe et non-duelle pour éveiller le bouddha en soi, le Dzogchen met l'accent sur la non-dualité, la spontanéité extatique, la grande perfection naturelle des choses, exactement telles qu'elles sont. Au dire des maîtres du Dzogchen, il est possible d'atteindre l'éveil dans cette vie même, en trois à sept ans environ de pratique vraiment assidue.

Il est important de se rappeler que les paroles du Bouddha sont les enseignements d'un être en chair et en os, parvenu à l'illumination spirituelle, qui, par bonté et par compassion, a voulu partager ce qu'il savait avec autrui. Pionnier et découvreur visionnaire, ce fut un sage qui ouvrit aux autres une voie neuve. Il paraît que le Bouddha était si sensible et si pleinement conscient qu'il arrivait à comprendre les énormes différences qu'on rencontre d'un groupe social à l'autre, d'un individu à un autre. À en croire la légende, quand le Bouddha enseignait, chacun de ses auditeurs entendait exactement ce qu'il avait besoin d'entendre, et dans sa propre langue.

La roue sacrée du Dharma tourne encore aujourd'hui en Occident. Jaillissement de la vérité en mouvement. Les vérités du bouddhisme évoquent les mêmes résonances chez les chercheurs de vérité contemporains que chez ceux qui les ont précédés dans cette quête, il y a des siècles. Maintenant, c'est à vous qu'il revient de faire tourner la Roue du Dharma afin qu'en jaillisse votre propre vérité, votre Dharma, votre vraie vocation, la voie qui vous convient. C'est à chacun de nous d'en faire autant.

Le Dharma de l'intériorisation

Aussi importantes que soient les paroles du Bouddha, la manière dont chacun assimile les enseignements compte beaucoup. Les maîtres tibétains expliquent que nous avons une chance extraordinaire, car l'existence humaine nous donne la possibilité d'accéder à une pratique authentique du Dharma. Ils enseignent aussi que tout ce qui nous arrive dans la vie s'inscrit dans notre cheminement : chaque instant est une occasion d'éveil, la moindre expérience peut s'intégrer à notre vie spirituelle.

Gardez cela en tête et repensez un instant à tout ce qui vous est arrivé aujourd'hui. Faire la queue pour le bus, se retrouver coincé dans la mauvaise file sur la route, entendre une musique fantastique à la radio, renverser du café sur votre chemise, chercher votre enfant à l'école et partager un cornet de glace avec lui, aller promener le chien, sortir avec un garçon ou une fille, préparer à dîner… Qu'avez-vous éprouvé à chaque seconde, à chaque minute, à chaque heure de la journée ? Qu'avez-vous dit et fait ? C'est votre vécu et, avec un peu de savoir-faire, vous pouvez l'intégrer à votre cheminement spirituel.

Développer chaque jour la sagesse, la lucidité, le bon sens et la compassion : telle est l'expression du Dharma de l'intériorisation. C'est votre tâche de tous les jours, le moyen de sacraliser le quotidien. Vivre le Dharma a toujours été un défi pour les moines et moniales d'Asie, et continue de l'être aujourd'hui pour les chercheurs de vérité en Occident. Les grandes questions restent les mêmes : comment équilibrer son vécu « extérieur » et sa vie intérieure, comment donner une traduction concrète à ses bonnes intentions à l'égard des autres, comment pratiquer à plein temps dans le contexte d'un monde contemporain si compliqué, comment éclairer la compassion par la sagesse, comment faire la différence entre compassion désintéressée et pitié dualiste, entre attachement et engagement, entre amour et attachement, entre retenue et peur ?

Des lamas tibétains tels que Kalou Rimpotché et le Dalaï-Lama, dont les vies sont entièrement illuminées par l'esprit, semblent capables d'incarner le Dharma à plein temps. C'est en étudiant avec eux que j'ai commencé à entrevoir qu'il était possible de vivre ainsi. Nous avons cependant pour la plupart beaucoup de mal à intégrer le Dharma dans nos vies, à le mêler intimement à notre quotidien. Pourtant, c'est faisable.

Élise, une dame de ma connaissance, a récemment connu une expérience qui n'est sans doute pas étrangère aux chercheurs de vérité. Avocate et mère isolée de trente-huit ans, Élise, qui avait participé à un week-end de méditation, en était revenue avec le sentiment d'être complètement transformée. Elle se sentait si inspirée par cette retraite qu'elle se jura de changer : elle allait garder du recul par rapport aux choses, ne pas s'enliser dans les petits jeux de pouvoir qui avaient cours au cabinet où elle travaillait, ne pas se laisser emporter par son ambition. Elle allait cesser de se conduire en perfectionniste exigeante avec les autres et elle aurait plus de patience avec ses enfants. Telles étaient ses belles résolutions.

Élise était rentrée le dimanche soir de la campagne et du centre de retraite. Le lundi matin, à l'heure de la pause-café, son bel enthousiasme était déjà retombé, malgré toutes ses bonnes intentions. L'énergie qui se dégageait des participants pendant le week-end lui avait paru tonique, tolérante et thérapeutique. Ç'avait été fantastique. Mais maintenant, de retour au travail, elle ne voyait plus rien de merveilleux nulle part. Ni même d'acceptable. Elle éprouvait une impression de frénésie, tout lui semblait négatif, corrompu par l'esprit de compétition, perturbant. Et pour aggraver un peu le cafard du lundi, Élise se retrouvait obsédée par la pensée d'un participant à la retraite qu'elle avait trouvé fort attirant, bien que n'ayant eu qu'un minimum de contact avec lui. Elle n'arrêtait pas de se demander si elle aurait dû lui faire comprendre ses sentiments, de penser à ce qu'elle pourrait inventer pour retrouver sa trace. Élise s'était délestée d'une partie de son fardeau mental et émotionnel pendant le week-end, pour se remettre à son insu d'autres problèmes sur le dos. Si bien qu'elle en arrivait à se dire que le week-end avait peut-être été un fiasco total.

Je comprends bien ce que ressentait Élise, et je ne suis sans doute pas le seul, car nombre d'entre nous ont connu ce genre d'expérience. Après une période de méditation, une expérience spirituelle particulièrement enrichissante ou même à la fin des vacances, on rentre chez soi convaincu d'avoir définitivement changé. Pour se retrouver, quelques heures plus tard, le jouet inconscient de réactions habituelles, de tendances névrotiques qui vous laissent insatisfait. Mais cela fait partie du processus, et l'expérience d'Élise lui aura au moins servi à le comprendre, comme sans doute à nous tous. À la faveur de son week-end, Élise aura pu prendre conscience de la manière dont elle perd le contact avec sa réalité intérieure et fait écran à la lumière qui est en elle. Il faut maintenant qu'elle s'applique à se transformer peu à peu, pour devenir de plus en plus consciente et lucide.

Les problèmes d'Élise sont partie intégrante de son cheminement spirituel, qu'il s'agisse de sa difficulté à établir ses priorités, de son impatience vis-à-vis de son enfant, de sa tendance à s'attacher à quelqu'un de manière obsessionnelle. Élise aura pour tâche d'introduire la sagesse du Dharma dans sa vie pour l'aider à assumer ces problèmes. Si les enseignements et pratiques spirituels ne contribuent pas à cela, alors à quoi servent-ils ?

Mêler le Dharma à son quotidien veut dire essayer de faire des choix mieux avisés, de prendre des décisions un peu plus éclairées, en rapport avec l'engagement de s'éveiller du rêve de l'illusion. Le Dharma de ce qu'on a soi-même compris et assimilé, telle est la source du refuge intérieur. Refuge dans l'apprentissage de la vérité, dans son expression et son intégration à tout votre être. Quand vous êtes authentiquement et totalement vous-même, vous incarnez le Dharma. Là se trouvent les Trois Joyaux intérieurs. Vivre le Dharma, c'est être fidèle à soi-même.

La méditation quotidienne est le moyen le plus simple de rester sur la voie de l'éveil. Elle nous permet d'apprendre peu à peu — mais à fond — à mêler le Dharma à chacune de nos activités. On y parvient en s'efforçant d'être vigilant plutôt que distrait, en gardant l'esprit présent au lieu de le laisser s'absenter. C'est ce qui s'appelle pratiquer la conscience alerte, élever son niveau de conscience, vivre attentivement.

Le Bouddha déclara un jour à l'adresse d'Ananda : « Ô Ananda, soyez vos propres lampes. Soyez vos propres refuges. Prenez le Dharma pour lampe et tenez-le bien. Prenez le Dharma comme refuge et tenez-le bien. Ne cherchez pas de refuge en qui que ce soit, si ce n'est en vous-même… Et quiconque, Ananda… est un refuge pour lui-même… est aussi, parmi les chercheurs de vérité, celui qui parviendra au plus haut sommet. »

Vivre le Dharma, c'est suivre un chemin équilibré, modéré, sincère, sans détour. Apprendre à vivre sans se laisser dominer par la confusion, la colère, l'attachement, l'instabilité et l'avidité. Le bon sens éclairé, c'est être en phase avec les choses telles qu'elles sont — et c'est encore le Dharma. Suivre un chemin de Dharma, c'est donner la priorité à sa vie spirituelle et cultiver un cœur chaleureux, bon et aimant, capable d'empathie et d'amitié. Cela signifie aussi avoir de l'intégrité et du caractère, et ne pas se contenter de rechercher un bien-être éphémère ou des expériences mystiques sans lendemain. La vérité n'est pas faite pour planer mais pour se libérer.

« Je prends refuge dans la sangha »

Comme dit un proverbe tibétain : « Seuls ceux d'entre nous qui sont des lions des neiges sont capables de vivre dans la solitude d'un lieu désert et d'atteindre seuls l'éveil. » Nous avons pour la plupart besoin d'appartenir à une sangha. Le mot *sangha* peut se traduire par « communauté vertueuse ». C'est la communauté spirituelle, nos compagnons, nos frères spirituels et nos âmes sœurs, ceux sur qui l'on peut compter. Historiquement, cela représente la communauté monastique des moines et moniales.

L'énergie spirituelle a des effets curatifs : tout groupe qui se consacre à un but dépassant l'intérêt personnel et limité d'un individu dégage une énergie presque palpable. En déclarant : « Quand deux d'entre vous ou plus se réuniront en mon nom, je serai là », Jésus affirmait le miraculeux pouvoir spirituel d'une sangha, son merveilleux effet de synergie. Se consacrer à une cause plus grande et plus durable que nos mortelles individualités, c'est entrer dans la voie de l'immortalité.

Vivre en communauté monastique fraternelle, dans les années 70 et 80, a été une source d'enrichissement et d'inspiration pour mon développement intérieur. Maintenant que j'enseigne le Dharma, la communauté de mes pairs est d'une importance vitale pour m'aider à ne pas perdre de vue l'ordre de mes priorités. Mes amis et collègues du Dharma m'offrent le tranchant de leur lucidité, miroir de vérité aussi clair et fiable que celui de nos aînés et de nos maîtres spirituels. D'autant que ce miroir de la sangha occidentale contemporaine présente un avantage supplémentaire : il est dépourvu des différences culturelles, des présupposés, de l'autoritarisme et de la hiérarchie qui frappent souvent l'Occidental qui côtoie des bouddhistes dans les sociétés asiatiques patriarcales. Comme dans tout groupe ou communauté, il faut bien sûr toujours se garder de l'écueil de l'insularité, du conformisme, de la pensée de groupe. À mon sens, la sangha doit constamment veiller à préserver la qualité de ses énergies collectives et individuelles afin que celles-ci restent pures, saines, chaleureuses et pleines de cœur.

Pratiquement, la sangha représente aussi vos proches et vos intimes, ceux et celles avec qui vous vivez et passez du temps. Car ces amis, collègues, conjoints ou parents contribuent à créer les situations qui constituent votre chemin. Les bouddhistes reconnaissent que les personnes avec qui l'on vit influent beaucoup sur la qualité de la pratique spirituelle ; c'est du reste surtout pour cela que moines et moniales se retiraient du monde, pour éviter les fréquentations profanes et les distractions. Je me rappelle mes parents me disant que je ferais des bêtises si je traînais avec des voyous. Le phénomène est universel et vieux comme le monde. Les Tibétains, eux, ont coutume de prier de ne pas se retrouver avec de mauvais compagnons et de ne pas renaître en mauvaise compagnie dans des pays isolés, loin du Dharma qui ennoblit l'esprit.

D'un point de vue plus global, la sangha ne se limite pas à un groupe de pratiquants vêtus de robes jaunes, orange ou rouges, qui psalmodient ou méditent dans la même pièce. Bien sûr, les hommes et les femmes avec qui vous méditez et priez sont membres de votre sangha, mais cela est vrai aussi de vos collègues de bureau et des oiseaux qui chantaient sous vos fenêtres, ce matin. La sangha signifie coopération, collaboration, inclusion et « interexistence », le fait de vivre en étant lié à d'autres. Des autres qui incluent la communauté de tous les êtres, visibles et invisibles, humains et autres — le grand cercle infini. Prendre refuge dans la Sangha, c'est s'engager à vivre harmonieusement avec les autres et à les aider à avancer sur le chemin de l'éveil.

La sangha représente l'énergie positive et le soutien dont on a tous besoin. Les amis de la sangha peuvent vous aider dans les moments difficiles de votre cheminement, quand vous êtes découragé et à bout de forces. La sangha peut vous apprendre énormément de choses, et vous arrondirez pas mal d'angles si vous pratiquez en groupe.

Prendre refuge, dans un sens plus ésotérique

Le bouddhisme tibétain donne d'autres significations à la prise de refuge dans le Bouddha, le Dharma et la Sangha. Par exemple, le maître, le lama, est l'incarnation humaine, la manifestation du Bouddha ; on prend donc refuge dans l'expérience spirituelle, dans la sagesse de son maître. Le Dharma correspond à la pratique personnelle de chacun, aux énergies intérieures et aux expériences qu'elle suscite. Dans le bouddhisme tibétain, ces énergies sont également personnifiées par les représentations archétypales de forces mystiques et d'énergies particulières, au rang desquelles figurent les déités servant de support à la méditation, les protecteurs et gardiens du Dharma qui peuvent nous guider sur la voie spirituelle. L'énergie que procurent les expériences spirituelles représente l'aspect ésotérique du refuge dans la sangha secrète, en vous-même.

L'ultime refuge

Le Bouddha est connaissance de la vérité, le Dharma expression de la vérité. La sangha est cette vérité incarnée et vécue. Le bouddhisme utilise un terme assez particulier qui peut se traduire par « telléité » et qui signifie la vérité vivante des choses, ici et maintenant, sous nos yeux : les choses exactement telles qu'elles sont en elles-mêmes. Trouver ce lieu d'absence de tout désir, cet espace totalement ouvert et lumineux où rien ne manque, c'est goûter le sens de cet enseignement du Dzogchen qui déclare :

« Laisse tout tel quel, et repose ton esprit las. » Le Bouddha a lui-même dit un jour : « La paix du nirvana se trouve dans les choses laissées telles quelles. » Voilà le refuge secret, le plus intériorisé. Si vous savez atteindre ce havre de paix en vous-même, vous n'aurez plus besoin de faire ni de défaire quoi que ce soit. C'est là l'ultime refuge, l'ultime lâcher-prise. C'est rentrer à la maison, au sens spirituel. Voici les paroles de feu mon maître Khyentsé Rimpotché à ce propos :

> « Laisse tout tel quel, dans la simplicité fondamentale, et la clarté jaillira d'elle-même.
> Ce n'est qu'en ne faisant rien que tu feras tout ce qu'il y a à faire. »

La sagesse secrète du Dzogchen nous apprend que ce qu'on cherche *se trouve* toujours ici même. *Mais on est soi-même d'ordinaire ailleurs* : et c'est là que le bât blesse…

Le refuge n'est pas uniquement pour soi

Il y a eu nombre de Bouddhas à travers les âges. Notre Bouddha, Shakyamuni, né il y a 2 500 ans dans un endroit qui correspond à l'ouest du Népal actuel, est, dit-on, le quatrième des mille Bouddhas du présent âge d'or. Selon les Tibétains, tous ces Bouddhas existent dans des « domaines de bouddha » célestes et béatifiques qui sont l'émanation de leur sagesse. La particularité du Bouddha Shakyamuni est son vœu d'aider les êtres de notre ère et de notre monde, de notre planète Terre.

Prendre refuge dans le Bouddha, le Dharma et la Sangha, ce n'est pas seulement suivre la voie de l'éveil, c'est aussi le moyen de laisser s'accomplir en soi et à travers soi l'engagement du Bouddha d'aider tous les êtres à se libérer. Ouvrez-vous à cet engagement, empruntez la voie royale de l'éveil et plongez-vous dans le flot intemporel de tous ceux qui cheminent vers la bouddhéité.

Le Mahayana, forme de bouddhisme la plus pratiquée au Tibet, s'appelle aussi le « Grand Véhicule ». Le Mahayana est la voie de l'éveil qui exige le plus de compassion, d'altruisme, d'oubli de soi. On pourrait comparer le Grand Véhicule à l'Arche de Noé, un noble vaisseau à même de transporter tous les êtres par-delà les tempêtes des océans de souffrance interminable, jusqu'à l'autre rive du nirvana. Lâchez prise, ouvrez votre cœur, envoyez les voiles spirituelles, déployez vos ailes d'ange, laissez-vous porter par le vent. Et goûtez l'infini.

Mêler le Dharma à sa vie quotidienne

Quand j'étais au monastère de mon maître, au Népal, les lamas les plus attachés à la tradition avaient de gros livres manuscrits, remplis de mantras, ces formules de « paroles de pouvoir ». Il y en avait pour toutes les occasions : pour franchir une porte, pour manger comme pour aller aux toilettes. Mais ces mantras étaient bien plus que de simples mots ou rituels vides de sens qu'on enchaîne mécaniquement. Ils servaient à aborder chacun de ses actes avec une attitude de vigilance, de méditation et de gratitude. Dans certaines familles, en Occident, on a conservé la tradition de réciter un bénédicité avant les repas. La pratique d'un instant de vigilance, dans le bouddhisme, ressemble un peu à cette forme d'action de grâce : un moment qui consacre l'acte qu'on s'apprête à accomplir, qui nous éveille au caractère sacré de ce qu'on fait, au moment où on le fait. Cela nous aide à voir en tous nos actes une activité spirituelle.

Voici quelques moyens de cultiver une vigilance attentive et d'introduire la méditation, le calme et la clarté dans nos activités quotidiennes :

• Respirez et souriez. Détendez-vous. Donnez-vous un instant pour vous laisser aller et pour être, tout simplement. Et appréciez.

• Quand vous faites la queue pour aller au cinéma, pour prendre le bus ou le train, méditez debout. Il suffit d'être là, debout, de respirer et de s'éveiller.

• Quand vous vous asseyez ou que vous vous levez, faites une pause pour apprécier un instant de changement, de liberté.

• Quand vous franchissez le seuil d'une porte, ou quand vous entrez dans une pièce, pensez que vous pénétrez dans un temple et faites-le avec respect.

• Marchez pieds nus dans l'herbe ou sur un tapis épais et éprouvez pleinement chacune des sensations provenant des orteils et de la plante des pieds.

• Marchez au bord de la mer, là où l'eau et le sable se rencontrent ; fermez les yeux et avancez en vous laissant guider par vos sensations, parfaitement vigilant et attentif.

• Foulez lentement de la neige fraîche ou des feuilles mortes, en faisant bien attention aux bruits que provoque chaque pas.

• Chantez, psalmodiez ou priez jusqu'à vous oublier totalement, à vous perdre. Et puis arrêtez et plongez-vous d'un seul coup dans un instant d'*être* ineffable, au-delà des concepts, des histoires qu'on se raconte, des stratégies qu'on élabore.

• Quand vous accomplissez une tâche simple et répétitive, telle que de la couture, de la broderie ou même la vaisselle, appliquez-vous à la vivre comme une méditation active, en vous concentrant entièrement sur elle, à l'exclusion de toute autre préoccupation.

Deuxième partie

Suivre l'Octuple sentier de l'éveil : le voyage héroïque

Quelle joie de contempler l'Éveillé et
d'être en la compagnie des sages !

Suis donc les rayonnants,
Les sages, les éveillés, les aimants,
Car ils savent œuvrer et tenir bon.

Mais si tu ne trouves point
d'ami ou de maître pour t'accompagner,
Chemine seul,
Tel un roi qui a renoncé à son royaume,
Tel un éléphant dans la forêt.

Extrait du *Dhammapada* (paroles du Bouddha).

LES QUATRE NOBLES VÉRITÉS

Les réalités de la vie dans une perspective bouddhiste

Ô merveille !
Ô merveille !
Toute chose est parfaite,
Exactement telle qu'elle est !

Le BOUDDHA.

Quand le Bouddha atteignit le parfait éveil, les voiles de l'illusion lui tombèrent des yeux. Libéré des entraves du désir, il avait enfin trouvé le bonheur durable. L'œil de la sagesse complètement ouvert sur la vérité de « ce qui est », il pouvait, disait-il, voir et se rappeler des centaines de vies passées, connaître et comprendre les lois complexes et précises du karma et de la renaissance, percevoir les mécanismes de l'ignorance, de l'attachement et du désir. En s'éveillant pleinement, le Bouddha avait compris pourquoi la vie nous paraît souvent si perturbante.

Imaginez un instant que, tout d'un coup, vous sachiez tout ce qu'il est possible de savoir du visible et de l'invisible, bref, que vous connaissiez l'ultime et véritable secret de la vie. Que feriez-vous quand tomberait le voile diaphane vous séparant de la connaissance totale ? Certains disent que c'est par l'expérience même de l'éveil que le Bouddha devint omniscient. Essayez d'imaginer un instant ce que dut ressentir le Bouddha quand les nuages qui obscurcissaient sa vision se déchirèrent, révélant le brillant soleil de la réalité, qui était là depuis toujours…

Le Bouddha continua à méditer sous l'arbre de bodhi pendant les premières semaines qui suivirent son éveil, réfléchissant à ce qu'il avait compris. Il n'était pas certain de ce qu'il convenait de faire de cette extraordinaire vérité, ce *dharma* qui faisait à présent partie intégrante de son être. Fallait-il l'enseigner ou se taire ? Ayant d'abord pensé qu'il risquait de ne pas trouver d'auditeurs à même de comprendre ce qu'il enseignerait, il se souvint des cinq mendiants, de ces chercheurs de vérité qui avaient un temps été ses compagnons. Songeant que le voile d'impuretés qui enténébrait leur regard était assez ténu, il résolut de les retrouver. Il partagerait ce qu'il savait avec eux et ceux-ci ne manqueraient pas d'en tirer profit.

Le Bouddha partit alors en direction du nord-est, pour rejoindre la ville de Bénarès. Il traversa le Gange et, après plusieurs jours de marche, arriva au Parc des Biches, à Sarnath. Là, il rencontra les cinq mendiants qui allaient devenir ses premiers disciples et c'est à eux qu'il donna son premier enseignement du Dharma, expliquant les Quatre Nobles Vérités, les réalités de la vie telles qu'elles apparaissent sous le regard d'un être éveillé. Le message du Bouddha possédait un tel pouvoir de transformation que les cinq hommes, dit-on, trouvèrent instantanément l'éveil en l'écoutant.

Les Quatre Nobles Vérités

Si les Quatre Nobles Vérités sont le cœur même du Dharma du Bouddha, elles sont sans doute aussi le moins bien compris de ses enseignements. Leur message est pourtant clair et simple, de prime abord : *tous les êtres ont à faire face à des difficultés — c'est dans la nature même de la vie —, mais on peut transcender ces vicissitudes en vivant de manière éclairée, et parvenir un jour à se réaliser et à se libérer.*

Première Noble Vérité : la vie est difficile.

Deuxième Noble Vérité : cette difficulté vient de l'attachement, du fait qu'on recherche la satisfaction dans des choses qui, de par leur nature même, ne peuvent la procurer.

Troisième Noble Vérité : tout le monde a la possibilité de se libérer de ces difficultés.

Quatrième Noble Vérité : on peut se libérer et trouver l'éveil en menant une vie compatissante, faite de vertu, de sagesse et de méditation, les trois modes d'apprentissage spirituel qui constituent l'enseignement de l'Octuple sentier de l'éveil.

Après ce bref résumé d'introduction, considérons les Quatre Nobles Vérités plus en détail.

PREMIÈRE RÉALITÉ DE L'EXISTENCE

La *Première Noble Vérité* est la *dukkha*, terme sanscrit qui signifie littéralement « dur à supporter », « insatisfaisant », « frustrant » et « creux », mais qu'on traduit souvent par « souffrance ». C'est à cause de ce concept — la « mauvaise nouvelle » du bouddhisme, dit-on — que certains font l'erreur de croire que le bouddhisme est pessimiste et refuse la vie. Alors que le message essentiel du Bouddha, la « bonne nouvelle » du Dharma, est justement qu'il y a moyen de se libérer de la souffrance. Le propos du Dharma est fondamentalement optimiste puisqu'il contient une promesse, celle de la réelle possibilité de renaître spirituellement et de mettre un terme à la souffrance. Autrement dit, d'accéder à l'éveil spirituel immortel, au nirvana.

Le bouddha dharma *n'enseigne pas* que tout est souffrance mais explique que la vie est par nature difficile, défectueuse, imparfaite. Une vérité élémentaire qui se passe de dessin, pour la plupart d'entre nous : y a-t-il quelqu'un qui ait une vie parfaite ? Certes, on en rêve, mais ça ne risque guère d'arriver. Car telle est la nature de l'existence. Et cela, c'est la première des Nobles Vérités. D'un point de vue bouddhiste, il ne s'agit pas d'un jugement de valeur porté sur la vie, ses joies et ses peines, mais d'un simple constat prosaïque, d'une description détachée. Le bouddhisme n'est ni pessimiste ni optimiste, il est réaliste.

Arrêtons-nous un moment pour réfléchir à la première Noble Vérité, celle de *dukkha*, la souffrance, telle que la perçut le Bouddha. Enfant et jeune homme, on l'avait protégé des réalités de la vie telles que la maladie, la mort, le malheur et la pauvreté. Totalement à l'écart des réalités dans le palais de son père, on lui avait appris que sa fortune, sa beauté, ses prouesses physiques et sa puissance le mettaient à l'abri de toutes les vicissitudes.

Le Bouddha avait néanmoins dû pressentir, viscéralement, que le monde était plein de souffrance, malgré tout le mal que se donnait son père pour le tenir à l'écart des réalités. La mère du Bouddha mourut quelques semaines après l'accouchement et l'enfant dut sans doute poser des questions à ce propos — des interrogations restées sans réponse. La psychologie moderne dirait même qu'on apprit au Bouddha à vivre en état de déni. (On sait que le déni est un système de défense psychologique dont on se sert pour se protéger quand la vérité semble trop douloureuse à assumer.) Mais, en mûrissant, le Bouddha ne voulut pas rester ainsi isolé de la réalité : il prit conscience que, malgré tout son pouvoir et sa fortune, il ne pourrait pas éviter les problèmes inhérents à la vie. Car nul ne le peut.

Le Bouddha a, comme nous, dû affronter son attachement aux valeurs du monde. Une part essentielle de son cheminement vers la libération a consisté à prendre du recul par rapport à ces valeurs et à reconnaître les restes d'attachement qu'il pouvait éprouver vis-à-vis des plaisirs profanes. Il a, pour ce faire, dû percer les voiles de l'illusion — le déni qu'il avait cultivé — afin de voir les réalités de l'existence conditionnée, le samsara, avec tous les défauts qui lui sont inhérents. Une démarche qui est également une étape essentielle pour nous sur le chemin de l'éveil. À votre tour, éveillez le bouddha intérieur et inné, démantelez les systèmes de déni érigés dans votre vie, percez les voiles de l'illusion, reconnaissez ce que vous êtes réellement et découvrez la vérité des choses.

Le Bouddha a divisé les problèmes de la vie en trois catégories distinctes de *dukkha*, trois sortes de difficultés.

1. Dukkha des difficultés ordinaires et quotidiennes

On n'obtient pas toujours ce que l'on pense vouloir, et cela peut nous rendre malheureux, au moins une partie du temps. Dès notre naissance, nous sommes fatalement voués à éprouver la douleur, physique ou affective. Le vieillissement, la maladie, le deuil, le chagrin et les déceptions de toutes sortes sont notre lot commun. Ce n'est cependant pas entièrement négatif, car il y a beaucoup à apprendre en affrontant ses problèmes, petits ou grands. Les ennuis quotidiens nous aident à cultiver une attitude réaliste, ils nous montrent que la vie est ce qu'elle est : imparfaite, certes, mais aussi pleine d'un riche potentiel de joie et d'épanouissement. Il y a une leçon à tirer de toute situation et, tant qu'on ne l'aura pas apprise, on continuera à se brûler à la flamme de désirs irréalistes.

Le « Sermon du feu » est l'un des plus célèbres discours du Bouddha dans lequel il explique que nous sommes tous en feu, dévorés par les passions qui consument et dominent nos existences, nous rendant pareils à des enfants dans des maisons en flammes. Il nous manque nous aussi la maturité et la maîtrise de soi nécessaires pour évaluer la situation et éteindre très vite le feu. On a besoin de grandir, d'apprendre à devenir des adultes mûrs et libérés, qui comprennent la nature de la réalité. Les ballons éclatent tôt ou tard, les amours ne sont pas garanties à vie, et tout le monde doit un jour ou l'autre aller chez le dentiste. Il n'y a rien dans l'existence qui ne soit un tantinet ébréché, peu fiable, fragile.

Le souhait le plus cher de mon père était que je devinsse ce qu'on appelle en yiddish un *mensch*, une *vraie* personne. Il espérait que je ferais un adulte mature, un être humain digne de ce nom, pas un personnage divin ou venu de l'au-delà. Il voulait que je fusse bien présent ici-bas, dans notre monde, un membre actif de la société, un honnête citoyen, un juste. La maturité apporte compréhension, discernement, force de caractère, responsabilité, modération et équilibre.

2. Dukkha des difficultés dues au changement

L'automne est ma saison préférée et le crépuscule, mon heure de prédilection. Superbes moments, poignants dans leur éphémère. N'est-ce pas d'ailleurs vrai de la plupart des plus beaux instants de l'existence ? On connaît tous des moments où l'on ressent avec une joie intense le miracle d'être en vie. Réfléchissez aux bonheurs de votre vie : vous avez passé votre soirée à écouter une musique fantastique, vous avez eu une conversation passionnante avec vos meilleurs amis tout en dînant délicieusement dans un cadre agréable, vous venez de fêter la promotion que vous espériez ou vous avez connu une véritable révélation spirituelle. Autant de moments de vrai bonheur. L'ennui, notre problème à tous — *dukkha* —, c'est que de tels moments ne durent pas : la musique s'arrête, vos amis divorcent, votre nouvel emploi s'avère stressant et pénible, les instants d'amour et de félicité cosmiques sont fugitifs. Alors, on est plein de nostalgie, déçu, floué. Rien ne dure toujours, les meilleurs moments de la vie ont un arrière-goût doux-amer. C'est ce qu'on appelle la *dukkha* du changement.

3. Dukkha des difficultés dues à la nature défectueuse de l'existence conditionnée

Que trouve-t-on quand on regarde en soi et qu'on se demande : « Que suis-je, qui suis-je, que se passe-t-il, qui éprouve ce que je suis en train d'éprouver ? Celui qui éprouve est-il dans ma tête ? Dans mon cerveau ? Mon cœur ? Mes jambes ? Mon corps entier ? Mon esprit ? » Que trouve-t-on ? Que sommes-nous réellement ?

Le Bouddha a expliqué que l'individu n'est autre que la somme des cinq *skhandas*. *Skhanda* est un terme sanscrit difficile à traduire, mais qui signifie amas, aggrégat, conglomérat d'éléments individuels. Cela veut dire que nous sommes des accumulations, des collections et combinaisons complexes d'éléments individuels, donc en perpétuel changement, et non, comme on le pense souvent, des individualités éternelles, douées d'existence indépendante.

Les cinq *skhandas* (les composants de l'individualité) sont les suivants :

1. La forme

Êtes-vous grand, petit, de taille moyenne ? Mince et longiligne ou gros et tout en rondeurs ? Ces caractéristiques définissent votre « forme », à savoir votre corps physique. La « forme » inclut tout ce qui est matière, les éléments et leurs propriétés : la terre (solidité), l'eau (fluidité), le feu (chaleur), l'air (mouvement), l'espace (cavités), bref, tout ce qui compose un corps humain.

2. Sensations

On apprend à l'école qu'on a cinq sens : la vue (œil), l'ouïe (oreille), l'odorat (nez), le goût (langue) et le toucher (peau). À ces cinq sens, les bouddhistes « mentalistes » ajoutent un autre organe sensoriel qu'ils appellent « esprit ». On « voit » un coucher de soleil, on « entend » une cloche, on « sent » un lilas, on « goûte » un citron, on « touche » un chat. Ces cinq sens nous permettent de faire l'expérience d'une bonne part du monde physique. Mais reste le domaine des idées et des pensées, qu'on ne peut pas plus voir qu'entendre, sentir, goûter ni toucher. Nos rapports avec ce champ d'expérience s'effectuent par le biais de nos facultés mentales, le « sens » de l'esprit et de la pensée. On « sait » conduire, on « sait » parler une langue étrangère. Ces facultés mentales sont donc considérées comme notre sixième sens.

3. Perceptions

La perception ajoute aux sensations la reconnaissance et le jugement. Qu'est-ce que vous trouvez beau ? Qu'est-ce qui vous semble délicieux au goût ? Quel genre de musique aimez-vous ? Vos goûts musicaux ont-ils changé à mesure que vous mûrissiez ? Et vos goûts en matière de personnes ? Percevez-vous les gens autrement que quand vous étiez plus jeune ? Qu'aimez-vous le mieux et le moins ?

4. Intention ou volition

Êtes-vous fondamentalement une personne de bonne volonté, pleine de bonnes intentions ? Que souhaitez-vous, que voulez-vous pour vous-même ? Pour vos enfants ? Pour vos amis ? Qu'est-ce qui vous motive ? Pourquoi agissez-vous comme vous le faites ? Ce skhanda inclut tous les actes qui ressortent de la volition. Comme l'a souligné le Bouddha, ce sont vos intentions qui créent vos actes (karma). La volition et les intentions établissent vos priorités, orientent l'esprit qui, lui, détermine votre façon de penser, de parler et d'agir. Vos intentions passées conditionnent ou perpétuent vos intentions présentes, vos habitudes et tendances actuelles. Et c'est ce qui génère le karma

5. Conscience

Un chien entre dans la pièce et vous en prenez conscience. Une radio hurle à plein tube dans la rue et stimule votre conscience auditive. Le Bouddha, qui était très précis dans ses analyses psychologiques et ses définitions, nous a appris qu'il y a une conscience visuelle (œil), une conscience auditive (oreille), une conscience olfactive (nez), une conscience gustative (langue), une conscience tactile (corps) et une conscience mentale. Autrement dit, on est conscient de chacun des six sens et ce que vous considérez comme votre conscience se décompose en six facettes différentes.

Eh bien, c'est très joli, me direz-vous, mais qu'est-ce que les cinq skhandas ont à voir avec la première Noble Vérité ? Le Bouddha Dharma, qui attire notre attention sur la réelle possibilité de vivre quelque chose de plus profond et, à terme, de plus satisfaisant, décrit les cinq skhandas afin de souligner la nature fragile et non fiable de cette réalité conditionnelle et fluctuante qu'on appelle « la vie ».

Nos corps ont une date limite de fraîcheur : ils sont impermanents et changeants. Ce n'est pas un dogme religieux mais un fait. Éphémères, les corps sont, à terme, cause d'insatisfaction. Qui peut trouver une source d'épanouissement durable dans un simple corps, dans la gratification des sens ? Les expériences physiques, même les plus exquises, sont toutes passagères, et l'on a toujours soif de plus.

Nos sensations sont fugitives, nos perceptions aussi. Il en est de même pour nos intentions. Quant aux états de conscience, ils changent sans arrêt. En réalité, nous sommes des êtres en chantier permanent. Souvenez-vous des propos du philosophe grec Héraclite : « Il est impossible de marcher deux fois dans la même rivière. » Chacun de nous est pareil à une rivière aux eaux perpétuellement changeantes. En Occident, on a souvent tendance à prendre le mot « esprit » dans le sens d'une définition élémentaire du soi : « Je pense, donc je suis. » Or, le bouddhisme explique qu'on n'est pas ce que l'on pense : la pensée est, comme le temps, imprévisible et sujette à variations. Et c'est pour cela qu'un esprit qui n'a pas suivi d'entraînement est essentiellement non fiable. Les pensées et les sentiments manquent de permanence. C'est un fait, une réalité liée à la nature même de l'existence conditionnée ordinaire. De plus, vous êtes-vous demandé ce que vous êtes quand vous ne pensez pas, ou dans le bref instant qui sépare deux pensées ? Cesse-t-on d'exister, par intermittence ?

D'un autre côté, il y a une chose qui n'est pas impermanente ni sujette à variations : c'est votre nature de bouddha, ineffable et innée. Une lumière intérieure sans bornes, sans entraves ni taches. On peut s'y fier, elle est parfaite, naturellement sage et chaleureuse, libre et entière depuis le début des temps sans commencement. S'éveiller, c'est laisser se réaliser ce cœur intangible de son être, lumineux et sans forme.

DEUXIÈME RÉALITÉ DE L'EXISTENCE

La *Deuxième Noble Vérité* nous informe que les difficultés de la vie (dukkha) ont une cause : le désir. Le terme pali, *tanha*, suggère une soif insatiable et inextinguible, un désir qui ne laisse pas de répit. C'est parce qu'on a constamment envie, faim et soif de toutes sortes de choses et d'expériences qu'on continue à souffrir. Ça ne veut pas dire qu'il faille se débarrasser de ce qu'on désire, car ce ne sont pas les objets du désir qui posent problème. La cause de la souffrance est l'attachement, notre identification aux objets du désir. Comme disait Tilopa, le yogi errant du Xe siècle, dans un chant mystique : « Ce ne sont pas les objets extérieurs qui nous emprisonnent, mais l'attachement qu'on éprouve à l'intérieur. »

Certains font une mauvaise interprétation des enseignements du Bouddha et pensent qu'ils ne seront plus capables d'aimer ni de vivre avec passion, s'ils arrivent à se débarrasser du désir. Or, c'est tout à fait l'inverse. On aura toujours des désirs, mais ils seront constructifs puisque n'étant plus contaminés ou détournés par d'insatiables appétits. Le Bouddha n'a jamais dit qu'il ne fallait pas éprouver d'amour, bien au contraire, puisqu'il prêchait l'amour et la compassion universels. Il y a un soutra entier dans lequel il explique comment apprendre à aimer, à cultiver l'amour bienveillant, l'empathie, l'accueil d'autrui. Ce qu'il a cependant précisé, c'est qu'on ne devrait pas essayer de posséder un autre être et qu'il faut éviter de s'identifier ou de s'attacher aux êtres ou aux choses (pensée, sensation, carrière, but, objet matériel) au point de perdre le sens des réalités, le sens de la nature relative et changeante de tout phénomène.

Le Dharma enseigne que c'est la soif et l'attachement inextinguibles du désir qui causent les problèmes de l'existence. Pour le comprendre, précisons bien le sens qu'ont le désir et l'attachement dans ce contexte. Avez-vous déjà entendu dire autour de vous : « J'avais tellement envie de lui/d'elle/de ça que j'en perdais la boule, » ou « Je ferais n'importe quoi pour avoir... » ? L'ennui, avec le désir, c'est qu'il prend le contrôle de votre esprit et de votre vie. Il s'empare de vous et vous domine. Il en viendrait presque, dans sa forme la plus aiguë, à ressembler à une possession.

Combien passez-vous d'heures, chaque jour, à vous épuiser dans le but d'obtenir ce que vous croyez vouloir ? Quelle est la limite à partir de laquelle ces heures interminables trahissent une obsession ? Quel temps consacrez-vous à rêvasser à ce que vous désirez ? On a trop facilement tendance à se laisser obséder par ses rapports amoureux, sa carrière, l'argent, un amour sans retour ou tempétueux, ses passe-temps, le sexe, ses plaisirs. Le désir, tel un sombre nuage, occulte votre radieuse nature spirituelle, libre de toute entrave.

Qui peut, dans nos cultures, résister à ce fol appétit de plaisirs des sens, de richesse ou de pouvoir, avec la pléthore d'affiches et de publicités qui nous assaillent, le foisonnement de centres commerciaux qui se disputent notre attention ? Ne vous arrive-t-il pas de vous sentir harcelé par ces annonces de « nouveautés bientôt chez vous » qui réclament votre intérêt ? Chaque jour, un nouveau catalogue vous attend dans votre boîte aux lettres. Comment apprendre à le feuilleter sans avoir envie des tenues de sport, des canapés hyper-rembourrés et déhoussables, de ces blousons parfaits pour l'hiver, portés par des mannequins tout aussi parfaits ? Sans avoir envie des mannequins mêmes ? Que faire de son désir dans un monde dans lequel tout vous incite à mener une vie de fantasme où l'on investit sans cesse dans un avenir hypothétique, dans l'attente et l'espoir du jour où viendra le héros sauveur sur son grand cheval blanc ou dans sa décapotable rouge, voire dans un sympathique vaisseau spatial.

Il existe un antidote à cette soif, à ce désir insatiable, et il tient en un mot : *sagesse*. La sagesse qui libère du désir. Selon les enseignements secrets du Tibet, nous pouvons redécouvrir notre sagesse innée, la conscience alerte et la joie intérieure, grâce à des pratiques spirituelles telles que la méditation, la réflexion sur soi, la prière et la mise en valeur de ce don naturel que nous possédons tous : un cœur tendre, chaleureux et plein d'amour. La sagesse est le moyen de transcender le désir et de transformer une existence de labeur effréné en une promenade délicieuse et inspirante. Voilà la liberté authentique.

« Quiconque dans ce monde surmontera le désir, si dur à transcender, verra disparaître la souffrance, telles les gouttes d'eau qui ruissellent d'une fleur », déclara le Bouddha à ses disciples.

TROISIÈME RÉALITÉ DE L'EXISTENCE

La *Troisième Noble Vérité*, c'est que le nirvana existe et qu'il peut exister pour vous. Le nirvana est l'inconcevable paix intérieure, la cessation du désir et de l'attachement. C'est la fin de la souffrance. Le nirvana est la libération, la liberté perpétuelle, l'épanouissement, l'éveil.

Où se trouve le nirvana ? Nulle part, si ce n'est ici même. Alors, comment l'éprouver ? Jésus-Christ a enseigné que le royaume des cieux se trouve en soi et qu'il est constamment accessible à tous. Les maîtres tibétains nous expliquent que le nirvana est toujours présent, juste derrière le nœud de l'attachement. D'après les enseignements tibétains du Dzogchen, on peut faire l'expérience du nirvana dans l'instant. Ce n'est pas quelque chose qu'il faut construire ou fabriquer mais qui est toujours accessible par une percée spirituelle. Si de telles expériences peuvent se produire, c'est qu'on a simplement lâché prise, abandonné le désir, l'attachement, la convoitise et l'illusion pour s'éveiller, ne serait-ce qu'un instant, du rêve de nos vies de semi-conscience.

Le terme « nirvana » signifie soif étanchée et annihilation de la souffrance. Les maîtres bouddhistes nous apprennent qu'il y a toujours un feu qui brûle en nous ; tantôt il couve, tantôt il fait rage et on ne le contrôle plus. Ce feu résulte de la friction des deux aspects de la dualité, le moi (le sujet) qui désire l'autre (l'objet). De cette friction constante qui nous irrite jaillit la flamme de la souffrance. Les feux de la dualité s'éteignent quand on comprend la vacuité, la parfaite unicité de tout. Quand les braises mêmes ont refroidi et que les émotions conflictuelles cessent de nous brûler, c'est le nirvana, la fin de l'insatisfaction et de la souffrance. C'est la libération, la béatitude, la vraie liberté.

Cette libération des entraves du désir qu'évoque le Bouddha procure une paix intérieure inimaginable, une impression d'unité et de plénitude. Pourtant, beaucoup ont peur de ce concept parce que désir et passion sont nécessairement liés pour eux. « Comment, se récrient-ils, pas de passion ? Autant dire pas de vie ! Sans passion, je pourrais aussi bien être mort ! » Mais il s'agit là d'une interprétation nihiliste ou extrême de ce que signifie « s'affranchir du désir ». Un esprit affranchi du désir est autrement plus riche et fécond que ces notions superficielles ne le laissent à supposer.

Être libéré du désir, c'est simplement trouver la paix et la satisfaction. Quand on éprouve de la satisfaction, ne serait-ce que momentanément, ne se sent-on pas plus vivant, plus dynamique ? Redouter l'absence de désir revient à tourner le dos au bonheur durable. Ce bonheur durable, dont parle le Bouddha, ne signifie pas qu'on n'ait plus ni personnalité ni passion. L'absence de désir veut dire au contraire que plus rien ne vous manque. Réfléchissez aux implications possibles sur votre vie et votre comportement actuel.

L'important, c'est que vous êtes bien plus que la somme de vos envies et de vos désirs. Les êtres éveillés ont des préférences. J'ignore si vous connaissez des personnes que vous considérez comme éveillées mais je sais, pour en avoir côtoyé quelques-unes, que chacune a son style propre et ses préférences — des choses qu'on aime et d'autres moins. Ce qui montre que l'éveil, la liberté, la nature de bouddha présents en chacun vivent et s'expriment à travers sa personnalité. Chacun de nous est différent, Dieu merci, on ne se confond pas dans une sorte de mélange aussi totalement dépourvu de goût que la fausse Chantilly dont on orne les desserts.

Quand des lamas éveillés viennent en visite dans notre pays, ils préfèrent leurs nouilles à la tibétaine à la pizza, mais ils ne se fâchent pas s'ils ne peuvent pas en manger. Car ils ne s'investissent pas dans leurs désirs, ils ne s'y identifient pas. Les maîtres spirituels authentiques sont capables de vivre dans le monde sans être du monde. On les compare parfois à de gracieux cygnes au plumage neigeux qui glissent sur les lacs de notre monde sans faire de vagues.

Dans le monde, mais pas du monde

Une des images fortes du bouddhisme est le lotus qui naît dans la boue, pousse à travers l'eau et pointe sa corolle vers le soleil : il vit dans la fange sans être maculé par elle. On figure le plus souvent le Bouddha assis sur un lotus et sa posture même, jambes croisées, les pieds sur les cuisses, plantes tournées vers le haut, s'appelle posture du lotus. Cette fleur symbolise la pureté, le développement, la transcendance : le lotus pleinement épanoui représente notre nature de bouddha innée qui a trouvé son plein épanouissement.

C'est de nous qu'il dépend de se libérer du désir et d'être dans le monde sans être tout à fait *du* monde. De nous qu'il dépend de trouver la libération, le bonheur durable et la liberté. Car c'est nous, les incendiaires et les fauteurs de troubles. C'est notre vision obscure et notre compréhension bornée qui créent la dualité sujet-objet, preneur et pris. Voilà pourquoi l'instruction de méditation Dzogchen, qui conseille de reposer tranquillement dans l'état naturel, est si pertinente. En l'absence de volonté qui se projette, il n'y a rien non plus pour s'y opposer. En l'absence de préhension, il n'y a ni preneur ni pris. Il n'y a pas de bâtons karmiques se frottant l'un contre l'autre pour allumer les passions conflictuelles. Il n'y a pas d'attachement aux images, aux sons, aux odeurs, aux saveurs ou aux contacts tactiles. Il n'y a qu'expérience, libre, spontanée et sans entraves ; l'expérience des choses, exactement telles qu'elles sont, d'instant en instant au goût de miracle. C'est la grande perfection naturelle.

Comme a dit le Bouddha : « Dans la vision, il n'y a que vision ; pas de voyant ni de vu. Dans l'audition, il n'y a qu'audition ; pas d'entendant ni d'entendu. » (Cela fait penser à *Pensées sans penseur*, le titre que Mark Epstein, un psychologue bouddhiste, a donné à son livre sur la psychothérapie dans la perspective du dharma.) Dans l'audition donc, il y a juste le fait d'entendre. Sommes-nous capables d'être à ce point ouverts, vides, intensément présents et transparents ? La réponse est que nous choisissons de ne pas l'être. L'idée même de pensées sans penseur fait bien trop peur, surtout si vous êtes le penseur en question et que lesdites pensées sont les vôtres. Il faut un cœur vaillant pour lâcher le point de vue dualiste, il faut le courage du guerrier spirituel en route vers la transcendance et l'intégration totale.

Allen Ginsberg, venu faire un mois de retraite solitaire au Colorado, avait informé son lama, Trungpa Rimpotché, qu'il apporterait des petits carnets afin d'y consigner les haïkus qui jailliraient spontanément de son esprit après des heures de méditation. À quoi le lama répondit : « Je peux voir vos carnets et vos stylos ? » Ginsberg s'exécuta. Le lama les confisqua illico, expliquant que si l'on va en retraite pour méditer, c'est justement pour *arrêter* de collectionner les éphémères bulles de pensées qu'on produit sans cesse, pour cesser de s'y accrocher. Il exhorta Ginsberg à essayer de rester simplement conscient du processus même de la conscience transparente, au lieu de se laisser aller à collecter les débris en tout genre que charrie l'esprit et à les réorganiser constamment pour les exposer dans les vitrines de l'ambition artistique.

Ginsberg adorait raconter cette anecdote parce qu'il était encore — comme nous tous — très attaché à l'habitude d'exposer ses jolies bulles de pensées. Plus on médite, plus on a l'impression d'avoir des tas de bonnes idées qui vous viennent. On brûle de rentrer chez soi pour en parler, pour les coucher par écrit, les peindre, les mettre en bouteille, les distribuer sur le marché. Eau de Cologne Samsara, livres et cassettes nirvana, disques, cartes et calendriers de l'éveil, et même Bière Gourou ! (Oui, la marque existe bel et bien, en Inde.)

Le nirvana, la fin de tous nos ennuis, l'extinction des feux du désir, n'est que l'envers de chaque instant de désir et d'attachement. C'est là que doit intervenir le grand « lâcher-prise ». Alors vient la paix ultime : l'accomplissement total, la complétude, fin du désir, lumineuse et profonde, simple et sans complications. Incommensurable et sans fond mais d'une richesse inépuisable. Pas comme les menues bulles de pensées qu'on essaie de collectionner pour avoir quelque chose à montrer. Est-ce tout ce qui restera de nous, au crépuscule de nos vies : un amas d'écume mousseuse ?

Bien sûr, on adore la poésie, on aime tout ce qui est pétillant, original et frais. Pourtant, tout cela est vieux et rance au regard de la simple expérience de l'instant présent, dans sa fraîcheur bouleversante et poétique, sans qu'il soit besoin d'écrire, de collecter, de garder ou de fabriquer *quoi que ce soit*. Chaque instant énonce la vérité.

Le nirvana n'est, selon le Bouddha même, que l'abandon du désir, de l'attachement. Ce qui n'est pas rien ! Plus notre pratique spirituelle, notre méditation et notre activité quotidienne vont dans le sens de l'absence de désir et d'attachement (comprenez : moins on est inflexible, exigeant, égoïste et avide), plus le nirvana s'introduit dans notre vie, presque en catimini. Car si le nirvana est ici même, *nous* sommes souvent ailleurs !

Le nirvana cherche constamment à s'infiltrer dans les failles de l'armure de l'ego. Or, il est possible d'élargir ces brèches en renonçant à certaines défenses et barricades, à cette façon qu'on a de s'accrocher aux choses, à ses comportements répétitifs et générateurs de dépendance — bref, en lâchant prise de son conditionnement psychologique. Quand on se met vraiment à « lâcher prise » et qu'on cultive cette habitude, le conflit intérieur, l'irritation, la brûlure de *dukkha* disparaissent graduellement et l'on goûte de plus en plus souvent cette paix intérieure qui trouve son comble dans le nirvana. On devient moins dépendant, moins exigeant, moins compliqué, moins éparpillé et isolé, moins pressé, moins pétri de besoins et de désirs de toutes sortes. On est plus sain, plus complet, plus heureux et plus sage. On se sent neuf.

QUATRIÈME RÉALITÉ DE L'EXISTENCE

La *Quatrième Noble Vérité* nous indique une voie éprouvée pour nous sortir de l'insatisfaction de l'existence conditionnée et nous conduire à cette fin du désir qu'est le nirvana. Ce chemin, l'Octuple sentier de l'éveil, contient les instructions spécifiques du Bouddha sur les moyens de purifier son cœur et son esprit en menant une vie éclairée. Il s'agit de vivre le Dharma au quotidien, dans le moindre de ses actes. Nous avons tendance, nous Occidentaux, à jeter notre dévolu sur une technique de méditation et à l'isoler du contexte d'ensemble du Dharma, quitte à s'étonner ensuite que nos vies ne changent pas comme promis. Bien sûr, il est utile d'entraîner son esprit en méditant chaque matin, mais ça l'est bien davantage d'essayer d'enrichir sa vie entière en assimilant les différents aspects du Dharma. Ce chemin-là est celui du héros spirituel.

Défis, blocages et obstacles sur l'Octuple sentier

Celui qui s'est vaincu est un bien plus grand héros que celui qui a vaincu mille hommes mille fois.

Extrait du *Dhammapada* (paroles du Bouddha).

Le Bouddha a précisé les obstacles classiques qui risquent de se dresser sur la voie du chercheur de vérité. Sachez, quand vous cheminez dans la voie intérieure de l'éveil, que c'est un voyage héroïque et mythique que vous entreprenez là et que, comme tel, il fourmillera de mystères, de difficultés redoutables et d'aventures hors du commun. Mais vous devez être prêt à rencontrer des obstacles et à les surmonter, à affronter des barrages, à vous retrouver dans des endroits qui, de prime abord, peuvent vous paraître effrayants et incompréhensibles. Vous devez être prêt à faire des sacrifices et, évidemment, à changer — eh oui... Telle la chenille qui doit quitter le cocon familier pour devenir papillon et prendre son envol, nous aussi devons être prêts à changer, à nous défaire de la chrysalide ou de l'armure d'acier trempé de l'égotisme.

Pour passionnant que soit le voyage intérieur, il peut être difficile car il vous met devant la réalité, face à face avec ce que vous êtes. Lorsqu'on s'efforce de vivre authentiquement et d'incarner le Dharma, il y a forcément des moments périlleux parce qu'il y a toujours des défis à relever, des sauts dans le vide à tenter, des obstacles à surmonter.

Le voyage spirituel vous fera inévitablement traverser des vallées profondes, des sommets escarpés, d'épaisses forêts et des déserts apparemment stériles, des plateaux et des plaines. Car tel est le paysage de votre être. Riche en révélations, il doit être exploré de fond en comble. Toutes les expériences que vous connaîtrez en route serviront à éveiller le bouddha intérieur.

Au fur et à mesure que vous avancerez, des obstacles viendront se mettre en travers de ce chemin particulier qui est le vôtre. Apprenez à reconnaître que les difficultés ou les défis sont la résultante de vos propres blocages, des illusions qui voilent votre esprit, de vos craintes et de votre karma. Votre chemin sera selon les moments raide ou plat, cahoteux, lisse ou glissant, calme ou perturbé, et vous vous apercevrez que vous êtes vous-même votre meilleur atout et votre plus grosse pierre d'achoppement.

Comment vous viendrez-vous en aide, comment vous ferez-vous obstacle ? Quelles habitudes, quels schémas pourrez-vous lâcher facilement, et lesquels résisteront avec une ténacité de « superglu » ? Sommes-nous suffisamment au bout du rouleau pour opérer un changement total, une transformation radicale ?

Les enseignements du Bouddha étaient à l'origine destinés à des disciples sérieux et ses instructions spécifiquement formulées à l'intention de ceux qui avaient embrassé une vie monastique de simplicité et de renoncement, ou qui s'apprêtaient à le faire. Si les obstacles qu'on doit affronter aujourd'hui prennent parfois des formes différentes de celles qu'ont connues les chercheurs de vérité du temps jadis, les grands thèmes sous-jacents demeurent exactement les mêmes : *aujourd'hui, comme naguère, les obstacles ou défis ont tous le pouvoir de déformer la vision de la réalité du chercheur spirituel.*

À quoi reconnaît-on qu'on se trouve devant un des obstacles classiques de la voie spirituelle ? Interrogez-vous : suis-je en train de perdre le sens de l'équilibre, des priorités, de ce qui compte vraiment ? Me suis-je laissé emporter par des réactions passagères, des émotions destructrices ? Car c'est ainsi que fonctionnent les obstacles : ils obscurcissent votre vision et vous empêchent de voir les choses telles qu'elles sont. Ils s'interposent entre vous et la conscience calme et claire qui jaillit de l'esprit éveillé.

Le Bouddha a répertorié cinq types d'obstacles ou de défis fondamentaux :

- le désir
- la malveillance
- la paresse et la torpeur (paresse spirituelle)
- l'agitation
- le doute.

Ayant personnellement relevé chacun de ces défis, le Bouddha a fait l'expérience directe de la manière dont ces obstacles sèment la confusion dans l'esprit du chercheur spirituel. Comme lui, vous pouvez vous attendre à les rencontrer tôt ou tard sur votre chemin. Quand nous examinerons l'Octuple sentier plus en détail, nous verrons les différentes formes sous lesquelles ces défis peuvent se présenter à nous.

Le Bouddha a lui-même reconnu que nous sommes nécessairement appelés à vivre des situations différentes, car chacun doit travailler à partir de son propre karma. « C'est à chacun de pratiquer et de déployer ses propres efforts, les Parfaits n'ont fait que montrer le chemin », a déclaré le Bouddha omniscient qui avait compris que chacun d'entre nous a sa propre voie d'éveil à parcourir.

Maintenir l'équilibre entre compassion et sagesse

L'Octuple sentier est également connu sous le nom de Sentier ou Voie du Milieu, ce qui se comprend mieux si l'on se réfère au Bouddha historique. Les yogis et chercheurs spirituels de son époque choisissaient généralement une voie d'ascétisme extrême, incluant la mortification, à l'opposé de la plupart de leurs contemporains qui essayaient de trouver le bonheur par la poursuite exclusive des plaisirs matériels et de la gratification des sens.

Le Bouddha connut ces deux modes de vie. Comme beaucoup d'entre nous, l'homme qui allait devenir le Grand éveillé vécut initialement la vie à travers une série d'extrêmes, tant dans ses attitudes par rapport à l'argent, au plaisir, à la situation sociale, que dans sa façon d'aborder les émotions, les besoins et désirs affectifs, et dans ses conditions de vie physique et spirituelle. Le Bouddha s'ennuyait dans son palais, malgré son cadre de vie luxueux ; il était insatisfait, voire un brin déprimé. Pour reprendre la formule de H.G. Wells à son endroit : il était « malheureux comme l'est un esprit raffiné qui manque d'occupation ». Peut-être cela nous ressemble-t-il aussi un peu.

Lorsque le Bouddha quitta son palais et revêtit la robe jaune et loqueteuse des mendiants, il devint un ascète errant, un saint homme bien décidé à atteindre l'éveil aussi vite que possible, pour le bien de l'humanité entière. Et il mena pendant six ans une vie de la plus rigoureuse austérité. À l'époque où il méditait jour et nuit, il passa plusieurs semaines à ne manger qu'un seul grain de riz par jour, dit-on, devenant de plus en plus carencé et squelettique. Mais, malgré tant d'efforts, il sentait que son but — l'éveil — lui échappait.

Puis le Bouddha comprit enfin, après avoir failli mourir de faim, que celui ou celle qui cherche la vérité doit d'abord prendre ses distances par rapport aux positions extrémistes — tant celle du plaisir sans frein que celle de la mortification — pour trouver le chemin de la modération, la Voie du Milieu. Il se rendit compte qu'une vie spirituelle parfaitement accomplie n'est pas un manège de foire qui vous propulse de sommets extatiques en abîmes terrifiants.

La leçon qu'il nous a léguée, c'est qu'il est impossible de trouver le bonheur ou le nirvana dans une vie consacrée à la poursuite du plaisir des sens mais aussi — et c'est plus surprenant — qu'il est erroné de passer sa vie à s'autoflageller, à se rabaisser, se culpabiliser. L'attachement demeure de l'attachement, même quand il prend la forme de l'autopunition et de la haine de soi.

La Voie du Milieu est celle de l'équilibre ; une démarche saine, faite de force intérieure, de pureté et de retenue, de persévérance et de modération. La Voie du Milieu conduit le chercheur de vérité à une vie impeccable *et* intégrée. Pour rester entier, autant que pour le devenir, il faut revenir au point de départ en soi, décrire un cercle complet au lieu de suivre une trajectoire linéaire pour se lancer dans une course à la grâce. Avec les instructions de la Voie du Milieu en huit étapes, le bouddhisme nous montre que chacun est capable de développer autant ses qualités de cœur que ses qualités de tête : compassion et sagesse, amour et vérité. Il faut à la fois éveiller l'esprit et ouvrir le cœur pour laisser entrer la réalité, laisser entrer les autres, pour réaliser en soi la grande perfection naturelle, l'héritage spirituel du Bouddha qui nous revient de droit.

L'Octuple sentier : un pas après l'autre

Suprême voie que l'Octuple sentier.

Le BOUDDHA.

Voici les huit étapes de l'éveil qui constituent le noble Octuple sentier :

L'APPRENTISSAGE DE LA SAGESSE
1. Première étape : la vision juste
2. Deuxième étape : l'intention juste

L'APPRENTISSAGE DE L'ÉTHIQUE
3. Troisième étape : la parole juste
4. Quatrième étape : l'acte juste
5. Cinquième étape : le juste mode de vie

L'APPRENTISSAGE DE LA MÉDITATION
6. Sixième étape : le juste effort
7. Septième étape : la juste vigilance
8. Huitième étape : la juste concentration.

Bien que ces étapes soient énumérées sous forme de liste, le Bouddha entendait qu'on les considérât comme un cercle, une roue à huit rayons reliés les uns aux autres et destinés à favoriser le développement des trois valeurs essentielles du bouddhisme — sagesse, éthique, méditation — qu'on appelle les Trois apprentissages supérieurs ou les trois apprentissages de l'éveil. Inséparables, ils se soutiennent et se renforcent mutuellement. C'est en faisant de ces trois qualités une réalité vécue que vous pourrez réveiller le bouddha en vous.

L'APPRENTISSAGE DE LA SAGESSE

Voir les choses telles qu'elles sont

> *Il faut se déshabiller entièrement pour nager. Pour aspirer à la vérité, il faut se dénuder dans un sens bien plus intérieur, se défaire de toute sa vêture intime, de ses pensées, de ses idées, de son égoïsme, etc., pour être suffisamment nu.*
>
> Sören KIERKEGAARD.

La vision juste et l'intention juste sont les deux étapes de l'Octuple sentier qui se rapportent à la sagesse, *prajna* en sanscrit, un terme qui nous rappelle que, pour voir la vérité, il faut cultiver une conscience éclairée et la connaissance de soi.

D'un point de vue exotérique, la sagesse joue un rôle très concret au quotidien sous forme de sagacité et même de simple bon sens. Les êtres de sagesse font souvent preuve d'un excellent discernement dans tous les domaines, pas seulement dans un champ limité et spécialisé. Ils connaissent les voies de ce monde et d'autres aussi, peut-être. Les sages semblent capables d'assumer la vie et la réalité de la mort

Au plan intérieur, la sagesse se révèle dans le fait que l'esprit est sain, bien centré et égal. Les sages, hommes et femmes, donnent l'impression d'être épanouis et il émane d'eux un sentiment de paix intérieure ; ils semblent à l'aise avec eux-mêmes et avec autrui. La sagesse apporte avec elle la joie, la chaleur, la bonté, la solidarité, l'intégrité et l'amour. Autant de qualités que nous pouvons tous cultiver, en puisant dans les profondeurs de la source intérieure aux vertus curatives.

Du point de vue de l'inné, pourrait-on dire, un autre aspect de la sagesse vit en nous tous : gnose, transcendance et non-égoïsme éclairé. Cette forme ultime de sagesse n'est pas le résultat d'un acte de notre part, elle participe de notre véritable nature, de notre être même. Ce n'est pas juste de l'information ou du savoir intellectuel. On peut parfois confondre sagesse et savoir, mais il s'agit ici de notre être intérieur, pur, lumineux et authentique. Sommes-nous capable de nous mettre à son diapason ? Pouvons-nous nous y fier ? Cette forme de pure conscience est la sagesse transcendante. Certains ont une appartenance religieuse ou spirituelle, d'autres non, mais, de toute façon, la plupart des groupes religieux n'ont guère que quelques milliers d'années d'existence. Alors que l'*être*

— l'espace infini de l'esprit, mystérieux et sacré, le sacrement mystique — l'être, lui, a toujours été là, de toute éternité. L'« être primordial », comme l'appelle la tradition Dzogchen. L'être primordial authentique est présence pure, *rigpa* ; esprit de bouddha ; *dharmakaya*, corps invisible de la vérité. Telle est la sagesse vraie.

La vision juste ou authentique est la première étape du chemin de la sagesse et de l'éveil, parce que notre vision du monde détermine la direction que prend notre vie. L'intention juste, deuxième étape, nous aide à garder le cap sur notre but.

LA VISION JUSTE

La sagesse de la vision claire

Bouddha, le rayonnant, a déclaré :
« Considère ainsi ce monde éphémère :
Telles les étoiles qui pâlissent en s'évanouissant à l'aube,
Telle l'écume à la surface d'un rapide,
Telle la rosée matinale sur l'herbe, qui s'évapore,
Telle la flamme qui vacille au souffle d'un vent fort,
Tels l'écho, les mirages, les fantômes, les hallucinations,
Et tel un rêve. »

Les huit métaphores de l'illusion,
selon les soutras de la Prajna Paramita.

Les enseignants du bouddhisme ont coutume de psalmodier ces métaphores de l'illusion — c'est aussi mon cas — au commencement et à la fin de certaines séances de méditation. J'affectionne ces métaphores poétiques que je trouve utiles comme thème de réflexion, grâce à ces images fortes sur lesquelles on peut méditer chaque jour.

À la faveur de ses nombreux enseignements, le Bouddha a très clairement exposé sa vision du monde qu'il aimait à appeler « ce monde *saha* ». *Saha* est un terme sanscrit qui veut dire insaisissable, insubstantiel, et qu'on traduit souvent par monde flottant, vaporeux, ou pareil à des gouttes de rosée. De fait, *saha* signifie littéralement « tel un rosier » : couvert de fleurs mais hérissé d'épines dangereuses pour quiconque tente de le serrer de trop près. Un autre symbole frappant du samsara, l'existence conditionnée.

La vision juste est une pierre de touche, un révélateur fiable. Elle nous rappelle de porter sur le monde un regard sans illusions, sans distorsion par rapport à la réalité ou à soi-même ; nous rappelle de voir des roses quand roses il y a, et des épines là où il y en a. La vision juste favorise le développement de la sagesse, *prajna*, qui signifie essentiellement savoir ce qui est, comprendre comment fonctionnent les choses, se connaître et connaître les autres.

Bien avant que les psychologues ne parlent d'« épreuve de vérité », de « systèmes d'illusion » ou de « déni », le Bouddha Dharma exhortait déjà les chercheurs de vérité à se connaître et à se comprendre. Il leur conseillait de regarder le monde avec réalisme et de voir la vérité de ce qui se passe dans l'ici et maintenant, à tout moment. Quand on ouvre ses yeux de sagesse, on ne choisit pas nécessairement ce qu'on voit ; on ne voit que ce qui *est* là. Dérangeant parfois. Mais on se libère de l'illusion en abandonnant ses fantasmes pour voir les choses telles qu'elles sont réellement, et l'on peut commencer à vivre plus en accord avec la réalité.

Reprendre contact avec la réalité et se mettre « dans le coup »

Savez-vous voir le monde tel qu'il est réellement ? Êtes-vous prêt à vous voir tel que vous êtes vraiment ? À l'approche du prochain millénaire, on use de tout un nouveau vocabulaire pour décrire des comportements humains dont la première mention remonte en fait au Bouddha, il y a des siècles. « Pas dans le coup » est une expression commode et imagée qui, à un certain niveau, s'applique à la plupart d'entre nous, au moins une partie du temps. « Pas dans le coup », « hors course », « dans le brouillard », « déconnecté du réel », « sans vue d'ensemble », « perdu dans le détail » , « manipulé par ses fantasmes »… La liste n'est pas exhaustive, mais les formules veulent bien toutes dire la même chose.

Ne sommes-nous pas un brin irréalistes, voire manipulés par nos fantasmes ? Ne passe-t-on pas bien trop de temps dans une sorte de brouillard mental ? Ne mettons-nous pas la pagaille dans notre existence par incapacité à assumer la réalité telle qu'elle se présente objectivement ? On se raconte des histoires sur sa vie, on se dit ce qu'on a envie d'entendre, créant et perpétuant des fantasmes. La première étape du noble Octuple sentier nous incite à ôter la poussière de nos yeux et à ouvrir les yeux intérieurs, ceux de la sagesse, pour découvrir la vision claire. On nous dit qu'il est temps de « reprendre contact avec la réalité » — autant qu'il est possible dans ce monde *saha*.

La vision juste nous fait découvrir certains concepts fondamentaux de la philosophie bouddhique. Comment percevez-vous la vie, la mort, l'impermanence, la souffrance, l'insatisfaction, la cause et l'effet ? Sommes-nous vraiment convaincus qu'on récolte ce qu'on sème, ou n'y voyons-nous qu'un cliché de plus ? Autant de graves questions qu'en Occident on met généralement de côté, pour « plus tard ». Le bouddhisme, lui, nous exhorte à agir : occupez-vous-en tout de suite, et votre vie en sera transformée.

Les mythes inefficaces sur lesquels reposent nos vies

La connaissance de soi va dans le sens de notre intérêt supérieur. La sagesse travaille pour nous. Du vivant du Bouddha, ses disciples et les autres lui posaient de nombreuses questions : certaines avaient trait aux origines de l'univers — d'où vient-on, où va-t-on et qu'arrive-t-il après la mort ? Mais beaucoup portaient sur des points précis de la réalité quotidienne. Les problèmes que les gens devaient affronter étaient les mêmes qu'aujourd'hui, sous des formes différentes. Du temps du Bouddha, les hommes et les femmes se disputaient, échangeaient des ragots, jugeaient les autres, perdaient leur vue d'ensemble, avaient des réactions excessives, voyaient du sexe partout, trouvaient l'herbe plus verte chez le voisin, se laissaient obséder par des vétilles, se sentaient seuls et rêvassaient trop. Non, rien n'a vraiment changé depuis…

Par exemple, combien sommes-nous à croire, malgré notre maturité, que tout irait comme sur des roulettes si seulement notre conjoint voulait bien changer, si seulement on rencontrait le partenaire idéal ? Voilà les mythes et les illusions inefficaces qui orientent nos vies dans des directions fort insatisfaisantes. Vous souvenez-vous de cette chanson de la comédie musicale *Le Violon sur le toit* : « Ah, si j'étais riche… » ? Et votre grand « si » à vous, quel est-il ? Ce grand « si » qui vous fait tourner le dos à la sagesse et à la réalité ?

Le développement de la sagesse sera facilité si l'on sait voir ses petites hypocrisies et ses grandes illusions, apprendre à être plus franc et honnête avec soi et avec les autres. La sagesse, c'est voir la véritable nature des choses, exactement telle que la décrivent les Quatre Nobles Vérités, ces quatre réalités fondamentales de la vie envisagée d'un point de vue éclairé. La sagesse est la conscience supérieure, l'esprit en éveil, l'attention alerte. La sagesse est la connaissance de soi, la vérité manifestée sous la forme d'une vision claire. La sagesse voit que la lumière et l'obscurité sont inséparables et que les ombres aussi font partie de la lumière.

Samsara, le cycle de l'existence conditionnée

L'existence conditionnée : tel est le terme technique qui sert à décrire notre monde défectueux. Si l'on tend à avoir un discours un peu idéal pour parler de ceux qui s'efforcent d'incarner pleinement leur spiritualité, les problèmes qui se posent au quotidien sont pour la plupart très prosaïques et concrets. Certes, on aime à penser que ses préoccupations sont essentiellement spirituelles, et donc plus riches de sens et de valeur, mais en réalité on est bien obligé d'assumer les difficultés matérielles et psychologiques de l'existence, dans le monde et l'époque qui sont les nôtres.

Considérons les exemples suivants :

• Robert, qui souhaiterait avoir des rapports plus vrais et plus satisfaisants avec les autres, estime que sa soif de contact et sa solitude expliquent en partie l'attachement puissant qu'il a éprouvé dans ses relations avec des femmes qui tendaient à le rejeter. Il veut se débarrasser de ce comportement répétitif et insatisfaisant.

• Jennifer doit faire quelque chose pour remédier à l'anxiété dont elle souffre. La moindre contrariété suffit à lui faire perdre pied : son cœur se met à battre la chamade comme à l'approche d'une catastrophe imminente. Elle voudrait se calmer.

• Debra est excessivement attachée à sa famille dont elle quête toujours l'approbation et, bien qu'adulte, elle a une peur épouvantable d'être seule. Debra a tout essayé dans sa quête de soi : elle a interrogé des sages et des savants, des cristaux, les canaux psychiques et le tarot.

• Steven ne sait pas comment gérer sa fatigue et la colère diffuse qu'il ressent. Il a, comme tant d'autres, examiné l'échelle de sa réussite, pour s'apercevoir qu'elle reposait sur un mur qui ne lui convenait pas.

L'existence conditionnée, telle que ces personnes la vivent, est une vie d'habitudes et de compulsions superficielles. Telle qu'en mènent la plupart d'entre nous, dans une certaine mesure. Dominés par nos schémas psychologiques (notre conditionnement intérieur), nous sommes otages de nos pulsions, besoins et penchants inconscients. On garde un emploi qu'on déteste, on se choisit des partenaires qui vous font du mal. On ne sait pas briser ses habitudes destructrices, modifier les schémas inadaptés, trouver des modes d'existence plus créatifs et satisfaisants. Tels sont les comportements inconscients. Telle est l'existence conditionnée.

Que votre comportement inconscient trouve sa source dans un événement remontant à l'enfance, comme le pensait Freud, ou à plusieurs vies en arrière, comme le suggère la croyance bouddhique en la « renaissance », le résultat est le même. Tel que vous vous y prenez, ça ne marche pas. Peut-on vraiment faire une distinction entre souffrance psychologique et souffrance spirituelle ? L'insatisfaction est toujours insatisfaction, l'inconscient est invariablement inconscient. La psychologie et le bouddhisme sont des disciplines différentes qui ont cependant une vérité en commun : tant que vous resterez inconscient, endormi sur une voie de garage de votre vie, le bonheur tendra à vous échapper.

Le Bouddha a donné un nom à l'existence conditionnée : le *samsara*, terme sanscrit qui désigne le cycle de souffrance que nous perpétuons en refaisant, indéfiniment, la même chose. *Samsara* signifie littéralement « errance perpétuelle ». Ce qui correspond à un conditionnement profondément ancré, et à des êtres (nous tous) qui recherchent l'accomplissement et la satisfaction là où ils ne peuvent les trouver. De fait, notre avidité à trouver le bonheur engendre souvent une bonne dose de malheur.

S'éveiller, c'est mettre un terme au samsara. C'est renaître spirituellement, revenir à son cœur, à son esprit originel, naturellement clair et entier. On suit la voie spirituelle pour se libérer du désir compulsif et de modes de comportement figés et insatisfaisants, afin de redécouvrir sa vie authentique.

La vision adamantine

« Cultivez un esprit qui ne s'attache à rien. » Tel est l'un des conseils de méditation du Soutra du Diamant qui appartient au corpus de Sagesse des Écritures du bouddhisme Mahayana. Le titre originel de ce soutra, en sanscrit, fait allusion au diamant, capable de couper n'importe quoi mais qu'on ne peut scinder. La métaphore du diamant désigne ici le tranchant acéré et lucide de la sagesse pénétrante.

La claire vision, la sagesse adamantine, représente la capacité de voir toute chose telle qu'elle est exactement, dans toute sa beauté aussi magique qu'éphémère. L'esprit sage connaît les limites de l'attachement à ce qui n'est que passager, semblable aux songes. L'esprit éveillé est fluide, naturel et bien « arrondi ». Rien n'y attache, comme avec les ustensiles revêtus de Teflon. À l'opposé, l'esprit ordinaire, non éclairé, est rigide, limité et aussi collant que du papier tue-mouches ; il est plein de coins et de recoins, d'angles acérés auxquels les idées s'accrochent, nous coinçant du même coup. La pensée dualiste ressemble au Velcro : il faut être deux pour s'accrocher. La vision unifiée est plutôt semblable à un cristal que toutes les lumières peuvent traverser sans obstacle.

Cela se traduit dans la vie par des difficultés à se débarrasser du poids de ses pensées et de ses soucis, à se départir de ses positions fixes, de ses préjugés. Les souvenirs à coloration affective, même insignifiants, ne nous quittent pas. Ils peuvent aller jusqu'à pourrir sur place. Car l'esprit non éveillé s'agrippe aux choses et aux émotions et tente de les retenir, alors qu'elles sont par nature passagères. Comme si l'on voulait retenir de l'eau dans ses mains.

Si l'on comprend que l'attachement est la cause de la souffrance et de l'insatisfaction, il est évident que le remède consiste simplement à lâcher prise. C'est un ingrédient essentiel de la recette bouddhiste de la sagesse et de l'éveil. Mais pourquoi avons-nous peur de lâcher prise et de laisser l'esprit naturel être tel qu'il est, radieux, libre et totalement conscient ? Pourquoi se raccrocher au passé et résister à la dynamique des eaux vives du présent ? On définit parfois le comportement névrotique comme un schéma figé. Il est très thérapeutique de laisser fondre ces schémas figés pour cultiver la spontanéité, la présence à « ce qui est » et la joie d'éprouver l'instant présent. *On peut faire face à tout quand on ne s'agrippe à rien.* Voilà la sagesse. Tâchez de saisir cela, mais délicatement…

Laissez couler le flot de l'esprit, sans attachement à vos biens, à vos idées, à vos projets, à votre emploi du temps, à vos passions, à votre identité même, et cultivez la sagesse, le détachement et cette sérénité qui comprend l'égalité de toutes les choses. Chacun de nous est unique, certes, mais pas exceptionnel : c'est l'interaction de nos petites notes personnelles qui compose la grande symphonie cosmique. Nous sommes tous pétris de la même argile mortelle, même si chaque jarre a sa forme. Cultivez ce point de vue panoramique et goûtez la sagesse de la claire vision.

La mort envisagée comme occasion de grandir

Si je pouvais revivre ma vie, je prendrais l'habitude de m'accoutumer, chaque soir, à des pensées de mort. Je pratiquerais, en quelque sorte, l'évocation de la mort. Il n'y a point d'autre pratique qui donne tant d'intensité à la vie. La mort, quand elle approche, ne devrait pas nous prendre par surprise. Elle devrait faire partie de tout ce qu'on attend de la vie. Car la vie est insipide, sans la pensée constante de la mort. Autant se nourrir de blanc d'œuf.

Muriel SPARK.

Nous allons tous mourir un jour. Mais combien sommes-nous à en être intimement persuadés ? Pourquoi faire comme si ça ne devait jamais nous arriver ? Le Bouddha a déclaré que la mort et l'impermanence étaient le plus important des enseignements : « De même que la trace de pas de l'éléphant est la plus grosse de toutes celles qu'on voit sur le sol dans la jungle, la mort est le plus grand de tous les maîtres… Yama Raja, Seigneur de la mort, est mon maître. C'est la mort qui m'a conduit à chercher l'immortalité, à vouloir m'affranchir des entraves de la naissance et de la mort. »

Réfléchissez à cela : le Bouddha a déclaré que son principal gourou était la mort, pas un maître humain. Il nous a conseillé de garder la mort à l'avant-plan de la conscience, afin de mieux établir les priorités de nos activités quotidiennes et, ainsi, de mieux diriger notre attention vers ce qui est important et riche de sens. Certains trouvent que le bouddhisme est pessimiste, du fait qu'on y parle tant de la mort. Mais il faut bien comprendre que si les bouddhistes réfléchissent à la mort, ce n'est pas parce qu'ils sont morbides ou déprimés ; la contemplation de la mortalité et de la fragilité de l'être humain est un moyen de mieux comprendre la vie et de mieux l'apprécier. Le Bouddha n'a-t-il pas vécu et enseigné sans répit pendant quarante-deux ans après son éveil, menant la vie bien remplie d'un maître spirituel dans la société de son temps ?

Quand on parle de la mort dans nos pays, on dit souvent : « Personne ne revient pour en parler. » Or, ce n'est pas ce que pensent les lamas tibétains réincarnés. J'avais vingt et un ans quand mon maître Kalou Rimpotché m'a dit que je devrais constamment me préparer à mourir. Ce n'était pas du tout ce que j'avais envie d'entendre et j'ai pris ça pour des propos de moine vieillissant. Je suis jeune, moi ! Je suis comme Zorba, comme le Bouddha ! Je veux vivre, je n'ai pas envie de penser à la mort.

Ce que je voulais, c'était « suivre ma félicité », pour reprendre la formule de Joseph Campbell. Kalou Rimpotché, ce vieux lama pétri de bonté et de patience, m'a aidé à comprendre que la maladie, la douleur et la mort sont inévitables. Un enseignement qui m'a permis d'être plus présent dans ma vie actuelle. Le fait d'établir ses priorités à la lumière de la fragilité de la vie et de l'indiscutable certitude de la mort vous délivre de la tendance à toujours remettre au lendemain, des hésitations et de l'attachement. Cela m'a aidé à cesser de construire des châteaux de sable, vite emportés par les marées changeantes du temps, à ne plus investir dans du toc. J'ai été forcé de chercher de plus profondes richesses. Tout est impermanent et se défait au fil du temps. Une dure leçon à apprendre et à accepter. La mort est partout, autour de nous, même si l'on détourne la tête.

Donna, une jeune femme de ma connaissance, vit seule avec ses deux enfants, Joseph et Fred, qui ont six et huit ans. Donna et ses deux fils récitent chaque soir le bénédicité, avant de dîner. Quand la sœur de Donna est morte subitement, il y a quelques années, Donna, Joey et Freddie ont ajouté une petite prière pour tante Pattie à leur action de grâce quotidienne. Ensuite, c'est Daisy, le chien de la famille, qui a trépassé, et on a remis une prière pour Daisy. Même chose quand est mort Paddington, le chien d'un ami. Puis, quand le papa d'un ami des enfants est décédé, on a ajouté une prière pour lui aussi. Freddie et Joey commencent à se faire du mouron : jamais ils ne mangeront, s'ils continuent comme ça toute leur vie, avec tant de gens pour qui prier !

Le point essentiel, c'est que tout le monde meurt. Kalou Rimpotché lui-même est mort, comme meurent les rois, les reines, les médecins, les scientifiques, les artistes, les riches et les puissants de ce monde. On meurt tous. Tout ce qui est composé ou fabriqué meurt un jour. Toutes les rencontres se terminent par une séparation, tous les bâtiments finissent par tomber en ruine. C'est une des réalités de la vie.

En 1989, après que Kalou Rimpotché eut poussé son dernier souffle et fut donc cliniquement mort, il resta deux jours assis en méditation, les yeux ouverts, le teint rose. Il était dans l'état méditatif que les Tibétains appellent la méditation de la claire lumière. À savoir qu'au lieu de s'égarer dans les états intermédiaires qui suivent la mort — le *bardo* —, il demeurait dans la luminosité intérieure, Dharmakaya, la réalité absolue, la véritable nature de l'esprit, du cœur. Et puis, après ces deux jours immergé dans la lumière de l'être à l'état pur, *rigpa*, le corps de Kalou Rimpotché s'affala enfin. Il était parti.

On explique dans le bouddhisme tibétain que la claire lumière de *rigpa* — connaissance innée, esprit spontanément alerte et pleinement conscient — se manifeste momentanément en chacun, au moment de la mort. *N'importe qui*, pourvu qu'il ait l'esprit suffisamment alerte et conscient, peut se fondre consciemment dans cette pure lumière transcendante, au moment crucial de la transition. Herbert Guenther, un des plus grands érudits bouddhistes de notre temps, a défini *rigpa* comme étant « présence extatique » ou « rayonnement extatique ». Réfléchissez-y deux minutes : extatique, pas statique. Je crois que c'est là une notion importante et je cite un auteur respecté parce que je ne veux pas que le lecteur s'imagine lire quelque bizarre invention de Dharma à la sauce *New Age*. L'esprit naturel est intrinsèquement beau, vivant, libre et tranquille. Tel est notre être originel et pur, qui existait avant qu'on se conçoive « soi », avant qu'on perçoive les « autres » et qu'on commence à voir en eux la source de nos plaisirs et de nos souffrances.

Il y a, selon les tantras tibétains, quatre grands moments propices à la reconnaissance de la claire lumière de *rigpa* : la mort, l'évanouissement, l'orgasme et — qui l'eût cru — l'éternuement. Quel est le dénominateur commun de toutes ces expériences ? Le relâchement, le lâcher prise qui fait qu'on se retrouve dans l'état naturel. Les maîtres tels que Kalou Rimpotché s'entraînent toute leur vie à ce type de méditation mystique afin de pouvoir rester conscient au moment de la mort et se dissoudre dans la lumière spirituelle intérieure — y retourner.

Qui peut douter que la conscience de la mort soit le meilleur maître pour nous apprendre à vivre ? On le constate souvent chez les personnes qui ont subi de graves maladies, des accidents ou d'autres expériences traumatisantes. Maria, une femme formidable que je connais, raconte qu'elle a appris à vivre au moment où on l'a emmenée en salle d'opération pour intervenir sur son cancer. Au lieu de considérer la vie comme une chose allant de soi, elle a révisé ses priorités. Elle a appris à trouver de la joie dans chacun de ses actes, dans chacun de ses contacts avec les autres.

La peur de la mort est, pour la plupart d'entre nous, la plus grande de nos craintes. On a du mal à croire que l'acceptation de la mort puisse être source de joie dans la vie présente, mais c'est pourtant vrai. « Mourez avant de mourir, et jamais vous ne mourrez », disent les soufis, qui font allusion à la mort de l'ego. Qu'on parvienne à se dessaisir de l'ego, et l'on n'aura plus peur, car on ne se sentira plus incomplet, on cessera de se raccrocher au monde matériel et à l'existence conditionnée, le samsara. L'ego est en quelque sorte l'aorte du samsara.

S'il n'y a plus d'ego, il n'y a plus personne qui ait peur de mourir. Il n'y a qu'absolue complétude, unité. La mort est une transformation, un passage, une étape de transition au cours du voyage, mais l'ego s'est créé un petit territoire borné, qu'il a peur de perdre. Pourquoi avoir peur ? Pourquoi supposer que chacun de nous a commencé à la naissance et finira à sa mort ? L'éventualité d'une nouvelle naissance peut paraître surprenante, mais pas plus, à vrai dire, que la naissance tout court. Quel extraordinaire phénomène que d'être en vie, et qui peut l'expliquer rationnellement ?

Tout le monde éprouve naturellement une certaine inquiétude par rapport à la mort. Le Bouddha s'est éteint fort paisiblement à l'âge de quatre-vingts ans, couché sous un arbre, mais les moines qui l'entouraient sanglotaient tous. Personne n'a envie de mourir, pas même les lamas tibétains. Un maître zen japonais sur le point de s'éteindre disait : « Je ne veux pas mourir », et quand ses disciples le pressaient de leur transmettre une dernière parole de sagesse, il a répété : « Je ne veux *vraiment* pas mourir ! » Telle était sa vérité à ce moment-là, et il n'a pas hésité à l'exprimer.

Je me trouvais au monastère de mon maître Toulkou Ourgyen Rimpotché quand son épouse, Ma-youm Kunsang Détchenn, s'est éteinte après des mois de cancer du pancréas, sans jamais une plainte. Voici ce qu'elle déclara peu avant sa mort quand on lui demanda d'écrire sa propre oraison funèbre : « À l'approche de l'heure de ma mort, je n'éprouve plus le moindre attachement. J'avais peur de la mort, dans ma jeunesse, et c'est pour cela que j'ai pratiqué le Dharma avec diligence toute ma vie. Maintenant je suis heureuse de trépasser, sans peur et sans regrets. Dès que se désintégrera cette cage qu'est ma vieille carcasse physique, je m'envolerai, tel l'oiseau qui s'échappe de son piège. » Elle mourut assise en méditation.

Tous les moines, moniales et lamas tibétains apprennent à mourir en méditant. Kalou Rimpotché m'a montré comment expirer, d'une grande expiration profonde — comme si l'on voulait s'élever dans l'air et s'échapper par une fenêtre du toit —, comment dissoudre les quatre éléments dans l'esprit, puis l'esprit dans l'espace infini. Ce qui est difficile à réaliser si l'on ne s'y est pas entraîné de son vivant. Il semble que Kalou Rimpotché ait maîtrisé cette technique. Je me trouvais dans son monastère de Darjeeling quand il est mort ; c'était triste, la fin d'une époque, et pourtant sa mort fut une expérience forte et instructive. Elle me fit de nouveau sentir que, aussi incroyable que cela puisse paraître, ces enseignements du Dharma sont bel et bien vrais. Kalou Rimpotché avait passé sa vie à enseigner que l'essentiel était de vivre en pleine conscience, dans la transcendance de soi, en renonçant à contrôler le cours de l'existence. Restez éveillés et cessez de vouloir vous approprier l'inappropriable. La leçon vaut aussi pour ce bref *bardo* ou transition qu'on appelle la vie. On peut se permettre d'être, simplement, authentiquement, sans chercher à prouver ou à accomplir quoi que ce soit. C'est la sagesse du laisser être.

Les Tibétains aiment la vie. En fait, peu de gens ont autant de respect pour la vie que ces bouddhistes qui prônent la compassion et la non-violence à l'égard de tout ce qui vit. Leurs enseignements soulignent l'importance de comprendre que la sagesse dont on a besoin pour se préparer à mourir est la même que celle qu'il faut pour vivre. Ils ne nous parlent pas seulement de nirvana et d'éveil, mais nous apprennent à vivre avec intelligence et grâce, sans regret, sans rien laisser en suspens derrière soi. Personne ne meurt en s'exclamant : « Si seulement j'avais passé plus de temps au bureau ! » Il faut revoir les priorités de sa vie en sachant que la mort est une réalité incontournable.

La tradition tibétaine dit qu'il faut vivre jusqu'à la mort. Cela signifie vivre en toute conscience de la réalité d'une mort inévitable, mais aussi vivre jusqu'à son dernier souffle sans devenir une sorte de mort vivant qui traverse l'existence en somnambule. Que gagne-t-on à tuer le temps en attendant le week-end ou les prochaines vacances, à passer ainsi complètement à côté du miracle de l'instant présent ? Les enseignements tibétains nous apprennent qu'une claire lumière intérieure apparaîtra au moment de la mort, mais qu'on ne la verra que si l'on est présent et conscient de l'instant. Le plus étonnant, c'est que cette claire lumière brille à chaque instant de notre vie et que, si l'on n'y fait pas attention, on la ratera toujours. La vie est un miracle à célébrer, pas une épreuve à fuir ou à éviter. Nous mourrons tous un jour, n'est-ce pas ? Mais aurons-nous tous vraiment *vécu* ?

Les maîtres tibétains enseignent ce que les moines mystiques du Moyen Âge en Europe appelaient l'*ars moriendi*, l'art de mourir. Comme il est dit dans un livre ancien de l'époque, intitulé le *Livre de l'art de mourir* :

Apprenez à mourir et vous vivrez,
Car nul n'a appris à vivre vraiment
Qui n'a appris à mourir.

Les enseignements du Dzogchen expliquent que, si notre nature descend dans le samsara ou s'élève dans le nirvana, elle n'est pas pour autant abîmée par l'un ni améliorée par l'autre. Car elle est au-delà des deux. Le samsara et le nirvana sont inséparables, selon le tantrisme. Le nirvana n'est pas un distant au-delà, il est ici et maintenant. Évidemment, nous sommes généralement un peu ailleurs et pas vraiment présents… Et, comme dans les loteries, pour gagner il faut participer.

Le karma

Le karma veut dire qu'on récolte exactement ce qu'on a semé. Certains pensent que le karma, c'est le destin, mais le mot signifie en réalité acte et résultat. Il n'y a pas d'accidents, selon la vision bouddhiste des choses. La loi de l'Origine interdépendante signifie que toute cause a un effet, et que chaque effet a sa cause.

Il y a une chanson dans le style *country* qu'on entend parfois à la radio et qui montre comment le jeu de la cause et de l'effet provoque tout un enchaînement d'événements. Il s'agit, si mon souvenir est exact, d'une femme qui s'est disputée avec son petit ami, qui appelle sa sœur qui vient la voir, laissant son mari chez elle. Ce dernier, qui s'ennuie, va faire un tour au supermarché du coin, laisse les clés de contact sur sa camionnette ; elle est volée par des ados qui percutent un transformateur électrique et toute la ville se retrouve dans l'obscurité. Vous voyez : la cause et l'effet.

Mais d'où vient le karma ? me demanderez-vous. Chacun de nous est la somme d'expériences disparates, un composé évolutif et toujours changeant de forces et d'habitudes conflictuelles. Certaines expériences se logent dans les archives de la mémoire, d'autres dans le corps, d'autres encore forment des sortes de nœuds, de torsions, de blocages de notre énergie. Certaines remontent à la semaine dernière, d'autres — selon les croyances du bouddhisme — à des centaines d'années ou plus. Chacune de ces expériences a eu un impact sur nous, déposant en nous une empreinte karmique qui nous conditionne à avoir telle ou telle réaction.

Quelque chose vous arrive, vous réagissez par un acte, un mot, une pensée. Cette réaction laisse une empreinte dans votre esprit (ou, pour être techniquement plus précis, dans « le flux de votre être ») qui, à son tour, engendre d'autres actes — du karma. Une fois qu'on a l'habitude de se comporter d'une certaine manière, ou d'être traité et de réagir d'une certaine façon, on devient conditionné à ces modes d'action. Ce conditionnement fait partie de votre karma. Ça me rappelle cette impression qu'on a tous connue d'être coincé dans une ornière qui se creuse de plus en plus sous les roues affolées du véhicule. Et plus l'ornière s'approfondit, plus il devient difficile d'en sortir.

À chaque instant, du nouveau karma se crée. Quand on agit avec une motivation positive, c'est le côté positif des choses qui avance, et inversement. Mais on peut rééduquer ses réflexes afin d'agir avec sagesse. L'important, c'est de comprendre que vous n'êtes pas victime du sort : vous êtes votre propre maître. « Tu récolteras ce que tu as semé. »

Supposons qu'hier vous prépariez le déjeuner quand le téléphone a sonné, au moment précis où vous remettiez un bocal de condiments dans le réfrigérateur. Dans votre hâte, vous n'avez pas fait attention, et vous n'avez pas bien revissé le couvercle du bocal. Aujourd'hui, vous voulez prendre le bocal et vous vous retrouvez avec le couvercle en main pendant que tout le reste tombe par terre : les condiments, la saumure et le bocal qui se brise… C'est tout simplement le jeu de la cause et de l'effet qu'on nomme karma. Personne d'autre n'est à incriminer. Ce qui est à la fois une bonne et une mauvaise nouvelle. Si vous ramassez les condiments en faisant bien attention, vous ne vous couperez pas, mais si vous n'êtes pas assez attentif, vous aurez besoin de sparadrap. Voire de points de suture.

La loi du karma édicte avec une précision méticuleuse que tout a des conséquences : la moindre pensée, la moindre parole, le moindre acte ont un effet. Tout, absolument tout ce qu'on dit, pense ou fait a un impact. Réfléchissez bien à cela. Le karma implique conditionnement et répétition. Voilà une bonne nouvelle libératrice : chaque instant nous offre la possibilité de modifier l'avenir. On change, et l'avenir change avec soi. C'est la vérité. Nous sommes responsables, le levier de commande de notre destin est entre nos mains.

Renaître : tant que ce n'est pas fini, ce n'est pas fini

Le Bouddha n'a pas inventé la notion de réincarnation, c'est une croyance venue des temps immémoriaux, issue des antiques traditions de la sagesse humaine. On la trouve tant dans l'hindouisme et le taoïsme, qui sont antérieurs au bouddhisme, que dans les anciens écrits mystiques du christianisme et du judaïsme. Le concept, tel qu'on le comprenait en Inde avant l'éveil du Bouddha, était le suivant : il existe une âme éternelle, l'*atman*, qui vient à l'être pour s'accomplir spirituellement, pour évoluer vers la libération et l'éveil. Voici ce que dit une prière prébouddhique figurant dans les Upanishad, les écritures mystiques de l'hindouisme : « Conduis-moi des ténèbres jusqu'à la lumière, mène-moi de l'ignorance à la connaissance, de la servitude à la liberté, de la mort à l'immortalité. » L'hindouisme enseignait que cette âme éternelle continuerait à reprendre naissance indéfiniment, jusqu'au terme de son accomplissement spirituel.

Le Bouddha devait déclarer, lui, en revanche, qu'il avait eu beau examiner l'univers entier avec la sagesse de la claire vision, il n'avait point trouvé d'*atman*, d'âme fixe et éternelle. Il adopta une position agnostique par rapport à l'existence d'un créateur ou d'un Dieu. Quand on lui demandait s'il était homme ou dieu, le Bouddha répondait simplement : « Je suis éveillé. » Il y eut en fait durant la vie du Bouddha quatorze questions auxquelles il ne répondit pas, expliquant que ce ne serait que pure spéculation intellectuelle et n'aiderait en rien à trouver la paix du nirvana, la libération et la fin de la souffrance qui étaient son unique message. La meilleure façon d'envisager le bouddhisme actuellement est peut-être d'y voir une philosophie éthique et psychologique, ou encore une pratique spirituelle non théiste qu'on peut suivre et mener à son terme sans adhésion à un dogme ni à une croyance.

À la question : « Dieu existe-t-il ? », le Bouddha répondit par le silence. Même chose quand on lui demanda : « L'univers a-t-il un commencement et une fin ? » Il estimait que ce genre de spéculation n'était guère de nature à favoriser le cheminement vers la liberté et la paix.

Le samsara est sans commencement, mais il a sa fin dans l'éveil et la délivrance. Cependant, on pourrait également dire que le samsara a un commencement — dans l'ignorance — mais pas de fin. La logique bouddhiste aime à opposer la thèse et l'antithèse — deux positions extrêmes — à une position médiane, afin de souligner la relativité de nos affirmations.

Selon le Bouddha, chacun d'entre nous est doté de la parfaite nature de bouddha, investie du plein potentiel de la paix durable et du bonheur du nirvana. Cette promesse illustre bien la générosité de sentiment de la spiritualité bouddhique. Mais tant que chacun n'aura pas purifié et transformé voiles, souillures et illusions, le soleil intérieur restera en quelque sorte voilé par les nuages de la dualité et de l'illusion.

Le Bouddha a enseigné que tout est éphémère, interdépendant et en devenir permanent — sujet au karma et au conditionnement. Quand vient la mort, a-t-il expliqué, la conscience ordinaire, celle qui est conditionnée et n'a pas évolué spirituellement, est comme une feuille emportée par le vent d'automne. Tandis que l'esprit d'un être libéré, d'un saint qui s'est réalisé spirituellement — celui qui est maître de soi, de sa conscience, de son karma — est telle une balle de fusil qui file droit au but à travers la tourmente, sans dévier de sa trajectoire. Droit vers l'accomplissement de son évolution. Il en va de même dans la vie : certains semblent avoir un but et des objectifs précis, d'autres vont et viennent au gré de la moindre brise.

Le bouddhisme possède une riche tradition d'anecdotes que l'on conte pour illustrer les enseignements. Ainsi l'histoire bien connue de ce maître bouddhiste qui vivait « au temps jadis ». Non seulement il était fort érudit et plein de dévotion, dit la légende, mais il avait eu la grâce de certaines visions et avait cultivé en son être un amour dénué d'égoïsme et une compassion inconditionnelle.

Lors d'un débat religieux en public, ce maître bouddhiste se trouvait opposé à un non-bouddhiste qui affirma qu'à son sens il n'y avait pas de preuves fermes à l'appui de la doctrine de la renaissance, ce qui remettait en question tout l'enseignement du karma sur la cause et l'effet. « S'il n'y a pas de preuves des vies antérieures, comment pouvons-nous croire en de futures réincarnations ? » lança-t-il, avant de faire la promesse suivante au maître bouddhiste : « Apportez-moi la preuve concluante que la réincarnation existe bel et bien et, mes disciples et moi, nous nous convertirons au bouddhisme ! »

Le maître bouddhiste réfléchit et répondit : « Je vais mourir délibérément et je renaîtrai d'une manière qui démontrera que la renaissance est possible — le roi m'en sera témoin. Ainsi, vous aurez la preuve que vous désirez. »

Peu de temps après, il mourut en effet, non sans avoir au préalable fait une marque vermillon sur son front et mis une perle dans sa bouche. À sa requête, le roi et ses conseillers firent mettre son corps dans un cercueil de cuivre qui fut scellé.

Ayant totalement maîtrisé l'illusion de la naissance et de la mort, le maître bouddhiste revint aussitôt au monde, comme il l'avait projeté, sous la forme du fils d'un érudit de la région. La naissance de l'enfant s'accompagna de nombreux signes de bon augure, parmi lesquels une marque vermillon au front du bébé et une perle dans sa bouche. Des prodiges qui furent naturellement portés à l'attention des conseillers du roi qui, à leur tour, en informèrent le monarque.

Le roi fit alors venir le maître non bouddhiste et les autres témoins, et ordonna l'ouverture du cercueil scellé. La perle n'était plus là, ni la marque vermillon. Enfin convaincu, le maître embrassa la voie du Bouddha avec ses ouailles.

Le Bouddha lui-même déclara qu'il se souvenait de tant de renaissances qu'il ne pouvait les compter. Les enseignements du Mahayana précisent qu'il se rappelait les cinq cents vies qu'il avait passées sur la voie d'éveil, sur le chemin de l'illumination totale. De nos jours, nombre de gens croient qu'on peut apprendre à se remémorer ses vies passées par toutes sortes de moyens, comme la méditation profonde, le rêve lucide, la pratique du yoga du rêve et la régression sous hypnose, pour n'en citer que quelques-uns.

Tous les maîtres traditionnels du bouddhisme croient en la renaissance. Les textes et les maîtres tibétains les plus classiques soulignent que, pour être considéré comme bouddhiste, il faut prendre refuge dans les Trois Joyaux (Bouddha, Dharma, Sangha), vouloir se libérer de la souffrance (samsara), croire au karma et à la renaissance. Selon eux, cela n'a pas de sens de chercher la libération si l'on n'accepte pas le karma et la continuité qu'il implique.

Nombre d'Occidentaux qui enseignent le bouddhisme actuellement, et dont je suis, considèrent qu'on peut être un vrai bouddhiste sans adhérer à la croyance traditionnelle en la renaissance. On peut très bien avoir une attitude agnostique par rapport à ces enseignements, tant qu'on n'aura pas soi-même acquis de certitude à ce propos. J'ai personnellement le sentiment que le critère essentiel, la caractéristique la plus importante de la spiritualité bouddhique, est l'engagement sincère dans la voie de l'éveil et de l'illumination spirituelle (considérés comme une réelle possibilité).

Un engagement nourri par un cœur ouvert, un esprit curieux et une pratique quotidienne fondée sur l'éthique, la méditation et la sagesse.

DIFFÉRENTES SORTES DE RENAISSANCE

Il y a quatre façons d'interpréter la renaissance :

1. De vie en vie, en temps linéaire et séquentiel. (Par exemple, je meurs, puis je prends une nouvelle naissance.)

2. Renaissance intentionnelle, en temps linéaire. (Les maîtres et les lamas réincarnés, tel le Dalaï-Lama, qui s'engagent à revenir toujours pour remplir leur mission de libérer tous les êtres jusqu'à la fin du samsara ou de la souffrance.)

3. Renaissance spirituelle. (Renouveau total et transformation personnelle, dans cette vie même.)

4. Renaissance d'instant en instant, dans un présent intemporel — l'éternel maintenant. (Cet instant, cette impulsion ou cette pensée qui apparaît, puis disparaît.)

À CHAQUE INSTANT APPARAÎT UN NOUVEAU MOI

J'aimerais vous rappeler que, selon la science, pratiquement toutes les cellules du corps changent tous les sept ans. Aujourd'hui, vous n'avez plus le même corps qu'il y a dix ou douze ans ; ni vous, ni personne d'autre. Vous rappelez-vous vos rêves de la nuit dernière, la manière dont vous étiez totalement pris par ce que vous viviez alors ? Eh bien, qu'est-il arrivé à cette personne — l'auteur du rêve —, aux sensations éprouvées à ce moment, au rêve même ? Et qu'est-il advenu de la personne que vous étiez il y a un mois, un an, dix ans ?

J'ai un vague souvenir de ce que j'étais il y a vingt ans et plus. Je me rappelle mes « vies passées » de gamin au lycée, d'adolescent à Long Island (État de New York), d'étudiant à Buffalo dans les années 60. Les gens posent toujours des questions pour savoir ce qu'ils étaient dans une vie passée. Certains vont même consulter des « thérapeutes de la régression » pour voir s'ils peuvent se remémorer quelque chose sous hypnose. À vrai dire, si vous voulez savoir à quoi vous ressembliez dans une vie passée, il suffit de regarder attentivement ce que vous êtes actuellement.

Si le concept bouddhique traditionnel de « renaissance » vous gêne, s'il vous semble étranger, dogmatique, pourquoi ne pas le considérer ainsi : vous renaissez à chaque instant de votre vie. Chaque seconde qui passe est une nouvelle naissance, un moment de re-création de soi et de l'idée qu'on a de soi. On ne sait ce qui se passe après la mort, mais regardez ce que vous vivez actuellement. Comme dans le film *Groundhog Day*.

Chaque jour on se réveille, et c'est exactement le même jour. Mais on peut le recréer selon l'interprétation qu'on en fait, ou simplement continuer à revivre la même comédie quotidienne : « le *déjà-vu* [1] qui recommence », comme disait Yogi Berra. Pouvez-vous changer ? Où irez-vous, que ferez-vous ? Cela sera-t-il différent ?

Nous sommes tous attirés par ce que nous connaissons déjà. Qu'une chose ou un être nous semblent familiers, et notre conditionnement réagit à ce que les psychologues contemporains décrivent comme un retour aux schémas de la famille d'origine. On peut néanmoins briser le schéma, modifier l'instant qui vient ; on peut faire quelque chose de différent, d'éclairant, de créatif, d'imaginatif. Du neuf. Empreint de compassion et de sagesse. Voilà comment sortir de la roue du karma qu'on garde en mouvement à la manière d'un hamster. Voilà comment transformer son existence. C'est cela, renaître dans l'immédiat, dans l'ici et maintenant. La renaissance spirituelle au présent est, selon les Tibétains, la meilleure préparation à la renaissance qui aura lieu après la mort.

Milarepa, le célèbre yogi et poète du Tibet, vécut il y a près de mille ans. Il pratiqua la méditation et le yoga dans la solitude totale de grottes sises en plein cœur de l'Himalaya, faisant preuve d'une dévotion telle qu'il devint une source d'inspiration pour des générations de pratiquants de la spiritualité. Et ce en dépit du passé de Milarepa qui avait été un sorcier avide de revanche, responsable de plusieurs morts. C'est justement parce qu'il craignait pour son sort futur qu'il décida de changer son karma. Et qu'il y réussit. Voilà les paroles qu'il prononça dans un de ses célèbres *Cent mille chants mystiques* :

> *La peur de la mort et de renaissances infernales dues à mes mauvaises actions m'a poussé à pratiquer dans la solitude des montagnes aux cimes enneigées.*
> *J'ai longuement médité sur l'incertitude de la durée de la vie et de la survenue de la mort.*
> *Ainsi ai-je atteint la citadelle immortelle et imprenable de la connaissance de l'essence absolue.*
> *Mes craintes et mes doutes se sont évanouis, telle la brume du lointain, pour ne plus jamais me perturber.*
> *Je mourrai satisfait et sans regrets,*
> *Tel est le fruit de la pratique du Dharma.*

Grâce à sa renaissance spirituelle sur les pics de l'Himalaya, Milarepa put modifier son karma. Il changea même tellement qu'il atteignit l'éveil parfait *en une seule vie* !

1. En français dans le texte. (N.d.T.)

Or, chacun de nous peut en faire autant. Les espaces sauvages du Tibet ne sont ni plus ni moins désolés que l'univers sauvage et impitoyable de l'Amérique des grandes sociétés, avec sa culture matérialiste, obsédée de consommation. Ne se sent-on pas parfois bien seul et perdu dans la jungle du doute, de l'absurdité et du désespoir, tandis que la vie file et vous glisse entre les doigts ?

La notion de soi, selon le Dharma

Tout va bien, je passe un moment merveilleux : il ne manque que moi pour que ce soit parfait

La Terre n'est pas le centre de l'univers ! Ce fut une extraordinaire réussite pour l'humanité que de saisir la vérité de cette affirmation. Pourtant, on cria au fou, la première fois que Copernic présenta sa théorie révolutionnaire : c'est la Terre qui tourne autour du Soleil et non l'inverse. Et lorsque Galilée se servit d'un télescope et prouva la théorie héliocentrique de Copernic, il fut taxé d'hérésie pour avoir contesté les croyances religieuses dominantes avec ses idées scientifiques. Il fut jugé et on lui ordonna de se rétracter. Menacé de torture, il obtempéra et fut placé en résidence surveillée où il passa les huit dernières années de son existence. On raconte qu'il aurait dit sur son lit de mort : « Et pourtant, elle tourne bien autour du Soleil, quoi qu'ils en disent ! »

Il se trouve simplement que ses contemporains n'étaient pas capables d'accepter une vérité scientifique. La Terre n'est pas le centre du monde ? Et comment serait-ce possible ? Comment notre planète, la terre sur laquelle nous marchons, pourrait-elle ne pas être un lieu de première importance ? Si la vérité de Copernic a depuis lors été acceptée, il reste difficile d'en mesurer toute la signification. Là, soyons francs deux minutes : n'avons-nous pas, nous aussi, du mal à accepter une vision de l'univers dans laquelle chacun ne serait pas le centre de son *propre univers* ? Ne sommes-nous pas tous enclins au solipsisme ?

C'est en effet une idée fort séduisante que de se dire : « *Je* suis au centre de tout ce que je vois. » Après tout, c'est ainsi qu'on démarre dans la vie, enfant : on se perçoit comme un centre autour duquel gravite tout le reste. Certains ont connu une enfance au cours de laquelle personne n'a jamais vraiment remis ce point de vue en question. Rien d'étonnant à ce que les Occidentaux aient tant de mal à saisir la notion de non-soi, d'absence d'ego ou *anatta*. Mais si ce concept peut paraître initialement étranger, différent, déroutant, la difficulté est surtout affaire de terminologie : il faut trouver des termes traduisant fidèlement les mots et les expressions empruntés au sanscrit et au pali.

La notion de « soi » que présente le Dharma est tout aussi radicale et évoluée que le regard de Copernic sur l'univers : le soi, tel que nous le connaissons, n'existe pas. La clé de cette phrase se trouve dans le « *tel que nous le connaissons* ». Un jour qu'on me demandait ce que j'avais appris pendant toutes mes années de pratique du bouddhisme, j'ai répondu spontanément : « Je ne suis pas ce que je pense être. » On a si fortement tendance à s'identifier à l'idée qu'on se fait de soi que cela détermine notre façon de vivre, tout en limitant ce qu'on pourrait être. Nos pensées et nos idées voilent la réalité, bornent notre être et notre monde.

Que diriez-vous si l'on vous demandait de répondre très vite à la question : « Qui êtes-vous ? Qu'êtes-vous ? » Vous identifiez-vous par exemple à votre corps, et répondriez-vous : « Je suis jeune, vieux, d'âge mûr » ? Ou bien vous identifiez-vous à votre sexe, auquel cas vous diriez plutôt : « Je suis un homme, une femme » ? Donneriez-vous une réponse en termes de nationalité, de race, d'appartenance religieuse ? Vous identifiez-vous à vos caractéristiques physiques — grand, petit, brun, teint foncé, teint clair ? Vous identifiez-vous à vos qualités physiques — je suis un athlète — ou à votre état physique — en bonne ou mauvaise santé, trop gros ou trop maigre ? Vous définissez-vous par rapport à vos opinions politiques, à votre profession ? Vous concevez-vous en tant que médecin, avocat, ébéniste ? Et vos pensées ? Vous considérez-vous comme quelqu'un de paisible ou de colérique, malin ou pas très futé ? Si vous vous identifiez à votre histoire personnelle, peut-être répondrez-vous : « Je suis quelqu'un qui vit une relation pourrie », ou : « Je suis la victime d'une enfance malheureuse, de malchance dans mes rapports avec le sexe opposé, d'un travail qui ne me convient pas. » Comment vous présentez-vous quand vous rencontrez quelqu'un dans une soirée : en évoquant votre métier ? Et quand on vous interroge, répondez-vous par une formule du genre : « Je suis comptable » ou « Je suis féministe » ?

À mesure qu'on progresse dans la méditation et qu'on plonge plus avant dans les subtilités de l'esprit, on découvre des notions de soi fort révélatrices. On apprend à reconnaître les histoires qu'on se raconte à soi-même, reflets de ce soi fantasmagorique qu'on passe son temps à construire et à élaborer. On commence à entrevoir comment ce soi imaginaire qu'on projette devient à son tour ce qui conditionne et génère nos expériences. Chacun devient la réalisation de sa propre prophétie, du fameux accident qui n'attendait que le moment de se produire. Si le processus semble facile à reconnaître quand on regarde les autres, il l'est bien moins dans sa propre vie.

On peut voir chez les autres comment l'idée qu'ils se font d'eux-mêmes et les limites qu'ils s'imposent contribuent à former leur avenir et à le déterminer. Prenons un exemple : si vous allez à une fête avec David, qui se plaint de ne jamais rencontrer de femme avec qui se fixer, regardez la vitesse à laquelle il va s'amouracher d'une jeune femme qui s'apprête à partir en Bulgarie. À croire que nostalgie et amour sont synonymes chez lui. Il est manifestement attiré par des femmes inatteignables, mais pourquoi ? Regardez aussi comment l'oncle Georges, un conservateur déclaré, s'aliène ses enfants par ses attitudes réactionnaires et rigides. Voyez Dora, qui reconnaît accorder beaucoup d'importance à son image, ou plutôt à ses multiples images : elle se crée des soucis d'argent en achetant à grand prix une antiquité de plus. Pourquoi ne sait-on pas voir à quel point sa vie est dominée par l'idée qu'on se fait de soi ? D'où viennent ces schémas, comment resurgissent-ils et comment fonctionnent-ils ? Comment trouver de meilleurs moyens de gérer notre conditionnement karmique ?

Peut-être avez-vous déjà lu des livres sur le bouddhisme et vous avez une idée de ce qu'est *anatta*, l'absence d'ego, le « non-soi ». Ce concept d'*anatta* est au cœur même de l'enseignement du Bouddha sur les Cinq Skhandas, les agrégats qui composent l'individu, que nous avons évoqués plus haut. Chacun est la somme d'un ensemble fait de formes, de sensations, de perceptions, de volition et conscience, qui tous changent d'instant en instant. Il n'y a pas, au-delà de ces Cinq Skhandas, d'âme ou de soi permanent et durable qui ait une existence indépendante. Il n'y a pas de *moi* fixe et éternel, pas d'ego. Tout change, en fonction de la loi de la cause et de l'effet. Tout est fluctuant, en devenir.

Tel est l'enseignement au sujet duquel il nous arrive de plaisanter en disant : « La lumière est allumée, mais il n'y a personne à la maison », bon exemple d'humour éclairé (c'est le cas de le dire !). Poussons même un peu plus loin : qui pense ce trait humoristique ? Il y a des jours où l'on se sent intelligent, même si l'on constate en fait qu'on ne sait pas grand-chose. Au demeurant, il peut être libérateur de ne pas savoir : un utile contrepoids à nos habituels jugements péremptoires. Mieux vaut ne rien savoir que de savoir le faux. Alors, pourquoi ne pas adopter une attitude ouverte : un rien de non-savoir et de mystère, pour laisser une petite place à l'émerveillement et à l'expérience qui se trouvent au-delà de l'esprit rationnel ?

Le soi, en tant que processus

Anatta, non-soi, signifie que chacun de nous est un processus et pas un soi fixe, indépendant et éternel, pas une entité concrète. Un des sens d'*anatta* est « sans gouverneur ». Comme dans *Le Magicien d'Oz*, quand on découvre qu'il n'y a pas de grand roi derrière le rideau. Rien qu'une apparence d'unité à facettes multiples, elles-mêmes pleines d'autres facettes. Tout ce qu'on pense des choses n'est qu'une manière de plaquer des concepts sur elles. Ayant prêté à des objets relatifs une nature concrète et absolue, on prend ses concepts et ses idées pour la réalité vraie. Aux yeux d'un habitant de l'Arctique, par exemple, le sud du Canada jouit d'un climat chaud, alors que pour les Texans c'est un pays froid. Chacun a raison, mais seulement dans un sens relatif. Comme dit le *Lankavatara Soutra* : « Les choses ne sont pas ce qu'elles paraissent, mais pas autres non plus. »

Peut-être êtes-vous allé vous promener, hier soir. Il soufflait une brise délicieuse et le soleil vous chauffait le visage, mais vous étiez d'humeur un peu sombre, à cause d'une contrariété. Et puis, en chemin, vous avez rencontré des voisins : le chat d'à côté, les gens qui habitent en bas de la rue. En tournant le coin de la rue, remâchant votre déception, vous avez décidé de faire quelque chose pour vous remonter un peu le moral : vous êtes entré chez le fleuriste et vous avez acheté un bouquet de pâquerettes. En rentrant chez vous, vous avez croisé un couple de voisins âgés et, impulsivement, vous leur avez offert les fleurs. Votre balade a été ponctuée de quantités de petits événements, d'humeurs, de sentiments, de changements. Et aujourd'hui, vous êtes dans un état émotionnel différent, la promenade d'hier semble un rêve. Qui a éprouvé ces choses-là, hier ? Et aujourd'hui ? Maintenant ? Tant d'instants mentaux en un seul moment. Qui peut les analyser tous ?

Quand vous essaierez d'examiner qui est celui qui éprouve ce que vous éprouvez, ne vous contentez pas d'une conclusion hâtive et superficielle. Rappelez-vous les paroles du Bouddha : « Dans l'ouïe, il n'y a que l'entendre, pas d'entendeur ni d'entendu ; dans la vision, il n'y a que le voir, pas de voyant ni de vu. » Tout est semblable à l'écho, à une image reflétée dans l'eau, au son d'une percussion, qui naît de l'interaction d'un bâton et d'une peau tendue sur du bois. Tout n'est que processus en devenir : il n'y a pas de son qui attende quelque part que quelqu'un l'entende. Bien sûr qu'on entend rouler le tambour quand on le frappe, mais le son lui-même n'est pas une entité concrète, non ?

Neuf Montagnes, le maître zen coréen avec qui j'ai étudié, adorait s'exclamer : « Qu'est-ce que c'est ? » C'était en fait son *koan*, son casse-tête bouddhique, qui était calligraphié en grandes lettres, en coréen, sur un rouleau accroché au mur. C'est une interrogation forte, viscérale, un cri du cœur : mais qu'est-ce que c'est ? Et tout son enseignement tenait là-dedans. Mais, bon sang, qu'est-ce qui se passe ? Qu'est-ce que c'est ? Qui est-ce ? La question existentielle fondamentale, qui tourne l'exploration vers l'intérieur. Qu'est-ce qui se présente à moi là, tout de suite ?

Tout peut se voir sous toutes sortes d'angles différents

On aura beau passer sa vie à chercher « la » réponse, il n'y en a pas. Tout est relatif plutôt qu'absolu : voilà la réponse. On essaie, en méditant, d'approfondir de plus en plus, d'enlever les peaux successives jusqu'à ce qu'on arrive au cœur de l'oignon, ce qu'on appelle *sunyata*, le terme sanscrit qui signifie vacuité. À mesure qu'on pèle l'oignon, on démasque ses personnages. On commence par démasquer le corps, puis l'esprit. Ensuite, en creusant un peu plus, on révèle le psychisme en lâchant prise et en pelant les couches l'une après l'autre. On porte tous tellement de masques qu'on se croirait en carnaval tous les jours. En enlevant ces masques, on évacue ses fantasmes par rapport à soi, aux autres et au monde. On peut voir et être vu ; connaître et être connu. On *est*.

La vacuité ne signifie pas qu'il faille se nier, renoncer à soi ou faire comme s'il n'y avait personne. Pour résumer très simplement cet enseignement, il a pour but d'aider à se vider quand on est trop plein de soi. D'aider à porter un regard réaliste sur soi-même, de donner du recul quand l'ego se prend trop au sérieux. Cela permet de se défaire de la vision illusoire de soi et de l'univers, pour arriver finalement à *sunyata*, la vacuité, et trouver son être authentique, son état naturel tel qu'à l'origine, non modifié, rayonnant et infiniment illimité. Telle est la nature de bouddha, pleinement consciente et « vide », au sens où elle est dénuée de fantasmes.

Vacuité, ouverture : totalement présent à l'appel

La doctrine de *sunyata* étend encore la portée de la notion de « non-soi » ou d'absence d'ego (*anatta*) en lui donnant une application plus universelle. La vacuité, *sunyata*, est un concept central du bouddhisme mahayana selon lequel il n'y a pas que le « moi » qui soit par nature vide, car toute chose l'est également.

Mais ne vous y trompez pas : *cela ne veut pas dire que le monde et tout ce qu'il contient n'existent pas !* Cela signifie simplement qu'il n'y a rien derrière les apparences. Tout n'est que surface, apparences éphémères. Tout n'est que cause et effet. Tout est par définition impermanent, tels un rêve, un écho, un mirage. On rêve, on le sait, et nos rêves peuvent être paisibles ou perturbés, selon les jours. On sait aussi que ces songes ne sont pas aussi réels qu'on le croit lorsque l'on s'y trouve immergé. Car ils sont, comme tout le reste, vides et relatifs, dus au jeu de la cause et de l'effet, à la production interdépendante. Tout nous apparaît en songe comme venu de nulle part, de la vacuité, et tout retourne au non-né de la vacuité. On n'a pas besoin de se débarrasser de ses rêves, il suffit d'en comprendre la nature, de les démystifier, au moment même où ils se manifestent.

Il y a différentes définitions de *sunyata* selon les écoles du bouddhisme. L'école idéaliste « Rien-que-l'esprit », qui a profondément influencé le développement du zen, explique que tout est vide parce que les choses ne sont que des projections de l'esprit. Pour l'école tibétaine de la Voie du milieu (*Madhyamika*), tout est vacuité parce que tout est relatif, simple produit de la rencontre temporaire de conditions particulières — comme dans le cas du roulement de tambour. Il n'y a rien de concret et d'absolument réel derrière le son ou quoi que ce soit. Tout est pareil aux illusions d'un magicien, mais quel prodige!

Dans la Voie du milieu du Mahayana traditionnel, on indique la vacuité d'une chose en disant ce qu'elle n'est pas, par le biais d'une négation non dogmatique. C'est ainsi que *sunyata* a acquis le sens de « vacuité », « vide » au sens de dénué de réalité ultime et concrète.

Dans les enseignements non-duels, *sunyata* est défini positivement comme réalité suprême. Mais il ne s'agit pas plus d'un sombre vide nihiliste que d'une réalité ayant une existence indépendante. *Sunyata* est intangible, bien que tout vibrant de sons et de couleurs — chatoyant, fécond, radieux. Un ruissellement de lumières, tel un brillant arc-en-ciel, un peu à la manière d'une projection de cinéma. Voilà pourquoi on l'appelle « le sein fécond de la vacuité » d'où naissent tous les bouddhas. *Sunyata*, la mère de tous les bouddhas, est aussi notre mère à tous.

Le bouddhisme est une tradition spirituelle très chaleureuse dont le message essentiel est que chacun de nous a « l'âme » ou l'esprit d'un Bouddha, même si le Dharma ne le dit pas en ces termes parce que le mot « âme » suppose une entité fixe qui contredit les lois de la cause et de l'effet et la réalité de l'impermanence. Tous les êtres ont la nature de bouddha. Toutes les créatures, grandes ou petites…

Relever le défi du doute en cours de route

Petit doute, petit éveil ;
Grand doute, grand éveil.

Voilà ce que nous répétait souvent Neuf Montagnes, le maître zen coréen. Il savait que le doute et la perplexité jouent un rôle capital dans le cheminement spirituel. Le Bouddha avait prévenu les aspirants à la vérité qu'ils devaient être prêts à affronter cinq difficultés fondamentales, cinq obstacles sur leur chemin. L'un d'eux, le doute, est un obstacle auquel se heurtent les Occidentaux qui réfléchissent sur la vision bouddhiste de la réalité et du monde. Le karma, la renaissance, le non-soi, l'éveil, la nature de bouddha innée en chacun : autant d'aspects du Dharma qui peuvent sembler contestables et étrangers à quelqu'un qui a été élevé dans une vision du monde à l'occidentale.

Heureusement, le doute n'est pas qu'un obstacle : une saine dose de scepticisme est aussi le carburant qui fait tourner le moteur spirituel. Je me rends compte que cette appréciation positive du doute peut sembler exagérément optimiste quand on traverse les déserts arides ou les redoutables champs de mines de ce que saint Jean de la Croix appelait « la sombre nuit de l'âme ». Je dois avouer que, personnellement, je ne me sens pas toujours en phase avec la vie, parfois même plutôt déphasé. Mais ces humeurs fluctuantes n'ont-elles pas tendance à devenir plus transparentes à mesure qu'on mûrit spirituellement ? Il est libérateur de démystifier les espiègleries de ces singes de boutique que sont nos esprits. Pas besoin de renforcer des fixations ou des humeurs qui pourraient devenir habituelles.

Quand vous aurez des doutes — qui n'en a pas ! —, vous vous demanderez vers qui vous tourner avec vos interrogations. J'ai moi-même été plusieurs fois en proie au doute au cours de ma pratique spirituelle, et je voudrais partager certaines de mes expériences avec vous. Le doute a pris pour moi l'apparence d'un obstacle majeur quand je me trouvais à mi-course de ma deuxième retraite cloîtrée de trois ans, dans l'ermitage de forêt établi pour les Occidentaux dans le sud de la France, sous la direction de Khyentsé Rimpotché. Nous étions plus d'une douzaine d'Occidentaux à nous être engagés à accomplir la traditionnelle retraite de trois ans, trois mois, trois jours dans ce nouveau centre de retraite de méditation intensive. Les enseignements étaient dispensés par de grands maîtres spirituels tels que Dudjom Rimpotché, le Gyalwa Karmapa et Kalou Rimpotché, et c'était la première fois que le Dzogchen était vraiment enseigné et pratiqué en Occident.

Aussi excitante que fût la perspective d'étudier avec ces extraordinaires lamas, c'était un engagement considérable de passer le plus clair de son temps en méditation solitaire pendant trois ans, cloîtré dans un monastère. Je craignais d'éprouver des doutes sur la validité d'une telle entreprise. Et quand je décidai de faire les trois ans de retraite, je n'avais absolument pas l'intention d'en faire quatre de plus, comme ce fut le cas.

La crise que je dus traverser pendant ma première retraite fut essentiellement d'ordre physique puisque je m'étais fait mal au dos en pratiquant les sauts de yoga tibétain, très éprouvants. Je me retrouvai couché à plat dos pendant près d'un mois dans ma petite cellule carrée, à contempler le plafond, sans distraction ni soins médicaux modernes. Une fois le disque intervertébral réparé, les autres problèmes que je rencontrai furent également physiques. Nous avions tous une cellule équipée d'une « boîte de méditation[1] » dans laquelle, selon la tradition tibétaine, nous passions le plus clair de nos journées assis en méditation solitaire, entrecoupée de quelques heures de méditation, de psalmodie et de prières collectives.

Les moines tibétains qui font la retraite de trois ans dorment normalement assis dans leur boîte de méditation. Cela fait partie de la discipline traditionnelle de formation des lamas et constitue une excellente préparation au « yoga du rêve », le rêve lucide, et autres pratiques de transformation yogique et psychique. J'avoue que, certaines fois, c'était vraiment au-dessus de mes forces, et il m'arrivait de finir étendu par terre, dormant du sommeil du juste. Ce qui n'empêche que je trouvai l'expérience de la vie de retraite si vivifiante et pleine de bénédictions, si enrichissante et épanouissante que je m'engageai, dès la fin de la première, à refaire trois ans de retraite.

C'est environ un an après le début de ma seconde retraite que je me sentis submergé par le doute et la confusion : mais qu'est-ce que je fais donc là, à me couper du monde pendant plus d'une demi-décennie ? En quoi est-ce que cela aide qui que ce soit ? Est-ce pour ça que je suis venu au monde ? Ces interrogations finirent par devenir une véritable crise spirituelle. J'avais l'impression qu'il ne se passait rien, que j'étais coincé, stagnant, déprimé. Je remettais tout en question. Ma tête grouillait de pensées obsessionnelles, au point que j'avais beaucoup de mal à méditer, à force de perdre sans cesse ma concentration et ma motivation. Mon maître tibétain m'expliqua que cela me serait très utile plus tard, quand j'aurais à conseiller d'autres gens dans la même situation — ce qui ne me fut pas d'un grand réconfort, à l'époque. Il me recommanda gentiment de me détendre un peu, de moins me forcer, ce qui fut très bénéfique.

Les lamas, dans leur sagesse, m'engagèrent à méditer sur les difficultés mêmes : au lieu d'essayer d'évacuer un problème le plus vite possible, simplement rester face à lui, tel qu'il se pose. Affronter le doute au lieu de chercher à l'éviter ou à le refouler. À la faveur de quoi j'ai appris ce que des millions d'aspirants à la vérité ont appris avant moi et que des millions d'autres apprendront : il faut avoir traversé les ténèbres pour vraiment connaître la lumière. Ça fait peut-être cliché, mais ce n'en est pas moins vrai. Les doutes les plus forts sont souvent le signe avant-coureur d'une percée spirituelle. Mes lamas m'encouragèrent à considérer le doute comme un grand maître. Je vous incite à en faire autant, à vous fier à votre esprit curieux, sceptique et fureteur, et à trouver vous-mêmes les

1. Siège conçu spécialement pour la pratique de la méditation à plein temps, puisqu'on y passe ses jours et ses nuits : sorte de caisson de bois garni de coussins fermes et à haut dossier, muni d'une tablette devant pour poser les textes, assez large pour qu'on y soit confortablement assis en tailleur mais sans pouvoir étendre les jambes. (N.d.T.)

réponses à vos questions. Les choses ne sont vraiment pas aussi difficiles ou compliquées qu'elles le semblent parfois. Cela peut être d'un grand réconfort de s'en souvenir dans les moments de crise.

Étant naturellement enclin au scepticisme, une des choses qui m'a toujours séduit dans le Bouddha Dharma, c'est qu'il n'y a rien à croire et tout à découvrir. La foi et la dévotion sont certes utiles pour nous amener à la pratique spirituelle, mais il ne s'agit pas de foi aveugle. Le Bouddha a encouragé les amateurs de vérité à faire eux-mêmes leurs recherches. C'est par l'examen critique et l'expérience personnelle que celui qui cherche devient celui *qui trouve*. Les recherches et le questionnement sincères sont, paraît-il, les forces de transformation les plus efficaces, les principaux « facteurs d'éveil », dirait-on en termes bouddhiques traditionnels. Les dogmes sans vie et inertes sont dépourvus de l'intelligence vivante de la radieuse nature de bouddha.

Je me souviens, à mon arrivée en Asie, d'avoir entendu des tas d'histoires miraculeuses sur le Bouddha et de les avoir considérées comme de simples légendes, des contes. Je les ai prises tout à fait au second degré, sinon au troisième. C'est du reste pour la même raison que j'avais éprouvé des difficultés en lisant les Évangiles pour la première fois, bien que le cœur même de ces écrits m'eût profondément ému. À mon avis, peu importe qu'on croie ou non que Jésus a marché sur l'eau ou qu'il a ressuscité : ce qui compte, c'est qu'il soit allé au cœur du problème quand il prêchait. La même chose est vraie des récits dont on illustre l'enseignement bouddhiste : l'essentiel se trouve dans la morale de l'histoire.

Les lamas tibétains aiment à narrer des anecdotes, riches d'événements surnaturels, magiques et mystiques qui paraissent souvent incroyables. Selon eux, il est possible de se réincarner intentionnellement et même de se manifester dans plus d'un corps à la fois, de connaître différentes sphères d'existence, de prolonger la vie au moyen de pratiques de longévité, de régimes extraordinaires et d'initiations de longue vie. Ils parlent d'anciens monastères, tel celui de Katok, au Tibet oriental, où il y avait, dit-on, tant de moines éveillés que le ciel était doré, tellement leurs robes rayonnaient. Ils évoquent les corps d'arc-en-ciel, les yogis de l'Himalaya qui savent voler, retenir leur souffle pendant des jours entiers et accomplir nombre d'exploits incroyables.

Ceux d'entre vous qui ont lu le livre de Robert Heinlein, *Stranger in a Strange Land*, se rappelleront le mot inventé par l'auteur : « grok ». « Grok » veut dire mâcher et remâcher une idée, l'assimiler jusqu'à ce qu'elle ne fasse plus qu'un avec vous et votre intelligence, au lieu de l'avaler tout rond et de ne la digérer qu'à moitié. Des concepts tels que la renaissance et les corps d'arc-en-ciel sont souvent difficiles à « groker ». Et si certains Occidentaux sont très attirés par l'ésotérisme et les effets spéciaux de la magie, d'autres y sont plutôt hermétiques. Le surnaturel n'avait guère d'attrait pour moi au départ, et les événements incroyables mettaient ma crédulité à rude épreuve. Les phénomènes extraordinaires, les légendes et le merveilleux me paraissaient sans grand rapport avec ma quête personnelle. C'était plutôt la morale de l'histoire qui allumait des ardeurs en moi.

Des années ont passé depuis ce premier contact avec l'Asie, et je n'ai pas plus de « croyances » qu'avant. Mais si je ne « crois » pas, je sais certaines choses qui sont le fruit de ma propre expérience. Je sais qu'il y a beaucoup de choses qu'on ne voit pas. Et à mesure que je chemine sur la voie, en suivant le « mode d'emploi » du Bouddha, je continue à découvrir — avec autant de plaisir que de tristesse et d'étonnement, aussi — que les enseignements du Dharma ne sont que trop vrais. J'en suis venu à apprécier toute la valeur des histoires, des mythes, des anecdotes et des paraboles dont, comme les Anciens de toutes les cultures, les lamas aiment à nous régaler pour illustrer leurs enseignements spirituels.

Il y a, selon le Dharma, trois sortes de foi. On peut définir la première comme un élan, une aspiration : c'est souhaiter que ce que l'on croit vrai le soit effectivement. La deuxième est une foi lucide : on est arrivé à la conclusion que ce que l'on croyait vrai l'était bel et bien. La troisième est une foi inébranlable, une intime conviction. Si l'on considère ces trois sortes de foi que présentent les textes bouddhiques, on note une progression : de la foi aveugle, élan semi-conscient, à une aspiration supérieure allant de pair avec la connaissance de soi, pour déboucher finalement sur la conviction intérieure qui est inébranlable.

Méditation quotidienne : « les Quatre Pensées transformatrices qui réorientent l'esprit »

Dans le bouddhisme tibétain, le thème majeur de réflexion ou de méditation quotidienne s'appelle « les Quatre Pensées transformatrices qui détournent l'esprit du samsara et l'orientent vers le nirvana et l'éveil ». On dit aussi « les quatre transformateurs de l'esprit ». Tous les lamas tibétains, sans exception, les pratiquent et les expliquent régulièrement. Kalou Rimpotché les a enseignés cinq fois, un peu partout dans le monde, dans les années 70 et au début des années 80, *avant* de présenter les enseignements non-duels du Dzogchen-Mahamoudra sur la conscience nue, la qualité d'éveil innée et la grande perfection naturelle.

Cette forme de contemplation m'a été extrêmement utile dans ma propre existence. C'est dans les années 70 que j'ai commencé à méditer sur le sens de ces Quatre Pensées et à en faire peu à peu l'expérience. Cette pratique m'a vraiment aidé à diminuer l'intérêt que je pouvais porter à des objectifs profanes. Mes maîtres m'ont expliqué que méditer sur ces « quatre transformateurs de l'esprit » m'encouragerait à me détourner de la quête d'un bonheur extérieur à moi (chez les autres, ou en s'inventant des plaisirs faciles), au profit de la recherche d'un bonheur plus durable, de la paix et de l'épanouissement. Et ils avaient raison. À réfléchir sur ces thèmes, on apprend à moins se préoccuper de son corps actuel, de cette vie-ci et de ce monde-ci ; ils nous ouvrent de plus vastes horizons, nous offrent une perspective moins égoïste et plus universelle.

Ces méditations m'ont aidé, tout naturellement, à pratiquer avec plus d'enthousiasme, pas seulement parce que je pensais qu'il le fallait ou que des autorités spirituelles me l'avaient dit, mais dans mon propre intérêt bien compris. La réflexion sur les « quatre transformateurs de l'esprit » contribue à développer le sens de l'éthique et de l'honnêteté, l'altruisme et l'amour, pas en tant que morale imposée mais comme une évidence naturelle, voire une nécessité intérieure. La certitude intérieure et l'intime conviction ont toujours pour effet de renforcer la motivation et la persévérance, tout en donnant la passion de la vérité et de l'accomplissement spirituel.

Ces quatre pensées sont les suivantes ;

1) La précieuse existence humaine ; 2) la mort, la mortalité et l'impermanence ; 3) l'inéluctable loi du karma ; 4) les défauts et les insuffisances du samsara, avec ses huit sortes de problèmes et de souffrances.

1. La précieuse existence humaine

La précieuse existence humaine, cette vie riche de loisir, de qualités et d'occasions propices, est difficile à obtenir, fragile, et facile à perdre. C'est donc le moment de pratiquer la spiritualité avec diligence.

Shantideva, saint indien du Mahayana qui vivait au VIIIe siècle (dont le nom signifie « ange paisible »), en a parlé ainsi dans *La Voie des Bodhisattvas* :

> « Le loisir, les occasions propices et les facultés des êtres
> humains sont très rares à obtenir et faciles à perdre ;
> Si l'on gaspille la chance d'accomplir le but de la vie humaine,
> Comment trouver encore une telle occasion ? »

2. La mort, la mortalité et l'impermanence

Tout est impermanent, en particulier notre souffle, pareil à une bulle d'eau sur une rivière qui file. L'heure de la mort est incertaine, et c'est seul que l'on quitte ce monde.

Tout ce qui est né meurt, même les maîtres éveillés, les saints, les sages et les puissants ;

La durée de la vie et l'heure de la mort sont incertaines, et puis l'on s'en va seul ;

Toutes les constructions finissent par tomber en ruine,

Tous ceux qui se sont rencontrés finissent par se séparer,
Tout passe et se désintègre,
Les montagnes et les océans mêmes.

Alors, décidez dès maintenant d'atteindre la réalité qui ne connaît pas de mort, l'immortelle paix de la liberté et du nirvana.

Comme a dit le Bouddha dans le *Lalitavistara Sutra* :

> « L'univers et ses habitants sont aussi éphémères que nuages au ciel,
> Les êtres qui naissent et meurent sont comme un spectacle de danse ou une pièce de théâtre,
> Leur durée de vie est aussi brève que l'éclair ou que l'éclat fugitif d'une luciole.
> Tout passe à la vitesse des eaux ruisselantes d'une cascade. »

3. L'inéluctable loi du karma

La loi du karma nous suit comme l'ombre s'attache à notre corps. Bons ou mauvais, pensées, paroles et actes produisent des effets de même nature.

Les mécanismes de la cause et de l'effet, du vice et de la vertu, sont inéluctables.

On laisse tout derrière soi quand on s'en va, à part son karma et son accomplissement spirituel.

Ce conditionnement karmique nous propulse en fonction de ce que nous avons mis en mouvement à travers nos actes, nos paroles et nos pensées.

Ce sont les causes et les effets karmiques (la production interdépendante) qui créent tout ; on peut se libérer grâce à une parfaite compréhension de la causalité karmique et grâce aux moyens adroits.

Comme a dit le Bouddha :

> « Quand meurt un roi ou un chef de famille,
> Fortune, famille, amis, entourage : rien ne peut les suivre.
> Où que l'on aille, où que l'on demeure,
> Les résultats de nos actes nous suivent. »

4. Les défauts et les insuffisances du samsara

Samsara et tout ce qui s'y rattache, plaisirs et peines, est comme une fête populaire qu'on traverse en route vers la tombe.

- Naître est difficile, grandir est difficile, la maladie est difficile, le vieillissement et la mort aussi.
- C'est douloureux de perdre ce qu'on aime et frustrant de ne pas obtenir ce qu'on veut.

• On se sent perdu, impuissant, inquiet et troublé parce qu'on a l'impression d'avoir perdu le contrôle des choses, d'être le jouet de circonstances et de conditions qu'on ne comprend pas.

• C'est un gaspillage, une absurdité que de vivre sans en être conscient, en état de demi-sommeil.

• Nous sommes continuellement tourmentés par notre peur de l'inconnu, l'ignorance et le doute quant à la finalité et au pourquoi de la vie.

Ce n'est là qu'un petit échantillon des myriades de vagues qui agitent l'océan de souffrance qu'est le samsara, le cycle de l'existence. Traversez les eaux déchaînées de la confusion et du malheur jusqu'à l'autre rive, et vous trouverez l'onde pure du nirvana — paix, liberté et le bonheur durable de l'éveil parfait.

L'INTENTION JUSTE

Sonder la sagesse de sa propre nature de bouddha

La pensée se manifeste par une parole,
La parole se traduit par un acte,
L'acte devient une habitude,
Et l'habitude se solidifie en un caractère.
Alors, observe avec soin la pensée et ses méandres,
Et laisse-la jaillir de l'amour
Né du souci de tous les êtres…

De même que l'ombre suit le corps,
Tel on pense, tel on devient.

Extrait du *Dhammapada* (paroles du Bouddha)

Quand vous regardez des êtres chers, que leur souhaitez-vous ? Leur souhaitez-vous tout le bonheur, le bien, l'abondance, les bénédictions et le bien-être qu'ils appelleraient eux-mêmes de leurs vœux ? Et aux inconnus, que souhaitez-vous ? Et à ceux qui ne sont pas gentils avec vous, à ceux que vous trouvez carrément détestables ? Éprouvez-vous un sentiment naturel de fraternité avec tous ceux que vous rencontrez ? Ou êtes-vous si absorbé par votre propre existence que vous n'avez pas le temps de penser aux autres, sauf s'ils vous agressent ou s'ils font partie de vos projets ?

La deuxième étape du Noble Octuple sentier est ce que la tradition appelle la pensée juste ou l'intention juste. Cette étape montre qu'il est possible et nécessaire de se servir de son esprit, de sa ferme détermination, de sa résolution, pour se libérer de l'ignorance, de l'illusion, de ce qui est négatif en soi, de l'égoïsme. À ce stade-là, on nous demande, en tant qu'aspirants à la vérité, de purifier nos attitudes et nos pensées, de devenir totalement honnêtes et sincères avec nous-mêmes et, ce faisant, de cultiver un sentiment d'amour, d'empathie et de compassion vis-à-vis de tous les êtres. Un sentiment qui débouche sur des actes. Il est impossible d'accéder à une compréhension spirituelle en profondeur si l'on n'a pas développé les facultés et les qualités du cœur et de l'esprit.

Les balivernes qu'on se raconte

Il est autrement plus facile de parler de compassion et d'amour universels que de les pratiquer. Quand survient une situation de nature à provoquer l'insécurité, la colère, la résistance ou le conflit, n'a-t-on pas tendance à se préoccuper en priorité de ce qui vous intéresse personnellement ? Des pensées égocentriques ou un peu folles ne se bousculent-elles jamais en vous ? Comme une sorte d'électricité statique mentale auto-entretenue ? Prenons un exemple.

La scène : un groupe de personnes, quelque part dans un lieu de vacances.

Ted, écrivain, la quarantaine, dit :

— C'était vraiment sympa de se rencontrer ici, on pourrait peut-être se revoir en ville pour prendre un café ensemble ?

Mais Ted *pense* : J'ai l'impression que je lui plais. Je me demande si je lui plairais autant si elle savait que je ne suis même pas sûr de pouvoir nous payer deux cafés, après les vacances !

Naomi, assistante sociale de trente-six ans, répond :

— Ce serait chouette, ça me ferait plaisir.

Mais Naomi *pense* : J'ai l'impression que je lui plaisais davantage avant qu'il me voie en maillot de bain. J'aurais dû aller plus souvent au gymnase ! Je me demande s'il aime les chats, je n'ai pas envie de sortir de nouveau avec un homme allergique aux chats. Pas après James qui n'arrêtait pas d'éternuer, etc.

Dans le grand bousculement de pensées et d'idées qui s'agitent en soi, on a parfois l'impression d'avoir la tête au beau milieu d'un tir de défense antiaérienne, plutôt que dans un air fait de lumière, d'espace et de nuages. « Un flux continu d'illusion », voilà comment les enseignants du Dharma décrivent souvent le « flux de conscience » d'une personne qui n'a pas la maîtrise de son esprit — à savoir la plupart d'entre nous, la plupart du temps. Ce flux continu est l'aboutissement d'années (ou de vies) de pensées habituelles, extrêmement confuses et déformantes. Penser tellement pour savoir et comprendre si peu, en fin de compte…

La mise en scène de la rencontre de Ted et Naomi montre bien comment on a tous tendance à se construire des scénarios, et ce, en permanence. Ted et Naomi sont essentiellement des gens bien et gentils mais, au moment précis où se déroule la scène, chacun ne fait que penser à soi. Ted s'inquiète de ne pas être assez à l'aise, matériellement, pour vraiment attirer une femme. Naomi, elle, craint que Ted ne l'appelle pas, et se souvient des difficultés qu'elle a eues avec un ex-petit ami. Aussi anodines que soient les pensées de Ted et de Naomi, elles révèlent néanmoins à quel point on peut être obsédé de soi, la plupart du temps. Même quand on croit ne pas l'être.

Voyons un peu comment cette obsession de soi régit nos pensées et nos intentions. Que le président parle d'impôts à la télévision, et l'on se préoccupe aussitôt des retombées personnelles. Qu'on entende parler de la construction d'un nouveau centre commercial et on l'envisage tout de suite sous l'angle qui nous intéresse, nous : valeur de l'immobilier, circulation, nos besoins de consommateur. On voit tout à travers le filtre de l'intérêt personnel. La première question qu'on se pose est souvent celle-ci : « Est-ce bon ou mauvais pour moi ou les miens ? » Et même quand on aide quelqu'un, n'en attend-on pas quelque chose en retour ?

Un proverbe tibétain dit que pensées et concepts sont illusion, mais que conscience alerte est sagesse. L'égotisme fonctionne à la manière d'un voile d'illusions qui déforme tout. Il y a beaucoup de gens qui, sans même en être conscients, abordent tout ce qu'ils font à partir de l'idée qu'ils ont d'eux-mêmes. Ainsi, on peut avoir des pensées qui reflètent un sentiment d'insécurité, sans se rendre compte qu'elles sont égocentriques. Se dire par exemple : « Je ne suis pas à la hauteur, personne ne me comprend, pourquoi est-ce toujours sur moi que ça tombe, ou pourquoi est-ce que c'est toujours les autres qui ont de la chance ? », ne signifie pas que l'on n'est pas égocentrique, du simple fait qu'on n'a pas pensé : « Je suis le meilleur, le plus fantastique, le plus beau, le plus intelligent, etc. » L'égotisme revêt des formes subtiles qui vous échappent encore plus facilement qu'un savon mouillé. La mortification, comme on l'a vu, n'est qu'une forme d'égotisme inversé.

Il est souvent tentant de se servir de ses pensées pour justifier à ses propres yeux ce qu'on comptait faire de toute façon, en trouvant des bonnes raisons à des agissements douteux. On avale un dernier petit verre avant de prendre sa voiture pour rentrer, en se disant que, pour une fois, ce n'est pas grave, on ne le refera plus. On effectue des opérations illicites en affaires, on fraude le fisc, et on évacue d'éventuels sentiments de culpabilité à coups de justifications. Je me suis sûrement déjà inventé des excuses pour faire ce que je voulais et me trouver où je voulais, pas vous ? Ne vous est-il pas arrivé de chercher des arguments nobles et raisonnables pour justifier une conduite contestable ? De vous dire que ça n'avait pas d'importance, alors que vous saviez pertinemment que si ? On l'a tous fait. Alors, comment apprendre à aborder le monde avec des intentions pures, un esprit ouvert, honnête ? Le jour où on y arrivera, on se sentira nettement plus heureux et moins préoccupé.

Est-on capable de s'avouer qu'on est en train d'agir en égoïste, ou bien fera-t-on comme si de rien n'était, en espérant que ça s'arrangera tout seul (ce qui n'est bien sûr jamais le cas, puisqu'on renforce sans cesse le schéma habituel) ? Sait-on reconnaître les conséquences néfastes de l'égotisme ? Il y a des hommes et des femmes qui se plaignent de ne pas pouvoir « établir de contacts » avec les autres, mais ils sont souvent si narcissiques et préoccupés d'eux-mêmes qu'il serait bien difficile qu'il y eût un contact avec qui que ce fût. Car, au lieu de voir « l'autre », n'est-ce pas essentiellement à leurs propres besoins illusoires et à leurs projections égocentriques qu'ils s'adressent ?

Pour incarner le Dharma, il faut apprendre à être sincère avec soi et avec le reste du monde. Un tel degré d'honnêteté exige une attention consciencieuse, du discernement, l'intelligence du cœur, la connaissance de soi et un sincère examen de soi. Votre avenir, votre karma, votre Dharma : tout repose sur les pensées et les intentions qui sont les vôtres aujourd'hui. Alors, ouvrez l'œil !

La motivation et l'intention sont déterminantes. Ainsi, la manière dont on se raconte une situation donnée est le reflet de son état d'esprit. Tout commence dans la tête, avec l'histoire qu'on s'invente. On est parfois tellement pris par le scénario qu'on s'écrit à longueur de temps qu'on ne sait plus ce qu'on était avant que le film de la semaine n'apparaisse sur l'écran de nos pensées. Il y a une question classique dans le bouddhisme : « Qui étiez-vous et à quoi ressembliez-vous avant la naissance de vos parents ? » Réfléchissez-y un instant. C'est un casse-tête susceptible de faire éclater la coquille de l'ignorance. Il est possible de trouver son identité, sa personnalité propre — qui suis-je, que suis-je ? — à un niveau plus profond que celui de la façade et des apparences.

Là, tout de suite, à l'instant : arrêtez-vous, respirez et baissez le volume du dialogue qui se poursuit continuellement dans votre tête. Pour se réveiller, il faut « arriver » complètement là où l'on se trouve et en prendre conscience, comme pour la première fois. Afin d'être pleinement « ici et maintenant ». Détendez-vous. Soyez ici et maintenant, là, tout de suite. Arrêtez, laissez tout tomber et laissez-vous arriver complètement… ici… là où vous êtes déjà. C'est à la fois le point de départ et le but. Entre les deux — origine et but, fondement et aboutissement — se trouve la voie. Habitez pleinement l'instant présent. Ça vaut la peine !

Laissez le bouddha respirer à travers vous

Le Dharma purifie le karma, transcende les dogmes, dissout voiles et obstacles. Un instant de connaissance authentique dissipe des siècles d'ignorance et de confusion. Les maîtres du Dzogchen expliquent qu'on a l'esprit si imbibé d'ignorance et de pensée erronée qu'on en a oublié notre parfaite nature de bouddha, notre cœur tendre, riche de sagesse et de compassion. Les enfants ont parfois cet amour naturel. Je me souviens que, quand j'étais petit, je voulais que tout le monde soit heureux. « Tout le monde », bien sûr, ça voulait dire les quelques personnes de mon univers immédiat : mes parents, mes frères et sœurs, et le reste de la famille. N'était-ce pas ce qu'on souhaitait tous ? Mais alors, que s'est-il passé ? Je me rappelle pour ma part à quel point j'étais chamboulé si l'un ou l'autre membre de notre précieux petit cercle de famille avait des ennuis, car je voulais que tous soient toujours souriants et contents. Et pourquoi pas ? Mais la vie prit des allures plus complexes et la simplicité enfantine se perdit à mesure que je devenais un animal social. N'est-ce pas ce qui arrive à la plupart d'entre nous, dans un monde qui valorise plus la concurrence et l'exploitation que la compassion, la collaboration et l'avantage mutuel ?

Y a-t-il quelqu'un ici qui puisse dire honnêtement qu'il est plus préoccupé du bonheur des autres que de son plaisir et de son bien-être propres ? Est-ce que ça ne va pas même un peu plus loin, parfois, au point d'avoir carrément une attitude négative envers autrui ? L'ennui, c'est que le succès de l'un semble souvent dépendre de l'échec de l'autre, dans les nombreux contextes où règne une concurrence féroce, pour ne pas dire hostile. Et c'est ainsi que des pensées et des intentions malveillantes viennent peu à peu voiler et recouvrir des attitudes naturellement positives.

Qui n'a jamais été tenté d'applaudir, ou au moins de sourire, en voyant la malchance ou la déconfiture d'un autre ? Cet « autre » qui est souvent celui qui se trouve entre vous et l'objet de votre désir. Avez-vous déjà essayé de dépasser quelqu'un — à l'école, sur la route, au bureau, dans une queue ? Qui ne l'a pas fait… Ne nous a-t-on pas inculqué l'esprit de compétition, appris à nous battre pour gagner, à être le meilleur, le premier ? Mon entraîneur de football au lycée nous disait : « Gagner n'est pas le plus important, c'est *la seule chose* qui compte ! » Certains admirent un tel esprit de compétition. Décroche-toi la meilleure affaire, la meilleure place de parking, le meilleur score. Traite les autres en ennemis naturels. Pousse, joue des coudes, fais ce qu'il faudra, mais va de l'avant. *Moi d'abord !* Et même si l'on réprouve une telle conduite, on est quelquefois mû par ce même instinct. Comment modifier cette attitude compétitive de façon à ne plus raisonner en termes de gagnant et de perdant, mais de gagnant des deux côtés ?

L'intention juste, deuxième étape de l'Octuple sentier du Bouddha, nous conseille de transformer ces désirs de victoire et de réussite, de les renverser. On explique à l'aspirant à la vérité qu'il y va de son intérêt supérieur d'être moins égoïste. Tant que son énergie reste mobilisée par des pensées de « moi » et de « mien », il n'honore pas plus sa dignité humaine que sa nature de bouddha innée. Le Dharma nous recommande de développer une vision du monde non égoïste car nous sommes en réalité tous liés les uns aux autres, nos destins sont mêlés. Il faut une communauté entière pour donner naissance à un Bouddha.

Visualisez votre monde sous la forme d'un « domaine de bouddha »

Il existe une méditation fondée sur la méthode tantrique traditionnelle de transformation et de visualisation de soi qui convient particulièrement au monde contemporain. Elle est conçue pour vous aider à transporter votre soi ordinaire et votre monde ordinaire dans la dimension d'un corps de bouddha, dans un palais de bouddha, lui-même situé dans un domaine de bouddha, où vos pensées deviennent celles d'un bouddha, et votre monde celui d'un bouddha. Et vous vous efforcez de voir des bouddhas en tous ceux que vous rencontrez. Le Bouddha, être suprêmement éveillé, avait du monde une vision réaliste, non égoïste et compatissante. Vous aussi pouvez participer à un tel monde. Essayez ce qui suit :

> Quand vous êtes assis, asseyez-vous comme un bouddha. Soyez bouddha.
> Quand vous êtes debout, dressez-vous comme un bouddha. Soyez bouddha.
> Quand vous marchez, marchez comme un bouddha. Soyez bouddha.
> Quand vous pensez, pensez comme un bouddha. Laissez le bouddha penser à travers vous.
> Quand vous respirez, respirez comme un bouddha.
> Laissez le bouddha respirer à travers vous.
> Laissez le bouddha vivre à travers vous. Soyez bouddha.
> Goûtez la grande perfection naturelle. Vous êtes bien plus semblable à un bouddha que vous ne le croyez.

Voir le bouddha en tout : la pratique de la perception pure

Vous n'êtes pas le seul bouddha endormi. Le Vajrayana nous apprend à cultiver la pure perception, la vision sacrée, grâce à des pratiques qui consistent à voir en les autres des bouddhas. La perception pure a rapport avec la vision intérieure.

Prenons un exemple : pour ceux qui aiment les animaux, pensez à un chien que vous connaissez. Le facteur voit peut-être en lui une sainte terreur ; un parent allergique, une boule de poussière ; un enfant, son meilleur ami ; et son propriétaire, une bénédiction céleste, une oasis de loyauté inconditionnelle et de rapports enrichissants. Le Dharma nous apprend que tous les êtres ont la nature de bouddha, le chien y compris. Pouvez-vous le regarder et percevoir sa nature de bouddha ? Pouvez-vous regarder un être cher dans les yeux et voir sa nature de bouddha ? Êtes-vous capable de regarder quelqu'un qui vous fait peur ou qui a été dur avec vous, et de voir sa nature de bouddha ?

Car telle est la question : jusqu'à quel point peut-on s'ouvrir afin de trouver place pour tous et toutes dans un cœur plein d'amour inconditionnel ? Saurait-on aimer et respecter ceux mêmes dont on n'apprécie pas les actes ou la personnalité ? Jusqu'où pourrait-on reculer les limites de soi pour inclure tout le monde dans ses souhaits, ses pensées, ses prières et son cœur ? Sait-on pardonner aux autres et à soi-même ? C'est un défi que de percevoir le bouddha en tous les êtres, mais aussi un miroir qui permet de voir clair en son cœur et en son âme. Cette vision sacrée, ce regard spirituel qui pénètre au cœur des choses, peut s'avérer extraordinairement révélatrice.

Le désir de nuire : un obstacle à la pure perception

Il y a près d'un an que Paul et Margaret ont divorcé, mais ils sont encore furieux l'un contre l'autre. Ils ne sont pas capables de tourner la page, de laisser tomber les reproches et les souvenirs malheureux ; ils s'obstinent à essayer d'attaquer l'autre, là où ça fait mal. Certains soirs, au lit, Margaret ne peut s'empêcher de ruminer toutes les façons dont, croit-elle, Paul l'a trahie ; elle arrive à se mettre dans un tel état qu'elle ne sait plus que faire de son ressentiment et songe même à se venger. Quand Paul se réveille en repensant à certaines choses que Margaret lui a dites, il imagine tout ce qu'il pourrait répliquer pour vraiment la blesser, lui faire regretter ses propos.

Il y a des siècles que le Bouddha a énuméré à ses disciples les cinq obstacles majeurs qu'ils risquaient de rencontrer au cours de leur cheminement spirituel. Ce sont ces mêmes blocages que l'on doit affronter aujourd'hui. L'une des principales entraves au développement d'une intention impeccable, la *bodhicitta* (cœur-esprit éveillé), est le désir de nuire, l'inimitié, les sentiments négatifs.

C'est pratiquement un travail à plein temps que de négocier cet obstacle dans le monde d'aujourd'hui, où tant de choses sont de nature à vous perturber. La quincaillerie de la ville vous facture une marchandise le double de ce qu'elle vaut, votre ex-petit ami fiche le camp en emportant votre magnétoscope, la maîtresse de cours élémentaire de la petite Janie la punit à tort et à travers, un chauffard a fait pour plus de trois mille cinq cents francs de dégâts à votre voiture, sur le parking, avant de partir sans laisser d'adresse. Comment ne pas se mettre en colère, ne pas en vouloir au monde entier et ne pas devenir méchant ?

Je crois important de souligner qu'aucune règle de Dharma n'édicte de ne jamais se mettre en colère. La colère est une émotion humaine qui ne disparaît pas toute seule. De plus, c'est un sentiment qui a sa logique et son intelligence propres, sa fonction particulière : on peut se rendre malade à force de refouler sa colère. Négocier l'obstacle du désir de nuire ne signifie pas nier l'existence de la colère, la refouler ou tenter de l'éliminer de force. Cela veut dire être en phase avec sa colère et ses autres émotions, les éprouver et en évacuer l'énergie au fur et à mesure, au lieu de la laisser s'accumuler. Cela veut dire ne pas nourrir de griefs envers les autres ni envers soi, ne pas retourner sa colère contre soi et succomber à la dépression ou à l'abattement. Idéalement, il faudrait être suffisamment sensible et conscient pour ressentir pleinement la vie, mais pour lâcher prise aussi.

Vous êtes-vous déjà trouvé dans une situation où vous éprouviez le sentiment d'avoir été très mal traité et où vous étiez incapable de lâcher prise ? Parce que vous vous acharniez à vouloir que les choses s'arrangent ou que votre bon droit triomphe. Si bien qu'à la longue vous avez eu l'impression de ne plus vous maîtriser et, au lieu de passer un petit moment à apprivoiser votre colère et votre déception, vous les avez laissées s'installer en vous. Le Dharma ne recommande pas de retourner sa colère sur soi. La sagesse bouddhiste nous encourage à porter un regard réaliste sur de telles situations, à les vivre librement et avec toute sa sensibilité, mais sans s'y accrocher, et en transformant son attitude.

Si je regarde par la fenêtre, j'aperçois un groupe de chevreuils attirés par le maïs que mon voisin a répandu sur la neige. La plupart mangent paisiblement, mais il y en a deux qui ont l'air jaloux des autres et qui les repoussent pour essayer de s'approprier leur part. Observez bien les animaux, et vous verrez qu'ils font preuve de jalousie, de méchanceté et — oui ! — de compassion, même parmi les plus sauvages. Le règne animal a ses Mères Teresa et ses Caligula. Pensez aux chiens qui aident les aveugles et autres handicapés. Les dresseurs reconnaissent que certains chiens sont manifestement plus compatissants que d'autres. Les spécialistes du comportement animal racontent d'extraordinaires histoires de dauphins, d'éléphants ou de gorilles pleins de compassion.

Le Bouddha a mentionné dans ses enseignements qu'il se souvenait de ses vies passées. Selon les Écritures, il était taureau dans un enfer quand il a commencé son cheminement vers l'éveil. Attelé à une charrette, il a éprouvé de la compassion pour son compagnon de joug, plus faible que lui, et il a dit au démon chargé de régenter cette géhenne qu'il voulait bien tirer la charrette tout seul. Le démon est entré dans une telle rage qu'il l'a frappé à la tête avec son trident, le tuant sur le coup. C'est ainsi qu'en faisant passer les besoins d'un autre avant les siens le futur Bouddha a entamé son cheminement sur la voie de l'éveil. Leçon de compassion numéro un.

Si l'on transpose l'histoire à un niveau plus subtil, mais non moins réel, chaque fois que vous considérez que vous êtes d'un côté de la barrière et qu'une autre personne se trouve de l'autre côté, vous êtes en voie de buter sur l'obstacle de la malveillance. Alors que si vous éprouvez une certaine empathie avec l'autre, que vous tâchez de voir avec ses yeux à lui, vous vous retrouverez peut-être, comme par miracle, du même côté de la barrière. La malveillance, pour peu qu'on lui en donne l'occasion, a vite fait de tourner à la méchanceté, à la colère et à la rage, parfois sans même qu'on se rende compte de l'escalade.

S'efforcer d'incarner la *bodhicitta*, le désir d'éveil altruiste, et suivre la voie du Mahayana, c'est vivre selon la règle d'or. Les astronautes qui sont allés sur la Lune ou qui ont voyagé dans l'espace ont souvent dit à quel point cela peut vous transformer de voir la Terre comme un tout, sans barrières ni frontières, sans pays et sans guerres. Juste une minuscule boule bleue dans un grand ciel noir. Juste nous, ici, ensemble, sur le vaisseau spatial Terre.

Les intentions purifiées : la compassion comme mode de vie

Tout le bonheur qu'il y a dans ce monde vient du souci des autres, et toute la souffrance vient de ce qu'on se préoccupe de soi.

SHANTIDÉVA.

Je me souviens, enfant, d'avoir entendu des adultes parler de gens qui avaient « bon cœur ». Partout au monde, le « bon cœur » suggère une personne compatissante, aimante, soucieuse des autres, et douée d'une grande générosité d'esprit. La compassion se dit « noblesse ou grandeur de cœur » en tibétain, un terme qui recouvre aussi bien la sagesse et le discernement d'un cœur ouvert que des qualités d'empathie, d'altruisme et de grande bonté. Au Tibet, l'archétype de la compassion à son comble est le bouddha au grand cœur, celui de l'amour inconditionnel, qui a pour nom *Tchennrézi*.

Bien que Tchennrézi, bouddha de la compassion, soit de genre masculin en tibétain, l'archétype même est androgyne et embrasse tant le principe sacré féminin que masculin. Le nom même de Tchennrézi a plusieurs sens, dont celui de l'œil compatissant qui voit avec le cœur, ou celui qui veille sur nous. Tchennrézi est considéré comme le protecteur national du Tibet ; les Tibétains sont convaincus au plus profond d'eux-mêmes que cet archétype est leur protecteur particulier, qui incarne l'amour divin inconditionnel, l'empathie, et une compassion empreinte de tendresse.

Pas étonnant que le mantra de Tchennrézi soit le premier qu'entendent ou apprennent les Occidentaux : « OM MANI PEDMÉ HUNG[1] », qui signifie littéralement : « Le joyau est dans le lotus. » À savoir que la sagesse et la compassion, ces joyaux que nous cherchons tous, sont naturellement présentes en nous, telles de pures graines qui poussent et fleurissent dans nos cœurs tendres et sans armure. Nous *sommes* ce que nous cherchons.

Il est légitime de dire que « OM MANI PEDMÉ HUNG », qu'on appelle aussi le « mantra à six syllabes », est le mantra national du Tibet. Constamment aux lèvres des Tibétains, ces six syllabes tissent une toile de fond sonore partout où l'on va. Les fidèles ordinaires, adultes et enfants, le murmurent en vaquant à leurs activités quotidiennes, une roue à prière à la main. Lamas, religieuses et moines le psalmodient dans le cadre de leurs pratiques de méditation, contemplation et visualisation.

OM MANI PEDMÉ HUNG est le mantra du Dalaï-Lama ; c'était aussi celui de Kalou Rimpotché et du Karmapa, puisque ces grands maîtres sont considérés comme des réincarnations, ou plutôt comme des incarnations terrestres du bouddha de la compassion, Tchennrézi (*Avalokitesvara*, en sanscrit). Tous ceux, ou presque, qui se sont trouvés en présence de maîtres tels que ces lamas-bouddhas s'accordent à penser qu'ils dégageaient une atmosphère de spiritualité éveillée. Je l'ai pour ma part éprouvée avec certitude. Je ressens encore aujourd'hui, où que j'aille, leur présence, l'atmosphère de bénédiction qui émanait d'eux et que je peux revivre plus intensément encore en psalmodiant le mantra.

La méditation du mantra à six syllabes : Om Mani Pedmé Hung

Pour entrer vous-même dans la dimension du son de l'amour bienveillant, il suffit de vous arrêter un instant. Là, tout de suite. Respirez ; encore. Et visualisez une image de l'amour inconditionnel et de la compassion, la plus authentique et la plus parfaite que vous puissiez imaginer. Ça peut être Bouddha, Padma Sambhava, Tara, Jésus, Marie, votre saint ou un archange, votre maître ou guide spirituel. Cultivez envers cette représentation visualisée un sentiment de gratitude, de dévotion, de confiance, de foi et d'appréciation.

En gardant cette image ou cette pensée à l'esprit, psalmodiez *Om Mani Pedmé Hung*, doucement, régulièrement. Servez-vous de ce mantra de la compassion pour détendre et adoucir votre esprit, votre énergie, votre

1. Prononcer « houng ». (N.d.T.)

disposition. Aidez-vous-en pour dissoudre toute sensation de dureté ou de constriction autour du cœur, pour réchauffer et assouplir le ventre. Psalmodiez le mantra, encore et encore, en vous éveillant à la présence de cette perfection d'être, de cette réalité sacrée, de cette dimension spirituelle. Sentez où vous êtes, ce que vous êtes, qui vous êtes et pouvez être. Puis laissez tout se dissoudre dans le ronronnement continu, dans la répétition mélodieuse du mantra de la Grande compassion.

Om Mani Pedmé Hung… Om Mani Pedmé Hung…
Om Mani Pedmé Hung

Maintenant, pensez à un être très cher — conjoint, enfant, parent, ami, animal familier — et laissez l'amour inconditionnel et l'empathie déferler sur vous, puis sur d'autres. Visualisez l'amour sous forme de brillants rayons de lumière et imaginez qu'ils éclaboussent de plus en plus de monde, laissez-les jaillir de plus en plus loin. Jusqu'où pouvez-vous aller ? Continuez.

L'amour bienveillant est le cœur même du Dharma

Le Bouddha a un jour décrit en ces termes le chemin spirituel qui mène au nirvana, parfaite liberté : « Cette libération du cœur et de l'esprit qu'est l'amour. » Apprendre à aimer la vie sous toutes ses formes, à aimer de manière inconditionnelle, telle est la voie du Dharma. L'amour inconditionnel et la compassion, tels que les incarne Tchennrézi et que les enseignent mes nombreux maîtres bouddhistes, évoquent une très forte résonance en moi. J'ai souvent éprouvé, en présence de mes amis spirituels et de mes maîtres, l'amour inconditionnel et une totale acceptation de moi-même, tel que je suis. Une expérience rare et précieuse, je pense. Ce sentiment d'appartenance est sans doute une des principales raisons pour lesquelles j'ai passé autant de temps dans la sangha monastique d'Asie.

La pure perception que mon maître avait de moi, tel que j'étais, m'a aidé à entrer plus complètement en contact avec ce que je suis. Car, dans le miroir de la claire vision d'un maître éveillé, je distinguais mieux ma signification profonde, ma véritable nature intérieure. J'avais pourtant de moi une image déformée, comme c'est peut-être aussi votre cas. Les enseignements du Dharma, d'une valeur inestimable, m'ont conforté dans la conviction que tout le monde est capable d'entrer en contact avec le bouddha en soi. C'est possible pour vous et moi, pas seulement pour les gourous, les moines et le Bouddha. Le bouddha authentique est au-delà du temps et de l'espace, au-delà du sexe, de l'aspect physique et de la nationalité. Vous portez un bouddha en vous, là, maintenant, dans le cœur.

Pour citer le mot d'un grand maître indien : « La sagesse m'apprend que je ne suis rien ; l'amour me dit que je suis tout. Et entre les deux ma vie s'écoule. »

CHOISIR L'AMOUR UNIVERSEL : LE VŒU DE BODHISATTVA

D'après les enseignements traditionnels sur la renaissance, nous sommes les prisonniers impuissants de la roue du samsara, et nous continuons à revenir car nous n'avons pas le choix. Il y a cependant parmi nous des êtres qui sont là parce qu'ils l'ont voulu consciemment, ces hommes et ces femmes qu'on appelle les *bodhisattvas*. *Bodhi* signifie éveil, et *sattva*, être. C'est un être prêt pour le nirvana mais dont la compassion est telle qu'il reste sur terre dans le seul but de diminuer la souffrance des autres et de les aider à se libérer. Un bodhisattva est une personne aux intentions d'une pureté totale, un guerrier spirituel doux mais intrépide, qui s'efforce sans cesse d'aider les autres à trouver la paix du nirvana, l'éveil.

Un bodhisattva transcendant a percé le voile de l'illusion et de l'égoïsme ; il a ressenti, éprouvé le désespoir, l'isolement, la détresse et la souffrance insupportables du monde. Et parce qu'il comprend que nous sommes tous dans le même bateau existentiel, le bodhisattva cherche à soulager la peine de tous.

Le bouddhisme Mahayana nous encourage à prendre ce qui s'appelle le « vœu de bodhisattva ». Prendre ce vœu signifie que l'on comprend la souffrance du monde et qu'on s'engage à œuvrer à l'éveil de tous. Et « tous » veut vraiment dire *tous* les gens, *toutes* les créatures, *tout* ce qui vit dans les airs et dans les mers, au fin fond des forêts obscures, y compris *toutes* les bestioles qui rampent ou bourdonnent, avides d'entrer chez vous pour grignoter vos pénates ou votre personne.

C'est en 1971 que j'ai entendu le vœu de bodhisattva pour la première fois, au monastère de Lama Thubten Yeshe, au Népal. J'étais un peu dépasssé par l'ampleur de cet acte qui continue du reste à m'impressionner. Lama Yeshe expliqua le vœu très simplement : « Pensez à ce que vous voulez vous-même, et prenez conscience du fait que tous les êtres veulent la même chose. Simplement, ils la recherchent par d'autres moyens. »

Si vous preniez le vœu de bodhisattva, vous vous engageriez en ces termes :

> « Les êtres sont innombrables : je m'engage à les libérer.
> Les illusions sont innombrables : je m'engage à les transcender.

Les enseignements du Dharma sont sans bornes : je m'engage à les maîtriser.
La voie éveillée du Bouddha est insurpassable ; je m'engage à l'incarner. »

Les membres de la sangha réaffirment chaque jour leur engagement en psalmodiant ces quatre vers. Prendre le vœu de bodhisattva signifie que, l'espace d'un moment au moins, on veut bien s'élever au-dessus de ses problèmes et de ses préoccupations personnelles pour tourner un regard spirituel vers l'épanouissement universel. Dès l'instant qu'on affirme cette noble intention d'œuvrer pour le bien de tous les êtres — qu'on soit ou non capable de l'appliquer toujours aussi parfaitement qu'on le souhaiterait —, on s'appelle un « bodhisattva », un fils ou une fille du Bouddha.

En cet instant de grâce, tous les bouddhas se réjouissent. Selon les Écritures, dès qu'on prend le vœu de trouver l'éveil et de soulager la souffrance universelle, tous les bouddhas, bodhisattvas, devas, anges et gardiens du Dharma applaudissent et font pleuvoir des fleurs célestes et du nectar divin… Pour poétique que soit cette description, j'ai le sentiment que, spirituellement, elle correspond à une réalité. On le sent dès qu'on s'ouvre davantage à la joie de l'éveil spirituel. Une fois que le vœu de bodhisattva a pris racine dans votre cœur, tout ce que vous faites devient bénéfique, disent les textes, même dormir, ronfler, vous laver les dents. « Quand un bodhisattva se retourne dans son sommeil, les êtres s'éveillent » : si la formule a surtout valeur de métaphore, elle souligne néanmoins l'extraordinaire importance de cet esprit en voie d'éveil, de cette aspiration à l'éveil.

BODHICITTA : L'ESPRIT ÉVEILLÉ DU BODHISATTVA

De toutes les vastes catégories d'enseignement du Bouddha,
La bodhicitta est la quintessence.
Bodhicitta est la suprême protection contre le mal et le mal-agir.
Bodhicitta repousse l'horreur des mondes inférieurs,
Bodhicitta ouvre la voie suprême de la libération…
Ne soyez pas distrait, ne soyez pas distrait,
Entraînez-vous à la bodhicitta.
Ne soyez pas dans l'erreur, ne soyez pas dans l'erreur,
Entraînez-vous à la bodhicitta.
Ne vous égarez pas, ne vous égarez pas,
Entraînez-vous à la bodhicitta.

Nyoshoul RIMPOTCHÉ,
extrait d'un chant d'éveil improvisé.

Bodhicitta signifie le cœur-esprit purifié et pleinement épanoui. C'est le cœur même, l'âme de l'éveil. Pratiquer la bodhicitta, c'est cultiver toutes les qualités d'éveil innées en soi et suivre le chemin de l'éveil.

Mon maître Dzogchen Nyoshoul Khempo aime à souligner que la différence essentielle entre l'esprit voilé par l'illusion et l'esprit éveillé est dans leur degré d'ouverture : l'un est esprit étroit, l'autre esprit ouvert. Plus on a une attitude étriquée, plus on est centré sur soi. Plus on cultive une attitude ouverte, plus on est conscient du bien-être des autres. Ainsi, le cheminement qui mène de l'être ordinaire à la bouddhéité n'est autre qu'une ouverture progressive du cœur et de l'esprit.

Tout l'enseignement du Dzogchen, comme du Vajrayana et du Mahayana (le « grand véhicule »), consiste à s'efforcer de vivre la bodhicitta en devenant plus éveillé et en aidant les autres par nos actes. Une fois qu'on a compris la souffrance, on a intuitivement envie d'y mettre un terme. Partout. On veut faire cesser la souffrance, pas seulement dans sa vie mais dans celle de tous les autres.

Le vœu de bodhisattva est de toute évidence un formidable engagement, d'une ampleur presque inconcevable : ne jamais cesser d'œuvrer spirituellement tant qu'il restera de la souffrance dans l'univers ! Quelle aspiration sans bornes ! Heureusement, il suffit d'avancer pas à pas, de mettre un pied devant l'autre. Alors, par où commence-t-on ?

On commence ici et maintenant, en essayant de purifier ses pensées et sa vie, de façon à devenir utile aux autres et à ne pas leur faire de mal. Nul besoin pour cela de termes spéciaux tels que « bodhicitta » ou « bodhisattva », les mots de nos langues occidentales conviennent parfaitement, tels que : générosité, altruisme, compassion, bon cœur, empathie, vertu, bonté. À quoi rime une pratique spirituelle si la bodhicitta ne transparaît pas dans notre vécu sous des formes et dans des termes compréhensibles pour nous ? Pour reprendre les propos du Dalaï-Lama :

> « Nous sommes des visiteurs sur cette planète, de passage pour quatre-vingt-dix ou cent ans au plus. Une période pendant laquelle on doit tâcher de faire de sa vie quelque chose de bien, d'utile. Efforcez-vous d'être en paix avec vous-même, et aidez les autres à partager cette paix. Si vous contribuez au bonheur des autres, vous trouverez le véritable but, le vrai sens de la vie. »

Vos pensées forment et définissent votre expérience

Comment appliquer ses intentions dans le monde ordinaire et sans merci que l'on perçoit ? Un véritable bodhisattva a de pures intentions à l'égard de tous et de tout. Sans égoïsme, sans névrose, sans aspérités, sans objectifs cachés. Tel est l'idéal qu'on s'efforce de cultiver quand on prend le vœu altruiste du bodhisattva. Voilà ce qu'on espère accomplir quand on se met à travailler sur soi et à purifier ses intentions.

Idéalement, nos pensées et nos intentions devraient être le reflet d'un cœur pur et d'un sentiment sincère de solidarité avec l'humanité entière. Nos vies exprimeraient la générosité, la tolérance, l'espérance, le pardon, l'honnêteté, l'engagement. Des sentiments qui s'appliqueraient autant à la survie de la forêt tropicale, qu'à son voisin ou qu'à un escargot traversant le macadam.

Mais une telle noblesse d'intention est souvent plus facile à cultiver à l'égard du monde entier qu'envers son entourage immédiat. Prenez Annie, par exemple. Elle va sans doute déménager dans les mois qui viennent, mais elle n'a pas encore prévenu l'amie avec qui elle partage l'appartement. Elle a l'intention de l'en informer à la dernière minute parce qu'elle tient à protéger ses arrières. Elle sait pertinemment que ce sera très gênant pour sa compagne mais, après tout, chacun pour soi. Si on l'interrogeait sur ses intentions, elle répondrait probablement qu'elle fait cela pour des raisons pratiques. C'est souvent un calcul : combien ça coûte de faire ce qu'on sait être juste, par rapport à ce qui serait la meilleure affaire pour soi ? Voilà comment on introduit une distance entre soi et les autres, et cela aussi a un certain coût.

Considérons le cas d'Edward. Son supérieur immédiat a la cinquantaine bien sonnée et, d'après la rumeur maison, il serait sur le point de se faire licencier parce que le conseil d'administration recherche un patron et une image plus jeunes. C'est sans doute Edward qui héritera de son poste. Comment Edward peut-il préserver sa pureté d'intention et souhaiter à son patron longue vie, santé, bonheur et succès professionnel, sans que ses pensées soient colorées par son ambition, son désir de promotion et de meilleure rémunération ? Saura-t-il cultiver la bodhicitta et reconnaître que son patron a les mêmes désirs et besoins que lui ?

Marion a un problème plutôt bizarre : les fourmis ! Des colonies entières de fourmis de toutes tailles défilent d'un pas martial dans son séjour, sa salle de bains et sa cuisine. La semaine dernière, elle a vu une pub qui parlait d'« éliminer » les fourmis avant qu'elles ne pénètrent chez vous. Marion aimerait vraiment s'en débarrasser, mais elle ne veut pas empoisonner la nature. Elle s'inquiète : en donnant une substance toxique aux fourmis, on risque d'intoxiquer aussi les oiseaux qui mangeront leurs cadavres. Ce dilemme crée un véritable conflit chez Marion. Comment concilier son souci de l'environnement et de tout ce qui y vit, et son désir de ne plus trouver de fourmis dans son sucrier ou dans son lit ? Dans certains pays bouddhistes, les moines et moniales s'abstiennent même de sortir pendant les pluies de la mousson afin d'éviter d'écraser des insectes. Peut-on cultiver la non-violence aussi scrupuleusement dans notre monde occidental ?

Les intentions et les pensées qu'on a envers les autres peuvent opérer à différents niveaux. Nathan, par exemple, adore sa femme. Mais ils viennent d'avoir un bébé et son épouse est si absorbée par l'enfant que Nathan, lui, se sent délaissé. Et, tout en lui en voulant, il se sent coupable. C'était bien mieux quand le mariage signifiait s'amuser à deux. Maintenant, ça prend un sens différent, la responsabilité et les obligations plutôt que la belle vie. Ces sentiments tendent à noyer ses bonnes intentions à l'égard de sa femme et du bébé, et il n'a plus envie de rentrer chez lui.

Nathan a besoin de marquer une pause et de rester tranquille, seul avec lui-même, pour voir clairement la situation. Comme quand on cesse de remuer l'eau boueuse d'une rivière : la vase finit par se déposer au fond et l'eau révèle sa limpidité naturelle. Si Nathan pouvait cesser de se débattre et de tirer rageusement sur les nœuds de ses relations emmêlées, il y aurait plus d'espace, plus de place pour qu'apparaisse ce qui compte vraiment pour lui, à long terme. Mais Nathan a pris l'habitude de gérer ses conflits en adoptant des comportements peu constructifs. Il réagit comme la plupart d'entre nous quand l'anxiété, la panique, la détresse ou la dépression prennent le dessus : en se cherchant des distractions et des dérivatifs à effet rapide. Certains se jettent sur des petits plats, sur le chocolat, l'alcool ou les cartes de crédit ; Nathan, lui, se rabat sur le sexe et les fantasmes vertigineux des aventures amoureuses.

Ainsi, la semaine dernière, Nathan a rencontré dans le bureau d'un client une femme très séduisante avec qui il a eu une conversation intéressante. Mais, maintenant, il pense à elle de manière obsessionnelle et songe à l'appeler. Voilà l'exemple évident d'une situation dans laquelle des pensées et des sentiments complexes et contradictoires créent un terrain propice à un certain comportement qui pourrait causer énormément de peine. En quoi ce conflit intérieur va-t-il modifier les sentiments de Nathan pour sa femme et son fils ? Quelles sont ses intentions vis-à-vis de sa nouvelle connaissance ? Manifestement, rien n'est simple, même les bonnes intentions de départ. Pour l'instant, Nathan a du mal à voir plus loin que ses besoins affectifs et physiques, et son insatisfaction présente. Que va-t-il faire ? Cela dépend. Est-il capable d'être sincère avec lui-même ? Peut-il faire passer le bien-être d'autrui avant le sien ? Est-il capable de sagesse ? D'amour ?

Vérité et amour dans tout ce qu'on fait

Il n'est pas facile d'abandonner un point de vue égoïste au profit d'une vision d'ouverture, d'amour et de compassion. Il faut beaucoup de travail intérieur pour vivre une vie d'amour qui vous ouvre les mains et le cœur ; une vie de pardon, de patience et d'acceptation. Mais c'est pourtant ce qu'il faut entreprendre, pas à pas, si l'on veut parcourir le chemin de l'éveil.

Bodhicitta, l'esprit d'éveil, est le cœur lumineux du Dharma. Sagesse et compassion — vérité et amour — sont absolument indispensables, nécessaires l'un à l'autre et complètement indissociables.

Si ça ressemble à de la sagesse mais que c'est dépourvu de cœur, ce n'est pas de la sagesse.

Si ça donne l'impression d'être de l'amour mais que c'est dépourvu de sagesse, ce n'est pas de l'amour.

Telles les ailes d'un oiseau qui lui permettent de voler, amour et sagesse sont interdépendants. Facettes complémentaires du joyau du cœur qu'est la bodhicitta — sagesse claire, précise, aussi acérée que le tranchant d'un sabre, alliée à une compassion chaleureuse, nourrissante et cordiale —, elles favorisent une transformation rapide sur la grand-route de l'éveil. Si ces qualités ne se manifestent pas au quotidien, c'est que notre Dharma a besoin de mieux s'enraciner en nous, sur cette terre.

La bodhicitta est le cœur même du développement spirituel. Dans son aspect ultime et transcendant, la bodhicitta est sunyata, lumineuse vacuité, pure et radieuse ouverture sans restriction. Dans son aspect relatif et plus conventionnel, c'est une aspiration à l'éveil fondée sur un désir altruiste qui trouve sa meilleure expression dans le vœu de bodhisattva visant à soulager la souffrance de tous les êtres.

Laisser agir son cœur tendre et aimant

On raconte qu'il y a bien longtemps, dans l'Inde ancienne, un maître du bouddhisme mahayana donnait un enseignement sur la bodhicitta quand il fut interrompu par un aboiement. Le chien jappait si fort et avec tant d'insistance qu'un auditeur s'énerva et jeta une pierre qui frappa l'animal au flanc gauche. Au même instant, le maître s'écroula en poussant un cri de douleur. Quand plus tard ses disciples, inquiets, lui demandèrent ce qui s'était passé, ils découvrirent un large bleu sur le côté gauche de son torse. La douleur du chien avait tellement touché le noble et tendre cœur du maître qu'elle était devenue sienne. Il l'avait endossée. Qu'on prenne l'histoire au pied de la lettre ou pas, la morale reste la même. Les maîtres éveillés sont, dit-on, capables d'assumer la souffrance des autres, les aidant ainsi à se libérer d'un lourd karma et des dettes accumulées par des actes nuisibles.

Nous avons tous par nature un cœur noble et tendre, bien que pas toujours aussi ouvert et disponible que celui du bodhisattva de l'histoire. C'est souvent un cœur qu'on endurcit par une attitude négative, qu'on protège à coups de colère, qu'on cache derrière des sentiments hostiles.

On se fabrique une coquille rigide, une armure affective pour se mettre à l'abri des souffrances de la vie mais, à force d'être derrière cette cuirasse, on finit par être complètement insensibilisé, figé sur place. Si bien qu'on n'est plus sensible ni vulnérable, ni capable d'éprouver de la compassion sincère ou de la joie spontanée.

Le bouddhisme présente une philosophie concrète, orientée vers une pratique. Le Dharma ne se contente pas d'énumérer les idéaux du bouddhisme, il donne aussi les outils et techniques qui permettent de cultiver et d'atteindre ces idéaux. Voilà le véritable génie de la voie du Bouddha Dharma. On ne transforme pas du jour au lendemain un cœur endurci et des attitudes fossilisées, mais on peut y arriver pleinement, avec le temps. Le Dharma offre à chacun — en kit adapté à ses besoins — une méthode de transformation graduelle de l'esprit et d'ouverture progressive du cœur. Peu à peu, les pensées se détournent de l'obsession narcissique et d'une focalisation excessive sur des préoccupations personnelles, au profit d'un amour chaleureux et altruiste envers l'être et ses ramifications infinies, de par l'univers. C'est à la portée de tous. Il existe une formation spécifique de l'esprit selon le Mahayana qui s'appelle les « Sept points de l'entraînement de l'esprit ».

« Lo-bjong » : éveiller l'esprit et ouvrir le cœur

Pour comprendre d'où vient un homme, faites quelques kilomètres avec ses mocassins.

Dicton amérindien.

L'entraînement de l'esprit selon le Mahayana, connu sous le nom de *lo-bjong* en tibétain, est une technique éclairée mais très pratique qui permet de travailler à la transformation de nos attitudes égocentriques et égoïstes. Grâce à cette formation, qui montre comment se mettre à la place d'autrui, on ne tarde pas à apprendre à traiter les autres comme on aimerait qu'ils vous traitent. Et, en développant cette expérience d'empathie, ce sentiment viscéral, on devient peu à peu capable d'agir autrement. À force de cultiver une attitude chaleureuse et intrépide, ainsi que l'acceptation des autres et de soi, on finit par devenir réellement plus gentil, plus enclin au pardon, plus heureux. Et quand on change l'atmosphère dans laquelle on vit, c'est tout l'environnement qui peut s'en trouver positivement transformé.

Ces profonds enseignements sur l'entraînement de l'esprit remontent au milieu du XIe siècle où un roi tibétain réussit à persuader un grand érudit indien, l'abbé Atisha, de venir de son lointain pays répandre le Dharma au Tibet. On raconte qu'Atisha pesa longuement la royale invitation avant de prier sa divinité de méditation, le bouddha féminin Tara verte, pour solliciter d'elle conseil et inspiration. La noble Tara lui apparut dans un rêve lumineux et confia à l'auguste maître que, s'il se rendait au Tibet, la longévité du Dharma serait prolongée mais que sa propre vie en serait raccourcie de douze ans. Atisha, considéré à l'époque comme le plus grand maître spirituel de l'Inde, décida qu'il était plus important de partager le Dharma libérateur que de prolonger son existence mortelle. Et, à l'âge de soixante ans, il entreprit le voyage à pied depuis les plaines de l'Inde, traversant le Népal et les cols périlleux de l'Himalaya pour parvenir enfin aux neiges du toit du monde, où il passa les dernières années de sa vie à transmettre ses enseignements oralement. Il s'éteignit au Tibet, comme Tara l'avait prédit.

Cent ans après la mort du maître Atisha, un moine du nom de Geshé Tchékawa se trouvait un jour dans la chambre de son lama quand il remarqua quelques vers écrits sur un parchemin : « Donne tout l'avantage et le gain aux autres, accepte avec altruisme tous les torts et les pertes. » Mon maître, Dilgo Khyentsé Rimpotché, le lama éveillé qui m'a le premier raconté cette histoire, ajouta que Geshé Tchékawa fut si ému à l'idée d'une telle compassion sans égoïsme qu'il en eut des frissons dans la nuque. La découverte de ces lignes fut pour Tchékawa un moment clé de son cheminement, une révélation d'une clarté et d'une vérité indicibles.

Geshé Tchékawa s'engagea sur-le-champ à trouver l'auteur de ces vers si inspirants, mais personne au village ne savait d'où provenaient ces écrits. Geshé Tchékawa se mit alors en quête. Il marchait, interrogeant tous ceux qu'il rencontrait. Il croisa un jour un lépreux qui lui déclara sans hésitation qu'Atisha, l'auteur de cette maxime, était mort, mais que ce maître avait un disciple, surnommé Laïc Drom. Et Geshé Tchékawa, bien décidé à en savoir plus long, reprit la route.

Quand enfin il trouva le disciple d'Atisha, il lui demanda aussitôt quelle était l'importance de ces deux lignes. Notre tradition orale rapporte ainsi la réponse : « Que vous y croyiez ou pas, que cela vous plaise ou non, il faut pratiquer cet enseignement si vous voulez atteindre l'éveil. » Bien qu'un peu étonné par cette déclaration, Geshé Tchékawa fut touché par sa vérité. Il demeura douze ans auprès du disciple d'Atisha, Laïc Drom, à étudier et à pratiquer les enseignements de l'entraînement de l'esprit sous la direction de ce maître.

Initialement, Geshé Tchékawa garda ces enseignements pour lui mais, quand des lépreux vinrent le voir, il sentit qu'il avait une dette karmique de gratitude envers celui qui l'avait aidé au départ, et il se mit à leur enseigner. Des rumeurs ne tardèrent pas à circuler : les lépreux étaient en train de guérir, corps et âme. On racontait en plaisantant que la maison de Geshé Tchéwaka ressemblait à une infirmerie.

C'est alors que survint un autre fait extraordinaire. Le frère aîné de Geshé Tchékawa, un homme sceptique et désabusé qui n'avait jamais pratiqué le Dharma, n'avait pu s'empêcher de remarquer la transformation opérée sur les lépreux et désirait lui-même un tel changement. Mais, trop fier pour demander à son frère de lui donner l'enseignement, il se cacha sous une fenêtre ouverte d'où il pouvait suivre les instructions de l'entraînement de l'esprit. Il se mit ensuite à pratiquer secrètement, et son caractère rétif commença à changer et à s'adoucir notablement. Geshé Tchékawa s'étonna de la transformation de son frère : si ça marchait sur lui, ça marcherait sur n'importe qui !

Ce fut ce qui inspira Geshé Tchékawa à coucher par écrit tous les enseignements de l'entraînement de l'esprit. Et, tout en continuant à pratiquer et à enseigner, il rédigea, codifia, et structura ce que Laïc Drom lui avait transmis des paroles de sagesse d'Atisha, sous forme de quatre-vingt-quinze aphorismes ou formules de sagesse. Ces vers se répandirent au Tibet sous le nom des « Sept points d'entraînement de l'esprit » d'Atisha. Maximes brèves autant qu'éloquentes, ces techniques sont étonnamment contemporaines et pertinentes. Dans le bouddhisme tibétain, ces enseignements forment le cœur de la pratique de l'entraînement de l'esprit en vue de cultiver la bodhicitta, l'altruisme et la compassion.

Geshé Tchékawa avait un engagement si total dans la pratique de la bodhicitta qu'à l'approche de la mort il pria de renaître dans les enfers pour pouvoir prendre sur lui les souffrances des êtres tourmentés par un lourd karma négatif. L'histoire raconte qu'à l'heure de sa mort Geshé Tchékawa connut la grâce de rêves de claire lumière indiquant qu'il renaîtrait dans les domaines des bouddhas mais que ses prières prendraient la forme de brillants rayons lumineux porteurs de bénédictions jusqu'au tréfonds de la géhenne. Je me rappelle que Dilgo Khyentsé a ajouté : « Il est rare, de nos jours, de trouver des maîtres spirituels doués d'une aussi incroyable compassion ! » Geshé Tchékawa restera toujours dans la mémoire des Tibétains le moine qui a rendu accessibles à tous les méthodes d'Atisha, visant à cultiver l'amour en soi. Comme aime à dire le Dalaï-Lama : « Ma religion, c'est l'amour. »

Penser d'abord aux autres

Quelle notion étonnante ! Ce n'est guère une attitude à laquelle on est habitué. D'où la nécessité d'un entraînement et d'une pratique soutenus, comme pour devenir danseur, gymnaste ou pianiste. On commence par des étirements simples, des postures, des exercices pour délier les doigts. L'entraînement de l'esprit à la bodhicitta exige aussi une pratique diligente. Et c'est exactement ce que fournissent les instructions de Lo-bjong. *Lo* signifie l'esprit ; *bjong* veut dire entraîner, transformer, raffiner, adoucir. La métaphore qu'utilisent les Tibétains est celle d'un cuir durci — l'esprit ordinaire, voilé par l'illusion — qu'on parvient peu à peu à attendrir, à assouplir.

On considère généralement que les aphorismes et formules qui constituent ce système appartiennent aux enseignements mystiques et hermétiques du Tibet. Or, vous découvrirez en les lisant qu'ils sont avisés, pratiques et pleins de bon sens. C'est grâce à notre sagesse innée qu'on peut cultiver et adopter de telles aspirations purifiées. Le défi, c'est de les intégrer peu à peu dans notre être entier — corps, parole, esprit — et de les vivre de plus en plus à travers tout ce qu'on fait.

De même qu'un mauvais ouvrier accuse ses outils, un bodhisattva défaillant est souvent tenté de mettre ses insuffisances sur le compte des difficultés qu'il rencontre dans l'existence. Je peux attester quant à moi que ces maximes m'ont aidé à garder à l'esprit les idéaux et les valeurs de la bodhicitta, à des moments où la vie semblait s'ingénier à me faire perdre mon ancrage. Car on se trouve constamment dans des situations qui mettent à rude épreuve notre capacité à ressentir l'amour et la compassion universels. Les encombrements, l'état de confusion du monde, les gens désordonnés avec qui vous partagez un appartement, la faim dans les pays déshérités, le conjoint qui ne veut pas faire de concessions, le chaos de la politique… Il n'est pas facile de vivre avec un cœur de bodhicitta, qu'on ait affaire à un cruel dictateur, à un patron exigeant, à un enfant hyperactif, à un conjoint ou ex-ami(e) obstinés. Voici quelques maximes que j'ai trouvées particulièrement utiles.

« Considérez toute chose comme un rêve. »

Le texte original dit : « Considérez que tous les phénomènes sont comme des rêves et examinez la nature de l'intelligence non née. » Les choses ne sont pas ce qu'elles semblent être, ne vous laissez pas abuser par les apparences. Le secret alchimique que recèle le bouddhisme, c'est que rien n'a de réalité absolue. Tout est éphémère, incontrôlable et creux. Tout est relatif et dépend de l'esprit, de ses projections et de ses interprétations. C'est notre façon d'aborder les choses qui fait toute la différence. Cela ne veut pas dire que tout n'existe que dans l'esprit, comme le soutiennent certains idéalistes, ou que rien n'a la moindre importance, comme le suggèrent les nihilistes. Cela ne signifie pas plus que les choses ne sont que des projections de l'esprit, car on pourrait aussi bien prétendre que l'esprit est une projection des choses.

Cela veut dire que tout est impermanent, interdépendant, aussi malléable que du plastique souple. Il n'y a pas de réalité fixe. Modifiez la situation mondiale, l'atmosphère ou la température de la Terre, et les répercussions s'en feront sentir partout. Transformez le moindre aspect, la plus petite partie du mandala universel, de l'hologramme cosmique, et tout l'ensemble en sera modifié. L'esprit présent, l'intelligence innée, tel est le pivot autour duquel gravite tout le reste. Celui qui est pleinement vigilant, qui ne se fixe nulle part, qui n'a pas de position arrêtée mais qui peut s'insérer n'importe où, celui-là est capable de remuer l'univers. Il manie le levier de commande de l'esprit alerte, et le point d'appui du levier n'est autre que le moment présent.

Travailler sur l'esprit et sa nature essentielle, au lieu de s'entêter à vouloir faire changer des conditions passagères : voilà comment révéler la réalité, telle qu'elle est, et telle qu'elle semble être. La vision transcendante révèle que la responsabilité de ce qu'on éprouve ne se trouve nulle part ailleurs qu'en soi-même. Le volant qui permet d'infléchir le cours de votre vie, de votre évolution, se trouve entre vos mains. Ne serait-ce pas irresponsable de l'ignorer et de s'acharner à se débattre à l'aveuglette, au risque de faire mal aux autres et à soi-même ? Vérifiez : avez-vous les mains sur le volant de votre vie ou bien vous agrippez-vous au rétroviseur en vous demandant pourquoi la voiture fonce n'importe où, n'importe comment ?

« Attribuez la responsabilité au vrai responsable. »

La formule reflète une vérité essentielle de la spiritualité : chacun est l'artisan de ses propres difficultés, de son attachement à l'ego et à la notion égotiste de « je », « moi » et « mien ». Nous sommes tous liés, interdépendants. Penser aux autres va en fait dans le sens d'un intérêt personnel éclairé, alors que l'égocentrisme borné est la racine de tous nos problèmes. On ne peut jeter la pierre à personne : on ne s'attire que trop facilement des malheurs quand on est égoïste et préoccupé de soi. Vous êtes responsable de votre karma, de votre vie, de votre cheminement spirituel et de votre libération, tout comme je le suis des miens.

« Réfléchissez à la bonté de chaque personne que vous rencontrez. »

Rendons grâce à tous ceux qui ont contribué à nous fournir ce repas.

Prière zen d'avant les repas.

« Soyez gentils avec vos amis aux pattes palmées car ce canard est peut-être la mère de quelqu'un », disait une chanson des camps de vacances de mon enfance. Les Tibétains vont encore plus loin : non seulement ce canard est la mère de quelqu'un, mais il a peut-être été *la vôtre*. Il a aussi bien pu être votre père, votre frère, votre cousin, votre meilleur ami, ou quelqu'un avec qui il vous reste du karma à régler. Selon les croyances traditionnelles, nous avons tous été recyclés un nombre de fois incalculable dans l'existence, et sous des formes innombrables, un peu comme du vieux vin dans des bouteilles neuves. Chaque être que vous rencontrez a été bon et secourable pour vous dans une vie passée, parce que chacun a été, à un moment ou à un autre, un membre de votre famille qui vous aimait. Et il importe de le traiter en conséquence.

Si vous ne vous sentez pas à l'aise vis-à-vis de cet enseignement traditionnel sur la renaissance, vous pouvez envisager les choses ainsi : chaque personne que vous rencontrez, sage ou stupide, a quelque chose à vous apprendre. Chacun doit être honoré et apprécié pour ce qu'il est. De même, chacun peut apprendre quelque chose de votre bonté et chacun la mérite. Outre que c'est un enseignement très important pour le bouddhisme tibétain, c'est aussi une attitude de bon sens par rapport à la vie : apprendre de tous, ne juger personne, être bon avec chacun et savoir dire merci.

« Tous les actes doivent s'inspirer d'une unique intention. »

Faites de la précieuse bodhicitta le principe d'organisation de votre vie. Aidez les autres, ne leur nuisez pas. Cultivez ces pensées bienveillantes dans toutes vos actions, et soyez doux, gentil, réfléchi, attentif aux autres, compatissant, aimant, juste, raisonnable et généreux vis-à-vis de tout le monde, y compris de vous-même.

Il est vraiment possible d'aimer tout le monde, même si tout le monde ne vous *plaît* pas. J'ai moi-même dû apprendre cette leçon pendant les années où j'ai eu le privilège de vivre en moine, en robes, crâne rasé, dans des retraites cloîtrées. Au début, j'ai eu l'impression de me retrouver dans un mariage arrangé et sans issue, coincé avec un groupe d'inconnus de tous pays. Mais, au bout du compte, personne ne pouvait fuir l'évidence : nous avions tous plus ou moins les mêmes aspirations et les mêmes besoins, nous étions tous du même camp sur le champ de bataille spirituel.

J'ai aussi appris qu'on n'a pas toujours le choix de ses compagnons de route. On peut se l'imaginer, mais ne vous y trompez pas. Et le corollaire de cette proposition — ce fut ma vraie leçon ! —, c'est qu'on se rend compte peu à peu qu'on peut effectivement aimer même ceux qui ne vous plaisent pas, et qu'il faut aimer et aider tout le monde.

« Tous les enseignements concordent. »

Le texte original déclare : « Tous les Dharmas concordent à un moment donné. » Cette maxime a trait aux problèmes relatifs à l'ego. Quelle que soit la forme de spiritualité bouddhique que vous étudiez, elles sont toutes d'accord là-dessus : l'ego, l'amour exclusif de soi et l'attachement s'interposent entre la libération et vous. Sortez un instant de la hutte de l'égotisme étriqué et goûtez les agréments de la liberté sans bornes. Les vérités sont multiples, mais la vérité est une. Il y a des quantités d'enseignements mais un seul noyau essentiel : le cœur vivant et palpitant de la bodhicitta. Tout le monde a les mêmes désirs, les mêmes besoins. Quand vous rencontrez quelqu'un, essayez de vous détacher momentanément de vos préoccupations égocentriques et songez à ce qu'éprouve l'autre. Cette pratique peut procurer une grande satisfaction.

« Réfléchissez toujours à ce qui pose problème dans votre vie. »

Qu'est-ce qui vous attire ? Qui vous repousse ? Qu'est-ce qui vous motive ? Est-ce que la moindre petite critique vous anéantit ? Êtes-vous facilement manipulé par la flatterie ? Est-ce que vous « sexualisez » toutes les situations ? La colère vous donne-t-elle du fil à retordre ? En y réfléchissant, vous approfondirez votre démarche vers la sérénité et le détachement spirituel.

Prenez un carnet, examinez les cinq obstacles décrits par le Bouddha (page 90) et essayez de voir les entraves qu'ils créent à votre développement spirituel.

« Ne délestez pas le taureau pour charger la vache. »

« Si quelqu'un doit porter le chapeau, ce sera moi », déclara un jour Harry Truman, et le public apprécia la force de caractère d'un homme capable d'assumer le poids de sa charge. Cette maxime nous rappelle à tous qu'il ne faut pas rejeter la faute sur les autres, ne pas éluder ses responsabilités. Des fardeaux, nous en portons tous — affectifs, financiers, spirituels ou physiques —, plus les difficultés psychologiques inhérentes à la dynamique familiale de chacun. Dans l'esprit de bodhicitta, on ne se déleste pas de ses problèmes sur les autres, qui ont leur propre stress et qui sont peut-être encore plus mal en point que soi. Faites vous-même votre ménage, rangez vous-même vos affaires. Ne vous prenez pas pour une pauvre victime impuissante et ne laissez pas la queue (les émotions) remuer le chien (l'être entier).

« Ne vous apitoyez pas sur vous-même. »

Êtes-vous de ceux qui s'identifient tellement aux hauts et aux bas de l'existence qu'ils finissent par avoir l'impression que leurs pensées sont scotchées à leurs problèmes et qu'ils sont de véritables Yo-Yo humains ? Auquel cas il est très difficile d'éprouver de l'amour et de la compassion pour les autres. Mais tirez un petit coup sur la ficelle du souci constant de soi, et voyez si vous arrivez à vous détacher de vos hauts et de vos bas personnels. C'est comme quand on enlève un sparadrap : ça fait mal sur l'instant, mais on se sent mieux après. Laissez entrer un peu d'air frais, ça pourrait vous aider à guérir.

« Gardez toujours l'esprit joyeux. »

Pourquoi ne pas être gai ? Pourquoi être malheureux ? Pourquoi ne pas faire semblant d'être heureux, libre et comblé, plutôt que l'inverse ? Je me rappelle un sondage que j'ai lu, il y a des années, sur les gens qui se disent heureux. Une bonne part des sondés avaient répondu que s'ils étaient parvenus à cet état enviable, c'est qu'ils en avaient pris la décision. Essayez de décider d'être heureux et voyez ce qui se passe. Tous ceux qui ont déjà participé à une manifestation pour la paix connaissent la chanson : « Donnons une chance à la paix. » Alors, pourquoi ne pas donner une chance à la joie ?

Mon amie Sylvia Boorstein, qui enseigne la méditation bouddhiste et qu'on appelle parfois la « grand-mère bodhisattva », a écrit un livre délicieux sur la façon de trouver le bonheur, intitulé *C'est plus facile qu'on ne le pense*. Le genre d'enseignement qui fait chanter mon cœur... Cependant, ne nous racontons pas d'histoires : c'est parfois aussi plus difficile qu'on ne le croit ! Les enseignements tantriques concernent l'appréciation de la riche tapisserie des choses telles qu'elles sont, appréciation de la beauté du tel quel. Le bon et le mauvais, l'ombre et la lumière, les sombres journées de février et les jours ensoleillés de mai. Il s'agit de danser avec la vie, à mon sens, pas simplement d'essayer de la maîtriser ou de lui trouver un sens.

Quand on sait entretenir la joie en soi et garder du recul devant les difficultés, c'est signe que l'entraînement de l'esprit porte ses fruits et transforme la vie, nous assurent les maîtres spirituels du Tibet.

Forgez-vous des maximes appropriées à votre propre cheminement

Les maximes de l'entraînement de l'esprit constituent une méthode efficace et riche de satisfactions pour se maintenir dans le droit chemin. Vous pouvez parfaitement vous forger vos propres aphorismes maison. Une des devises à l'occidentale que je préfère est celle-ci : « Bonne journée, à moins que vous n'ayez d'autres projets ! » Je l'ai accrochée au mur, devant mon bureau, et je l'inscris souvent au tableau d'affichage, dans les retraites de méditation. Elle n'est bien sûr pas de la plume d'un lama du temps jadis, mais elle n'en reflète pas moins le message et le sens du Dharma. J'ai aussi un badge piqué au tableau de bord de ma voiture : « Célébrez la vie ! » J'aime bien l'avoir là pour rappeler au Das sérieux de se dérider et d'éprouver de la joie dans chacune de ses tâches. Creusez les mines de votre vécu à la recherche de pépites de sagesse qui soient en résonance avec votre cœur. Votre vie, votre cheminement sont uniques, alors pourquoi ne pas avoir quelques maximes uniques qui aient un sens pour vous ? Sondez la grotte de votre cœur et éveillez la sagesse de votre cœur-esprit.

Quand vous aurez trouvé ces maximes, notez-les pour ne pas les oublier. Ayez toujours sur vous un petit carnet à cet effet. Et ne vous en faites pas si vos formules sonnent comme des clichés, nul n'a besoin de les lire. On a beau répéter une vérité des millions de fois, elle n'en reste pas moins vraie, même si elle semble un peu rabâchée. Pensez à « Let go and let God[1] », la formule si souvent utilisée dans les « Programmes en douze points[2] ». Elle a eu tellement de sens pour tant de gens, pourquoi pas pour vous ? Mais vous pouvez aussi trouver des variations sur le même thème. Je connais des gens qui, quand ils sont stressés, utilisent une formule bien de chez nous : « Inspire à fond et compte jusqu'à dix ! » Les petits malins du Dzogchen aiment dire : « Il n'y a rien à faire qu'à garder le bon point de vue », un peu dans le style de : « Prends du recul et évalue la situation. » Il y a d'ailleurs un certain rapport entre les deux, à mon sens.

Pourquoi ne pas voir si vous pouvez accéder à votre propre sagesse intérieure, là, tout de suite ? Trouvez une maxime qui évoque pour *vous* le cœur même du Dharma. Une formule comme « Salut, m'man ! », par exemple, pourrait vous rappeler que, selon le bouddhisme, tous les êtres méritent votre amour et votre compassion. Tout ce qui vous donne bon moral mérite d'être noté et affiché à portée de regard. Régalez-vous, exploitez vos ressources intérieures.

---

1. Jeu de mots sur « go » et « God » qui pourrait se traduire par « laissez couler et laissez venir Dieu ». (N.d.T.)

2. Programmes en douze points dont on se sert aux Alcooliques anonymes et dans les cures de désintoxication de toxicomanes. (N.d.T.)

Une alchimie de pointe : transformer la douleur en amour

La vertu de commisération ne se force pas,
Elle tombe du ciel en pluie douce
Sur le sol qui se trouve dessous. Deux fois bénie,
Elle bénit qui donne et qui reçoit.

Extrait du *Marchand de Venise*
de William SHAKESPEARE.

« Que les souffrances de tous les êtres convergent sur moi, et que toute ma joie et mon bonheur viennent les combler. » La première fois que j'ai entendu psalmodier cette prière en tibétain, j'ai pensé à l'altruisme de la vie de Jésus et de ses paroles, et j'ai constaté à quel point ce genre d'attitude me paraissait éloigné de mon vécu. Une telle noblesse d'âme devait être réservée aux saints, elle était sans doute hors de portée du petit juif de Long Island que j'étais.

Et puis, les paroles de la prière me faisaient peur : supposez que je prie avec le reste du groupe, que je prenne vraiment sur moi la souffrance de quelqu'un d'autre et que je tombe malade. En Asie, avec les soins qu'on y dispense... Et même si l'on pouvait me rapatrier dans un hôpital américain, les médecins ne sauraient peut-être pas ce que j'avais... Telles furent mes premières craintes. Il me fallut un certain temps pour apprécier cette remarquable méditation qu'est la pratique de *tonglen*.

Tonglen — qui signifie « envoyer et prendre » — fait partie de l'entraînement de l'esprit selon le Mahayana. Certains Occidentaux se bloquent devant cette pratique dont ils font une interprétation trop littérale. Ils ne la voient pas pour ce qu'elle est : un moyen de transformer un cœur endurci et récalcitrant en cœur adouci par l'amour et l'empathie. Alors, voilà ce que je vous suggère : n'ayez pas peur de cette méditation, considérez-la comme une technique évoluée d'entraînement de l'esprit, destinée à accroître votre capacité à pratiquer l'amour inconditionnel, la générosité, l'ouverture du cœur. Le jour où l'on est prêt à entreprendre une pratique si désintéressée, elle vous attend.

Cette méditation puissante et évoluée n'est pas un jeu de salon. En remplaçant le souci de soi par le souci des autres, on s'adoucit le caractère, on affine sa spiritualité. On n'enseigne pas *tonglen* dans le but de faire attraper des maladies à ceux qui le pratiquent, mais comme moyen de s'ouvrir et de modifier ses réflexes conditionnés d'attachement à tout ce qui plaît et d'aversion à ce qui déplaît.

Tonglen — prendre le fardeau des autres sans se sentir écrasé sous la charge — nous apprend à lâcher prise de la fixation sur soi et de l'attachement, à transformer l'égotisme en amour. Pendant des siècles, au Tibet, des méditants expérimentés ont usé de ces techniques comme d'un moyen de lever les barrières entre les autres et soi, de les démanteler grâce à une transformation de ses attitudes égocentriques. Si vous vous retrouvez par exemple dans un contexte d'agressivité, n'attendez pas que tonglen arrange tout instantanément, mais cela peut faire évoluer votre point de vue et, ainsi, changer l'ambiance du tout au tout. Le plus beau, c'est que ça marche !

La méditation de tonglen : se mettre à la place des autres

On nous demande d'aborder cette méditation « envoyer et prendre » avec une attitude d'extraordinaire compassion et d'amour pour tous. Pensez à toutes les souffrances du monde. Ne serait-ce pas merveilleux de pouvoir prendre cette somme de douleurs et de la transformer en bonheur, en santé, en bien-être ? Cela ne vaudrait-il pas la peine d'ouvrir son cœur, d'accepter la souffrance et d'être capable de la transformer en amour et en bonté ? Essayons.

COMMENCEZ PAR VOUS ACCEPTER VOUS-MÊME

Nombreux sont les maîtres qui recommandent de commencer cette pratique par soi-même. Dans ce cas, considérez simplement que vous êtes fait de deux parties : l'une riche d'amour et de compassion, l'autre qui a besoin d'amour et de compassion. Imaginez-vous capable de vous envoyer à vous-même de l'amour, de la bienveillance et de l'acceptation.

Je ne saurais trop vous conseiller de débuter cette pratique par une réflexion sur vous-même, votre vie, votre itinéraire : quand on essaie d'éprouver de la compassion pour tous les êtres, il est en effet essentiel de se rappeler qu'on est l'un d'entre eux. Avant de pouvoir accepter les autres, il faut d'abord être fort, confiant et s'accepter. Servez-vous de *tonglen* pour vous pardonner les actes envers lesquels vous vous sentez coupable, pas à la hauteur, ou responsable. Servez-vous-en comme d'un soin spirituel et retrouvez intégrité et bien-être grâce à cette riche pratique qui guérit l'âme. Comme disait Lao Tseu : « Quand vous vous acceptez, le monde entier vous accepte. »

ÉTENDEZ VOTRE AMOUR ET VOTRE ACCEPTATION AUX AUTRES

Une fois votre cœur réchauffé par l'amour, agrandissez le cercle des êtres envers lesquels vous éprouvez de l'amour et de la compassion. Commencez par vos proches — parents, famille, enfants, amis —, puis élargissez jusqu'à inclure même vos ennemis. Continuez à agrandir le cercle jusqu'à ce que vous sentiez que tous les êtres au monde sont englobés dans votre compassion, que leur douleur est calmée et guérie par la tendresse de votre amour.

ÉCHANGEZ LE BONHEUR ET L'AMOUR
CONTRE LA SOUFFRANCE ET LA DOULEUR

Commencez la pratique de *tonglen* en vous détendant, en vous recentrant. Retournez à vous-même, revenez au moment présent. Immergez-vous un instant dans la bodhicitta absolue, telle que vous la comprenez. Pure présence, l'être en soi. Regardez le ciel et prenez conscience de la vacuité. Tout est vide, tel un rêve. Pas comme une pièce vide mais inondée de soleil, pleine de lumière jusque dans ses moindre recoins. Éveillez-vous à l'ultime présence et fondez-vous dans la lumineuse vacuité de l'instant. Ouvrez-vous à un espace dont l'infinitude sans bornes vous réveille, vous met en état d'éveil total. Goûtez cette grande perfection naturelle — les choses exactement telles qu'elles sont.

CHEVAUCHEZ LE SOUFFLE EN MOUVEMENT

Dans la méditation *tonglen*, on suit le souffle. Chevauchez l'inspiration, puis l'expiration. Concentrez-vous. Suivez bien l'inspiration, puis l'expiration. On inspire par le nez, on expire par la bouche. Acceptez l'inspiration, laissez partir l'expiration. Ne soyez pas radin : prenez tout l'air que vous pouvez et renvoyez tout à l'extérieur. Laissez-le couler, aller et venir. Pourquoi retenir quoi que ce soit ?

Sur le temps de l'inspiration, imaginez que vous inspirez de l'obscurité, du smog, une sorte de brouillard pollué. Aspirez-le en vous comme si vous étiez un aspirateur géant. Mais ce smog ne reste pas coincé en vous : après avoir inspiré, on retient son souffle un instant, pendant lequel on laisse tout se dissoudre. Tout est purifié dans l'espace de radieuse lucidité de la bodhicitta. Le smog que vous avez absorbé s'est transformé en brillante lumière. Expirez en imaginant toute cette lumière qui sort de vous, chaleureuse comme le soleil et fraîche comme la brise printanière.

ENVOYEZ ET RECEVEZ, EN COMMENÇANT PAR VOUS-MÊME

C'est l'une des maximes d'Atisha dans « L'entraînement de l'esprit en sept points. » On commence par inspirer ses émotions conflictuelles, son karma négatif, ses difficultés. Puis vient l'instant de transformation, après quoi l'on expire en imaginant que tous ces éléments négatifs sortent avec le souffle, sous forme d'un flot de bonheur et de joie.

Continuez à chevaucher le souffle sur l'inspiration et l'expiration, et mettez-vous peu à peu au diapason des problèmes du monde. Inspirez le mal, les ténèbres, la maladie, le malheur du monde en pensant : « Que toutes les difficultés, les doutes et les craintes du monde soient absorbés dans la vacuité de mon esprit ! » Expirez en songeant : « Que tous les êtres reçoivent tout ce que j'ai en moi de bonheur, de foi et d'intrépidité. »

Une attitude qui guérit

Tel on pense, tel on devient. On pratique la méditation de *tonglen* dans un double espoir : retrouver une attitude saine et unifiée, et remédier aux malheurs du monde. Elle nous apprend à faire face aux difficultés et à intégrer des principes éclairés dans notre quotidien, de façon à ne pas réagir à tort et à travers. En pratiquant de la sorte, on peut complètement transformer le climat de sa vie. On peut réduire et graduellement éliminer la dualité du clair et de l'obscur, du bien et du mal, du positif et du négatif, des circonstances désirées et non désirées. On prend en soi le mal et on envoie aux autres tout ce qui est désirable, pour s'entraîner à la générosité, à la transcendance, au non-attachement.

Au début, vous aurez peut-être du mal à vous imaginer en train de vous défaire de vos avantages, de vos atouts et de vos plaisirs au profit d'êtres chers et, plus encore, de gens que vous détestez. Mais cela changera avec le temps. Vous découvrirez, à mesure que vous explorerez vos ressources intérieures, que vous possédez une abondance de trésors qui dépassent tout ce que vous pouvez imaginer. Puisez dans l'infinie richesse spirituelle de votre nature de bouddha, compatissante et sage.

L'APPRENTISSAGE DE L'ÉTHIQUE

Mener une vie sacrée

> *Chaque pensée, chaque acte né sous le soleil de l'intelligence originelle devient sacré. Car, à cette lumière, il n'est de frontière entre sacré et profane.*
>
> Thich Nhat HANH, extrait de *La paix : un art, une pratique*.

C'est par la méditation que la plupart d'entre nous viennent au bouddhisme, et l'on a donc parfois tendance à oublier que le Dharma comprend trois niveaux d'apprentissage de la libération : sagesse, éthique et méditation. La partie éthique du noble Octuple sentier comprend la Parole juste, l'Acte juste et le Juste mode de vie. Elle nous montre comment donner un caractère sacré au quotidien, grâce à l'attention vigilante et au non-attachement, en respectant l'éthique, la retenue morale, et en pratiquant sincèrement la vertu dans chacun de nos actes. Il ne suffit pas de penser avec sagesse, encore faut-il parler, agir, travailler et aimer avec sagesse. Voilà comment intégrer la méditation et la conscience alerte dans sa vie de tous les jours.

Sila (prononcé chila) est un terme sanscrit qui veut dire vertu ou morale. Ce joli mot ancien nous incite à toujours avoir une conduite éthique, à pratiquer une autodiscipline saine et équilibrée. Marquez une seconde de pause avant de parler ou d'agir, et pensez à *sila* : êtes-vous sur le point d'être utile ou malfaisant ? Avisé ou maladroit ? Altruiste ou égoïste ? Vos paroles et vos actes reflètent-ils fidèlement vos intentions profondes, votre sincère engagement dans la voie de l'amour et de la bodhicitta ? La légende raconte que le parfum des vertus d'un saint s'élève jusqu'aux domaines des dieux et des bouddhas qui se réjouissent et font pleuvoir des fleurs et du nectar sur ces justes.

Dans les textes traditionnels, on compare *sila* (vertu, éthique) à un arbre à la belle ombre fraîche. Le pèlerin qui chemine dans le désert brûlant sous le soleil des émotions conflictuelles peut se réfugier sous ses branches, s'y abriter aussi des violentes tempêtes des comportements impulsifs et compulsifs. Faites confiance à la vertu, à l'acte juste et à l'autodiscipline pour mettre de l'huile dans les rouages grinçants des conflits internes et externes qui affectent votre vie.

D'un point de vue exotérique, sila signifie contribuer à faire un monde meilleur en vivant sa vie d'une manière franche et honnête, saine, non violente, non égoïste, et avec le souci des autres. Cela implique une amélioration de soi : redresser ce qu'il peut y avoir de déformé dans sa conduite et en soi.

À un niveau plus intérieur, sila veut dire être réellement sincère et vrai avec soi, sans se leurrer, et en évitant la malveillance, le parti pris égoïste et les préjugés.

Au niveau de l'inné, de notre nature vraie, sila revient à comprendre que nous sommes tous intrinsèquement vertueux et sans souillure, puisque la pureté de cœur et la bonté inhérentes à la nature de bouddha sont le noyau même de notre être authentique.

C'est autant par ses paroles et ses actes que par ses pensées qu'on crée son monde et son karma. À mesure que sa pratique bouddhiste évolue, on peut entraîner l'esprit de l'extérieur, en agissant en toute droiture et en cultivant l'authenticité dans ce qu'on dit et fait. Dans le même temps, on peut aussi travailler sur soi de l'intérieur — à partir de sa bonté et de son intégrité innées —, en demeurant dans l'état naturel. Laissez votre moralité naturelle, votre valeur et votre vertu intrinsèques, votre pureté et votre honnêteté innées transparaître dans tous vos rapports avec le monde. C'est ce qui s'appelle « venir du cœur », ou vivre à partir du cœur. La vertu trouve en elle-même sa propre récompense, dit-on. Aujourd'hui même, sans attendre. Le bien est une excellente chose dont on a grand besoin en nos temps difficiles. Penchez-vous sur la question. Vous serez étonné de l'enrichissement que cela peut apporter à votre vie...

LA PAROLE JUSTE

Dire la vérité

Une seule parole riche de sens
Qui procure la paix quand on l'entend
Vaut mieux que les mille mots d'une histoire dépourvue de sens.
Extrait du *Dhammapada* (paroles du Bouddha).

Le saint maître hassidique Baal Shem Tov chargea un jour Yacov Yosef, son deuxième meilleur disciple, excellent érudit et kabbaliste, d'aller éprouver les connaissances de Yechiel, peut-être appelé à devenir son gendre puisqu'il briguait la main d'Udel, sa fille. Yechiel était issu, comme Baal Shem lui-même, d'une famille simple de juifs allemands.

Voici ce que Yacov Yosef rapporta à Baal Shem Tov au retour de sa mission :

— Yechiel a répondu « Je ne sais pas » à toutes mes questions. Je m'interroge sur ce gars-là...

À quoi Baal Shem Tov répliqua :

— Ah, mon Dieu, je serais ravi d'avoir pareil homme pour gendre !

Le jeune homme avait dit la vérité pure et simple — ce qui n'est pas toujours facile ! — et le vieux rabbin reconnut sa sagesse. Les mots peuvent être des cadeaux, des armes, des faiseurs de magie ; ils peuvent être prière, poème ou chant. Ce qu'on appelle la Parole juste constitue la troisième étape de l'Octuple sentier. Alors, dites votre vérité, telle qu'elle est.

Vos paroles peuvent exprimer votre nature de bouddha

La Parole juste, l'expression droite peuvent faire figure de défis impossibles dans un monde envahi par les campagnes de publicité outrancières, les bavardages télévisés, les déversements de haine par téléphone dans certaines radios, et les propos des gourous de la communication politique. Si, cependant, nous désirons sincèrement incarner le Dharma, nos paroles refléteront de plus en plus notre désir d'aider les autres. Pensez avec bonté, exprimez-vous clairement et avec douceur. L'enseignement sur le karma, la cause et l'effet, nous apprend que tout compte : la moindre respiration, la plus petite syllabe, la phrase la plus anodine. Plus rien n'est dépourvu de sens quand on chemine vers l'éveil. Imaginez que toutes les pensées et bribes de phrases qui tournent actuellement dans votre tête soient écrites sur un tableau noir géant, comme le menu du jour dans certains restaurants. Quelles pensées souhaitez-vous sincèrement exprimer ? C'est un choix que l'on fait souvent des centaines de fois par jour. C'est par vos paroles que vous confirmez au monde, et à vous-même, l'importance de ce que vous pensez. Les mots aident à concrétiser les pensées, les concepts ; ils définissent nos priorités, donnent corps à nos idées et nos opinions, expriment notre vision du monde. Les paroles ont un pouvoir ; *vos* paroles ont un pouvoir. On peut se servir de la parole pour communiquer avec les autres de manière réfléchie, consciente, tout comme on peut être inattentif et créer des problèmes avec ses propos. Des problèmes pour soi et pour les autres.

La question de la parole revêt une importance toute particulière dans le contexte du Dharma puisque réfléchir sur la parole, c'est réfléchir sur le soi, le non-soi et les autres. La parole n'est-elle pas une expression de l'ego, du besoin qu'on ressent de s'accrocher à ce soi illusoire et de le conforter ? N'use-t-on pas des mots pour faire savoir aux autres qu'on existe ? « Je suis là », déclare-t-on pour délimiter son territoire. On a tous plus ou moins tendance à utiliser les mots pour étayer la citadelle de l'ego et l'idée de « moi » et de « mien ». On se raconte des histoires sur soi, sur son vécu, puis on les raconte aux autres. On parle aux autres, on se parle. Que dit-on ? Et pourquoi ?

Selon le Bouddha, la Parole juste est l'excellente parole qui reflète la sagesse intérieure, la claire vision, la nature de bouddha en soi. Il nous a transmis des instructions simples mais profondes sur l'usage quotidien de la parole. Voilà ce qui nous est conseillé.

DITES LA VÉRITÉ, ABSTENEZ-VOUS DE MENTIR

Les conseils du Bouddha sont remarquablement clairs sur ce point : « Si on lui demande de dire ce qu'il sait, qu'il réponde "je sais" s'il sait, et "je ne sais rien" s'il ne sait rien. Qu'il réponde "je n'ai rien vu" s'il n'a rien vu, et "j'ai vu" s'il a vu. Ainsi il ne dira jamais délibérément un mensonge, pas plus à son profit qu'à celui d'un autre, ou que pour toute autre forme d'avantage. »

Des paroles prononcées sans que s'y mêlent la ruse, les besoins déguisés de l'ego, un conflit, des intentions cachées. Ne serait-ce pas merveilleux de pouvoir toujours s'exprimer avec autant de clarté et de simplicité ? N'avez-vous pas vécu des moments où vous étiez si bien centré en vous-même, si clair dans vos intentions, que vos paroles, telles celles du Bouddha, avaient cet accent de vérité, de bon sens ? N'avons-nous pas tous connu de ces instants de grâce où l'on est vraiment en phase avec ce qu'on est et ce que l'on sait ? Des heures ou des minutes précieuses où l'on est capable d'exprimer sa propre vérité, sans crainte ni détour. Mais il est difficile de faire durer de tels moments de grâce.

En tant qu'aspirant à la vérité, vous avez probablement déjà dû affronter le problème du mensonge délibéré et vous avez sans doute pris la décision qui convenait : ne pas éluder la question ni se laisser aller à des propos trompeurs ou manipulateurs. Nous sommes tous d'accord pour convenir que le mensonge pur n'a que des désavantages. Mais, à mesure qu'on avance sur le sentier de l'éveil, il y a des chances qu'on passe par des postes de contrôle où l'on découvrira les subtilités de la vérité. On s'apercevra peut-être à la longue qu'il est difficile d'être clair et direct dans tous ses propos, et l'on en arrivera à nuancer la vérité, à faire des compromis avec elle. Au lieu de dire ce qu'on sait vrai, par exemple, on dira ce que les autres veulent entendre. Ou ce que l'on veut soi-même entendre — et croire.

Pour ne pas avoir l'air faible et vulnérable, on dit des choses qui nous donnent l'air fort et puissant. Quand on ne veut pas que les autres pensent qu'on ne domine pas la situation, on use des mots pour les dominer. Il est difficile de distinguer les manipulations de son propre ego. On se présente continuellement aux autres tel qu'on veut leur apparaître, en se dissimulant derrière les histoires qu'on se raconte afin d'obtenir ce qu'on croit vouloir. Tout cela concourt à créer des personnages factices qui laissent le sentiment d'être incomplet, coupé de son vrai soi.

Ne vous arrive-t-il pas de vous servir des mots pour tenir les autres à distance et protéger ce que vous éprouvez réellement ? N'avez-vous jamais dit que vous alliez « bien » alors que vous étiez déprimé ou triste ? On n'use pas toujours de la parole pour communiquer ce qu'on a dans le cœur, et l'on attend des autres qu'ils lisent dans vos pensées. Sans compter les autojustifications : « Non, je ne mange pas tant de sucreries que ça », se dit-on en replongeant la main dans le paquet de biscuits. « C'est pas vraiment un mensonge que je fais à Miranda », songe-t-on en inventant une excuse plausible pour ne pas aller à un rendez-vous. « Ça n'a pas d'importance », dit-on aussi pour se rassurer, tout en étant conscient du contraire.

Chacun sait que la communication et la compréhension mutuelle font les bonnes relations. Les subtilités de la parole sincère ne sont nulle part aussi en évidence que dans nos relations intimes. Pourtant, quel que soit notre désir de nous exprimer de manière authentique, avec des mots qui reflètent l'amour, la chaleur, l'ouverture, on n'y arrive pas toujours. Nos attentes viennent faire entrave et déformer la tableau ; de même pour nos désirs, nos craintes, nos illusions, nos projections. C'est pourquoi il faut de temps en temps marquer une pause pour se demander si, oui ou non, on progresse dans la voie d'une plus grande sincérité.

Je discute souvent avec des gens qui me racontent qu'ils sont malheureux parce que leurs proches n'écoutent pas ce qu'ils ont à dire. Ils se sentent niés dans leur être, ils ont l'impression qu'on veut ignorer leur opinion. Mais, qu'ils creusent un peu sous la surface de leurs doléances, et ils s'apercevront qu'ils ne sont pas capables d'exprimer clairement et franchement leurs sentiments, leurs desiderata. On est en partie responsable du problème quand on retient ses vrais sentiments et qu'on se construit un personnage factice.

La réalité — voir les choses exactement telles qu'elles sont — est une question qui occupe une place centrale dans la pratique bouddhiste. L'attention pure, non voilée par la déformation ou l'illusion, perçoit les choses exactement telles qu'elles sont, dans le moment présent. On peut introduire la Parole juste dans ses relations en s'efforçant d'être toujours franc et sincère, en lâchant prise de ses systèmes de défense élaborés, en étant vrai et sincère par rapport à ce qu'on est et qu'on éprouve.

Appliquez la pratique de la vigilance à la Parole juste et essayez de vous écouter parler, comme si vous étiez un autre, pour voir à quoi ressemblent vos propos, de l'extérieur. Dire la vérité est une activité qui relève entièrement de l'instant présent : il faut d'abord prendre conscience de ce qu'on se raconte à soi-même, puis essayer de voir comment sa voix peut sonner aux oreilles des autres. Donnez-vous l'impression d'être hésitant, confus, en colère, énervé, tendu ? Utilisez-vous la parole pour manipuler des sentiments ou des émotions, les vôtres ou ceux des autres ? Vous servez-vous de vos propos, voire de votre silence, pour dissimuler ce que vous êtes ? Communiquez-vous aux autres ce que vous croyez leur communiquer ? Êtes-vous capable de reconnaître la réalité ? De dire votre vérité, avec votre propre voix, sans fléchir ni hésiter ?

SERVEZ-VOUS DES MOTS POUR AIDER, PAS POUR NUIRE

Les instructions relatives à la Parole juste nous rappellent de nous abstenir de causer des problèmes en usant de mots blessants ou inutilement perturbants. Vous est-il arrivé de dire quelque chose et de le regretter plus tard, peut-être un trait d'ironie qui vous semblait drôle sur l'instant ? Naturellement, on l'a tous fait. Ainsi, j'ai vite compris, à mes débuts dans l'enseignement, que quand je faisais une blague ou un mot d'esprit (ou ce que je croyais tel), une âme sensible risquait de se sentir blessée, ridiculisée, démasquée ou trahie.

L'une des maximes de *Lo-bjong*, le système d'entraînement de l'esprit d'Atisha, déclare : « Ne parlez pas de membres abîmés. » C'est un utile conseil car ce qu'on prend pour une plaisanterie risque en fait de souligner les défauts ou les faiblesses d'un autre, aussi sûrement que si on les montrait du doigt. C'est quelquefois si ardu de préparer une causerie qu'on est tenté de s'amuser de certaines choses, de montrer qu'on sait être drôle et futé, avec sa langue acérée et son esprit caustique ! Les paroles blessantes vous séparent des autres et renforcent la vision dualiste. La calomnie sème la discorde, alors que des paroles douces et sensibles peuvent promouvoir paix et réconciliation.

Le Dharma nous rappelle aussi que nos jugements de valeur nous empêchent d'accéder à une vision plus évoluée et d'appréhender les choses telles qu'elles sont. Jésus souligne dans le Nouveau Testament qu'on a tendance à remarquer la paille dans l'œil du voisin plutôt que la poutre qu'on a dans le sien. Comme dit un proverbe tibétain : « Ne regardez pas le petit pou dans les cheveux de l'autre en oubliant l'énorme yak que vous avez sur le nez ! » En tout cas, il n'est jamais utile d'émettre des jugements de valeur péremptoires et de prendre le ton de voix de celui qui est content de soi.

Certaines personnes ont le don de trouver les mots pour aider les autres. Ce sont des gens si constructifs, positifs et capables d'empathie qu'on se sent bien rien que de leur parler. « Formidable, ce qui t'arrive ! Raconte un peu, j'aimerais que tu m'en parles », disent-ils. On perçoit leur intention de vous soutenir, de vous encourager. Ces génies de la communication savent vraiment voir et écouter les autres. Ouverts et sensibles à ce qu'éprouve autrui, ils sont de véritables guérisseurs. Savoir écouter avec un cœur ouvert et sans porter de jugement, voilà le moyen d'intégrer la bodhicitta et l'amour dans sa communication avec autrui. Le Dharma explique que, pour peu qu'on sache écouter attentivement, on peut entendre le bouddha naturellement présent en chacun.

NE COLPORTEZ PAS DE RAGOTS, NE RACONTEZ PAS DE BONIMENTS SUR LE COMPTE DES AUTRES

> *On jouirait d'une grande paix si l'on ne s'occupait pas de ce que disent ou font les autres.*
>
> Thomas A KEMPIS.

Le Bouddha avait particulièrement recommandé à ses disciples de s'abstenir de raconter des histoires sur le compte des autres et de perdre son temps en bavardages inutiles. Joseph Goldstein, pionnier de l'enseignement de la méditation de la vision transcendante, demande souvent à ses élèves, en guise d'exercice de vigilance, d'éviter de dire *quoi que ce soit* sur *quiconque* n'est pas présent. Autant ceux qui vous énervent que ceux qui vous enthousiasment. On s'abstient d'analyser ou de disséquer les problèmes ou le comportement d'un tiers — bon ou mauvais —, à moins que la personne concernée ne soit là pour entendre vos propos. Il ne s'agit pas d'une abstention définitive mais d'une pratique temporaire, à titre expérimental. Essayez donc et observez vos réactions. Quand on arrête de parler des autres, on se rend compte du temps et de l'énergie qu'on gaspille quotidiennement en conversations qui, outre qu'elles ne servent à rien, nous éloignent du moment présent.

Colporter des ragots sur les autres est un autre moyen évident de nourrir l'ego à bon compte. Il est alors facile de se sentir du côté des « gens bien », voire de se croire supérieur. Mais ragots et boutades malveillantes ne reviennent ni plus ni moins qu'à traiter les autres en objets et à les éloigner de soi. Les individus ou le groupe sur lesquels on fait des gorges chaudes y perdent de leur humanité — et nous, de la nôtre. Pour cultiver la Parole juste, il faut exercer sa vigilance afin de commencer à défaire le cocon de l'ego. Résistez à l'envie de parler des autres et vivez l'instant présent avec quiconque se trouve près de vous, et personne d'autre. L'instant présent se suffit à lui-même, il est parfait, complet en soi. Goûtez et appréciez ce que vous avez sous les yeux et tout se révélera à vous — aussi neuf et radieux qu'une aurore, que l'aube de la création.

ÉVITEZ LES PAROLES DURES ET LES INSULTES, PARLEZ GENTIMENT

Il ne s'agit pas seulement de ce qu'on dit mais de *la manière* de le dire, du *moment* et du *pourquoi*.

La manière

Deirdre déclare à Jacob, son mari, qu'elle a horreur de voir traîner ses chaussettes sales et ses tennis puantes dans la salle de bains. Elle a un ton dur, accusateur et sarcastique. Jacob prend à peu près le même ton pour se plaindre que Deirdre gaspille de l'énergie en ne baissant pas le thermostat du chauffage central quand il n'y a personne à la maison. Ces doléances sont-elles efficaces, ou bien ne trouverait-on pas une meilleure solution à ces problèmes en posant carrément la question ou en suggérant la chose ?

Le moment

Sandi est ravie et enthousiaste après l'entrevue qu'elle vient d'avoir pour son nouveau boulot. Elle est vraiment contente. Alors, pourquoi son amie Martha choisit-elle ce moment pour mentionner tout ce qui pourrait ne pas marcher ? Serait-ce une habitude chez Martha ? Et pourquoi Sandi se trouve-t-elle toujours des amis qui lui sapent le moral et usent de la parole pour noyer son enthousiasme et ses espérances ?

Le pourquoi

Si la critique peut être utile et constructive, elle peut aussi être destructrice, insultante, démoralisante et mesquine. Quand votre garagiste vous parle de la rouille qu'il y a sous le châssis de votre voiture, c'est pour vous aider. Mais si votre voisin vous dit que votre vieille bagnole dépare le quartier, cherche-t-il à vous être utile ?

Les insultes vont généralement de pair avec la colère et l'hostilité, même quand cette colère prend la forme d'énervement, de sarcasmes, d'attaques verbales déguisées et de plaisanteries acides. Nous savons tous dans quel état nous met la colère. Il faut vraiment faire un énorme effort, quand on est en colère, pour regarder l'autre et voir en lui une personne douée d'esprit, comme soi. Et c'est tout aussi difficile de trouver le moyen de laisser le bouddha s'exprimer à travers soi, avec des paroles d'acceptation, d'amour et de compassion, des paroles qui guérissent.

La plus grande difficulté que présente la pratique de la Parole juste est de ne pas se montrer trop dur ou trop critique avec ses proches et les êtres qui vous sont chers — amis, enfants, parents, collègues. Vous aimez votre enfant, votre compagnon, votre compagne, mais il ou elle font des choses qui vous rendent fou et qui font grimper votre tension. Parfois, on a tout simplement besoin de s'arrêter un moment, de souffler, et de prendre conscience de ce qui se passe exactement, pour ensuite agir de manière plus avisée, en tenant compte des positions de chacun.

On me demande souvent comment il faut s'y prendre pour gérer la colère et l'agressivité de manière constructive. C'est une question difficile. Que faire quand quelqu'un nous pousse à bout ? On considère dans le bouddhisme que la colère est la plus problématique de toutes les émotions négatives, les *kleshas*. Mais elle n'est malgré tout qu'une énergie, une réaction, donc gérable. Il s'agit souvent d'apprendre à dire « non », clairement, fermement, mais sans agressivité ; avant que la situation ne s'envenime et ne dégénère en conflit ouvert. Un *non* peut être plus positif et affirmatif qu'un *oui* prononcé sans discernement ni réflexion suffisante. Il n'est pas nécessaire d'éliminer la colère, de la refouler ou la ravaler, car elle a quelque chose à nous dire, pourvu qu'on veuille bien l'écouter.

Ce sont des questions que doit affronter même un chef spirituel aussi doux et à l'esprit aussi parfaitement entraîné que le Dalaï-Lama. Il raconte qu'il y a des décennies qu'il tend l'autre joue, qu'il s'efforce de ne pas avoir de réaction hâtive vis-à-vis des Chinois, qu'il accepte les aléas du karma tout en recherchant une réconciliation pacifique et la compréhension mutuelle. Mais, chaque fois qu'il a fait des concessions, on ne lui a rien donné en retour. Il m'a un jour confié qu'il faudrait peut-être qu'il s'y prenne différemment. Ce ne sont pas là des questions simples. Après tout, n'y a-t-il pas une sainte et légitime colère ? La colère n'a-t-elle pas une intelligence et une logique propres qui sont d'une certaine utilité à certains moments ?

La prochaine fois que vous vous sentirez en colère au point de hurler, demandez-vous : qui est-ce qui m'exaspère à ce point ? Peut-être est-ce contre vous-même que, subtilement, cette colère est dirigée. On a tendance à accuser les autres et à se mettre en colère quand nos attentes ne se réalisent pas, mais est-ce vraiment leur faute si nous sommes si mécontents ? La colère est le pire des maux, selon Shantidéva, parce qu'elle est très destructrice. L'esprit bien entraîné d'un bodhisattva est capable de transcender la colère. Il est tel un lac paisible qui n'explose pas, même au contact d'étincelles car, étant fait d'eau, il n'est pas combustible. L'esprit non entraîné, en revanche, ressemble plutôt à une vaste mare d'essence que la moindre étincelle peut faire exploser. L'explosion est-elle vraiment inévitable ? Cela dépend de nous. Personne ne peut nous mettre en colère s'il n'y a plus de graines de colère en nous.

Quand on songe aux rigueurs de l'ascèse, on imagine généralement des pratiques telles que le jeûne, la veille nocturne, se coucher sur une planche à clous, marcher pieds nus dans la neige ou sur des charbons ardents. Shantidéva a enseigné que le calme devant la colère est la forme d'ascèse la plus poussée. La patience, l'endurance, est la plus difficile de toutes les pratiques intérieures et extérieures. Jésus a déclaré que ce n'est pas ce qu'on met dans sa bouche qui souille, mais plutôt ce qui en sort. En pratiquant la vigilance, on peut développer une force intérieure faite de patience et de tolérance. Tel est le moyen de transcender les réactions intempestives de l'ego qui nous pousse à agresser les autres avec des mots. Citons les paroles de Shantidéva à ce sujet :

> « Quand j'aurai envie de bouger
> Ou de parler,
> Je commencerai par examiner mon état d'esprit
> Puis j'agirai résolument, de la manière qui convient.
> Quand mon esprit s'attachera
> Ou se mettra en colère,
> Je ne réagirai point, ni ne parlerai.
> Je resterai coi et aussi immobile qu'un arbre. »

Moins on est plein de soi, plus il y a de place pour les autres

On ne peut pas aborder la question de la parole sans se pencher sur celle de l'écoute. Lorsque j'ai commencé à enseigner le Dharma, un de mes collègues m'a signalé que la principale qualité pédagogique à développer était l'aptitude à rester tranquille et à écouter. Un conseil en or. On peut avoir une si forte envie de faire passer son message que l'on ne se montre pas assez attentif à ce que les autres veulent dire. Comme si l'on attendait qu'ils aient fini de parler pour placer ce qu'on a en tête. Nos objectifs préconçus font entrave à tout dialogue authentique. En pratiquant la Parole juste, tâchez d'être ouvert, calme et conscient de ce que les autres pensent et ressentent. Savez-vous reconnaître à la voix des autres s'ils sont heureux, tristes, déprimés, déroutés ? À mesure qu'on devient plus conscient, plus vigilant, on découvre les joies de l'écoute et l'on se dessaisit de son besoin de clamer ses idées haut et fort. J'appelle ça ouvrir « la troisième oreille », l'oreille interne de l'écoute authentique. On peut même écouter à travers tous ses sens, si l'on est suffisamment sensible et alerte.

Avez-vous déjà rencontré une personne apparemment incapable d'écouter, dont l'ego est si fort qu'elle ne peut s'arrêter de parler, qui se sert des mots pour dominer les autres et les contrôler, comme un politicien pratique l'obstruction systématique en faisant des discours interminables pour bloquer un débat parlementaire ? Quelqu'un qui donne l'impression de pomper tout l'air disponible, dès qu'il entre quelque part ? Ou quelqu'un qui envahit constamment votre espace par des remarques grossières, inconvenantes ou provocatrices ? C'est tout simplement Radio Ego qui émet à plein tube.

La sagesse semblable au miroir reflète les choses telles qu'elles sont, sans les déformer, les colorer ni les modifier par des attentes. La véritable écoute est un moyen de marquer une pause et d'être vraiment présent, afin que tout ce qui se dit soit immédiatement perçu, ainsi d'ailleurs que tous les mouvements qui ont lieu dans l'ensemble du champ énergétique, en soi et au-dehors. C'est un aspect du développement de l'esprit alerte. C'est également une technique à laquelle recourent les bons psychothérapeutes pour refléter clairement, sans distorsion ni interférence, tout ce qui se dégage d'une séance de thérapie, pour aider leurs patients à mieux se voir et se connaître, et à découvrir d'eux-mêmes leurs véritables désirs et besoins. Freud appelait ça de l'attention en vol stationnaire : être là, sans jugement ni idée préconçue.

Savez-vous entendre ce qui se dit derrière les mots ? Pouvez-vous sentir d'où ils viennent, sans vous borner à les entendre ? Êtes-vous capable de percevoir, et même de ressentir, ce qu'éprouvent les autres quand ils parlent ? Si les bonnes clôtures font les bons voisins, dit-on, les bons « écoutants » font les bons amis. On peut apprendre à écouter tout ce qui se dit autour de soi. Il suffit de se brancher sur une fréquence émotionnelle plus large, permettant de recevoir un plus grand nombre de longueurs d'onde. Il y a même des gens qui entendent la musique des planètes qui peuplent l'espace, les chants des dakinis, des muses, des anges et autres chanteurs célestes. Branchez-vous sur tout ce qui existe. Le jeu en vaut la chandelle.

Les paroles qui viennent du cœur

Lorsque j'étais enfant — je devais avoir six ans —, nous avions parmi nos voisins un homme âgé souffrant d'une maladie qui le rendait incapable de parler. Il pouvait tout juste émettre un drôle de clapotement du genre « boup-boup ». Les seules personnes auxquelles il « parlait » à l'époque étaient les gosses du quartier qu'il accueillait toujours avec son « indicatif ». Il semblait vraiment prendre plaisir à communiquer avec nous de cette manière. Nous l'appelions, ma sœur et moi, M. Boup-boup ou l'homme au boup-boup. Tous les jours on se dépêchait de sortir pour attendre qu'il passe, invariablement à la même heure. Il était content de nous voir, ça lui mettait un sourire aux lèvres. Nous avions un vrai rapport avec lui, nous l'aimions parce que nous sentions qu'il nous aimait. En fait, je crois bien qu'on avait plus de rapport avec lui qu'avec n'importe lequel des autres adultes du quartier. Je n'ai plus guère de souvenir des autres voisins adultes du début des années 50 — à quoi ils ressemblaient, ce qu'ils disaient. Mais il m'arrive de temps à autre de repenser à M. Boup-boup avec affection, avec un sourire sur mon visage d'adulte et un grand éclat de rire du gamin qui vit en moi.

On croit souvent qu'on communique grâce aux phrases qu'on prononce, alors qu'en réalité cela se fait tout autant, sinon plus, par le biais de l'énergie, des émotions, des gestes, du langage du corps, du regard et des expressions du visage. M. Boup-boup était rayonnant de bonté et de chaleur, et nous, les enfants, y étions sensibles. C'est ce qui nous donnait le sentiment d'avoir un vrai rapport avec un homme qui ne parlait pas avec des mots mais était très éloquent, de cœur à cœur.

Les mots sont souvent superflus, bien qu'on dépende d'eux. Pensez à tous les gens avec qui vous avez des rapports qui reposent essentiellement sur des sourires, des signes de main, le langage du corps. Le facteur, l'aimable teinturier, la gentille boulangère, le marchand de journaux toujours gai chez qui vous achetez votre quotidien, la caissière souriante au supermarché, l'affable mécanicien du garage ou le voisin qui vous aperçoit à un coin de rue, un jour d'hiver, et vous propose de vous ramener. Les animaux de compagnie sont aussi très communicatifs. Je trouve beaucoup d'amour et d'inspiration auprès de mon chien, Bodhidogma, et du chat de mon ami, Bodhicattva. Ces rapports non verbaux sont source de joie et ajoutent une dimension à nos vies. On aurait du mal à vivre sans.

Le trésor du son sacré

La prière : parole sacrée

Ma plus grande arme est la parole muette.

GHANDI.

Dans les religions théistes, on adresse ses prières à un être suprême, à un pouvoir supérieur. Dans le bouddhisme, qui est non théiste, la prière est moins une demande qu'une manière de réaffirmer ses intentions et d'énoncer ses vœux. Le mot qui correspond à prière en tibétain se dit *mönlam* (prononcez meune-lam), qui veut dire chemin d'aspiration, chemin de souhaits. Dans la tradition dzogchen, les prières représentent le son même de la nature de bouddha, *dharmata*, l'expression spontanée de l'esprit-sagesse inné, comme disent les prières au bouddha primordial qui figurent dans les tantras du Dzogchen.

La prière qui suit, celle que je pratique chaque matin pour cultiver l'amour, est issue du *Metta Sutra*, une des écritures originelles du bouddhisme. C'est un excellent exemple de la manière dont on peut cultiver des intentions bienveillantes et les exprimer par le biais de la « porte de la parole », sous forme d'une prière d'affirmation à psalmodier, chanter ou réciter. Ce genre de prière méditative nous aide à développer des habitudes mentales et un comportement mieux ancrés dans l'amour et la bonté, plus chaleureux, constructifs et positifs.

Prière de Metta

Que tous les êtres soient heureux, comblés et épanouis.
Que tous les êtres redeviennent sains et unifiés,
Que tous leurs désirs et besoins soient satisfaits.
Que tous soient protégés du mal et libérés de la peur.
Que tous les êtres jouissent du bien-être et de la paix intérieure
Que tous trouvent l'éveil, la délivrance et la liberté.
Que vienne la paix en ce monde et dans l'univers entier.

Le Bouddha a lui-même déclaré que la pratique régulière de cette méditation-récitation — faite dans une attitude de pardon et d'amour, dépourvue de jugement et de colère — était porteuse de grands bienfaits. Grâce à cela, est-il dit, vous vous endormirez et vous réveillerez facilement, vos rêves seront agréables, les êtres célestes vous aimeront et vous protégeront ; les poisons, les armes, le feu et autres dangers extérieurs vous épargneront ; votre visage sera radieux, votre esprit concentré et serein ; vous mourrez l'esprit clair et renaîtrez dans des domaines heureux.

Conformément aux lois karmiques de la cause et de l'effet, le fait de prier pour la paix contribue sûrement à promouvoir la paix. On prie pour que la paix règne dans la sangha et dans la communauté de tous les êtres, tout en reconnaissant que la paix commence en soi-même. Et puisqu'on fait soi-même partie de la sangha, c'est aussi pour sa propre paix intérieure et extérieure que l'on prie. On apprend ainsi à mieux s'aimer, à se pardonner et à s'accepter. On ne doit pas s'exclure de la formule de prière « pour le bien de tous les êtres ».

Se servir d'un mantra pour trouver sa propre voix

Les mantras sont des paroles sacrées porteuses d'un grand pouvoir et d'innombrables bénédictions. Dans la plupart des pays asiatiques, Tibet compris, les mantras sont encore chantés dans la langue originale — le sanscrit —, considérée comme « langue des dieux ». Le mot *mantra* signifie littéralement « support sur lequel appuyer l'esprit (*manas*) ». La pratique d'un mantra est un moyen fiable, rapide, efficace et puissant de concentrer l'esprit, de le stabiliser et de le libérer. Cette pratique peut aider à inculquer des attitudes mentales constructives. En contribuant à l'entraînement de l'esprit, elle aiguise notre intelligence fondamentale, la vigilance, la concentration et la conscience du présent.

Il y a différentes sortes de mantras : des mantras qui guérissent, des mantras de sagesse, de compassion, d'intelligence alerte, de purification ; des mantras « courroucés » (qui servent à éliminer les obstacles) et des mantras pacifiques. On entend parfois aussi des mantras d'une syllabe, tels « Om » ou « Ah » qu'on appelle des syllabes-germes. Telle la graine d'une belle fleur, la syllabe unique contient en elle-même tous les enseignements, les mystères, la sagesse et l'accomplissement du résultat final, la fleur de l'éveil.

Il est légitime de considérer la pratique des mantras, très efficace pour la concentration, comme une sorte d'outil de la transcendance, de technologie du sacré. On peut aussi les combiner avec d'autres moyens : par exemple, tout en psalmodiant un mantra, on focalise l'attention sur le souffle, on maintient une visualisation dans sa tête, et on fait tourner les perles d'un *mala* (un rosaire), tant pour mieux se concentrer que pour compter le nombre de récitations. La méditation assortie de la récitation d'un mantra peut agir sur soi et sur le monde en modifiant l'ambiance.

Des raisons extérieures, intérieures et plus profondes de psalmodier un mantra

Au niveau extérieur, on se sert de mantras pour consacrer, bénir chacun de ses actes. Par exemple, à titre d'exercice, chaque fois que vous pénétrez dans une pièce, psalmodiez ou émettez le son cosmique « Om », le mantra-germe qui réunit tous les sons en un, afin de renforcer la conscience de ce que vous êtes en train de faire à ce moment-là. C'est une excellente manière de développer la vigilance au quotidien.

Au niveau intérieur, les mantras sont des moyens de développer la concentration quand on médite et de transformer nos perceptions ordinaires pour les rendre pures. Un jour que je parlais de méditation avec

Dudjom Rimpotché, maître éveillé du Dzogchen, il me dit que, s'il lui arrivait d'être distrait, il psalmodiait le mantra de purification à cent syllabes pour « revenir à lui-même », pourrait-on dire. Le bouddhisme tibétain combine souvent la récitation d'un mantra tel que « Om Mani Pedmé Hung », le divin mantra de l'amour et de la compassion inconditionnels, avec la visualisation lumineuse de formes géométriques — des étoiles, des lotus ou des hologrammes cosmiques qu'on appelle mandalas — ou encore avec des *moudras*, gestes sacrés des mains et des doigts. Tout cela dans le but d'aider à ressentir le monde ordinaire comme un domaine de bouddha, le nirvana.

Au niveau le plus profond ou secret, celui de notre nature innée, se trouve le moyen de concentration ultime : le mantra mystique de la sagesse originelle qui résonne spontanément, sans mots. Le lieu intérieur auquel on peut se fier, où l'on peut reposer son esprit. Le mantra intérieur le plus secret, mystique et non verbal est la réalité intrinsèque et omniprésente de « ce qui est », l'état indescriptible qui est en soi la preuve de sa propre authenticité.

Bien que les mantras soient traduisibles, on les psalmodie plus pour leurs vibrations d'énergie non conceptuelle que pour leur sens littéral. Quand on écoute la résonance d'un gong, on peut sentir le son ruisseler, vibrer et vous pénétrer par le diaphragme, l'abdomen et les autres centres d'énergie. La psalmodie des mantras produit le même effet. Les vibrations externes sont celles du son, les vibrations intérieures sont l'énergie, la conscience, l'attention et la pensée focalisées. Dans le mantra d'Avalokitesvara, celui de la grande compassion, OM est le son universel, MANI signifie joyau et PEDMÉ, lotus. Le joyau dans le lotus. La dernière syllabe, HUNG, n'est pas là pour sa signification mais pour que les vibrations sonores soient complètes. HUNG est le conjoint de OM, c'est la syllabe-germe des cinq sagesses de l'esprit de bouddha. *Om Mani Pedmé Hung*.

Ouvrir le chakra de la gorge

La cloche du temps s'arrête
mais le son continue
à sortir des fleurs.

Maître BASHO, Maître du haïku zen.

C'est enfant, au côté de mes parents à la synagogue, que j'ai appris à psalmodier. Je n'avais, comme la plupart des autres fidèles, guère idée de ce qui se disait, mais les rythmes et la richesse du son m'enchantaient. Je dois avouer qu'après ma *bar-mitsva*, à l'âge de treize ans, je n'ai renoué avec la psalmodie qu'à la fac, le jour où j'ai joint ma voix aux chants de yogis hindous itinérants. J'ai aussitôt ressenti le puissant effet thérapeutique de la psalmodie, et il m'est apparu que ces pratiques spirituelles, si mystérieuses et étrangères à nos yeux, pourraient bien être autre chose que des rituels dénués de sens.

Un célèbre lama dzogchen du temps jadis, l'intrépide maître Djigmé Lingpa, avait coutume d'improviser spontanément des « chants d'éveil », ainsi que de longs poèmes et des traités qu'il psalmodiait. Bien que n'étant pas d'une grande érudition, il avait ouvert le chakra du cœur par le biais de la psalmodie et des pratiques de méditation, et les maîtres de la lignée racontent qu'il avait ainsi accédé au merveilleux domaine du son sacré. Nous pouvons, nous aussi, donner une voix à tout ce qui est en nous, même sans formation théorique ni qualifications universitaires. Il suffit de respirer profondément, de surmonter ses inhibitions et son hésitation, de lâcher prise et de chanter à cœur perdu. C'est une superbe façon de perdre le sentiment d'un soi fini, ne serait-ce que momentanément, et de rencontrer notre plus vaste nature, celle de bouddha.

Je n'ai jamais vraiment su bien reproduire une mélodie et j'avais l'impression de chanter faux. Ayant vainement essayé de jouer de plusieurs instruments, j'étais persuadé de ne pas avoir le moindre don pour la musique. Et puis j'ai appris en Inde à mémoriser et à psalmodier des hymnes et des chants sacrés et, plus tard, dans la retraite de groupe, en France, j'ai été l'un de ceux qui menaient les chants.

Toutes les cultures ou presque ont une sorte de chant qui leur est propre, du grégorien aux invocations de la pluie des Amérindiens, en passant par les prières rituelles en hébreu. Que l'on donne une voix à la vérité en soi, et les anges chantent de concert. Si les anges peuvent voler, c'est parce qu'ils se prennent à la légère ; nous pouvons, quant à nous, nous servir de la voix et du souffle pour nous élever dans l'espace. Avant de chanter, détendez-vous, respirez bien à fond et, surtout, amusez-vous ! Ouvrez-vous, laissez-vous aller ; pas besoin de se sentir gêné. Ne vous en faites pas, personne ne vous jugera. Parfois, la meilleure façon de s'y mettre, c'est de considérer cela comme un exercice mettant en jeu l'énergie, les cordes vocales, le chakra de la gorge et l'esprit supérieur. Une ouverture du cœur, aussi. Étirez, puis détendez les bras et les épaules, la nuque et la poitrine. Aspirez l'air et rejetez-le régulièrement, comme un soufflet. Puis déployez vos ailes. Il faut chanter pour le croire...

Commencez à chanter en vous concentrant simplement sur les syllabes, sans penser à rien de particulier, sans essayer d'arrêter vos pensées ou vos sentiments. Le pouvoir de la pratique spirituelle et du mantra, allié à la dévotion et à la pureté d'intention, peut vous porter très loin — plus loin que vous ne l'imaginez. Chantez, c'est tout ; laissez-vous porter par les courants ascendants que dégage cette délicieuse énergie et envolez-vous sans effort, au-delà de vous-même.

Une fois que vous vous sentirez à l'aise, accélérez un peu le rythme de la psalmodie. Sentez l'énergie parcourir votre corps et dynamiser la gorge, les poumons, le diaphragme, le chakra du ventre, la bouche, la langue et le souffle. Le chant sacré est une forme de méditation active qui mobilise l'être tout entier. C'est aussi une façon constructive de faire circuler l'énergie. Si l'on se sent déprimé ou apathique, la pratique d'un mantra peut modifier l'humeur et le climat émotionnel. En voiture, au lieu de changer de station de radio sans arrêt et de rendre fous vos passagers, créez vous-même l'ambiance que vous désirez en psalmodiant, avec le sourire, et entrez dans la dimension du chant sacré. Si vous avez du mal à vous endormir le soir, au lieu de compter les moutons ou d'avaler des somnifères, essayez de compter vos respirations ou de psalmodier tout doucement un mantra, en guise de relaxation. Comptez les mantras plutôt que les moutons, et rejoignez le troupeau de la sangha.

Psalmodiez le Soutra du cœur

Les enseignements de *sunyata*, sur la véritable nature de la réalité, forment le cœur du bouddhisme Mahayana, la grande Voie du Milieu. Ils sont exposés dans les cent mille strophes des Soutras de la *Prajna Paramita*, les écritures relatives à la sagesse transcendante. Il existe aussi des formes plus condensées de ces soutras, la plus courte étant connue sous le nom de « Soutra du cœur », l'essence même des écritures sur la sagesse. C'est le soutra préféré de beaucoup de bouddhistes, chanté — souvent journellement —, étudié et enseigné dans la plupart des monastères et centres bouddhistes d'Orient et d'Occident. J'aime à l'appeler le « Non-Soutra »... Vous verrez pourquoi.

À en croire la légende, le Bouddha confia les cent mille strophes des Soutras de la sagesse transcendante aux Nagas, des créatures marines semi-divines semblables à des dragons, qui les gardèrent en sûreté jusqu'à leur découverte par un sage et philosophe indien, Nagarjuna, qui vécut aux alentours du Ier siècle de notre ère. Comme il avait rapporté ces précieux enseignements sur la vacuité de chez les Nagas, on le surnomma Nagarjuna, qui signifie littéralement « le cocher des Nagas ». Premier à exposer le Madhyamika, le système de logique et d'épistémologie bouddhiste de la grande Voie du Milieu, Nagarjuna est considéré comme le philosophe bouddhiste du relativisme. Le Madhyamika révèle que rien n'existe de manière indépendante. Les choses n'ont de réalité que conventionnelle, relative, produite par le jeu de causes et d'effets interdépendants. C'est ainsi qu'il est dit que, d'un point de vue ultime, rien n'existe pour toujours. C'est aussi vrai pour une âme que pour une table. Les choses semblent réelles et substantielles, sans l'être réellement. Telle est la mystérieuse et fertile intersection du tout et du rien dans la vacuité qu'on éprouve de si vivante manière en méditation.

Le Soutra du cœur

Voici le Soutra du cœur, l'essence, le concentré des Soutras de la Prajna Paramita :

Le Bodhisattva Avalokitesvara, pratiquant la profonde prajna paramita
Vit clairement que les cinq skhandas étaient vides, transformant ainsi toute peine et souffrance.

La forme n'est autre que vacuité, la vacuité n'est autre que forme ;
La forme est exactement vacuité, la vacuité exactement forme, et il en va de même pour la sensation, la pensée, les impulsions, la conscience.

Toute chose porte la marque de la vacuité — jamais née, jamais détruite ;
Ni souillée ni pure ; sans gain ni perte.
Par conséquent, il n'y a dans la vacuité ni forme, ni sensation, ni pensée, ni impulsions, ni conscience ;
ni œil, ni oreille, ni nez, ni langue, ni corps, ni esprit ;
ni couleur, ni son, ni odeur, ni goût, ni sensation tactile, ni objet de pensée ;
ni domaine de la vue, et ainsi de suite jusqu'au domaine de la pensée ;
ni ignorance ni fin de l'ignorance, et ainsi de suite
jusqu'à l'absence de vieillesse et de mort, l'absence de fin de la vieillesse et de la mort ;
ni souffrance, ni source de la souffrance, ni anéantissement, ni chemin ;
ni sagesse ni accomplissement non plus. N'ayant rien à atteindre,
Les Bodhisattvas vivent la prajna paramita sans obstacle dans leur esprit. Pas d'obstacle, donc pas de peur.
Bien au-delà de la pensée illusoire, ils atteignent le nirvana total.

Tous les Bouddhas du passé, du présent et du futur vivent la prajna paramita
et atteindront donc le parfait éveil.

Ainsi, sachez que la prajna paramita est
le grand mantra, le mantra de sagesse,
l'insurpassable mantra, le suprême mantra
qui élimine complètement toute la souffrance.

C'est la vérité, pas une tromperie.
Par conséquent, récitez le mantra de la prajna paramita,
dites ce mantra :
Gatê, gatê, paragatê, parasamgatê, Bodhi Svaha.

Les bouddhistes croient que, si l'on psalmodie ce mantra avec une attention bien concentrée, il dégage une énergie sacrée, des bénédictions et de la sagesse qui aident subtilement tous les êtres visibles et invisibles. L'efficacité des mantras dépend de la prière, certes, mais tout autant, sinon davantage, de la concentration et de la qualité d'intention de celui qui les dit. Souvent, quand quelqu'un est malade dans un monastère tibétain, les moines chantent ce soutra toute la journée ; un jour que j'en étais témoin, j'ai ressenti un champ d'énergie presque palpable autour de ces moines qui psalmodiaient.

Si vous psalmodiez à l'extérieur, dans la nature ou dans votre jardin, rappelez-vous que les paroles de Vajra (paroles d'éveil) que vous prononcez proclament et répandent le Dharma autour de vous, sur tout ce qui vit — les gens et les animaux de compagnie mais aussi les grillons, les lucioles, les scarabées, les moustiques, les bêtes sauvages et même les tiques et les puces. C'est une sorte de généreux partage de l'énergie du Dharma qui bénit et sanctifie la terre et tout ce qui s'y trouve. Les lamas disent qu'en tout lieu où ce soutra est récité, psalmodié, étudié, copié ou enseigné, les enseignements de l'éveil s'établiront et fleuriront un jour. Alors on fait sa part de travail, quotidiennement, en psalmodiant le Soutra du cœur.

Un silence aussi fracassant que le tonnerre

Il était une fois, en Inde, aux premiers temps du bouddhisme, un être éveillé qui n'était pas moine mais père de famille, du nom de Vimalakirti. Outre que c'était un homme d'affaires d'une parfaite probité, membre irréprochable de la communauté locale, il était connu comme le sage de la ville.

Un jour, tous les bodhisattvas, les arhants éveillés, les moines et moniales se rassemblèrent chez Vimalakirti pour discuter de la sagesse transcendante, tous installés dans les quatre mètres carrés de sa petite chambre à coucher. On raconte que l'auguste sangha comprenait les plus éminents bodhisattvas, tels Manjushri, Avalokitesvara, Vajrapani et Tara. Et, aussi incroyable que cela paraisse, tous ces êtres éveillés et ces membres de la sangha humaine réussirent à tenir dans la pièce, par la grâce de l'interpénétration et de la vacuité... Peut-être se firent-ils aussi petits que ces anges qui, dit-on, dansent sur une tête d'épingle. Quoi qu'il en soit, le soutra du Mahayana qui conte l'histoire rapporte qu'ils étaient tous là dans la petite chambre de Vimalakirti : arhants, moines, moniales et bodhisattvas, avec leurs robes et leurs trônes de lotus.

Une fois tout le monde assemblé, chacun parla à son tour de la sagesse transcendante, se livrant l'un après l'autre à une brillante description verbale de l'absolu, de l'indescriptible et de l'ineffable. Les orateurs étaient éloquents, chacun creusant de plus en plus profond pour révéler la vérité. Finalement, ce fut le tour de Manjushri, le Maha Bodhisattva de la sagesse, de parler. Son discours fut une pure merveille, des paroles d'or qui donnèrent l'explication définitive de la vérité non-duelle, de la sagesse transcendante dans toute sa finesse et sa profondeur. Quand il eut fini, tout le monde s'inclina devant lui avec un profond respect. Et je peux vous garantir que, si d'aventure vous lisez ce soutra, le *Vimalakirti Nirdesa Sutra*, vous aurez envie d'en faire autant. Qu'ajouter à cela ?

L'assemblée se tourna ensuite vers Vimalakirti, lui demandant un discours de conclusion sur la sagesse transcendante. Le soutra dit alors : « Son silence fut aussi fracassant que le tonnerre. »

Amen...

Le véritable silence intérieur vous met en rapport avec les dimensions supérieures de l'être et du connaître : intelligence originelle et sagesse innée. Le son du spirituel, le chant du silence, est au-delà des mots et des concepts, car on ne peut exprimer l'inexprimable. Nos pauvres mots ne sont que de pâles traductions de ce que nous voulons vraiment dire. Le silence intérieur et la vacuité peuvent permettre à tous d'accéder plus facilement au mystère universel et à l'être primordial, sans avoir à passer par des formes étrangères et des concepts abstrus.

Le silence est le seuil de la porte du sanctuaire intérieur, de la sublime grotte du cœur. Le silence est le chant du cœur, un langage aussi universel que celui de l'amour ; une mélodie naturelle accessible à tous, même à ceux qui chantent faux ou qui ont des réticences par rapport au religieux. Essayez d'aller dans les bois ou de vous asseoir au bord de la mer, tout près des vagues. Regardez les étoiles qui scintillent, le soir ; ouvrez l'oreille interne de l'esprit et écoutez le chant superbe du silence. Là se trouve la joie de la contemplation sereine. Goûtez cette félicité.

La merveilleuse voix du silence

La première fois que j'ai participé à une retraite de dix jours de *Vipassana*, en Inde, j'ai été très impressionné par la pratique bouddhique de ce qu'on appelle le « Noble silence ». Pas de paroles, pas de langage des signes, pas de radio, de télévision, de journaux, de livres, de notes, de carnets ni de magnétophone. Et bien qu'on fût tous assis dans la salle de méditation et qu'on mangeât ensemble, il n'y avait aucun contact entre nous, aucune interaction, à part le sentiment élémentaire d'être là tous ensemble, dans la plus grande simplicité, le dépouillement, chacun nu sous son propre regard. Calmer le cœur, l'esprit, l'énergie et la bouche. Ensuite, dans les années 80, quand j'ai enchaîné deux retraites de trois ans, trois mois, trois jours, on observait une période de Noble silence de six mois pendant laquelle on évitait même d'échanger des regards, ce qui aurait été considéré comme une interaction et, donc, une infraction au silence. Cette période prolongée de Noble silence, qui renforce l'impression de solitude spirituelle ou d'isolement existentiel, s'est avérée en fait la partie la plus intense et la plus épanouissante de cette longue retraite.

Pendant une période de pratique aussi intensive du silence, à l'impression initiale de soulagement et de tranquillité se mêle — bien naturellement — un sentiment de manque : ne pas pouvoir échanger et partager ses expériences avec ses amis, ne pas pouvoir étudier, écrire des poèmes ou son journal, des lettres et des cartes. Mais à mesure que le miroir du silence et de la solitude gagne en densité, on commence à comprendre ce que veulent dire les écritures quand elles nous incitent à voir en toute chose la Pure contrée, les domaines des bouddhas, le nirvana — bref, la radieuse perfection, ici et maintenant. « L'endroit où nous nous trouvons est la Pure contrée, le paradis ; notre corps actuel est le corps du bouddha », disait le maître zen japonais Hakuin.

Les anciens enseignements tibétains décrivent une pratique qui tient de l'exercice d'imagination créatrice et de la visualisation, et qui consiste à entendre tous les sons comme s'ils étaient des mantras, à reconnaître en tous les êtres des bouddhas et des dakinis, à percevoir toutes les pensées comme manifestations créatives de la sagesse innée. Le Noble silence aide le pratiquant à transformer l'idée limitée qu'il a de lui-même et à reconnaître l'état naturel de la grande perfection — quel que soit l'environnement dans lequel on évolue. Voilà pourquoi les maîtres éveillés, qui ont transformé leur perception par un changement intérieur, semblent porter un certain climat avec eux, où qu'ils aillent. On a l'impression qu'ils vivent dans une autre réalité, une autre dimension, dans ce monde, mais sans être de ce monde.

Le Noble silence, qui n'a pas forcément besoin de s'exercer sur de longues périodes, est un excellent moyen de calmer nos corps habituellement si occupés et nos esprits rationnels hyperactifs, pour devenir plus réceptifs, introspectifs et sensibles. Pensez à ce que cela représente de prononcer un vœu de silence pour un temps bref, un jour ou même une demi-journée, par exemple. Une pause. Imaginez un silence intérieur et extérieur qui ne soit pas constamment interrompu par l'énergie statique de la conversation, du bavardage mental et des différentes dynamiques interpersonnelles. Un temps délibérément mis de côté pour ne communier qu'avec vous seul ; un temps pendant lequel ce n'est plus des autres que vous attendez quelque chose, mais de vous-même, exclusivement. Quand on observe le Noble silence, on cesse de discuter et de négocier ; on prie et l'on ne s'occupe plus que du présent ; on psalmodie, on chante, on s'ouvre aux autres dimensions de son être. On peut se contenter de ne rien faire du tout — simplement être là, en quelque sorte — et voir ce qui se passe.

On ne se sent pas seul et isolé quand on goûte la sublime solitude et le vrai silence intérieur. Milarepa, le poète, sage et ermite qui vécut dans des grottes du Tibet au XIe siècle, se trouvait pleinement satisfait de cette vie solitaire dans les montagnes de l'Himalaya. Pour lui, rien n'y manquait :

Quand je suis seul à méditer dans les montagnes,
mon gourou est toujours là,
et tous les Bouddhas sont constamment avec moi.

La joie du silence, la solitude et le choix de la simplicité

La solitude intérieure, le Noble silence, est un moyen de vider le cœur et l'esprit, de les nettoyer, de les assainir et de les rénover. C'est choisir de s'engager dans un processus de simplification, de cultiver une attitude plus modeste. La paix vous aidera à purifier vos perceptions ; votre « présence d'esprit » — au sens littéral d'esprit alerte et présent — en sera aiguisée, claire, vaste et même lumineuse. C'est une source de satisfaction incroyable que de commencer à comprendre cette vérité intemporelle : « moins » peut vouloir dire « davantage ». La solution la plus élégante est souvent la plus simple. La gratitude et l'appréciation font plus de bien que l'attachement et le désir avide. La paix de l'esprit est le plus intérieur et le plus secret des trésors.

Essayez une petite dose de silence

Pourquoi ne pas vous offrir un dimanche, ou une demi- journée, pour être seul avec vous-même, dans une simplicité choisie, et éprouver les indicibles joies et vertus du Noble silence ? Que vous passiez ce moment dans votre chambre, à la maison ou dans le jardin, abstenez-vous de vous servir de tous les appareils et moyens de communication. Vous pouvez aussi vivre ce temps de pause dans la nature, en communion avec vous-même. Vous allez adorer...

Arrête.
Reste tranquille.
Reste silencieux.
Les méditants sont faits pour être vus
Pas pour être entendus.
Chut...
Calme
tous les sens.
Laisse tout tranquille.
Lâche prise et laisse venir.
Détends-toi.
Il s'agit d'être
Pas de faire.
Ne fais rien.
Contente-toi d'être,
L'espace d'un instant.
Le silence est d'or.
Régale-toi.

L'ACTE JUSTE

L'art de vivre

À notre époque, la route de la sainteté
Passe nécessairement par le monde de l'action.

Dag HAMMARSKJÖLD.

Un jour, sur la fin de sa vie, Gandhi montait dans un train pour rejoindre un compartiment bondé de troisième classe, quand il fut interpellé par des journalistes lui demandant quel était son message. Il se pencha par la porte du train et leur déclara : « La vie que je mène : voilà mon enseignement. »

L'Acte juste est le quatrième élément essentiel de l'Octuple sentier. Une étape où l'on demande aux aspirants à la vérité de veiller avec un soin particulier à la façon de mener leur vie. La vie est la forme ultime de l'art et nous en sommes les créateurs. Créons-nous les vies que nous désirons ? Faisons-nous ce que nous voulons faire, avons-nous la conduite que nous voudrions avoir ? Manifestons-nous par nos actes la générosité, la patience, la vigilance, la sagesse, la discipline ? Autrement dit, mettons-nous nos paroles en pratique ou fuyons-nous ce que nous sommes vraiment ?

Les enseignements relatifs à l'Acte juste nous apprennent que nos actes sont comme des graines — graines de karma. Chacun sait, à la lumière des lois de la causalité, que des graines de pomme ne produiront pas de citronniers. Un comportement positif donnera des résultats positifs, alors que si l'on agit sous l'emprise de valeurs contestables, les résultats seront contestables. En faisant du mal aux autres, c'est à soi qu'on en fait, tandis qu'en les aidant on s'aide du même coup. Pratiquer l'Acte juste, c'est cultiver le bien et la vertu dans notre façon de traiter les autres ; c'est créer l'harmonie dans notre monde, chez nous, dans cette vie-ci, maintenant même.

Le bien-agir

Ne faites rien de nuisible, ne faites que le bien, purifiez et entraînez votre esprit : tel est l'enseignement du Bouddha, telle est la voie de l'éveil.

Le Bouddha SHAKYAMUNI.

L'Acte juste se résume souvent au vieux principe : traite les autres comme tu aimerais qu'ils te traitent. Sommes-nous capables de vivre ce sublime idéal, vous et moi, avec générosité et avec cœur ? Ou bien est-ce l'apanage de Jésus, Bouddha, Mère Teresa, du Dalaï-Lama et d'une poignée d'autres sages et saints ? Le Bouddha Dharma s'appelle aussi « le rugissement du lion » car il est à la fois défi et appel à l'éveil. De même que le lion réveille tous les autres animaux de la jungle par son cri, le magistral « rugissement » du Dharma nous tire du sommeil et nous met au défi d'être aussi sage, sain d'esprit, aimant et compatissant que possible — autrement dit, d'être tout ce que nous *sommes*. Pas d'être quelqu'un d'autre, pas de vivre la vie d'un autre, mais de s'éveiller à ce qu'on est et d'y être fidèle, jour après jour, pas seulement en pensée et en paroles, mais en actes aussi.

Le bien et la vertu doivent, par définition, être bons à quelque chose. Selon le Bouddha, les actes de bonté, actes vertueux non motivés par l'égoïsme, ont trois sortes d'utilité : 1) ils aident les autres ; 2) ils vous aident, vous qui les accomplissez, à accumuler du mérite et un stock de bon karma qui vous propulsera sur la voie de l'éveil ; 3) ils sont aussi l'expression de la sagesse, de l'esprit clair et sain, de l'éveil même. Chacune des étapes de l'Octuple sentier génère ainsi de multiples bienfaits. Vivez de manière droite, et vous créerez les conditions d'un bonheur accru, vous atteindrez l'éveil. Vivez de manière irréprochable, et vous vivrez une vie éveillée. Comme l'a dit Platon : « La vertu est connaissance. »

Faire de l'acte juste une priorité

> *Toute sa vie, le Bouddha fut animé du sentiment très fort d'avoir une mission. Immédiatement après l'éveil, il vit, en esprit, l'humanité entière — des gens qui erraient de-ci de-là, perdus, et qui avaient désespérément besoin d'aide et de direction.*
>
> Huston SMITH.

Le Bouddha a déclaré qu'il n'avait eu qu'un seul et unique sujet d'enseignement : « La souffrance et la fin de la souffrance. » Dès l'instant qu'il eut pris conscience des difficultés de la vie et quitté le palais de son père, il s'engagea à aider les autres, tant au sens relatif qu'ultime. Une fois trouvé l'éveil, il ne se contenta pas de rester assis tranquillement à goûter la paix du nirvana — ce qu'il eût sans doute pu faire. Il consacra au contraire sa vie, sans souci de sa personne, à se rendre là où on le lui demandait, à enseigner quand on l'en priait, tout en donnant aux autres l'exemple d'une conduite impeccable. Ayant purifié et accompli son propre karma, il se donna entièrement à la tâche d'aider les autres à se libérer eux-mêmes, par leurs propres efforts spirituels. Karma (*las* en tibétain, prononcé « lé ») veut dire action, acte. Comme l'a un jour écrit le Dalaï-Lama : « Une personne de vraie spiritualité... accepte la vérité : on est responsable des sentiments et sensations, agréables ou désagréables, que l'on éprouve, puisque ce sont les fruits de son propre karma », c'est-à-dire de ses propres actes.

Sans aller jusqu'à considérer l'éventualité d'un karma que vous auriez pu créer il y a des siècles, pensez à la « vie passée » que vous meniez il y a cinq ou dix ans. Voyez comment vos actes d'alors ont créé la vie qui est la vôtre à présent. Chacun de nous poursuit son voyage, qui lui est unique, avec les complexités et les émerveillements qu'il recèle. Un cheminement tout au long duquel surgiront des quantités d'occasions, petites et grandes, de pratiquer l'Acte juste, et qui représenteront autant d'étapes différentes, de saisons de l'évolution spirituelle. Vos centres d'intérêt, vos joies et vos difficultés actuelles sont-ils les mêmes qu'il y a cinq ans ? Ou bien avez-vous changé, et votre vie avec vous ?

Je tiens depuis quelques années sur Internet une rubrique intitulée : « Interrogez le lama ». La plupart des questions que je reçois proviennent d'hommes, de femmes et d'adolescents placés devant des dilemmes et des choix personnels délicats et qui tâchent d'intégrer l'esprit de la bodhicitta à leurs actes :

« J'ai envie de quitter mon mari qui me ridiculise, moi et l'intérêt que je porte au développement spirituel et psychologique, mais j'ai peur que notre enfant en souffre. Quelle est la meilleure chose à faire ? »

« Mon vieux chien souffre énormément, il ne peut plus marcher et il ne lui reste guère que quelques jours à vivre. L'euthanasie, qui mettrait fin à ses souffrances, est-il un bon ou un mauvais choix ? »

« Je dois choisir entre deux personnes de qualifications égales pour attribuer une promotion. Quoi que je fasse, quelqu'un souffrira. Je voudrais faire ce qui est juste, mais qu'est-ce qui est juste ? »

Ce genre de questions nous rappellent que le bien et le mal, le juste et le faux, ne sont pas toujours simples et clairement délimités. Nous vivons dans une société complexe, pleine de problèmes complexes, et le juste choix n'est pas forcément toujours évident. Une des choses que j'apprécie le plus dans le Bouddha Dharma, c'est qu'il est à visée pratique et s'inscrit dans un cheminement : il s'agit essentiellement d'un processus évolutif. On apprend à se fier à cette évolution et à la vie vertueuse, ce qui réduit les craintes et les angoisses par rapport à l'avenir : si l'on est vertueux et que l'on fasse ce qui est juste, le futur s'arrangera tout seul.

La conduite juste, selon l'éthique, est celle qui est utile et non nuisible, celle qui va dans le sens de l'affranchissement et de la liberté. Mais si, dans cette optique, certains « actes » peuvent sembler indésirables ou malavisés, « l'auteur des actes » n'est pas pour autant jugé indésirable ou malavisé. Le Dharma ne nous dit pas ce qu'il faut faire, il ouvre la voie de la compréhension en nous montrant comment fonctionnent les choses. Les idéaux traditionnels visant à accumuler du bon karma et à mener une vie irréprochable en appliquant l'Acte juste sont peut-être exprimés en termes simples, mais ils ont une portée bien plus considérable qu'il n'y paraît.

AIMER ET RESPECTER LA VIE : NE PAS TUER

Plus qu'un simple moyen d'atteindre le nirvana, la pratique spirituelle est un mode de vie sain et humain, un but en soi. Pour être pleinement conscient et vigilant, il faut être entièrement présent, comme si l'on était en complète intimité avec chaque chose et chaque être. Ce qui est à la fois plus facile et plus difficile qu'on ne le pense. En Inde et en Asie du Sud-Est, pendant les mois de chaleur étouffante de la saison des pluies où tout grouille d'insectes, les moines les plus consciencieux et les plus scrupuleux ont toujours avec eux un petit balai pour enlever les insectes et les vers qui se trouvent sur leur chemin. Non par crainte d'être piqués, mais parce qu'ils s'efforcent de tout leur cœur de préserver la vie, de la chérir et de la respecter. Toute forme de vie. Une si grande pureté d'attitude n'est pas forcément essentielle pour débuter dans la pratique bouddhique mais demeure un idéal. Ces pratiquants évolués, capables de toujours agir selon leurs convictions — à savoir que le plus petit insecte est un être précieux —, nous donnent à réfléchir au degré d'effort, de vigilance et d'amour qu'il faut pour se comporter de la sorte.

Ne pas tuer semble une instruction simple, mais en me récriant : « Bien sûr que je ne tue pas ! », peut-être oubliai-je qu'en une seule heure de conduite de nuit, au volant de ma voiture, j'ai probablement occis des douzaines, voire des centaines de papillons de nuit et d'insectes, attirés par les phares. « Mais, répliquerai-je, je n'ai pas tué intentionnellement. » Je ne traduis pas ma colère par des actes violents, je ne pratique ni la pêche, ni la chasse. Naturellement, il m'arrive de manger de la viande, de porter des chaussures et des ceintures de cuir, et j'ai une perle d'ivoire sur mon mala. Est-ce que des millions de vers à soie avaient vraiment envie de donner leurs vies pour que je puisse porter ma chemise jaune de lama tibétain ? À vrai dire, c'est très, très difficile de ne jamais tuer. Si vous habitez à la campagne, chaque jour d'été vous roulez sur des tas d'insectes pour rentrer ou sortir de chez vous. Pensez à toutes les fourmis qui se font écraser quand on va pique-niquer dans un parc ou qu'on creuse les fondations d'une maison. Et que faire si vous avez des cafards dans votre cuisine ou des parasites dans votre intestin ? Tuer ou ne pas tuer : voilà la question.

Même l'imprenable citadelle du Dharma peut être sujette à une invasion de cafards. Karma Triyana, le monastère du Karmapa à Woodstock, dans l'État de New York, fut fondé en 1976 et, deux ans plus tard, on se trouva devant un dilemme pas banal : les doux moines bouddhistes installés dans cet ancien hôtel au sommet des Catskill Mountains étaient envahis de cafards. D'où pouvaient donc venir ces petites bêtes, s'interrogeat-on en riant. De New York, comme la plupart des occupants des lieux ? Ça nous fit vraiment rire au début, mais bientôt le problème prit des proportions catastrophiques. Les cafards grouillaient dans les coins, sous les lames du plancher. Leur communauté s'accroissait bien plus vite que celle de la sangha humaine. Non seulement on risquait de les voir prendre complètement possession du bâtiment, mais on pouvait en plus avoir de fameux ennuis avec les services d'hygiène et de santé. Sans compter qu'ils rebutaient les nouveaux étudiants. On en arriva au point où les cafards mettaient en péril l'existence même du monastère. Il fallait prendre une décision : les exterminer ou non. Les lamas, visiblement déchirés pas le dilemme, passèrent des heures à en discuter. Que faire ? Exposer le monastère au risque de fermeture obligatoire ou violer le premier précepte bouddhiste qui interdit de tuer ? La question n'était pas simple pour nous.

Finalement, après de nombreux échanges téléphoniques entre Woodstock, le Népal et la maison mère de Rumtek, au Sikkim, on en vint à la pénible décision. Quelques jours plus tard, la camionnette d'un service d'assainissement arrivait aux portes du monastère, surmontée d'une sculpture représentant un gros insecte — on aurait cru un cafard géant. On pria, on se recueillit, la tête baissée, le cœur remué, et l'acte fut accompli. Dans la vie, on doit parfois prendre des décisions aussi nécessaires que douloureuses.

Comme je suis lama et que j'enseigne le Dharma, on vient souvent me voir dans l'espoir de trouver des solutions satisfaisantes aux grandes questions relatives à la vie et à la mort. Que penser de la peine capitale ? Quelle attitude adopter par rapport au suicide assisté ? À l'avortement ? La guerre est-elle parfois justifiée ? Pour se sortir de ces questions épineuses, il faut peser et examiner tous les détails de la situation et considérer chaque cas séparément, selon ses mérites propres. Chacun de nous doit aller au plus profond de son cœur chercher les attitudes les plus inspirées par la sagesse, la compassion, le souci et le respect des autres. L'une des rares choses que le Dalaï-Lama ait demandées aux Occidentaux qui enseignent le Dharma est de travailler à l'abolition de la peine capitale. De nombreuses personnes se demandent encore si la peine capitale n'a pas un effet dissuasif qui sauverait des vies. Ce sont-là des questions auxquelles il n'y a pas de réponse simple.

Si on a la grâce de traverser la vie sans tuer la moindre petite fourmi, araignée ou limace, il est sûr qu'on évitera toutes les conséquences douloureuses de cette sorte de karma négatif. Mais suffit-il d'éviter que ses pas ôtent la vie ne serait-ce que d'un seul être, ou bien faut-il également orienter son énergie et ses actes dans le sens du bien, vers ce qui peut aider les autres ? Puisque nous tâchons d'établir plus d'intimité avec la pure nature de bouddha en nous, pensons aussi à accumuler du karma positif en chérissant la vie, en la respectant et en la sauvant.

Le Dalaï-Lama rappelle souvent que pour cultiver la bodhicitta — la compassion et l'amour qui forment le cœur même de l'éveil —, il ne suffit pas de considérer son bien-être personnel mais celui de tous les êtres. Il faut pour cela une profonde compréhension des liens qui existent entre tous et de ce que signifie « aimer et respecter la vie sous toutes ses formes ». Cela implique souvent un changement de point de vue, même sur de tout petits détails. Est-il vraiment nécessaire, les soirs d'été, de sortir le tue-insectes électrique et d'entendre, presque avec plaisir, les bestioles griller sur l'appareil, alors qu'on pourrait tout aussi facilement utiliser un produit naturel bien moins dangereux qui les éloigne et vous protège, tout en les épargnant ? Les moustiques sont comme nous. Comme disait Issa, le poète, dans un haïku : « Regarde ce petit moustique, vois-le se tordre les mains, se tordre les pattes ! »

C'est un véritable défi que de changer sa vision du monde au point de reconnaître que tous les êtres ont les mêmes besoins que soi. Et la tâche se complique encore quand on tente de mettre cette conviction en pratique en s'efforçant constamment, impartialement, d'être moins égoïste. On peut apprendre à chérir et à vénérer chaque individu et chaque forme de vie en réfléchissant au fait que nous sommes tous égaux, tous des « enfants de Dieu » en quelque sorte. Enfants de la vérité. Tous les êtres ont le droit de vivre et de chercher le bonheur, les insectes comme les serpents, les poissons et les oiseaux autant que les humains. Nul n'a le droit de s'ériger en arbitre du destin d'autrui. La vie est un cadeau.

S'engager à adoucir son caractère

On apprend à chérir la vie quand on apprend à céder, à lâcher prise, à adoucir son cœur et son âme. Les statistiques et les journaux nous rappellent que nous vivons dans une société violente. Les urgences des hôpitaux sont pleines d'hommes, de femmes et d'enfants victimes de violences, domestiques ou gratuites. Certains d'entre nous ont peut-être eu la grande chance de ne pas avoir été directement affectés par la violence, mais on n'est jamais assez vigilant : nul n'est à l'abri des tendances à la violence qui peuvent sommeiller dans son psychisme, même si cela paraît impensable. La violence peut se déchaîner contre ceux qu'on aime, contre des inconnus et même contre soi, en dernier ressort. Pour préserver son équilibre, il faut être conscient de la lumière en soi mais des zones d'ombre aussi, afin de ne pas se laisser surprendre si, d'aventure, des pulsions inconscientes venaient à se manifester. Quand on prend le vœu de ne pas tuer, de ne pas faire de mal à autrui, c'est pour ne jamais oublier d'être doux, attentif et gentil, et de chérir toutes les formes de vie de notre fragile planète.

Vous ne trouverez absolument rien, dans les enseignements spirituels du Bouddha, qui recommande la violence ou l'approuve. L'idée qu'un adepte de la spiritualité ait besoin qu'on l'exhorte à ne pas faire de mal aux autres me semble d'ailleurs plutôt saugrenue, mais il ne suffit pas de se targuer de suivre une voie spirituelle pour abhorrer la violence. C'est ainsi que Shoko Asahara, chef d'une secte japonaise, ayant grossièrement déformé les enseignements anciens qu'il avait suivis en Inde, se servit de techniques classiques de contrôle de l'esprit — jeûne, drogues, isolement, intimidation — pour convaincre un groupe important d'hommes et de femmes de la véracité de son faux dogme, et les faire participer en 1995 à ses diaboliques attentats au gaz — le sarin, un gaz mortel qui attaque le système nerveux — au Japon.

Il se trouve que d'anciens disciples de cette secte sont venus me voir pour se faire aider : j'ai été stupéfait de l'importance du lavage de cerveau qu'ils avaient subi. Je pense que de tels exemples sont porteurs de leçons fortes pour tous ceux qui ont un penchant spirituel — au même titre, du reste, que les événements survenus dans le camp retranché de David Koresh, à Waco, au Texas, ou encore à la secte de la Porte du ciel à San Diego.

La capacité de faire confiance, de croire et même de se donner à quelque chose de plus grand que soi est une merveilleuse qualité qu'il faut chérir en soi. Mais à être trop naïf et crédule, on court le risque d'être exploité par des personnages charismatiques, voire des charlatans sans scrupules ou des mégalomanes qui militent pour des valeurs faussées et des actes difficilement compatibles avec des idéaux d'humanité. Gardons présent à l'esprit que les forces de l'ombre ne sont jamais aussi loin qu'on aimerait le penser.

NE PRENEZ PAS CE QUI NE VOUS EST PAS OFFERT SPONTANÉMENT, ET DONNEZ AUX AUTRES

Cet enseignement est souvent traduit par trois mots : « Ne pas voler ». Mais cette interprétation très étroite de la notion de « vol » risque d'oblitérer le sens bien plus large de la recommandation, avec tout ce qu'elle implique au plan social autant que psychologique. Le Bouddha a identifié les nombreuses façons dont nous, êtres humains, essayons toujours de prendre plus que ce qui nous est donné. Peut-être ne le faisons-nous pas consciemment ou délibérément, vous et moi, mais réfléchissons-y un instant. Fraudons-nous le fisc ? Donnons-nous de fausses informations à la compagnie d'assurances pour économiser sur les primes ? Avons-nous de l'argent placé dans des sociétés qui dépouillent les autres ?

Achetons-nous des produits fabriqués par des entreprises qui escroquent la population locale, détruisent l'environnement, exploitent les ouvriers, violent leurs droits fondamentaux, dépossédant enfants et adultes de leur innocence et de leur liberté, répandant le malheur et les ténèbres dans le monde ?

Le Bouddha avait averti ses disciples des dangers liés à l'exploitation excessive de l'environnement, leur recommandant de ne pas polluer les lacs ni les rivières, de ne pas amasser de richesses ni de réserves. Il y a 2 500 ans, il encourageait les moines à rendre quelque chose à la nature en plantant un arbre chaque mois. Le Bouddha, de si noble naissance, donnait lui-même l'exemple de la simplicité à ceux de ses disciples qui avaient embrassé la vie monastique, en portant une robe faite de chutes de tissu cousues ensemble. On en retrouve aujourd'hui le symbole dans la toge jaune, faite de morceaux juxtaposés, que portent sur leurs robes les moines et moniales qui ont reçu l'ordination complète. Le Bouddha incitait les membres de sa sangha à n'avoir qu'un seul jeu de vêtements de rechange, afin que chacun n'utilise pas plus que sa part.

Car c'est bien de cela qu'il s'agit. Prendre plus que sa part, c'est prendre quelque chose aux autres. Et il ne s'agit pas toujours d'objets ou de marchandises : on peut par exemple monopoliser l'attention des autres, prendre plus que son temps de parole. Mais les questions sous-jacentes restent les mêmes, celles qui sont au cœur même des enseignements du Bouddha et qui soulignent les travers de l'attachement et de l'avidité. Comme disait Gandhi : « Le monde a assez pour subvenir aux besoins de tous, mais pas assez pour satisfaire l'avidité de tous. »

On dirait qu'il devient un peu plus difficile chaque année de vivre simplement, avec un cœur pur et sans avidité. Nos grands-parents ne déposaient pas de déchets radioactifs sous terre ou dans les océans, ils enveloppaient leurs sandwiches dans du papier sulfurisé et jetaient leurs ordures aux poubelles dans des sacs en papier kraft, au lieu des montagnes de plastique et de polystyrène non biodégradables qu'on utilise aujourd'hui. Maintenant, la moindre machine de lessive déverse des composés chimiques potentiellement mortels. Que devient par exemple toute l'eau javellisée ?

Pensez un peu à la quantité de lecteurs de CD, d'appareils photo, de téléviseurs, d'ordinateurs, d'imprimantes et de téléphones en service. N'y a-t-il pas là quelque excès, surtout lorsque des millions d'enfants meurent de malnutrition chaque année ? Songez à toutes les forêts qu'on est en train d'anéantir, de par le monde — ces forêts naturelles qui sont un véritable cadeau, un miracle, qui nous permettent de respirer un air sain. Qu'arrivera-t-il aux futures générations, voire à celles du présent, quand ces forêts seront détruites ? La Chine, si fortement peuplée, a surexploité ses vastes ressources forestières : elle entreprend actuellement la déforestation du Tibet, dont les bois étaient restés vierges. Souvent, les forts exploitent les faibles, et ce avec de lourdes conséquences pour l'avenir. Cet accaparement des ressources ne s'apparente-t-il pas au vol ? À quoi servent les enseignements de l'éthique la plus raffinée si on les confine aux hautes sphères de la morale sans les appliquer au quotidien, là où ils comptent vraiment ? J'estime qu'on devrait souvent se demander comment se simplifier la vie : en consommant moins et en partageant plus.

Nous avons besoin de prendre conscience du fait que nos stratégies de l'avantage à court terme et nos politiques économiques sont spoliatrices et contribuent à créer les grands problèmes du monde. Il faut s'ingénier à trouver des moyens d'aider nos communautés et nos pays à définir des politiques qui protègent les ressources mondiales et œuvrent à une redistribution équitable de la richesse. Quand le Dalaï-Lama a rencontré le président des États-Unis en privé, il lui a dit : « Vous êtes l'homme le plus puissant du monde. Il faudrait que chacune de vos décisions soit motivée par la compassion. » C'est le même défi que nous devons relever dans nos actes quotidiens.

Il peut paraître négligeable de consommer moins de ressources naturelles et de recycler systématiquement ce qu'on a utilisé, mais une telle attention au détail permettrait de commencer à faire du monde un endroit plus sûr : plus sûr pour nous, pour tous et pour les temps à venir. En intégrant mieux nos convictions spirituelles à notre mode de vie, nous pouvons devenir de bons gardiens de la planète, responsables et attentifs.

S'entraîner à devenir généreux

Le Bouddha ne s'est pas borné à édicter des interdits tels que « Ne volez pas », il a aussi exhorté ses amis et disciples à lâcher prise, à donner, à aimer, à jouir de la grâce de la vie et à partager : « Le don est source de bonheur à toutes les étapes de son expression. On se sent heureux quand on forme l'intention d'être généreux, heureux au moment où l'on donne quelque chose, et heureux en repensant au fait qu'on a donné. »

Une anecdote illustre ses enseignements sur la générosité : un jour, le Bouddha conseillait un père de famille incapable de donner ou même de partager la moindre part de sa fortune et de ses biens. Métaphore évidente de son incapacité à « lâcher prise » dans *tous* les domaines de sa vie. Le Bouddha montra à cet homme avaricieux comment s'entraîner au don par des actes extérieurs destinés à modifier son attitude intérieure, se révélant ainsi, pourrait-on dire, comme une sorte de précurseur et d'expert intuitif de la modification constructive du comportement.

Le Bouddha suggéra d'abord au riche propriétaire de penser que ses deux mains — la droite et la gauche — étaient séparées, sans relation l'une avec l'autre. Puis il lui dit de s'entraîner à la générosité en prenant une pièce dans la main droite pour la donner à la gauche. Quand l'homme sut donner une petite pièce, d'une poche à l'autre, d'une main à l'autre, le Bouddha l'incita à essayer de faire pareil avec de plus grosses sommes. Et, de fil en aiguille, le riche propriétaire apprit à cultiver le lâcher prise, la générosité, le non-attachement. Quand il se fut habitué à se séparer de son argent, le Bouddha lui recommanda d'adoucir son cœur et de faire un meilleur usage de ses richesses, en donnant de l'argent et des biens — d'abord des petits cadeaux, puis de plus grands — aux membres de sa famille, puis aux amis, et finalement aux mendiants et aux inconnus. C'est ainsi qu'en pratiquant *dana*, le don, la générosité, cet homme devint nettement plus heureux, plus libre, plus satisfait et aimé de tous.

N'avons-nous pas tous besoin d'un petit supplément d'entraînement pour apprendre à devenir plus généreux, à lâcher prise plus aisément ? On a tous — sans exception — tant à donner, si seulement on le savait ! On peut donner de la gentillesse, des prières, son soutien, son temps, sa sympathie ; on peut donner à ses amis, à sa famille, aux inconnus et même à la terre. On peut s'entraîner à devenir plus conciliant, plus serein et flexible ; à abandonner ses positions rigides et ses idées fixes. Chaque don est un acte positif qui vous suivra sous la forme de karma positif. On n'emporte pas son argent, ses biens ou ses amis dans la tombe, mais le karma positif vous fera galoper aussi loin que peut vous porter l'imagination, voire au-delà. Donnez dès maintenant. Utilisez votre argent, vos talents et votre énergie pour le bien supérieur, et les bienfaits du don vous suivront dans l'au-delà.

S'ouvrir au cœur-esprit dénué d'avidité

La recommandation de « s'abstenir de voler » a une immense portée, puisqu'elle mène finalement au cœur-esprit naturel et sans désir, à la paix totale du nirvana. Il y a là une continuité : on commence par ne pas prendre plus que sa part, pour déboucher sur une attitude de vrai lâcher prise — laisser les choses se faire naturellement. « La vraie libération du cœur », a dit le Bouddha. C'est l'un des plus grands défis à relever sur la voie de l'éveil que de travailler sur sa vie et sur son karma, d'apprendre à accepter ce que l'existence vous apporte. Et même d'en éprouver de la reconnaissance, comme l'enseignent certains sages. Est-on capable de s'ouvrir à chaque expérience, à chaque instant, tel qu'il est, ou cherche-t-on toujours autre chose, quelque chose de plus, de mieux ou de différent ? Savons-nous accepter ce que nous donnent ou nous refusent nos familles et les êtres qui nous sont chers ? Est-on capable d'accepter les faits et gestes de ses proches, leur façon de penser et même de s'habiller ? Ou est-on plus enclin à exiger, à râler, à en vouloir au monde entier, à se lamenter et à discuter ? Un cœur sans avidité est naturellement ouvert, capable d'accepter, d'accueillir avec gratitude tout ce qui lui arrive. C'est le moyen d'accéder à un mode d'être inconditionnel, la suprême valeur spirituelle.

ÉVITER UNE CONDUITE SEXUELLE INCONVENANTE

La pulsation de l'énergie sexuelle se fait sentir dans presque tout ce que nous faisons. Comme m'a dit l'un de mes maîtres il y a fort longtemps : « Le sexe fait partie de la vie. » Ce fut un grand soulagement pour le jeune homme que j'étais, vivant en moine dans un monastère de l'Himalaya, que d'entendre cela de la bouche d'un maître tibétain qui était lui-même moine et observait le célibat. Si le sexe même peut procurer de la joie, du plaisir, de l'intimité, voire de la transcendance, le refoulement sexuel, l'identité sexuelle, les préférences sexuelles et les comportements dictés par une sexualité semi-consciente sont souvent source de conflits. Le Bouddha avait reconnu le fait en embrassant le célibat et en le prônant comme formidable moyen de se simplifier la vie. Mais il était également conscient que tout le monde ne peut pas être moine ou moniale, et que ces règles ne peuvent pas s'appliquer à la société dans son ensemble. Pour que ceux qui s'étaient voués à la vie monastique pussent observer leur vœu de chasteté, il leur conseilla de sublimer leur désir d'union humaine et de foyer personnel, et d'en faire une aspiration transpersonnelle à une forme supérieure d'union et de foyer intérieur. Pour les pratiquants non ordonnés, le Bouddha recommanda la retenue grâce à la modération, à l'engagement et à la responsabilité, et il les exhorta à s'abstenir d'inconduite sexuelle.

Le Bouddha a évoqué plusieurs activités qu'il jugeait inconvenantes et en disharmonie avec la vérité et la réalité : l'adultère, le sexe imposé de force ou violent, les rapports avec un mineur. Il y a de fortes chances qu'il eût également rangé dans cette catégorie toute activité sexuelle obsessionnelle qui crée la dépendance, tout acte fondé sur l'exploitation d'autrui ou la tromperie, tout rapport à risque, irresponsable ou carrément dangereux.

Nombre de nouvelles questions se posent à notre époque de bouleversement des mœurs sexuelles : grossesses d'adolescentes, expérimentation sexuelle à grande échelle, multiplication des relations monogamiques en série, maladies sexuellement transmissibles et mortelles, pour ne citer que quelques-uns de ces problèmes. Les religions fondées sur des sociétés patriarcales — bouddhisme y compris — ont toujours vu d'un mauvais œil certaines pratiques sexuelles telles que la masturbation et l'homosexualité. La plupart des maîtres contemporains du Dharma considèrent cependant que ces comportements sont gérables d'un point de vue karmique. Sans rejeter les valeurs fondamentales de l'amour, du bon sens et de la correction, je pense que le monde d'aujourd'hui exige de nous qu'on revoie nos vieilles positions avec franchise, compassion et sans porter de jugement, et qu'on examine d'un regard neuf les relations sexuelles et l'identité sexuelle. C'est une façon d'aider à garder le Dharma bien vivant pour nous tous.

Nous sommes encore nombreux à traiter le sexe comme une chose à part, sans rapport avec ce que nous sommes. N'avons-nous pas pour la plupart été élevés dans l'idée que ce qui se passe derrière les portes closes des chambres à coucher n'a pas de rapport avec la réalité quotidienne et doit rester caché ? N'est-on pas enclin à parler de pulsions sexuelles inconscientes, comme si le sexe était gouverné par des lois différentes de celles qui régissent nos autres formes de comportement ? Si l'on veut vivre le sacré de l'existence, il faut s'ouvrir à l'idée de considérer la sexualité comme partie intégrante de notre évolution spirituelle. Il est important d'apprendre à parler du sexe de façon saine et sans porter de jugement, pour éviter que ne se creuse un abîme d'hypocrisie entre nos paroles et nos actes.

Dans ce domaine comme dans d'autres, il peut être fort utile d'examiner la nature de son comportement sexuel, des sentiments et des relations qui y sont liés. On peut par exemple se demander si son identité sexuelle et l'attrait qu'on croit exercer sur les autres sont inextricablement mêlés aux besoins de son ego. Arrive-t-il que la sexualité domine votre vie ? Quand quelqu'un nous plaît, quelle est notre véritable motivation, intention : saura-t-on avoir des rapports joyeux et empreints du souci de l'autre, ou ne fera-t-on que l'exploiter et lui faire du mal ? Est-on parfois prêt à presque n'importe quoi pour trouver son plaisir ? Nos rapports sexuels sont-ils source de plaisir mutuel ou unilatéral ? Notre comportement est-il proche d'une dépendance, comme celle de la drogue ; est-il fondé sur le mensonge, exploite-t-il l'autre, le maltraite-t-il, affectivement ou physiquement ? Nos relations sont-elles spontanées, ou bien « ça se fait par hasard », comme par accident ? Sont-elles naturelles, appropriées, intimes, responsables, aimantes ? Nos besoins sexuels nous entraînent-ils à oublier la réalité et le bon sens ? Traite-t-on quelquefois les autres en simples objets sexuels, occultant ainsi que ce sont de vraies personnes, avec de vrais sentiments ? Se surprend-on à mentir ou à raconter des demi-vérités sur sa vie sexuelle ? Prêche-t-on la franchise tout en pratiquant la tromperie ? Autant d'importantes questions auxquelles réfléchir.

Canaliser l'énergie sexuelle

Dans le bouddhisme classique, comme dans la plupart des autres religions, l'énergie sexuelle a souvent fait figure de force explosive, susceptible d'engendrer des complications et de s'avérer contraire à la sainteté, à la solitude et au silence intérieur. Selon la démarche plus ouverte du bouddhisme mahayana, on reconnaît que l'amour entre deux personnes peut être une expérience spirituelle de nature à ouvrir le cœur. Toute expérience d'amour inconditionnel, même la plus brève, est susceptible d'avoir un effet transformateur. L'amour humain peut donner au pratiquant sérieux un aperçu concret, viscéral, de ce que sont l'amour universel et la compassion inconditionnelle. Dans cette perspective, les relations intimes, la vie de famille et l'énergie sexuelle ne sont pas forcément un obstacle au développement spirituel. Ils peuvent être un moyen de combiner intelligemment passion et compassion, et d'apprendre à devenir plus proche des autres et du monde, plus concerné.

Selon les remarquables enseignements tantriques apparus plus tard, toutes nos énergies font partie de notre cheminement spirituel. On reconnaît dans l'énergie sexuelle une force extrêmement puissante mais qui peut s'apprivoiser, telle l'électricité. Les tantras parlent d'intégrer toutes les expériences de la vie à la voie spirituelle, de les y assimiler au lieu de les en exclure comme on choisit de le faire dans le monachisme. Les textes tantriques recommandent de trouver le partenaire ou le conjoint qui convient, avec qui pratiquer les exercices sexuels tantriques qui opèrent une transformation de l'être en élevant la conscience. Parmi ces exercices figure la visualisation de soi et du partenaire sous forme de déités tantriques, au lieu de la forme ordinaire d'un couple humain plein de désir. Il y a toute une série de pratiques yogiques traditionnelles telles que la rétention du sperme et la suspension de l'orgasme, des attouchements et des gestes particuliers, des mouvements musculaires internes, des techniques du souffle consistant entre autres à le retenir en soi après l'inspiration ou à prolonger le temps de l'expiration avant d'inspirer à nouveau.

D'autres pratiques tantriques sont liées à l'astrologie et reflètent la complémentarité des énergies solaires et lunaires en nous. Par exemple, un exercice consiste à visualiser un lotus à pétales multiples sur votre tête, et un sur la tête de votre partenaire. En faisant délibérément monter l'énergie au moyen d'une attention bien aiguisée, on lui imprime un mouvement ascendant. Il existe une tradition des anciens tantras hindous qui recommande à la fois la complète pénétration et l'immobilité totale. Dans cette pratique, le couple de yogis s'unit sexuellement et reste en méditation immobile pendant trente minutes, quatre fois par jour, sans orgasme. Cet exercice aide à développer la maîtrise du souffle, de l'énergie, des canaux psychiques intérieurs et de l'esprit ; il ouvre aussi énormément le centre du cœur et les autres *chakras* (centres d'énergie). La pratique tantrique, si elle est authentique, est un moyen d'utiliser la concentration naturelle créée par le désir passionné et intense, aux fins de diriger l'esprit au-delà de soi.

Je crois qu'il est important de rappeler ici que les pratiques sexuelles tantriques sont spirituellement risquées. Il s'agit d'exercices extrêmement avancés, rarement pratiqués et maîtrisés de nos jours. Considérez les tantras comme le toit doré d'une pagode ou d'un temple : avant de pouvoir réaliser ce superbe toit, il faut d'abord des fondations solides et des murs bien en place. On doit aussi avoir une vie spirituelle mature et bien développée, avant d'utiliser ces puissantes énergies dont il est si facile de perdre la maîtrise.

L'image du pratiquant tantrique accompli, dans le bouddhisme du Vajrayana, est celle d'un paon se régalant de serpents venimeux et de plantes vénéneuses qui ont pour effet de rehausser les superbes couleurs de sa roue. Dans la tradition du Mahayana, l'image du pratiquant bodhisattva est celle d'un médecin avisé qui sait comment traiter les plantes vénéneuses pour en faire des médicaments. Des plantes qui peuvent être mortelles, faute des connaissances requises. L'intensité de la passion humaine est également un poison susceptible de tuer la vie spirituelle si l'on ne sait la maîtriser.

Le sexe tantrique a trop souvent servi d'alibi ou de justification à une simple gratification du désir, à l'exploitation de plus faibles que soi, quand ce n'est pas carrément à l'inconduite sexuelle. Certains yogis se sont fourvoyés hors du sentier spirituel et sont tombés dans la sensualité, au lieu de continuer à se développer spirituellement selon leur intention initiale. De quoi faire réfléchir : le sexe trantrique peut devenir un numéro de corde raide pour le pratiquant sincère. Les pratiques sexuelles tantriques n'ont pas été enseignées pour justifier la dépendance au sexe ou l'hypocrisie. Certains maîtres modernes de renom ont glissé sur cette pente savonneuse et le bouddhisme n'a pas été épargné par des scandales sexuels du genre de ceux qui ont secoué d'autres institutions religieuses. Même ceux qui avaient fait des vœux de célibat ont parfois justifié leurs rapports sexuels en évoquant une pratique spirituelle supérieure, le sexe tantrique. Quiconque est engagé dans la voie de la « Folle sagesse », un style d'enseignement et de pratique tantrique très avancés, ferait bien de ne pas oublier de s'interroger : cela produit-il davantage de sagesse que de folie dans sa vie ?

L'acte sexuel, si on l'aborde avec une totale sincérité, peut transporter hommes et femmes au-delà du sentiment habituel d'être une entité finie et séparée, et leur faire éprouver une félicité qui frôle l'union mystique, ne serait-ce que l'espace d'un instant. Les tantras bouddhistes offrent les moyens de se servir de cette expérience et de l'énergie sexuelle comme force de propulsion vers une expérience autrement vaste et profonde : celle du développement spirituel, de la libération et de l'éveil.

S'abstenir de boissons ou de substances qui font perdre le contrôle de soi

La vérité est le meilleur psychotrope.

Lily TOMLIN.

On raconte souvent l'histoire du moine infortuné — qui n'est pas sans rappeler les fables d'Ésope — pour illustrer la façon dont la boisson et les drogues peuvent faire perdre le contrôle de soi. Remarquez en la lisant comment les préceptes s'enchaînent et dépendent les uns des autres.

> « Un moine mendiait sa nourriture par un beau jour de printemps quand la superbe femme d'un riche marchand, le sentant vulnérable à la tentation, l'invita à entrer chez elle. Elle lança la conversation qui ne tarda pas à devenir fort animée. Le moine, s'apercevant au bout d'un moment qu'il avait trop tardé, se dirigea vers la porte mais la trouva fermée.
> — Voulez-vous ouvrir la porte, s'il vous plaît, demanda-t-il à la jeune femme.
> — Pas tout de suite, répliqua-t-elle. Je ne vous laisserai sortir que si vous faites une des trois choses suivantes : tuer la chèvre qui est attachée dehors, derrière la maison, faire l'amour avec moi, ou boire ce pichet de vin.
> Le moine tenta de réfléchir à un moyen de se tirer de ce mauvais pas. En tant que bouddhiste pacifique, il ne pouvait pas user de violence contre cette maîtresse femme pour la forcer à le laisser sortir de la maison. Tuer la chèvre, c'eût été enfreindre le précepte qui interdit de tuer ; faire l'amour, ce serait transgresser ses vœux de chasteté et de plus commettre un adultère, donc la double faute d'une inconduite sexuelle et d'un vol. Le moine, fort perturbé, décida que le moindre mal serait de boire le vin, ce qui ne ferait de tort qu'à lui-même. Et il s'exécuta.
> N'étant pas habitué aux boissons fortes, le malheureux moine ne tarda pas à se trouver dans un état d'ébriété avancé qui eut vite raison de ses bonnes résolutions. Il avait maintenant si faim et il lui restait si peu de vigilance qu'il tua la chèvre et que, pendant qu'elle cuisait, il fit l'amour avec la femme. Et c'est ainsi qu'il transgressa tous ses vœux. »

La morale de l'histoire est bien sûr que tous les psychotropes, boissons ou drogues, sont de nature à attiser les passions et à mettre l'esprit dans un état de non-vigilance qui engendre quantité de problèmes. L'enseignement traditionnel nous apprend que les substances modifiant l'esprit sont susceptibles de nous entraîner sur une longue pente savonneuse : même si l'on part de haut, on ne tardera pas, faute de vigilance et d'attention, à glisser irrévocablement vers les eaux troubles et profondes.

On m'interroge souvent à propos des drogues, particulièrement pour savoir si les substances censées élever la conscience peuvent oui ou non nous aider à atteindre des sommets mystiques. C'est une question légitime, que j'ai moi-même posée un jour à mes maîtres. Comme beaucoup de gens de ma génération, je ne pourrais pas dire en toute franchise que je n'ai jamais fumé d'herbe. Ce que je peux en revanche affirmer, c'est qu'une fois que j'ai embrassé la vie spirituelle au Népal, les drogues ont perdu de leur attrait et je n'ai plus cherché d'expériences mystiques ou religieuses par le biais de substances chimiques ou de drogues. La méditation et les autres pratiques du Dharma se sont avérées autrement fructueuses, saines et enthousiasmantes — sans compter qu'elles étaient licites et sans danger…

Je me souviens d'avoir essayé de discuter de la drogue avec Lama Yeshe, au début des années 70. Je lui décrivis avec un grand luxe de détails les expériences cosmiques et mystiques que j'avais eues pendant un trek solitaire d'une semaine au Népal. J'avais passé deux jours à méditer près d'une source chaude de l'Himalaya, après avoir ingéré des champignons hallucinogènes. J'espérais, je m'attendais même à ce que Lama Yeshe m'explique ces phénomènes et m'aide à les comprendre. Au lieu de quoi il éclata de rire et s'exclama : « Des rêves de gamin occidental ! » Il n'en dirait pas plus, se contentant de rire encore.

J'avais une incroyable envie de me fondre dans la conscience infinie de la lumineuse présence que j'avais éprouvée au cours de ce trek en montagne. Je voulais *être* ça, pas seulement y venir en visite à la faveur d'un état induit par la drogue. Je savais que ma quête de vision méritait d'être poussée plus avant. Lama Yeshe m'enseigna fort généreusement le moyen d'approcher ces réalités par la pratique de la méditation tibétaine et d'exercices basés sur le souffle. Il voulait me montrer la différence entre des rêves chimériques et la possibilité de connaître la réalité immanente de la claire lumière qui est en chacun de nous.

Beaucoup d'hommes et de femmes qui cheminaient avec moi sur la voie spirituelle à la fin des années 60 et au début des années 70 ont été, comme moi, attirés par les écrits d'auteurs tels que Carlos Castaneda, Timothy Leary, R.D. Laing, Gary Snyder, Aldous Huxley, Allen Ginsberg, Suzuki, Jack Kerouac, Watts, Krishnamurti et Ram Dass. Une partie de cette littérature de la conscience présentait une version romanesque et exaltée de l'expérience psychédélique et prônait la valeur sacramentelle de certaines drogues. Nous étions jeunes : beaucoup jetèrent leurs réticences aux quatre vents et se firent sauter la cervelle tous azimuts. C'était simplement ce qui se faisait à l'époque. Nous sommes entre-temps devenus un peu plus avisés et plus sages, pour avoir trop vu d'hommes et de femmes brillants perdre trop de cellules de matière grise, au nom du mysticisme. Personnellement, je ne prends plus de drogues et je ne les recommande pas.

Le bouddhisme témoigne d'un respect inébranlable pour la réalité. Allen Ginsberg a un jour demandé conseil à l'un de mes maîtres, à présent décédé, Dudjom Rimpotché, à propos de visions terrifiantes qu'il avait eues lors de ses expériences avec les drogues psychédéliques. Cet homme bon qu'était le vieux sage tibétain a soupiré, déclarant simplement : « Si vous voyez quelque chose d'horrible, ne vous y attachez pas ; si vous voyez quelque chose de beau, ne vous y attachez pas. Quoi que produise l'esprit, l'enseignement reste le même : ne vous y attachez pas. » Le Bouddha en personne n'eût pu mieux dire.

Mieux vaut tard que jamais

Chaque fois qu'on demandait à certain vieux maître zen de raconter sa vie, il répondait invariablement : « Oh, une erreur après l'autre, rien de plus ! » On ne peut s'empêcher, en réfléchissant à l'Acte juste, de repenser à *ses propres* erreurs. On a tous fait des choses qu'on aimerait pouvoir défaire, on a tous des regrets. Un jeune homme que je ne connaissais pas m'a récemment écrit : « Suis-je fatalement voué au mauvais karma à cause de l'avortement que nous avons fait pratiquer, ma petite amie et moi, trois ans avant notre mariage ? Devenus bouddhistes depuis, nous avons découvert que, selon l'enseignement traditionnel, c'est un être vivant que nous avons tué — le pire des péchés —, avec pour conséquence karmique une renaissance en enfer. Y a-t-il moyen d'expier nos péchés ? Je me demande si c'est même la peine de poursuivre un cheminement spirituel si nous sommes irrévocablement condamnés. »

Je lui ai répondu que, personnellement, je serais d'abord enclin à considérer chaque situation selon ses mérites propres, au lieu de coller à une interprétation stricte et codifiée des règles de la cause et de l'effet. La question de la motivation tient toujours une place importante dans le bouddhisme. Qu'est-ce qui a déterminé la décision d'avorter ? A-t-elle été prise à la légère et sans grande réflexion, ou bien y avait-il de bonnes raisons ? A-t-on voulu préserver la santé et l'équilibre de la mère, au niveau physique ou affectif ? Le karma généré par un acte sera plus ou moins lourd selon qu'on aura choisi une solution de facilité, ou qu'on aura pesé des décisions lourdes, de nature à infléchir le cours d'une vie avec le maximum de soin, avec respect pour la vie sous toutes ses formes, en mesurant les conséquences, et avec la sincère intention d'agir avec compassion, doigté et justesse. Nul besoin de mentionner l'enfer dans un tel contexte.

Tout est impermanent selon la tradition bouddhiste, et il n'existe pas de géhenne éternelle pour qui que ce soit, bien qu'on puisse connaître des états d'esprit et des expériences infernales qui sont le produit d'actes, de paroles et de pensées totalement négatifs, violents et inspirés par la haine.

Tous nous regrettons certains actes passés. Le Dalaï-Lama lui-même raconte dans un de ses livres qu'adolescent il a un jour visé un oiseau en vol avec sa fronde. Heureusement, dit-il, il ne l'a pas touché mais il se rappelle encore l'impulsion qui l'a poussé à agir ainsi. Mais l'enseignement bouddhiste nous révèle aussi le bon côté du mauvais karma, si l'on peut dire, à savoir qu'on peut s'amender. Par conséquent, tout devient possible. On peut expier ses actes néfastes en les reconnaissant et en se les confessant à soi-même, en son âme et conscience, mû par un repentir et un regret sincères. Quand on pratique le bouddhisme, on apprend à purifier et à transformer le mauvais karma en promettant de ne plus commettre la même faute, en sauvant des vies, en protégeant des créatures, et ainsi de suite. En purifiant et en transformant le karma, on en réduit l'impact pour, finalement, s'en affranchir et se libérer de ses conséquences.

Comme dans le christianisme, il y a des quantités d'histoires bouddhistes relatives à des gens dont les vies et le karma ont été purifiés et transformés. L'une des plus mémorables est celle d'Angouli Mala, un géant enragé qui vivait dans la jungle. Son horrible apparence agressive et son nom même illustrent son épouvantable biographie, puisque *anguli* signifie « os du doigt » et *mala* « collier » ou « chapelet ». Angouli Mala portait autour du cou un collier fait de 999 os de doigts humains — un pour chacune de ses victimes. Il avait si peu de pitié et d'humanité qu'il prévoyait même de massacrer sa mère dont le doigt viendrait compléter sa guirlande...

Chacun poursuit le but qui lui est cher et, pour Angouli Mala, c'était d'ajouter un millième os à sa chère collection. Il ne pensait qu'à ça. Un jour qu'il marchait sur un sentier dans la jungle, il repéra un mendiant vêtu d'étoffe jaune qui cheminait lentement, seul. Ah, voilà mon millième os ! Angouli Mala hâta le pas, l'esprit enflammé par le désir de meurtre, le visage déformé par la violence. Mais quand il arriva vers sa future victime et découvrit le visage paisible et rayonnant du Bouddha, il fut incapable de mettre son plan à exécution.

— Qui êtes-vous ? s'enquit Angouli Mala. Pourquoi rayonnez-vous de la sorte et qu'est-ce qu'il y a chez vous qui calme et apaise les feux qui brûlent en moi ?

— J'ai calmé les feux qui brûlaient en moi, répondit le Bouddha.

Angouli Mala fut si impressionné qu'il s'agenouilla et avoua sur-le-champ :

— Je venais vous tuer, vous, un saint, mais maintenant le feu qui faisait rage en moi s'est éteint. Pourquoi ?

— Ça, expliqua le Bouddha à Angouli Mala, c'est l'effet de la paix intérieure, l'éveil, le nirvana.

Quand, plus tard, Angouli Mala confessa devant tout le monde ses actes épouvantables et cruels, et affirma son très sincère repentir, le Bouddha le prit en pitié. Il lui expliqua que ses actes avaient créé un énorme karma négatif qui entraînerait une renaissance dans les états les plus inférieurs, mais l'assura en même temps que, du point de vue du Dharma, l'enfer éternel n'existe pas. Une fois le karma expié, il est épuisé, et même le pire des pécheurs peut quitter le misérable état où l'avaient plongé ses actes et prendre une meilleure naissance. Ainsi, bien que nos actes soient les graines de notre futur destin, un meurtrier aussi abominable qu'Angouli Mala a pu se repentir, expier et réparer en changeant de vie.

Angouli Mala fut si touché par les paroles du Bouddha qu'il devint sur-le-champ un de ses disciples et, grâce à la pratique persévérante des trois apprentissages — sagesse, éthique et méditation —, il réussit finalement à purifier et à expier tout son mauvais karma. Il parvint même à devenir un arhant, un sage libéré dans cette vie. Alors, si même un tueur en série a pu se purifier, se transformer, et expier ses actes néfastes, pourquoi ne pourrions-nous en faire autant ? C'est parfaitement possible. Voilà la Bonne nouvelle, l'évangile du Dharma.

Les enseignements précisent que, pour qu'un acte néfaste produise son plein résultat, il faut que quatre critères soient réunis : 1) l'acte doit être intentionnel ; 2) avoir été complètement exécuté (il ne suffit pas, par exemple, de projeter un cambriolage, il faut encore le réaliser) ; 3) sans regret ni repentir ; 4) sans désir d'y remédier en prenant l'engagement de ne plus agir ainsi. Lorsque ces quatre conditions sont réunies, elles contribuent à donner au résultat son plein impact et tout son poids, et, à terme, l'acte produira son plein effet. Sans ces quatre critères, en revanche, il est bien plus facile de transformer du mauvais karma. Autrement dit, si vous éprouvez du regret et du repentir par rapport à un acte passé, cela suffit en soi à alléger le fardeau karmique.

Renaître, ici et maintenant

Si les bonnes actions et le karma positif permettent une meilleure renaissance, comme l'explique le bouddhisme classique, ils ne débouchent pas forcément sur l'éveil, qui revient à se libérer du karma et du conditionnement. Le karma positif dû aux seuls actes peut même vous faire renaître dans des états angéliques ou divins où tout n'est que beauté, plaisir et abondance, mais le jour où ce bon karma est épuisé, vos guirlandes de fleurs se flétrissent et la roue du samsara continue à tourner, vous précipitant vers d'autres naissances. Pour atteindre l'éveil et le nirvana, il faut accumuler deux sortes de mérite : celui qui provient d'actes vertueux et celui qui découle de la sagesse, de la vision transcendante, de la compréhension et de la conscience alerte.

Certains ne croient pas à la renaissance et cherchent une philosophie de l'ici-et-maintenant. L'acte juste, dans le monde actuel et dans l'instant présent, est une pratique libératrice qui permet de traverser la vie sans sentiment de culpabilité et sans douter de soi, convaincu que la vertu trouve ses propres récompenses. Le fait de purifier ses fautes, grandes et petites, procure la satisfaction, la paix intérieure. La vie vertueuse profite au monde entier. Et en transformant sa vie, on se transforme. C'est une renaissance spirituelle dans cette vie même, sans attendre une après-vie, quelle qu'elle soit. Voilà comment faire arriver le royaume des cieux dans ce monde, chez nous et autour de nous. Nul besoin d'attendre.

Le désir effréné : un obstacle majeur à l'acte juste

Le secret attend les yeux qui ne sont pas voilés par l'attente.

Tao te CHING, *La Voie et son pouvoir.*

Le *désir effréné* — la concupiscence, dit-on aussi parfois — est l'un des cinq principaux obstacles ou défis que les aspirants à la vérité rencontrent sur le chemin de l'éveil, comme les en a avertis le Bouddha. Le désir effréné dont parle le Dharma implique une faim et une soif psychologiques ; c'est un désir malsain, une envie irrépressible, un attachement, une fixation. Mais y a-t-il parmi nous quelqu'un qui se sente satisfait et épanoui au point de ne plus éprouver de « besoin » d'aucune sorte ? N'éprouvez-vous aucun manque dans votre vie, là, tout de suite ? Celui qui entreprend de purifier et de raffiner ses actes doit être conscient des myriades de façons dont le désir peut créer des embûches sur la voie spirituelle.

Un voleur a une vision si déformée des choses, dit-on, que même s'il rencontrait un saint, il ne verrait de lui que son portefeuille. Posez-vous la question suivante : y a-t-il une chose ou une personne que vous désiriez si intensément que cela obscurcisse votre jugement et votre vision ? De quoi avez-vous soif et faim ? Qu'est-ce qui suscite des sentiments si forts en vous que vos efforts pour l'obtenir se substituent à la poursuite d'un développement intérieur ? On dit souvent que tout le monde a un prix : quel est le vôtre ? Ne vous vendez pas au rabais, ou vous le paierez cher !

C'est une expérience étonnante que de relever le défi du désir. D'autant qu'on peut être tenté de minimiser l'obstacle en trouvant de bonnes raisons au désir, en prétendant que ce n'est pas vraiment du désir qu'on éprouve, comme en témoignent les exemples suivants.

• John ne pense pas avoir un appétit dévorant d'argent et de réussite, il croit se contenter d'essayer de faire vivre sa famille. Pourtant, quand il s'agit de réaliser une vente, John oublie complètement l'humanité de son interlocuteur. Il perd toute notion de bien et de mal et ne pense plus qu'à une chose : comment conclure l'affaire — ce qui est sa façon à lui de gagner, d'affirmer sa domination et sa supériorité. L'argent est beaucoup plus pour lui qu'un moyen de gagner sa vie. C'est sa manière de s'affirmer et se distinguer.

• Mary est obsédée par les hauts et les bas de sa relation avec son petit ami. Comme elle ne voit pas ce qu'elle ferait s'il n'était plus dans sa vie, elle tolère de sa part des comportements frustrants qui relèvent des sévices psychologiques. Elle ne se rend pas compte qu'elle est sous l'emprise du désir, parce que ses sentiments sont bien plus compliqués qu'une simple envie de sexe. Elle se raccroche à la moindre petite occasion de contact avec lui et se raconte qu'elle n'a pas de désirs, quant à elle, puisqu'elle s'investit si complètement dans une autre personne. Mary n'envisage pas la situation sous l'angle d'un problème spirituel la concernant, elle. Elle est persuadée que tout dépend de lui.

• Greg a envie d'une vie plus excitante, différente du train-train familial. Il a une telle soif de stimulation, de nouveauté, qu'il ne voit pas à quel point ses enfants ont besoin de son attention. Au lieu de chérir les siens et d'apprécier le temps qu'il passe auprès d'eux, il leur manifeste son ressentiment par toutes sortes de gestes et d'attitudes.

NOUS SOMMES TOUS DES PAPILLONS DE NUIT

C'est un processus complexe et subtil que de se purifier du désir effréné, de l'envie dévorante. Le pauvre papillon de nuit qui se brûle les ailes à la flamme de la bougie vers laquelle il a été fatalement attiré est un excellent exemple de ce qui se passe pour nous. Quand on a terriblement envie d'une chose, on est persuadé qu'il serait impossible d'y renoncer. Agrippé aux objets de son désir, on se laisse emporter, perdant toute vue d'ensemble de la situation. L'esprit sous l'emprise du désir ressemble à une main qui se raccroche désespérément à une corde, malgré les brûlures qu'elle lui cause. Comme si sa vie en dépendait, alors que ce n'est vraiment pas une question de vie ou de mort.

Le désir attise le désir. On mène presque tous des vies qui font qu'on a toujours l'impression d'avoir « besoin » de quelque chose, car on s'imagine que c'est ainsi qu'on trouvera le bonheur. Alors qu'en réalité passer constamment d'un objet de désir à un autre ne fait que perpétuer des schémas de frustration et de dépendance. Que vous vouliez une meilleure relation, du meilleur sexe, un meilleur boulot, de plus beaux vêtements, une plus grande maison, une plus belle voiture ou tout simplement une meilleure humeur, le désir peut facilement dévorer votre vie entière. De même qu'on ne peut étancher sa soif en buvant de l'eau salée, il est impossible de trouver la satisfaction — du moins, durable — en satisfaisant ses désirs du moment.

Au cours de votre cheminement sur la voie spirituelle, soyez prêt à vous retrouver encore et toujours face à des désirs compulsifs. Observez le désir, remarquez ce qui vous attire et ce qui vous repousse le plus. Notez les stimuli extérieurs qui vous font réagir, et vos réactions à chacun d'eux.

On investit beaucoup d'énergie physique et affective dans la volonté de réussir, dans le désir d'accumuler, de s'approprier les choses. Comment se déroule ce processus ? Quelle forme prend-il chez vous ? Alignez les suspects habituels et passez-les en revue : amour, gratification de l'ego, sexe, plaisirs des sens, argent, biens, gloire, sécurité, pouvoir. Avons-nous, comme Faust, signé un pacte avec le diable ?

Le Bouddha déclara dans le « Discours sur le Feu » qu'il prononça à Gaya devant un millier de disciples : « Tout est en feu… brûlant du feu du désir, du feu de la haine et du feu de l'illusion. » Ne désirez rien, et vous serez affranchi et libre. Ainsi parlait le Troisième patriarche zen : « Le chemin n'est pas difficile pour ceux qui n'ont pas de préférences. »

Regardez bien ce qui vous motive quand vous ferez les choix sur lesquels fonder vos actes. L'absence de désir est la paix du nirvana. Au bout du compte, ça paie de laisser tomber l'attachement. Lâchez prise et laissez être le bouddha en vous.

Être créatif en faisant de bonnes actions

> *Rire souvent et beaucoup ; gagner le respect des personnes intelligentes et l'affection des enfants ; mériter l'appréciation des honnêtes critiques et endurer la trahison des faux amis ; apprécier la beauté, trouver ce qu'il y a de mieux chez les autres ; laisser le monde un peu meilleur qu'on ne l'avait trouvé, en lui léguant un enfant sain, un jardin ou la réhabilitation d'une couche sociale ; savoir que même un seul être s'est senti plus à l'aise parce que vous aviez vécu : c'est avoir réussi.*
>
> Ralph Waldo EMERSON.

Le Dharma souligne systématiquement qu'il ne suffit pas d'éviter les comportements négatifs. Encore faut-il accomplir des actes positifs. C'est une philosophie très séduisante à mes yeux, peut-être à cause de mon héritage juif qui insiste tant sur la conduite éthique, le service à la société et le souci des autres. Mon grand-père me disait toujours : « Un *mensch* [une personne digne de ce nom] fait une *mitsva* [bonne action] par jour. » Quelquefois, on a envie d'aider les autres, mais on se sent tellement dépassé par la somme de choses qu'il faudrait faire en ce monde qu'on ne sait par où commencer. On espère que demain, ou la semaine prochaine, quand la vie sera un peu plus calme, on deviendra cette personne à la compassion agissante qu'on se sait capable d'être. On remet la « bonté » à plus tard. On manque d'un cadre approprié dans lequel inscrire ses bonnes intentions.

Par exemple, vous adorez les enfants, mais vous n'avez pas beaucoup de temps ni de ressources ; vous éprouvez une profonde sympathie pour les malades, mais vous n'avez pas de connaissances médicales. Que faire ? Il fut un temps où ceux qui voulaient se consacrer aux bonnes œuvres pouvaient entrer dans un ordre religieux. Mais de nos jours, le mieux, pour traduire vos intentions compatissantes par des actes, serait sans doute de le faire dans le contexte de votre vie actuelle. Je pense qu'il serait utile de réfléchir un instant aux mille et une façons de pratiquer l'Acte juste au quotidien, en étant tout simplement des gens bien, soucieux des autres.

Il est important de rester flexible et imaginatif quand on veut tendre la main aux autres. De même, il est utile de se concentrer sur des interventions spécifiques et réalisables. Et rappelez-vous : vous avez le droit de vous amuser, d'y prendre plaisir ! Le don est un acte de joie, après tout. Voici quelques exemples d'actions entreprises récemment par des personnes que je connais.

• Barbara, mon talentueux agent littéraire, est bien connue pour son sens de l'aventure, ses capacités athlétiques et son don particulier pour collecter des fonds. Cette année, elle a décidé de faire 650 kilomètres à bicyclette en trois jours, au bénéfice de la lutte contre le sida, et elle s'est engagée à récolter dix mille dollars grâce aux parrainages qu'elle sollicitera pour réaliser son exploit. Pour mener à bien son projet, elle a sacrifié ses habituelles vacances d'été afin de se concentrer sur le lourd entraînement nécessaire pour rallier Boston à New York à vélo.

• Dorothy adore les enfants, et a rejoint un groupe local de bénévoles qui les aident à apprendre à lire et écrire. L'année dernière, on lui a confié une petite fille de douze ans, toute timide, qui arrivait d'Europe centrale et ne savait ni lire ni écrire l'anglais. À la fin de l'année, non seulement la fillette avait fait des progrès à l'école, mais elle avait aussi gagné de l'assurance et des outils de connaissance qui lui seraient utiles toute sa vie.

• David adore les animaux et, quand il voit un chien ou un chat perdu, il veut toujours le ramener à la maison. Mais les animaux ne sont pas admis dans son immeuble. Alors David travaille comme bénévole à la SPA locale et il emmène promener les chiens en attente d'adoption dans le parc voisin.

• Kate Wheeler, l'écrivain, se rend une fois par semaine avec son superbe chien blanc Chandi dans un centre de soins pour patients atteints de la maladie d'Alzheimer. Ces personnes âgées, qui ont généralement un peu peur des contacts, réagissent en faisant de grands sourires, en caressant le chien, parfois même en le câlinant.

• Diana, qui adore la nature et le grand air, est bénévole dans un groupe qui emmène les enfants de la ville en excursion le week-end, pour camper et faire des balades hors des grands centres urbains.

Voici encore quelques idées de BA : appelez votre centre de transfusion locale pour donner du sang ou des plaquettes qui font cruellement défaut ; devenez bénévole d'une organisation qui fournit de la nourriture et des services à domicile aux personnes immobilisées ; visitez des maisons de retraite ou des centres de soins pour les enfants malades sans famille ; essayez de faire adopter les animaux errants ; engagez-vous dans une association qui fournit un soutien affectif aux enfants en difficulté ou qui leur apprend à lire. Recyclez, recyclez et recyclez encore : il y a dans de nombreuses villes des gens qui réparent les vieux vélos pour les donner aux enfants qui ne peuvent pas s'en acheter. Donnez vos anciens ordinateurs, vos vieux vêtements, livres, cassettes, vos services et votre argent à des associations caritatives qui font du bon travail. Essayez de regarder dans les yeux (et dans le cœur) chaque personne que vous rencontrez, efforcez-vous de traiter chacun avec gentillesse, chaleur, et en l'acceptant. Vous ne pouvez peut-être pas sauver le monde entier, mais vous pouvez changer quelque chose en rendant ne serait-ce qu'une seule personne plus heureuse. Une paire de gants pour des mains glacées, ça aide. Une saleté de moins jetée sur la route, ça aide. Chaque sourire aide. Livrez-vous à « des actes de bonté gratuite et des actes de beauté sans raison », comme nous y invite l'écrivain Anne Herbert.

Si vous voulez intégrer l'Acte juste à votre quotidien, vous trouverez peut-être utile de faire partie d'une communauté spirituelle ou d'un groupe d'aide sociale. Le Bouddha le disait souvent aux chercheurs de vérité, et je vous le rappelle ici : un groupe d'amis qui partagent les mêmes idées, un rassemblement d'esprits sur la même longueur d'onde peuvent grandement vous aider à garder le contact avec votre nature supérieure. Qu'importe que le groupe soit une sangha bouddhiste, une église, un temple, un cercle de Quakers, une association d'écologistes ou un groupe de soutien. Fréquentez d'autres hommes et femmes qui essaient d'intégrer bonnes œuvres et buts valables à leur vécu quotidien ; cela donnera un point d'ancrage et un soutien amical à vos intentions positives. Quels que soient votre âge, votre sexe, votre profession, il y a des quantités de façons d'agir avec sagesse, compassion et altruisme. Les bienfaits en rejailliront sur vous au centuple. Rappelez-vous cet autocollant qu'on voit parfois sur les pare-chocs : « *Pensez mondialement, agissez localement.* » Et lancez-vous.

Éviter la compassion stupide

Un ami accro à l'alcool, à la drogue, au jeu ou au shopping plaide auprès de vous pour que vous lui prêtiez de l'argent — « une dernière fois » — pour entretenir sa dépendance. Votre enfant vous supplie de lui donner la permission de faire une chose que vous savez potentiellement dangereuse ou destructrice. Votre conjoint est constamment blessant, insultant et méchant avec vous, mais vous lui pardonnez systématiquement. Un parent ou un ami dans l'ennui fait une bêtise dont vous êtes au courant, puis vous persuade de l'aider à camoufler la chose pour lui éviter d'en assumer les conséquences. Céder à ce genre de demandes de la part des autres, c'est pratiquer la « compassion stupide ». L'expression est de Trungpa Rimpotché et convient parfaitement pour désigner ce genre de compassion fausse, parce que mal comprise.

En effet, il est idiot de se féliciter d'agir avec compassion alors qu'on ne fait que céder et baisser les bras trop facilement. En réalité, il s'agit sans doute plutôt de paresse, de pusillanimité, de peur ou même de dépendance. Cette stupide pseudo-compassion a des effets inverses du but visé, dans la mesure où elle permet aux autres de se faire encore plus de mal. Il est parfois plus positif et plus utile de dire « non » que de répondre simplement « oui » sans réfléchir.

La sagesse est une composante essentielle de la compassion. L'esprit éveillé est souvent défini comme une radieuse sagesse, douée d'amour et de compassion. La sagesse nous aide à développer une intelligence semblable au miroir qui réagit de manière appropriée à chaque situation, en fonction des besoins réels. Parfois, on tombe dans un piège pour avoir voulu manipuler la situation, par crainte d'un rejet ou parce qu'on attendait quelque chose en retour. Il faut avoir une idée parfaitement claire de ce que signifie donner avec un cœur pur, sans égoïsme.

On se contente souvent de suivre sa pente naturelle et de donner ce qui nous est le plus facile, au lieu de ce qui conviendrait à chaque situation particulière. Une de mes amies m'a confié qu'une des plus dures leçons qu'elle avait dû apprendre, en tant que mère, était d'être ouverte aux besoins réels de ses enfants, au-delà de l'idée qu'elle pouvait se faire, elle, de leurs besoins. Quand son ado de fille débarque à la cuisine dans l'intention de parler, mon amie avoue que son premier réflexe maternel est de s'affairer pour lui préparer quelque chose à manger, parce qu'elle veut lui donner de l'amour par ce biais. C'est comme si ses réglages étaient coincés sur un programme unique, celui de la nourriture. Or, cette suractivité irréfléchie entrave la communication immédiate. Il serait bien mieux de s'asseoir et d'avoir une conversation avec sa fille. La compassion nécessite de l'empathie, il faut écouter ce que dit vraiment l'autre, laisser le champ libre à une vaste gamme de réactions, afin que se dégage celle qui correspond le mieux aux exigences réelles de la situation. L'activité éveillée peut alors s'exprimer spontanément dans le monde, à travers nous.

Danser avec la vie

Les activités sont sans fin, telles les rides sur l'onde,
Et ne se terminent que lorsque vous les arrêtez.
Les humeurs des hommes ressemblent au jeu changeant des lumières et des ombres sur une montagne éclaboussée de soleil.
Toutes les activités sont pareilles aux jeux des enfants, semblables à des châteaux de sable.
Regarde-les avec délice et sérénité, comme les grands-parents surveillent leurs petits-enfants,
Comme le berger au repos sur une butte herbue regarde brouter son troupeau.

Nyoshoul Khempo RIMPOTCHÉ,
extrait d'un chant vajra spontané.

L'Acte juste nous apparaît souvent comme une perspective intimidante et impossible à atteindre. Vivre s'apparente un peu à jouer avec du sable qui vous coule entre les doigts. On s'amusait beaucoup à faire des châteaux de sable, quand on était petits ; pourquoi ne pas aborder nos activités d'adulte dans le même esprit ? Les aborder la joie au cœur, plutôt que la peur au ventre ; l'esprit ouvert, plutôt que sur la défensive ; avec sérénité, plutôt qu'avec une attitude dualiste, pleine d'angoisse et de doute.

Je suppose que, comme moi, vous essayez de mettre vos actes en accord avec votre pensée, afin qu'ils reflètent fidèlement les valeurs et les convictions qui vous tiennent le plus à cœur. « Mettre en accord » est vraiment le terme qui convient : comment vivre et agir de plus en plus en accord avec ses dires et ses convictions intérieures. C'est un processus continuel qui s'accomplit petit à petit. Souvenez-vous que nous sommes tous des êtres en chantier, qui tâchent de raffiner leurs esprits et leurs vies. Il n'est pas réaliste de s'attendre à ce que des graines se transforment instantanément en beaux arbres vigoureux et fleuris, dispensateurs d'ombres généreuses. Dans l'épopée spirituelle, nous sommes des bodhisattvas en voie de développement, pas encore des arbres aux riches ombres. On grandit, spirituellement parlant. On raffine sa véritable nature, on traite le minerai brut pour en extraire l'or. Le bouddhisme est une philosophie orientée vers le développement, qui ne croit pas que les choses soient définitivement fixées. Loin de promesses impossibles ou de plans tirés sur la comète, il s'agit de revenir à ses origines. Cela peut être simple, mais, comme nous avons tendance à être assez compliqués, nos chemins le sont aussi.

Pour appliquer ses convictions et ses aspirations spirituelles à son quotidien, il faut apprendre à traiter la vie en partenaire de danse avec qui l'on serait en confiance. Pourquoi se retirer et faire tapisserie, rester simple spectateur ? Sentez la musique de votre vie, dansez au rythme de la pulsation de l'esprit vivant qui anime votre être entier.

En cheminant sur la voie, souvenez-vous de pratiquer le pardon vis-à-vis de vous-même et de vous accepter. La vie est une sorte d'expérience et ce qu'on entreprend relève toujours de l'improvisation. Tout ce que l'Acte juste exige de nous, en vérité, c'est d'être parfaitement sincère, d'apprécier les choses telles qu'elles sont, de comprendre la causalité et ses conséquences éthiques, et d'essayer de faire de son mieux. Car nul ne peut faire mieux que faire de son mieux.

Vous ne pouvez pas l'emporter dans l'au-delà, mais…

On n'emporte pas son argent, sa famille ni ses biens au-delà de la tombe, chacun le sait. Mais il y a une chose très importante que vous emporterez et sur laquelle vous pouvez compter : c'est la vertu et la sagesse que vous aurez accumulées. Votre karma. Voilà un plan d'épargne qui ne risque pas de capoter ! Vous pouvez y investir votre confiance.

Méditations sur l'Acte juste

Une méditation bouddhiste nommée « les Cinq rappels à l'esprit » nous demande de réfléchir à la nature de la réalité et de nos actes. Elle peut nous aider à décider de nos priorités et de l'orientation de notre vie.

LES CINQ RAPPELS À L'ESPRIT

1. Il n'y a pas moyen d'échapper au vieillissement. Moi aussi, je serai vieux un jour.
2. Il n'y a pas moyen d'échapper à la dégénérescence du corps. Moi aussi, je vais sentir mon corps s'affaiblir.
3. Il n'y a pas moyen d'échapper à la mort. Moi aussi, je vais mourir.
4. Toute chose et tout être changent. Il faut se séparer même des êtres les plus chers.
5. Mes actes sont toujours en moi, à l'état de tendances. Seul mon karma m'accompagnera quand je mourrai. Mon karma est le sol sur lequel je me tiens.

COMMENCER ET FINIR SA JOURNÉE

Kalou Rimpotché nous conseillait d'évaluer nos actes, en faisant deux petites piles de cailloux chaque jour : l'une pour les actes positifs, l'autre pour les actes négatifs. Comptez chaque jour le positif et le négatif, puis évaluez l'ensemble. Ce simple conseil, à la portée d'un enfant, m'a aidé à approfondir ma pratique, ces dernières années. Je dois avouer qu'ici, aux États-Unis, j'aurais plutôt tendance à me servir d'un carnet que de cailloux — vous aussi, peut-être —, mais le but de la manœuvre reste le même.

Il est possible de combiner ce petit exercice avec une méditation analytique qui se fait au lit, le soir, avant de s'endormir, et le matin dès le réveil. Cette façon d'examiner ses intentions et ses actes correspond à l'une des maximes du système d'entraînement de l'esprit d'Atisha « *Deux choses à faire au début et en fin de journée.* »

En vous éveillant chaque matin, commencez la journée en réaffirmant votre intention de pratiquer l'amour et la compassion. Rappelez-vous d'essayer de lâcher prise de l'ego, de l'égoïsme, des comportements manipulateurs, des pensées négatives, de la possessivité, de l'agressivité, du ressentiment et de la confusion. Prenez chaque jour la résolution de trouver un petit truc pour modifier un schéma de comportement figé et essayez de le faire.

En vous couchant le soir, réfléchissez à la journée écoulée. Passez en revue vos réussites et vos frustrations. Quelles situations, quelles personnes ont provoqué des réactions chez vous ? Faites appel au jugement et à l'intelligence pour évaluer sincèrement votre comportement et la qualité de votre vécu. Reconnaissez vos vieux schémas répétitifs. Demandez-vous dans quelle mesure ils sont productifs.

Finalement, regardez si vous avez éprouvé des ressentiments latents au cours de la journée, si vous avez eu des pensées malveillantes, égocentriques ou destructrices par rapport à vous-même. Éveillez en vous le noble esprit de la bodhicitta et goûtez-en la joie. Réjouissez-vous de toutes les bonnes choses accomplies par les autres et par vous-même, et sentez-vous partie prenante de ce bon karma. Cela vous aidera à bien vous reposer.

Ensuite, reposez-vous. « Ce qui devait être fait a été fait », comme disait le Bouddha.

— Attendez, attendez ! cria un jour un disciple en suivant le Bouddha qui disparaissait dans la forêt.

— Il y a belle lurette que je me suis arrêté, répondit le Bouddha. Et vous, quand vous arrêterez-vous ?

LE JUSTE MODE DE VIE

Le travail est de l'amour rendu visible

Quand tu travailles, tu es une flûte au cœur traversé par le murmure des heures qui se fait musique. Aimer la vie à travers l'ouvrage, c'est connaître le plus intime secret de la vie. Tout travail est vide, sauf si l'amour s'y trouve, car le travail est de l'amour rendu visible.

Kahlil GIBRAN.

Le suprême patriarche cambodgien, le vénérable moine Maha Goshananda, a passé sa vie entière à œuvrer pour la paix. Quand il a pris la tête d'une marche pour la paix allant d'Auschwitz au Cambodge, puis à Hiroshima, des milliers d'hommes et de femmes du monde entier l'ont suivi. Le Cambodge, patrie de Maha Goshananda et l'un des grands champs de bataille de la guerre au Vietnam, est encore truffé de millions de mines posées par les Khmers rouges. Maha Goshananda, qui passe une bonne part de son temps à écumer ces « champs de la mort », explique que le déminage est sa pratique du Dharma. À un journaliste qui lui demandait récemment pourquoi il mettait tant de détermination à continuer ce travail, il a répondu simplement : « Je fais la paix avec moi-même. » Chaque jour, l'amour de Maha Goshananda pour tous les êtres se manifeste dans son travail. Un bel exemple, aussi concret que remarquable, du Juste mode de vie.

Il y a des siècles que la règle du Juste mode de vie invite l'humanité à aimer le monde à travers son travail et lui conseille d'éviter les activités qui nuisent aux autres. Tout ce qui peut faire souffrir son prochain ou lui ôter la vie, telles la vente et la fabrication d'armes et de munitions, participe d'un mode d'existence ne convenant pas à une vie spirituellement éclairée. On pourrait ajouter à la liste certaines activités contemporaines tels le commerce de la drogue et toute autre profession frauduleuse, néfaste et dépravante, de nature à encourager la perte du contrôle de soi ou à exploiter les personnes ou l'environnement. Le genre de travail le plus recommandé, de nos jours comme par le passé, est celui qui aide les autres et favorise la vie spirituelle. Il est précisé dans l'une des écritures anciennes du bouddhisme, le *Dhammapada*, que le Juste mode de vie est celui qui « contribue à aider les autres et à diminuer ce qui leur fait du mal ».

Insuffler de l'énergie spirituelle dans la vie quotidienne

Ceux qui voient dans la vie du monde un obstacle au Dharma ne voient pas le Dharma dans les actes quotidiens. Ils n'ont pas encore découvert qu'il n'est pas d'actes quotidiens en dehors du Dharma.

Maître zen DOGEN du XIIIe siècle.

Il vous est sûrement déjà arrivé de vous lever des heures avant l'aube pour faire un long voyage en voiture. À quatre heures du matin, il fait encore noir dans les maisons et les routes sont vides mais, à mesure que l'heure avance, on remarque un début d'animation. Des camions passent à toute allure et des lumières s'allument dans les maisons qu'on aperçoit depuis la route. Il est facile d'imaginer des parents sortant du lit pour s'occuper d'enfants lève-tôt, des agriculteurs qui vont nourrir les bêtes à l'étable, des banlieusards s'apprêtant à prendre leur voiture, un train, un bus ou un métro pour se rendre en ville travailler. À l'approche de la journée de travail, un peu partout des gens mangent du pain grillé, avalent du thé ou du café et cherchent des chaussettes propres. Parmi ces hommes et ces femmes, certains sont passionnés par leur travail et pleins de zèle, d'autres sont déjà tendus et pleins de ressentiment, d'autres encore foncent comme pour aller au combat.

Que les bouddhas soient endormis ou éveillés, ils ont tous, d'une manière ou d'une autre, besoin de travailler. Tout le monde travaille : on va au bureau, on s'occupe des enfants, on étudie, on conduit une voiture, on prépare à manger, on fait la lessive, on vide la caisse du chat. Tout le monde fait quelque chose et le Juste mode de vie représente la manière dont les bouddhas et les bodhisattvas œuvrent en faveur d'une vie éveillée.

Les questions relatives au travail sont devenues plus complexes dans notre monde électronique que du temps de Gautama Bouddha, il y a 2 500 ans. Pourtant, les thèmes demeurent les mêmes : peut-on se servir de ses mains, de sa tête et de son cœur pour aider les autres ? Peut-on transcender le désir effréné et les comportements égocentriques, faire preuve de *leadership* éclairé et incarner les valeurs irréprochables de *sila* ?

Pour le chercheur de vérité, le travail a toujours été et demeure l'occasion idéale de mettre ses convictions en pratique. Voilà le *vrai* travail, dans lequel on peut vraiment s'investir et qui donne de l'intérêt à l'ouvrage. Ainsi prient les lamas tibétains :

« Puissé-je dès aujourd'hui pratiquer le Dharma jusqu'à l'éveil ;

Puissé-je mêler totalement le Dharma à tout ce que je ferai, jusqu'au moment de la mort. »

C'est ainsi que les bodhisattvas affirment leur intention de se rappeler les valeurs du Dharma, d'accomplir de bonnes œuvres et d'intégrer la spiritualité à leurs activités quotidiennes, même les plus ordinaires. Derrière des apparences mystiques, le Dharma et les maîtres qui l'enseignent reflètent la vision profondément réaliste de la vie qui fut celle du Bouddha. Le Dalaï-Lama nous a par exemple déclaré, lors de la Conférence des enseignants bouddhistes occidentaux de 1993, en Inde : « Apprenez tout ce que vous pourrez. Tout ce qui peut être utile. Atisha [qui a introduit le système d'entraînement de l'esprit au Tibet] savait même réparer les chaussures ! » Le Dalaï-Lama, quant à lui, sait réparer les pendules et les montres.

Le Juste mode de vie s'applique autant à la vie pratique que spirituelle. Quand on lit les écritures anciennes, on peut apprécier le bon sens pratique des conseils que le Bouddha prodigua au cours de sa longue vie et de ses années d'enseignement. À des moines qui lui demandaient comment les membres de la sangha pourraient mieux s'entendre, le Bouddha ne fit pas de réponse éthérée, il ne leur dit pas : « Essayez de changer votre corps en arc-en-ciel, ou méditez sur la vacuité. » Il leur déclara : « Si vous avez des légumes sur votre assiette, ne les cachez pas sous le riz », leur rappelant ainsi que l'égoïsme sait prendre des multitudes de formes pour le moine qui veut plus que sa part de riz. L'art de faire de la spiritualité une réalité pratique et concrète…

Le Bouddha a un jour expliqué au fidèle laïc Dighajanou qu'il y avait quatre sources de bonheur en ce monde : être compétent, efficace, énergique, appliqué et versé dans l'art de sa profession, quelle qu'elle soit ; gagner consciencieusement sa vie et celle de sa famille ; avoir des amis vertueux, de confiance et fidèles, et nourrir des aspirations spirituelles ; se satisfaire de ce qu'on a et vivre selon ses moyens. Ces conseils démontrent clairement l'attitude de bon sens adoptée par le Bouddha et sa capacité à communiquer avec des laïcs.

Il n'empêche que ceux qui m'interrogent sont souvent déçus quand je leur fais des suggestions de bon sens, au lieu de leur proposer une technique de visualisation mystique ou le nom d'un saint gourou vivant sur un sommet de l'Himalaya. Or, la tradition même du bouddhisme consiste à trouver la sagesse dans les actes les plus ordinaires du quotidien. À la question d'un disciple : « Qui est Bouddha ? », un maître zen a répondu : « De quel côté de la porte as-tu laissé tes sandales en entrant ? » Un autre maître zen à qui l'on demandait : « Qu'est-ce que l'éveil ? », a répliqué : « Lave le bol dans lequel tu as mangé ! »

Chögyam Troungpa Rimpotché avait coutume de dire à ses étudiants : « Remontez vos chaussettes[1] ! » À l'un d'eux qui plaisantait : « Je n'ai pas de chaussettes », Troungpa répondit du tac au tac : « Eh bien, remontez votre caleçon ! » En d'autres termes, prenez-vous en main. La réalité

---

1. L'expression, légèrement argotique, signifie « se secouer les puces, se ressaisir ». (N.d.T.)

est suffisamment spirituelle, après tout. L'esprit est privé de sens s'il ne s'enracine pas ici et maintenant, dans le monde où l'on vit.

Les « bonnes œuvres » vous sont aussi utiles qu'aux autres

Margaret gagne sa vie et celle de sa fille dans l'immobilier. En allumant la télévision, hier soir, elle a vu un reportage sur des chirurgiens qui mettent bénévolement leurs compétences médicales au service des enfants déshérités d'Amérique centrale. Cela l'a beaucoup touchée. Margaret aimerait vraiment faire une place au bien dans sa vie, et elle envie ceux qui ont des compétences qu'elle juge utiles aux autres.

Franck, un agent de change, a les mêmes envies que Margaret mais voit dans ses bonnes intentions un frein à sa carrière qui exige une attitude de concurrence farouche, voire sans merci, plutôt qu'une disposition d'esprit compatissante et soucieuse des autres. Il pense que ses collègues ne s'intéressent qu'à la dernière ligne du bilan et doute qu'ils attribuent une grande valeur à la compassion. Franck ne peut tout de même pas ajouter une liste de bonnes œuvres à son CV…

Il y a des siècles que les hommes et les femmes de bonne volonté doivent gérer la difficulté de concilier un comportement motivé par des valeurs spirituelles et les obligations d'une vie séculière. Un casse-tête que je tente moi aussi de résoudre.

Margaret a besoin d'apprendre une chose : chaque fois qu'elle prépare le déjeuner de sa fille avec amour, qu'elle aide un client à résoudre un problème de logement sans faire de sa commission sa priorité absolue, qu'elle reconduit gentiment la baby-sitter chez elle quand il fait un temps de chien, elle pratique le Juste mode de vie, le travail positif. La tâche d'élever des enfants est elle-même un exemple de vrai travail, qui exige des efforts accomplis de bon cœur et sans égoïsme.

Naturellement, il n'est pas facile pour Franck d'abandonner son attitude concurrentielle et de trouver des façons d'utiliser ses compétences pour aider ses collègues. Mais *c'est* le défi particulier que doit relever Franck, cela fait partie de son cheminement personnel. La vigilance née de la méditation pourrait aider Franck à voir qu'il y a moyen d'apporter quelque chose à ses collègues, en se montrant coopératif et en leur témoignant de petites attentions — même si tout cela se passe à Wall Street. Franck s'apercevra qu'un changement d'attitude de sa part pourrait transformer ses rapports et sa vie, même au travail. Voire transformer l'atmosphère au bureau. Wall Street n'est qu'une des multitudes de voies qui forment la grand-route de l'éveil. Du moins, elle peut l'être.

ÇA VAUT LE COUP DE FAIRE ATTENTION

J'ai une amie qui travaille dans un cabinet d'avocats qui se trouve dans un grand immeuble, en pleine ville. Un jour, en sortant du bureau, elle a repéré un oisillon par terre, devant les portes à tambour de l'immeuble. Elle s'est arrêtée, hésitant sur la marche à suivre. La survie du petit oiseau lui semblait bien compromise mais, songea-t-elle, au moins pourrait-elle lui éviter d'être piétiné. Quelle ne fut pas sa surprise en voyant bientôt que d'autres s'arrêtaient aussi, soucieux d'aider la minuscule créature. Finalement, un avocat qu'elle connaissait de vue remarqua un petit arbre qui se dressait un peu plus loin sur le trottoir, au bord du caniveau : la mère était là et attendait. Il ne restait plus qu'à remettre le petit oiseau dans l'arbre, ce qui fut fait.

Si Franck pouvait prendre un peu plus conscience de tout ce qu'il y a à faire dans le monde, il pourrait peut-être lancer une action caritative dans son milieu de travail — par exemple récolter des fonds pour acheter des jouets ou des vêtements aux enfants nécessiteux, ou organiser une équipe de bénévoles pour s'occuper d'un refuge de sans-abri. Et il pourrait s'apercevoir, comme mon amie avec l'histoire du petit oiseau, qu'il est entouré d'hommes et de femmes qui aimeraient bien en faire davantage pour les autres mais qui ne savent pas quoi, ni par où commencer.

Je ne crois pas qu'il soit pertinent de porter des jugements de valeur sur la profession des gens. Certains diront qu'un médecin ou une infirmière sont plus utiles à l'humanité qu'un banquier ou un négociateur de prêts, mais qui sait ? Un homme ou une femme d'affaires irréprochable peut faire énormément de bien. On prétend parfois que la profession de juriste souffre d'un manque d'éthique, mais Ralph Nader était avocat, Gandhi et Lincoln aussi. Il me semble utile de s'arrêter un instant pour considérer les mille et une façons dont on peut pratiquer le Juste mode de vie, indépendamment de la profession qu'on exerce. Le Juste mode de vie nous aide à vivre notre vie, pas seulement à la gagner. C'est la possibilité d'un renouveau spirituel, ici et maintenant, sans aller nulle part. « Garder un cœur aimant, ne serait-ce que le temps qu'il faut pour claquer des doigts, voilà qui fait de vous un être vraiment spirituel. »

Le juste mode de vie et le marché

Rares sont ceux qui ont la vertu de résister au plus offrant.

George WASHINGTON.

La vertu n'a jamais été aussi respectable que l'argent dans la société.

Mark TWAIN.

Ne soyons pas trop naïfs. Le lieu de travail est souvent un univers de confusion et d'agitation, pauvre en valeurs humaines, enclin à récompenser l'égocentrisme et l'avidité. Celui qui essaie d'y pratiquer un mode de vie éclairé, une spiritualité authentique, aura d'intéressants défis à relever. Que faire, par exemple, si vous vous apercevez que l'entreprise dans laquelle vous travaillez fraude et gonfle les factures de ses clients ? Que faire si le seul emploi que vous puissiez trouver est un boulot de caissière au SMIC dans une chaîne de magasins qui exploite les travailleurs d'outre-mer ? Que faire si vous enseignez le Dharma et que vous ayez le choix entre un poste universitaire bien payé et un travail de subsistance dans un petit centre du Dharma ? Si votre patron est très mauvaise langue et que vos collègues de bureau adorent les ragots, la Parole juste tombe-t-elle aux oubliettes ? C'est merveilleux d'adopter une position de rectitude morale et de faire comme si ces questions-là ne se posaient jamais, mais ce n'est pas réaliste.

Ayant quitté l'Inde à la fin des années 70, je suis rentré aux États-Unis où j'ai passé trois ans. J'ai escorté des douzaines de lamas et de maîtres tibétains depuis le monastère de Kalou Rimpotché jusqu'en France et aux États-Unis. Je leur ai servi d'interprète et de chauffeur pendant leur tournée, et j'ai contribué à l'établissement des centres de retraite et des monastères de Wappinger's Falls et de Woodstock, dans l'État de New York. Mais travailler pour la société Dharma, SARL, n'était pas un poste rétribué et, après six ans en Inde, je n'avais pas un sou d'économies. J'ai donc essayé de réfléchir à un moyen de gagner ma vie qui fût moral, éthique, constructif, intéressant et assez lucratif pour financer ma pratique spirituelle et celle de mes collègues, et pour faire venir nos maîtres d'Asie dans notre pays. Nous avions très envie, mes amis et moi, d'établir des centres de Dharma ici, pour que les Occidentaux puissent méditer et en savoir plus long sur ce travail de sagesse ancien.

J'avais appris pas mal de choses sur le ginseng en Corée et, après maintes discussions et quelques études de marché, nous avions conclu, un ami zen, photographe, et moi, que la culture organique du ginseng pourrait nous fournir un juste mode de vie. Nous avons obtenu un prêt, acheté une ferme de 80 hectares dans les Catskills, où le ginseng pousse naturellement à l'état sauvage, et embauché plusieurs membres de notre monastère tibétain de Woodstock. Notre intention était de travailler ensemble en amis, d'encourager la coopération, de minimiser l'esprit de concurrence, de traiter tout le monde avec justice, d'aider nos collaborateurs à tirer le meilleur d'eux-mêmes, de maîtriser nos ego et d'adopter des pratiques commerciales éthiques. Ce fut ma première et ma seule incursion dans le milieu de l'entreprise capitaliste. Et je m'aperçus que, même dans le contexte d'une sangha bouddhiste, c'était un vrai défi de vivre selon les principes que nous avions embrassés, de vraiment pratiquer ce que nous prêchions. Pourquoi aurais-je dû m'en étonner ?

La perfection est un idéal, une chose difficile à trouver ici-bas. Tout milieu de travail est un peu faussé dès le départ, avec son inévitable lot de petites hypocrisies, de compromis et d'égotisme — le nôtre y compris. Il y a des contextes professionnels dans lesquels toute autre logique que celle du « moi d'abord » et de la pensée dualiste peut paraître complètement déplacée, voire bizarre. Ce sont des milieux dans lesquels notre cheminement spirituel semblera souvent jonché d'obstacles. Le lieu de travail est pour nous une fameuse arène, l'occasion de devenir plus conscient de ses intentions et de ses actes, mais aussi d'avancer concrètement de quelques pas sur la voie. Travailler sur soi tout en effectuant un travail, voilà de quoi se transformer. On apprend ainsi à appliquer le sage principe de faire de la citronnade avec les citrons trouvés par hasard sur son assiette.

Réfléchissons un instant à ce que le bouddhisme appelle les « poisons », les émotions conflictuelles (*kleshas*) qui voilent et masquent la réalité : l'ignorance, l'orgueil, la jalousie, l'inimitié et le désir. Toute situation de travail est susceptible de provoquer au moins certaines de ces *kleshas*, à un niveau ou à un autre. Si votre voisin de bureau décroche la promotion que vous convoitiez, vous risquez d'éprouver de la jalousie. Et si l'on vous a accordé une grosse augmentation, quel mal y a-t-il à se sentir content de soi et de son travail ?

N'interprétez pas le message du Dharma de travers : il ne s'agit pas de nier ses sentiments et de fermer la porte à toute la gamme des expériences humaines. Le problème n'est pas d'éprouver des émotions, mais de s'y attacher. Lorsqu'on s'accroche à des sentiments passionnés, on perd la maîtrise de soi pour trop s'identifier à eux. Les émotions s'emparent de notre esprit, prennent possession de nos pensées et nous empêchent de voir clair, ternissant la conscience du présent et la lucidité.

J'ai souvent besoin de me rappeler de ne pas m'accrocher à mes sentiments, de ne pas me laisser emporter par les émotions — qui trop étreint mal embrasse. De me souvenir au contraire de prendre la grâce quand elle passe, puis de lâcher prise. Une chose qui m'y aide est de repenser à l'un de mes poèmes préférés de William Blake :

Qui se ligote à une joie
détruit la vie ailée ;
Mais qui embrasse la joie en plein vol
Vit au soleil levant de l'éternité.

Le Dharma nous montre que, plus que la nature de nos paroles et de nos actes mêmes, c'est le *pourquoi* des mots et des comportements qu'il importe de comprendre. Quel que soit l'état actuel de sa vie et de ses activités, on a tout intérêt à regarder régulièrement dans le miroir de son esprit pour voir ce qui se passe réellement et pour vérifier sa motivation et ses intentions. La réflexion sur soi contribue à transformer tous les aspects de sa vie professionnelle en matériaux susceptibles de s'intégrer à un cheminement spirituel. Encore du grain à moudre.

GÉRER LE MAUVAIS ESPRIT DANS SON MILIEU PROFESSIONNEL

On se plaint parfois à moi du mauvais esprit qui règne au travail, où l'on est constamment exposé à la concurrence, aux médisances, à la mauvaise foi et aux coups bas. C'est particulièrement difficile à vivre lorsqu'on est soi-même la cible de tels comportements négatifs. Voilà un défi immédiat à nos bienveillantes intentions de bodhicitta. Il y a des siècles que les pratiquants du Dharma trouvent consolation, conseil et inspiration dans les paroles du Bouddha consignées dans le *Metta Sutra* (le soutra de l'amour bienveillant) qui dit entre autres :

> « Que nul ne trompe autrui ou ne méprise un être, dans quelque état qu'il soit.
> Que nul ne souhaite de mal à un autre, par colère ou par malveillance.
> Telle une mère qui protège son enfant, son unique enfant, au prix même de sa vie,
> Il faut chérir tous les êtres vivants avec un cœur sans bornes et répandre la bonté dans le monde entier. »

Considérez ces pensées qui valent leur pesant d'or dans un monde où les loups s'entre-dévorent sur le grand marché impersonnel. Accrochez la citation au-dessus de votre bureau en guise de rappel, et goûtez le plaisir de cette application pratique de la prise de refuge dans le Dharma.

Comment les huit vents profanes nous font dévier de notre trajectoire

Le bouddhisme nous enseigne que nous sommes trop souvent motivés et poussés par huit sortes d'influence néfaste qu'on appelle les « Huit vents profanes ». Cet enseignement s'applique à l'ensemble de nos contacts avec les autres et avec le monde, et, bien que séculaire, il est particulièrement approprié aux hauts et aux bas qui caractérisent le milieu de travail contemporain.

Il y a plus de vingt ans que Kalou Rimpotché me parla pour la première fois des Huit vents profanes. Le fait de reconnaître ces influences ou préoccupations m'aiderait, dit-il, à évaluer la qualité de ma motivation par rapport à une situation donnée, à voir si elle était plutôt d'inspiration spirituelle ou profane. Vous pourrez, je pense, en faire le même usage. Les Huit vents profanes sont présentés sous forme de quatre paires. Chaque paire est la manifestation des deux polarités du désir : désir-aversion. Autrement dit, je veux-je rejette. Deux faces du désir, opposées mais totalement liées. Voici ces quatre paires :

- Plaisir et douleur
- Gain et perte
- Louange et critique
- Gloire et honte.

L'intérêt et l'attachement qu'on éprouve par rapport au plaisir, au gain, à la louange et à la gloire, représentent des forces puissantes. Des forces qui peuvent s'emparer de nous avec la violence d'un ouragan et nous balayer, telles des feuilles mortes au vent. On connaît tous des gens qui ont risqué leur vie, leur intégrité physique, leurs valeurs éthiques et leur tranquillité pour le plus bref des plaisirs, pour la perspective d'un gain financier, pour le panégyrique qu'ils brûlaient d'entendre ou pour un quart d'heure de gloire sous les projecteurs. Il est facile de se laisser aller à une réaction automatique à de tels stimuli et de perdre de vue ses objectifs intérieurs. Parfois, la distraction ne dure qu'une seconde, mais ça suffit pour dévier de sa trajectoire. Les *Weight Watchers* ont un excellent slogan relatif aux conséquences d'une gratification immédiate du désir : « Un instant dans la bouche, une vie entière sur les hanches. » C'est l'application d'une éthique de la retenue délibérée, proche de la sagesse du Dharma.

Pour mieux comprendre la façon dont on réagit aux Vents profanes, imaginez-vous en voiture, en route vers votre but d'éveil, le nirvana. Tout d'un coup, vous avisez du coin de l'œil un détail qui captive votre attention, en rapport avec une chose que vous désirez follement : un billet de loterie gagnant, un boulot prestigieux, une ancienne flamme ou simplement une glace à votre parfum préféré. Ou bien s'agit-il au contraire de quelque chose que vous redoutez, évocateur de solitude, de dépression, de terreur ? Vous réagissez presque sans réfléchir et vous êtes si bouleversé que vous sortez de la route et vous retrouvez sur le talus, dans une ornière. Les roues sont coincées dans la boue ou dans le sable ; elles tournent, tournent, mais rien ne bouge. On est embourbé dans le samsara.

Regardez un peu autour de vous et vous verrez les forces profanes qui éparpillent les gens en tous sens. Pour mieux sentir venir le risque de tomber sous l'emprise d'un de ces « vents », prenez le temps de vérifier régulièrement votre motivation. Êtes-vous coincé dans la logique plaisir-douleur ? Trouvez-vous difficile, voire impossible, de dominer vos impulsions et vos résistances ? Votre vie est-elle dominée par la notion de perte et profit (financier ou autre) ? Êtes-vous si vulnérable au jugement des autres que les louanges vous propulsent au septième ciel et que les critiques vous jettent au trente-sixième dessous ? Avez-vous à la fois terriblement envie d'occuper le devant de la scène et affreusement peur de la honte de ne pas être à la hauteur ? Quand un des Vents profanes souffle dans votre direction, avez-vous du mal à continuer votre petit bonhomme de chemin en dominant vos impulsions passagères ? Lama Yeshe exhortait toujours ses étudiants à « faire le point ». C'était presque comme son mantra. Un utile mantra qu'il m'a transmis et qui résonne à mes oreilles aujourd'hui encore.

Les maîtres spirituels authentiques sont si bien centrés en eux-mêmes et tournés vers l'intérieur que, quoi qu'il arrive dans le monde qui les entoure, ils ne perdent pas le contact avec leur nature de bouddha innée. Au lieu de réagir en fonction de conditions passagères et de circonstances momentanées, ils avancent guidés par leurs propres principes. Ils traversent la vie parfaitement attentifs, les mains constamment sur le volant de la conscience vigilante. Ils comprennent la causalité du karma, la manière dont les choses fonctionnent réellement. Alors que nous en sommes pour la plupart encore à nous agripper au rétroviseur, en nous demandant pourquoi l'on finit si souvent dans le fossé.

Il est facile de s'empêtrer dans ses objectifs profanes, au point de perdre toute vue d'ensemble. Et, faute de recul et de lucidité, on est fatalement voué à mal choisir ses priorités. L'esprit non entraîné va par exemple se trouver excessivement affecté par les hauts et les bas de la vie de bureau et par la dynamique des rapports entre personnes. Une minute, vous avez le sentiment d'être un gagneur, moral à bloc, vous dominez le jeu ; l'instant d'après vous êtes effondré, vaincu, sans espoir, déprimé. Le bouddhisme nous rappelle que rien ne dure, les succès pas plus que les défaites. Quand les dieux des règnes célestes ont épuisé leur accumulation de bon karma, ils doivent eux aussi retomber sur terre. Superman même risque de tomber du ciel. L'équanimité est une vertu qui peut nous aider à ne pas trop nous investir dans la réussite et à ne pas nous laisser démolir par la déception. Cette forme de sagesse qu'est le bon sens est là pour nous redire la différence entre gagner sa vie et se faire une vie. Dans ce monde pareil à un rosier hérissé d'épines, toute recherche de la réussite profane est vouée à rester aussi insatisfaite que la poursuite d'un mirage dans le désert.

Les Soutras de la Sagesse nous apprennent à écouter tous les sons comme si c'étaient des échos. Toutes les paroles qui nous parviennent du monde extérieur, louange et critique comprises, sont vides et creuses. Une formation bouddhiste authentique peut aider chacun de nous à développer son autonomie, la maîtrise de son être intérieur. Au lieu de se laisser influencer par les opinions et les réactions d'autrui, au point d'en dépendre, on apprend à reconnaître que tout est impermanent, éphémère, intangible, pareil à un rêve, irréel. On peut grandir et dépasser la dépendance pour trouver une saine individualité. Et finalement comprendre l'indépendance et l'interdépendance.

Si vous êtes trop séduit par le plaisir, l'attrait du gain, de la renommée ou des louanges, réfléchissez au manque de substance et à l'inconstance de la gloire que confère le monde, à la nature insubstantielle de tout ce que nous voyons, sentons et pensons — une projection d'images sautillantes, comme au cinéma. Considérez que tout ce que vous avez envie d'accomplir finira balayé, tels les châteaux de sable au bord de la mer. Il se peut très bien que, demain, vous n'ayez plus du tout envie de ce que vous désiriez si ardemment aujourd'hui. On a tous au moins un souvenir de réaction émotionnelle passionnée qui maintenant, avec le recul, nous semble drôle — dans le meilleur cas. Comme dit toujours mon maître Nyoshoul Khempo : « L'esprit est inconstant, ne vous y fiez pas. »

Certaines maximes d'Atisha sur l'entraînement de l'esprit corroborent ces enseignements sur la nature insubstantielle de la réussite profane. En voici quelques exemples.

« Ne soyez pas ami intime de l'orgueil et de la vanité. »

Cette maxime concerne le regard que l'on porte sur le monde. Elle peut être un utile rappel pour aider à transcender l'ego. Alors qu'on a tendance à calibrer ses pensées en fonction des plans d'investissement compliqués de l'ego, on nous conseille ici de ne pas se mentir sur ce qu'on a accompli, de ne pas se dire qu'on est quelqu'un d'extraordinaire. On nous recommande au contraire d'apprécier les qualités des autres et les joies que procurent l'amour bienveillant et l'amitié vraie.

« Abandonnez tout espoir de récompense.
N'attendez pas d'applaudissements. »

Ces deux maximes évoquent une vérité assez désagréable. Une de mes amies m'a raconté que sa grand-mère lui répétait constamment : « Fais toujours le bien, mais ne t'attends pas à ce qu'on le remarque ou qu'on t'en remercie. » Bref, si vous attendez que les gens vous tapent sur le dos pour vous féliciter de suivre une voie spirituelle, il y a de fortes chances pour que vous soyez déçu. De toute façon, c'est dans votre propre intérêt supérieur que d'agir bien, avec ou sans les félicitations d'autrui.

« Aura-t-on l'air bête ou "cinglé"
si on lâche les valeurs du monde ? »

Quand je parle des valeurs de la bodhicitta, je sais que je le fais en tant qu'enseignant du Dharma, dans un contexte où de telles valeurs sont appréciées et respectées. Mais dans le monde des affaires où c'est la dernière ligne du bilan qui prime, on peut légitimement se demander si ces valeurs ne risquent pas de paraître déplacées, sinon « bébêtes ». Ça me rappelle la merveilleuse histoire d'un rabbin moravien du nom de Schmelke, bien connu pour sa générosité. Les mendiants, à des kilomètres à la ronde, savaient qu'on ne repartait jamais de chez lui les mains vides. Un jour qu'un mendiant frappait à la porte, Schmelke, qui n'avait pas d'argent sur lui, lui donna une bague. « Que fais-tu là, se récria sa femme, cette bague a coûté des centaines de ducats ! — Attends, cria Schmelke au mendiant. Cette bague vaut des centaines de ducats. Veille bien à en obtenir son prix, quand tu la vendras ! »

J'aime bien cette histoire parce qu'elle montre que Schmelke n'était pas un imbécile, ignorant la valeur de l'argent. Bien que connaissant les valeurs du monde, il avait choisi de placer sa confiance dans les vertus transcendantes. Il voulait donner, assortissant même son don de conseils commerciaux à un mendiant. Schmelke avait manifestement pris la décision de vivre selon ses convictions et d'accepter les conséquences de ses actes, quoi qu'en pensent les autres.

Il y a toujours eu des gens pour se rire et se moquer des hommes et des femmes animés d'une vraie passion spirituelle. Au Tibet même, certains grands maîtres étaient connus sous le sobriquet de « yogis déments », de « fous de Dieu ». C'est à chacun de décider, en toute situation : doit-on agir en fonction de ses convictions et de ce qu'on sait être vrai, ou adopter un comportement « normal » aux yeux des autres ? Il y a une maxime de l'entraînement de l'esprit qui peut être utile en de telles circonstances :

« À choisir entre deux témoins,
écoutez votre conscience. »

Lorsque vous avez à choisir entre différents points de vue pour décider de ce qui est juste, pensez à cette maxime. Souvenez-vous que votre propre conscience est le principal juge de vos actes. On a bien sûr toujours à apprendre des autres, mais c'est en dernier recours à l'intuition de son cœur qu'il faut se fier.

L'entraînement de l'esprit à la bodhicitta et la voie du bodhisattva visent à nous rendre capables d'avoir un naturel plus aimant et compatissant, sans rien attendre ni espérer en retour. Votre ego peut avoir envie d'encouragement ou de récompense pour ce que vous avez dit ou fait, mais votre nature de bouddha innée n'a pas besoin de ce genre de reconnaissance. Advienne que pourra : tout est de toute façon utile et positif. À supposer qu'un bodhisattva fût la seule personne qui restât sur terre, il ou elle continuerait à cheminer vers l'éveil.

On apprend peu à peu à ouvrir la main qui s'agrippait si fort aux valeurs du monde. On devient plus centré, équilibré, direct, calme et lucide au milieu des caprices du temps — météo des circonstances extérieures et climat des émotions intérieures. Assis ou debout, on apprend à se tenir droit sans appui. On sait garder la tête haute, défendre ses convictions, ses paroles et ses actes. On devient maître de son propre domaine.

Voilà comment éveiller le gourou intérieur, le guide intérieur — le bouddha en soi, le maître secret confortablement installé à jamais dans la grotte du cœur. Le gourou intérieur n'est autre que la vérité même, notre sagesse innée, la plus fine intelligence intuitive et l'amour le plus noble qui résident au centre du cœur. Telle est la signification ésotérique de cette maxime zen, provocante et iconoclaste : « Si vous rencontrez le Bouddha sur la route, tuez-le ! » (Car c'est nécessairement un imposteur, puisque le seul vrai bouddha, la seule divinité, se trouve en soi.) Invoquer les dieux ou les anges par la prière, c'est éveiller l'être sublime en soi. Il n'y a personne d'autre sur qui se reposer.

L'égalité sur le lieu de travail et la communauté spirituelle

À la faveur de son installation en Occident, le bouddhisme tente — avec succès, je crois — de promouvoir l'égalité des sexes, les femmes assumant un rôle égal dans la pratique et dans l'enseignement du Dharma. Du temps de l'éveil du Bouddha, en Asie, les ordres religieux ne recevaient que les hommes, de même que la société laïque n'éduquait que les hommes. La reine Maha Prajapati, tante du Bouddha, qui l'avait élevé car sa mère était morte en couches, fut la première femme à demander d'entrer dans l'ordre bouddhiste. Au départ, l'idée parut incompréhensible et dangereuse à tous ou presque, même au Bouddha. Comment une gente dame de la noblesse, une femme choyée, pourrait-elle se plier à une vie de discipline et de renoncement, à la dangereuse existence de mendiant errant et sans attache ?

Pour prouver que les femmes étaient aussi capables d'embrasser la sainte vie, Maha Prajapati rassembla plusieurs centaines de femmes autour d'elle. Elles se coupèrent les cheveux, revêtirent les robes safran et commencèrent à mener la vie des moines, le bol à aumônes à la main. Le Bouddha demeurait malgré tout formellement opposé à l'idée que les femmes fussent capables de mener une vie aussi difficile, sans aucune sécurité et potentiellement dangereuse. Un de ses cousins et seconds, le doux Ananda, intercéda auprès du maître, lui demandant si les femmes étaient capables d'atteindre l'éveil. « Certes, répondit le Bouddha. Les femmes ne sont ni plus ni moins capables d'éveil que les hommes. » Ananda poursuivit alors, avec la parfaite logique typique des raisonnements bouddhistes : pourquoi, dans ces conditions-là, ne pouvaient-elles être ordonnées, elles aussi ? Finalement convaincu par les arguments d'Ananda et la sincère détermination des femmes, le Bouddha les accepta dans l'ordre. Il devenait ainsi le premier responsable à tourner le dos au système rigide des castes hindoues, le premier à éduquer et ordonner des femmes, au vu et au su de tous.

On ne peut cependant pas prétendre pour autant que le bouddhisme, comme les autres religions du monde, n'ait pas une troublante tendance patriarcale. Certes, il y a toujours eu des femmes lamas au Tibet — cela remonte même à la principale disciple de Padma Sambhava, la jeune reine Yeshe Tsogyal —, mais de tels exemples sont restés rares. Les pratiquantes du Dharma ont trop longtemps été traitées comme si elles n'étaient bonnes qu'à faire le thé plutôt qu'à enseigner. La question du sexisme a été ardemment discutée à la première Conférence des enseignants bouddhistes d'Occident, en présence du Dalaï-Lama, en Inde, quand l'une des enseignantes présentes a demandé aux hommes qui se trouvaient là — lamas, moines et laïcs enseignants — d'imaginer l'effet que cela leur ferait de poursuivre une pratique spirituelle dans un contexte où ils ne seraient entourés que de femmes. Que ressentiriez-vous, demanda-t-elle, si toutes les statues et peintures religieuses ne représentaient que des saintes femmes au lieu des hommes, comme c'est la coutume, et si tous les textes avaient été écrits par des femmes ? Qu'épouveriez-vous si la dernière femme entrée dans l'ordre avait automatiquement un rang plus élevé que tous les hommes du monastère, quelle que fût leur ancienneté ? Car telle est l'inégalité qui règne dans les monastères bouddhistes traditionnels, comme l'ont constaté les femmes ordonnées.

Une moniale anglaise confirma la chose, racontant à quel point ç'avait été douloureux pour elle d'essayer de s'intégrer à la communauté — essentiellement masculine — du monastère tibétain où habitait son maître. Ç'avait été si difficile qu'elle s'était sentie obligée de méditer seule et avait vécu en ermite pendant dix ans, dans une grotte du Ladakh. Le Dalaï-Lama écoutait, ému aux larmes par les problèmes que certaines femmes ont dû affronter dans des cadres bouddhistes traditionnels. C'était apparemment la première fois qu'il entendait parler de cela. Il a récemment déclaré que, sur le plan théorique, rien ne s'oppose à ce que le Dalaï-Lama soit une femme.

Le bouddhisme a toujours eu un porte-parole éminemment féministe sous la forme de Tara, le principe féminin de l'éveil. Beaucoup de gens connaissent ce bouddha au féminin sous le nom de Tara verte. En réalité, Tara, comme toutes les mères, a tant à faire, tellement à donner, et une si grande sensibilité aux besoins des êtres, qu'elle prend de très nombreuses formes : on la représente sous vingt et un aspects, chacun de couleur différente et symbolisant vingt et un modes d'activité. Elle est, sous les traits de Tara blanche, une présence paisible qui guérit la maladie et pacifie la discorde. Tara rouge manifeste une énergie passionnée qui met son inépuisable dynamisme au service des autres. Tara verte personnifie les qualités de la terre nourricière et protectrice. L'enseignement explique que Tara aide à s'aider soi-même. Tara revêt une importance toute particulière pour les Tibétains qui la considèrent comme leur protectrice attitrée et l'appellent Tara la Mère. On apprend aux petits Tibétains à invoquer l'aide de Tara en priant quand ils ont peur ou qu'ils ont des angoisses. Dans tous les monastères, la communauté au complet se réunit chaque matin dans la grande salle de méditation pour psalmodier la superbe liturgie des « Vingt et une louanges à Tara ». En tant que Bouddha parfaitement éveillé, Tara incarne l'aspect féminin et sacré de chacun de nous, puisque nous sommes à la fois masculin et féminin.

La légende raconte qu'un jour, il y a des siècles, Tara méditait et psalmodiait son mantra dans le domaine des bouddhas du lotus quand des moines vinrent à passer. Sentant les puissantes vibrations et l'énergie qui émanaient d'elle dans son état méditatif, ils s'écrièrent : « Ô yogini, quelle excellente pratiquante de la spiritualité vous faites ! Puissiez-vous renaître sous la forme d'un homme et devenir un bouddha ! » Tara répliqua alors à ces moines arrogants et machos : « Puissé-je dans toutes mes vies prendre forme féminine ! Tant que tous les êtres n'auront pas trouvé la paix du nirvana, la félicité et la liberté de l'éveil total, puissé-je toujours incarner l'aspect féminin du sacré et être un bouddha féminin ! »

Dans l'iconographie, Tara ne figure pas dans la posture du lotus complet. Elle a une jambe et une main tendues pour montrer qu'elle va vers les autres, qu'elle « donne des jambes à sa prière ». Elle est représentation vivante de l'éveil qu'elle manifeste et rend visible au monde. Parfois coiffée d'un couvre-chef, comme pour sortir, elle est superbement vêtue et parée de joyaux. Elle danse et joue avec la réalité. Elle n'en a pas peur. Elle ne fuit pas la vie, elle n'essaie pas de se cacher dans un petit coin.

Oui, il y a d'innombrables bouddhas au féminin. Peut-être en rencontrerez-vous un, ou même en serez-vous un, l'espace d'un bref instant d'incandescence. Les maîtres du Dzogchen disent qu'une femme qui a fait naître en elle l'engagement du bodhisattva et qui pratique la bodhicitta se développera plus vite qu'un homme sur la voie de l'éveil.

Gagner de l'argent : vers une théorie économique bouddhiste

Je connais beaucoup de gens qui passent une bonne part de leur temps à penser à l'argent — comment le garder, le dépenser, l'investir, le donner, et comment en gagner aussi. Quand j'étais en Afrique du Nord, il y a plusieurs dizaines d'années, mon hôte, un homme sympathique, m'a raconté une histoire sur la manière dont certains peuples de l'extrême sud du continent s'y prenaient pour « faire de l'argent[1] » : « Les hommes de la tribu partent en brousse à l'aube et reviennent au crépuscule, les mains pleines de pièces d'argent qu'ils ont découpées dans le noble métal et façonnées avec des outils primitifs. Les femmes, restées à la maison pour trier le grain et s'occuper des enfants, chantent et battent des tambours pour fêter le retour de leurs hommes "faiseurs d'argent". Chaque famille ensevelit alors sa part de pièces sous le sol de terre battue de sa hutte. » Je me suis toujours souvenu de cette anecdote pour son interprétation littérale de l'expression « faire de l'argent ».

À l'instar de la plupart des religions, le bouddhisme classique affiche un certain mépris pour l'argent, considéré comme une influence potentiellement corruptrice. C'est pourquoi les moines bouddhistes de l'école du Sud font le vœu de ne jamais toucher à l'argent. Les moines d'Asie ont survécu pendant des siècles grâce à la générosité de bienfaiteurs qui leur donnaient à manger tous les jours et assuraient l'entretien des monastères. Des monastères qui, de leur côté, ont toujours fonctionné sur le principe de donner quelque chose en retour à la société. On enseigne par exemple au Tibet que le religieux qui pratique sincèrement et son généreux bienfaiteur sont comme deux bêtes liées par le même joug, et que le pratiquant entraîne son protecteur vers l'éveil. Quand on parraine un pratiquant, c'est presque comme si l'on méditait soi-même. *Dana*, le don généreux, étant une pratique spirituelle et l'une des vertus des bodhisattvas, le laïc qui donne et le yogi qui reçoit et pratique cheminent ensemble vers l'éveil.

Tous les matins, les moines de Thaïlande prennent soin d'aller présenter leur bol à aumônes à chaque porte, afin de donner à tout le monde — homme, femme, enfant — la chance d'avoir un lien avec le noble Dharma et avec une personne qui se consacre à la vie spirituelle. Ainsi, même les tout petits enfants, que la famille encourage à aller porter la nourriture à la porte, sont inclus dans la communauté spirituelle, avec les liens d'amitié qu'elle tisse entre les uns et les autres.

Les communautés zen sont traditionnellement plus autosuffisantes puisqu'elles mettent l'accent sur la relation de cause à effet entre le travail et ses fruits. Quand le grand maître zen Hyaku-jo de la Chine ancienne avait quatre-vingts ans, les moines, ses disciples, lui cachèrent sa houe et son râteau pour qu'il se reposât un peu. Hyaku-jo riposta en refusant de s'alimenter, disant : « Un jour sans travail, un jour sans manger. » Sa remarque pleine de sens pratique est parvenue jusqu'à nous.

---

1. L'équivalent anglais de « gagner de l'argent », que nous conserverons dans cette histoire qui, autrement, perd son sens et son sel. (N.d.T.)

Si le bouddhisme s'est distingué en s'attaquant très tôt dans l'histoire de l'humanité au problème de l'aspect spirituel du travail et des moyens d'existence, reste cependant à inventer une théorie économique du bouddhisme, pleinement élaborée. On entend souvent évoquer des éléments de théorie économique en harmonie avec les principes bouddhistes. Ainsi le beau livre de E.F. Schumacher, *Small is Beautiful*, fait l'apologie de la simplicité et de sa richesse : se débarrasser du superflu et réduire son train de vie peuvent aider à trouver la paix et le bonheur. Dans la même veine, *Voluntary Simplicity* de Duane Elgin est aussi une mine d'inspiration, ainsi que *Simple Abundance* de Sarah Bran Breathnach.

La simplicité est une composante essentielle des valeurs du Dharma. Ceux qui méditent arrivent à comprendre de l'intérieur comment le fait de simplifier et de calmer l'esprit permet de se rendre la vie plus simple et plus claire. Ça paraît cependant un énorme défi que d'essayer de vivre simplement de nos jours. Il m'arrivait de porter les mêmes tongs pendant des années quand je vivais dans un monastère. Ici, aux États-Unis, je ne cesse de m'étonner en voyant la quantité de choses superflues que j'accumule. Sans être Imelda Marcos, je m'aperçois cependant que j'ai au moins deux douzaines de paires de chaussures qui encombrent jusqu'au dernier centimètre carré d'espace de mon placard : des chaussures de jogging, des chaussures habillées, des tennis, des chaussures de marche, des sandales d'été, des chaussures de bateau, des bottes pour la neige, de grosses chaussures de travail, des chaussures d'escalade, des chaussures de ski, plus celles que m'ont données mon père et mon oncle. Chaque paire a son histoire et de bonnes raisons de se trouver là, mais sont-elles toutes nécessaires ? Puis-je franchement dire que j'ai besoin de toutes les garder ou qu'elles me rendent la vie plus facile et plus confortable, ou serait-ce qu'elles ne font que m'encombrer et créer du fouillis ? Quand est-ce qu'assez est assez ?

Une théorie économique du bouddhisme se fonderait sur une juste compréhension de la production interdépendante. La richesse, comme l'énergie, ne se crée ni ne se détruit ; elle ne fait que circuler, selon les lois de la causalité karmique. La compassion du Dharma voudrait que cette circulation fût plus équitable. Il y a trop de membres de la famille humaine qui se couchent le ventre vide, le soir, depuis les sans-abri de nos villes jusqu'aux enfants qui meurent de faim, de par le monde. Buckminster Fuller nous a souvent répété que, si les ressources mondiales étaient équitablement réparties, il y en aurait suffisamment sur terre pour faire vivre chaque adulte, pour permettre à chacun de poursuivre l'appel de son cœur. Marx n'était pas loin de l'essentiel avec son slogan : « De chacun selon ses aptitudes, à chacun selon ses besoins. » Mais reste à prouver que le marxisme en tant qu'expérience est une façon viable de vivre ensemble sur cette terre.

Certains estiment que l'argent est la racine de tous les maux. Ce n'est pas une opinion que partagnent les bouddhistes pour qui le problème est celui de l'ignorance. C'est notre rapport à l'argent qui en fait une source de bien ou de mal ; il peut être utile ou néfaste selon qu'on en use ou qu'on en abuse, selon qu'on le possède ou qu'il nous possède.

Il y a cependant à l'intérieur même du bouddhisme différents points de vue sur l'effet de corruption de l'argent et des biens. Ainsi, le maître birman S.N. Goenka recommandait de ne pas accepter de dons venant de personnes ayant des moyens d'existence douteux, expliquant que c'était de l'argent souillé, chargé d'un karma négatif, qui serait une entrave au progrès spirituel. Kalou Rimpotché, avec qui j'en avais discuté, m'avait confié qu'il acceptait, lui, ces dons au nom de son monastère, en partie pour aider à purifier et à transformer le mauvais karma qui y était associé, afin d'en faire du karma positif.

En réalité, et quelle que soit leur philosophie de l'argent, les institutions religieuses et spirituelles en ont autant besoin que vous et moi. Il y a un vieux dicton arabe qui dit : « Le Coran est gratuit, mais la reliure coûte un petit quelque chose. » La formule reste aussi vraie de nos jours, dans les temples et salles de méditation climatisés, qu'à l'origine, dans les tentes de nomades ou autour d'un feu de camp dans le désert.

Il est facile de dire qu'il faut être dans le monde sans être totalement du monde. Mais comment s'y prendre ? Et, entre autres problèmes, comment définir une attitude saine et convenable face à l'argent et à la réalité économique ? L'argent, détaché de l'étalon-or, peut revêtir plus ou moins toutes les formes qu'on veut lui donner. On les invente au fur et à mesure. Le chien ou le chat de la famille, par exemple, ne se creuse pas la cervelle pour savoir comment prendre sa part d'argent dans le porte-monnaie qui se trouve dans votre poche, il cherche plutôt le moyen d'arriver à dénicher les os de poulet qui empestent dans la poubelle. La valeur d'une chose n'est jamais que celle que nous lui conférons. L'argent et les os de poulet sont par nature neutres ; leur valeur, ou absence de valeur, dépend de leur place dans la hiérarchie du désir de chacun.

Là où commencent les ennuis, c'est quand on s'imagine avoir besoin de plus que ce qu'il nous faut en réalité. Quand « assez » n'est jamais assez. Pensez au millionnaire qui court après les milliards ou à celui qui n'est jamais satisfait du fonctionnement de son ordinateur et qui trafique son système jusqu'aux petites heures de la nuit, déclenchant des avalanches de sonneries et de signaux d'erreur. Il y a dans la cosmologie bouddhiste ce qu'on appelle les « esprits avides », représentés picturalement par un être au ventre énorme et enflé, avec un cou aussi mince qu'une aiguille et une minuscule bouche ouverte. Torturé par une insatiable faim, l'esprit avide s'acharne à accomplir l'impossible tâche d'introduire assez de nourriture dans sa petite bouche et à travers sa gorge étroite pour satisfaire son gigantesque ventre. Ce symbole n'est-il pas une représentation éloquente de certains états mentaux familiers : envie dévorante, besoin constant, désir insatiable ?

Pour bien fonctionner, une théorie bouddhiste de l'argent doit s'ancrer dans les principes essentiels du Dharma. On sait que les choses auxquelles on attache le plus de prix n'ont souvent aucune valeur monétaire. Combien valent le bonheur, la santé, un jardin, un sourire d'enfant ? Quand on tente de donner une dimension sacrée au quotidien, notamment en intégrant les questions d'argent à un style de vie éclairé, éveillé, ne faudrait-il pas inventer de nouveaux moyens de trouver un juste équilibre entre le besoin légitime et l'avidité immodérée ?

LE QUOTIENT DE BONHEUR

Il y a dans la vie un phénomène que j'appelle le « quotient de bonheur », le QB. Le QB se définit, selon moi, par l'équilibre entre ce qu'on a et ce qu'on veut. Si l'on veut dix choses et qu'on en ait huit, on est plus ou moins satisfait, heureux. Si l'on veut vingt choses et qu'on en ait huit, la balance penche trop dans un sens. Et, en présence d'un tel déséquilibre, l'insatisfaction et la frustration risquent de s'installer en nous, telle une infection qui couve. Ce QB illustre la raison pour laquelle les bouddhistes mettent le désir et l'insatisfaction sur le même plan, comme dans le principe de réalité qu'on appelle *dukkha*. Ainsi, plus le désir est fort, plus il y a de *dukkha*.

Rappelez-vous l'exemple du Bouddha qui a défini une voie médiane, un équilibre entre les excès de l'hédonisme gratifiant et de l'ascétisme mortifiant. Il a mis l'accent sur le bon sens, la modération, le juste milieu, équilibré, ouvert et non exclusif. En réfléchissant sur la sagesse bouddhiste, chacun de nous devrait, tôt ou tard, parvenir à trouver un équilibre personnellement satisfaisant entre le besoin et l'avidité. C'est éminemment réalisable.

Nombreux sont les maîtres qui ont dit que, moins l'on a de besoins, plus on est riche. Ainsi Milarepa vivait satisfait dans les hauteurs solitaires de l'Himalaya, survivant grâce aux orties qu'il ramassait et dont il faisait une soupe qui donnait une coloration verdâtre à sa peau. À une époque plus récente, le maître tibétain Patrul Rimpotché, ermite érudit, était réputé pour la simplicité de sa vie de mendiant et sa générosité inconditionnelle. Quand on lui demandait pourquoi il redistribuait immédiatement à d'autres les aumônes qu'il avait reçues, il répondait : « Une brique[1] de thé, c'est autant de bagage en plus à porter. Pourquoi me charger davantage ? » Nagarjuna, le célèbre philosophe bouddhiste, a pour sa part

---

1. Le thé qu'utilisent les Tibétains se présente sous forme de briquettes compressées. (N.d.T.)

déclaré que la véritable richesse était la satisfaction. Ce n'est pas la gratification du désir qui vous mène à quelque chose, mais la fin du désir — la satisfaction. Riche est celui qui se contente de ce qu'il a.

Trouvez votre vocation

La plupart des gens meurent avec leur petite musique encore enfermée en eux.

Benjamin DISRAELI.

Jusqu'à une époque assez récente, les Tibétains consultaient les lamas à tout propos, qu'il s'agît d'un projet de voyage, d'entrer au monastère ou de créer une fabrique de tapis. C'était la coutume ancienne. Certains lamas étaient connus pour leur troublante aptitude à donner des conseils empreints de prescience, en s'aidant de l'astrologie ou d'autres méthodes de prévision de l'avenir. Personnellement, ce ne sont pas des choses auxquelles je pense ou que j'étudie particulièrement, possédant la dose de scepticisme normale chez un Occidental. N'empêche que l'on me pose toutes sortes de questions et qu'une boule de cristal me serait drôlement utile pour y répondre…

La semaine dernière, quand Dan est venu me voir en privé, il m'a demandé si je faisais les divinations rituelles que pratiquaient les lamas au Tibet. « Pas vraiment », lui ai-je répondu avant de m'enquérir de ce qui l'amenait. Il expliqua qu'il était en pleine crise de la quarantaine et qu'il n'arrivait pas à décider s'il valait mieux continuer jusqu'à la retraite un travail qu'il détestait ou essayer de se réinventer un métier et une vie. Il y a beaucoup d'hommes et de femmes qui demandent conseil pour trouver leur véritable vocation parce qu'ils espèrent donner plus de sens et de finalité à leur vie. De fait, ils reconnaissent que le travail est une question spirituelle et cherchent des conseils d'ordre spirituel. Mais, souvent, comme Dan, ce sont des préoccupations bien plus concrètes qui les motivent.

On m'a récemment demandé d'expliciter la notion de « vocation authentique ». Après un temps de réflexion, j'en suis arrivé à la définition suivante : un travail qui nous aide à vivre ici et maintenant, tout en gardant un lien avec une réalité supérieure, plus intemporelle. Le Juste mode de vie correspond à un travail qui nous développe en même temps que nous le développons. La merveilleuse poétesse Maya Angelou a ainsi décrit le travail dans une interview : « Quelque chose que nous rendons plus grand et qui, en retour, nous grandit. »

Trouver du sens et de la finalité à travers le travail, voilà une partie importante de la recherche de ce qu'on est et de ce qu'on doit faire ici-bas. Il est essentiel de ne pas passer à côté de cet élément de vérité de votre vie. Il arrive parfois qu'étant insatisfait on trouve cette vérité en changeant d'orientation et en prenant un travail plus épanouissant. Je me rappelle avoir lu que Joseph Campbell s'était retiré dans les Catskill Mountains à l'âge de trente ans et avait passé trois ans à lire et à réfléchir sur l'histoire des cultures et des religions du monde. Eût-il pu devenir le grand sage et maître qu'il fut sans cette période d'études et de réflexion solitaires ?

Il est cependant d'autres moments de la vie où la seule chose qu'on puisse raisonnablement faire, c'est s'efforcer de trouver plus de satisfaction dans son travail actuel. C'est en tout cas une expérience que j'ai connue. J'adore mon travail, j'aime à dire que j'ai trouvé la paix, la liberté et la joie à travers le bouddhisme, et que je les trouve un peu plus chaque jour. N'empêche que, pendant ma période de formation de lama, il y eut des choses qui ne me motivaient guère, tels la calligraphie et l'artisanat religieux...

J'étais encore un peu un petit nouveau dans le Dharma, au Népal, quand je me suis trouvé à court d'argent et d'affaires à vendre. J'ai alors décidé de partir un an au Japon, des amis m'ayant dit que je pourrais y étudier et pratiquer le bouddhisme zen, tout en gagnant ma vie en enseignant l'anglais. Et je pourrais mettre de l'argent de côté pour revenir au Népal.

J'étudiais avec Uchiyama Roshi au temple Antaiji de Kyoto et je travaillais au Seika College, à trois quarts d'heure de métro de là. J'enseignais l'anglais à des étudiants dans la journée, et à des cadres de la Komatsu Company en cours du soir. Initialement, je me suis vraiment rebellé contre ce mode de vie : après les années passées à vivre et à méditer dans les montagnes de l'Himalaya, qu'est-ce que je faisais là, jour après jour, dans un métro japonais bondé, aux heures de pointe ? J'avais vraiment l'impression de perdre lamentablement mon temps, au début. Qu'est-ce que ça avait à voir avec la vie spirituelle, je vous demande un peu ? Étais-je en train de gaspiller ma vie ? Pendant ce temps-là, ma petite amie Suil, elle, se régalait en étudiant la peinture zen, la cérémonie du thé et l'art floral.

Pour tuer le temps dans le métro, je me mis à lire de la littérature de gare, des thrillers au rythme haletant, tels *Le Parrain* ou *Shogun*. J'adorais ces bouquins, je pourrais encore les relire maintenant pendant les vacances. Mais, à l'époque, je m'inquiétais à l'idée que mon cerveau risquait de se ramollir à ce régime-là, et je me mis à lire des livres plus nobles, comme *Les Frères Karamazov* ou *Guerre et Paix*. Je souffrais moins de mes trajets en métro parce que j'avais le sentiment d'en tirer quelque chose — ça me permettait de me cultiver, d'en apprendre plus sur les techniques d'écriture et ainsi de suite. Mais je n'avais pas encore résolu le fameux koan, l'énigme de la vie quotidienne. Je ressentais un conflit entre le plaisir et les délices que me procurait la lecture des grands romans, et la banalité d'avoir à enseigner le vocabulaire et la grammaire. Il y avait trop de décalage entre les deux. Ça me rongeait et je rêvais de partir retrouver ce que je considérais comme ma vraie vie, auprès des lamas avec qui j'étudiais au monastère de Kalou Rimpotché, à Darjeeling.

Je finis par en parler à mon vieux maître zen qui me fit remarquer — fort logiquement — que mon problème était le « koan de la vie quotidienne ». À chacun de le résoudre à sa manière : nos actes, notre façon de vivre ne dépendent que de nous, en fin de compte. C'est alors que le maître ajouta une remarque très importante : « Vous avez trois quarts d'heure de métro dans chaque sens, ça fait pratiquement deux périodes de méditation par jour. Pourquoi vous plaindre de perdre votre temps ? Le temps ne se perd pas... il ne s'en va nulle part. Si le temps se perd, c'est que vous le perdez. »

Réfléchissant à ce qu'il avait dit, je compris qu'en tuant le temps et en considérant toutes mes activités comme des corvées à endurer et à expédier pour s'en débarrasser, je ne faisais que m'anesthésier. Et à partir de ce jour-là, je me mis à méditer dans le métro. Oh, bien sûr que ça posait quelques problèmes pratiques : tu fermes les yeux ou tu les laisses ouverts, le regard fixe, au risque que les gens te prennent pour une espèce de zombie ? Comment tu repères le temps qui passe, pour ne pas rater ton arrêt ? De fait, ce n'était pas si difficile que ça. On n'est pas obligé de rester toujours assis à la même place, ni même de s'asseoir. Eh oui, on peut méditer assis sur un siège, au lieu de croiser les jambes — même au Japon. Je me suis simplement détendu, j'ai médité, et personne n'a rien remarqué. D'une certaine manière, on n'est jamais aussi seul que dans un métro aux heures de pointe. L'expérience dans son entier était empreinte d'une certaine perfection.

Et, chose incroyable — magie de la sagesse du Dharma ! —, je me mis à prendre plaisir à ce que je faisais. J'appréciais le moment où, sortant du métro, je traversais le campus de l'université qui était un vrai jardin. Je commençai à aimer retrouver tous ces adolescents aux visages juvéniles, aux yeux brillants, rieurs et sympathiques. Ils étaient toujours si contents de voir leur prof d'anglais new-yorkais. Mon cœur bondissait de joie : j'avais des tas de choses à donner et à recevoir. Mon travail acquit une nouvelle énergie, prit un tout autre sens. La méditation, ça marche !

Le Juste mode de vie, c'est faire le nécessaire

Il faudrait moins parler : un prêche n'est pas un meeting. Alors, que faire ? Prenez un balai et faites le ménage pour quelqu'un. Ça en dit suffisamment long.

Mère TERESA.

Je dînais récemment dans un restaurant de Manhattan avec un ami. Nous étions installés à une table près d'une série de grandes baies vitrées qui faisaient toute la hauteur de la salle et donnaient sur une avenue très passante. On voyait dans la rue un sans-abri mal vêtu et hirsute qui poussait un chariot bourré de cartons et de sacs-poubelle. Des vêtements et du bric-à-brac en tout genre dépassaient du chariot un peu n'importe comment. Soudain, un autobus des transports urbains new-yorkais fit un écart et faillit entrer en collision avec une petite voiture ; celle-ci heurta le devant du chariot qui se renversa sur le côté. Des douzaines, voire des centaines de boîtes de boisson gazeuse vides roulèrent sur le trottoir et se répandirent dans la rue. Voyant ce triste spectacle, je me sentis impuissant devant la situation catastrophique de ce pauvre homme, un sans-abri qui collectait des boîtes de soda pour gagner quelques dollars. À peine avais-je eu le temps de ressentir ces émotions que j'avisai un autre client du restaurant, un homme bien habillé, en costume-cravate, qui sortait sur le trottoir. Rapide et efficace, il se mit à la poursuite de toutes ces boîtes qui roulaient dans le caniveau et les replaça dans le chariot, travaillant de concert avec le SDF. Grâce à leurs efforts conjugués, quelques minutes plus tard le sans-abri repartait en poussant son chariot brinquebalant, tandis que le client du restaurant regagnait discrètement sa place.

Faire des « bonnes œuvres », ça signifie tout simplement trouver moyen d'agir en accord avec ses intentions de bodhiccita et faire le nécessaire. Ce n'est pas compliqué, il suffit de s'occuper de ce qui nécessite votre attention à ce moment-là. Je me souviens d'un jour où, arrivant dans la chambre de Kalou Rimpotché, je le vis assis par terre avec deux jeunes moines, entourés de morceaux de tissu grenat. L'un des garçons mesurait du fil et Kalou Rimpotché avait en main une énorme paire de ciseaux à l'ancienne. Kalou Rimpotché était un excellent tailleur et prenait une part importante à la confection des robes des moines de son monastère. La spiritualité n'exclut pas le sens pratique, ce sont plutôt des choses qui font bon ménage.

Pénor Rimpotché, l'actuel chef de l'école Nyingmapa à laquelle j'appartiens, est connu pour être le meilleur plombier du village de réfugiés tibétains qu'il habite, au sud de l'Inde. Quand personne n'était capable de réparer le système d'évacuation des toilettes, nous l'avons vu se plonger jusqu'à la taille dans la fosse septique puante et déboucher les conduites à l'aide d'instruments manuels, sous le regard impressionné de ses moines qui s'exclamaient : « Rimpotché est vraiment un maître ! »

Un très bel exemple de juste mode de vie, connu de tous les enfants des écoles, est celui de John Chapman, connu sous le nom de Johnny Appleseed (Pépins de pomme) qui parcourut le Middle West au début du XIXe siècle en plantant des pépins de pomme partout et en veillant sur les pommiers qu'ils donnaient. Chapman savait en plantant ces pépins qu'on récolterait un jour des pommes, même s'il ne les verrait jamais. Et quel merveilleux cadeau il a légué aux générations suivantes ! Dans la même veine, tous les Tibétains connaissent l'histoire de Thang-tong Gyalpo, maître et yogi errant du XVe siècle à qui un passeur refusa un jour de traverser une rivière sous prétexte qu'il avait l'air d'un fou. À la suite de cet incident, Thang-tong Gyalpo eut des visions dans lesquelles les bouddhas et les bodhisattvas lui assignèrent une mission : aider ses concitoyens en construisant des ponts — du solide, en fer. Les premiers ponts de la région himalayenne ! Il s'attela effectivement à la tâche, aidé de ses disciples, mettant au point des techniques d'extraction et de raffinement du minerai de fer afin de parvenir à ses fins. Il réussit à bâtir près de soixante ponts métalliques suspendus, dont certains sont encore en usage.

Le juste mode de vie, c'est « gagner sa croûte » sur cette fragile planète. Mais, comme des millions de femmes au foyer sont bien placées pour le savoir, l'argent ne fait pas toujours partie de l'échange. Un piéton trébuche, un passant lui tend la main pour l'aider ; un bébé pleure dans la nuit, un parent lui chante une berceuse d'une voix un peu fausse ; un élève n'arrive pas à s'y retrouver en géométrie, un prof l'aide à comprendre, en dehors des heures de cours ; un client hésite entre la salade de chou et la salade de pommes de terre, la vendeuse souriante comprend son indécision ; un vieux monsieur veut accrocher un lourd miroir au mur, chez lui, un voisin arrive avec une perceuse, les vis qu'il faut et des mains prêtes à aider ; une femme rentre du travail fatiguée, affamée et à bout de nerfs, son compagnon compréhensif prépare un repas simple. Tout cela, ce sont des « bonnes œuvres », de la belle ouvrage. Le point commun de ces situations où une personne en aide une autre, c'est que chacun « fait le nécessaire ». C'est affaire de partenariat et de bonnes intentions. Autant d'exemples de vocation authentique et d'application des principes du Juste mode de vie sur la voie de l'éveil.

Envisager la possibilité de trouver un Juste mode de vie

Asseyez-vous un instant, abandonnez ce que vous êtes en train de faire. Détendez-vous, installez-vous bien. Laissez les mains, la tête et le cœur se calmer. Plongez-vous dans l'immédiateté et la richesse de l'instant présent.

Maintenant, considérez la manière dont vous utilisez votre temps, votre vie. Examinez vos choix, votre état actuel, où vous en êtes présentement. Branchez-vous sur vous-même et écoutez bien : ouvrez la troisième oreille, l'oreille interne de l'écoute vraie. Et essayez d'entendre, de sentir, de percevoir, de savoir avec certitude ce qui vous pousse, ce qui vous appelle. Tâchez de voir si vous pouvez trouver et accomplir votre vocation authentique : il ne s'agit pas seulement de gagner sa vie mais de la faire.

Interrogez-vous : à quoi est-ce que je passe mes journées ? Est-ce que je consacre le plus clair de mon temps à faire ce que j'aime ou à « faire des heures » ? Ma vie professionnelle est-elle surtout faite de corvées et de compromis, de responsabilités, de devoirs et d'obligations ? Ou suis-je passionnément lancé à la recherche de ma bonne étoile ? Que ferais-je différemment si je le pouvais (car je le peux) ? Quel est le plus court chemin vers le bonheur supérieur et le véritable bien-être ?

Le travail qui m'occupe est-il fondamentalement honnête, riche de sens, utile — pour moi et pour les autres —, ou tout au moins non néfaste ? Est-il satisfaisant au plan émotionnel, financier, psychologique et social ? Est-il stimulant et créatif, m'incite-t-il à tirer le meilleur de moi-même en utilisant le mélange unique de dons, de talents, d'expériences et d'intérêts qui est le mien, et en continuant à le développer ? Ou bien serais-je en train de me cacher la vérité pour me débrouiller tant bien que mal ? Ou pour m'en tirer à bon compte (en voulant ignorer les conséquences de mes actes, peut-être) ?

Mon travail suffit-il à me faire vivre, ainsi que les miens, tout en contribuant à améliorer l'avenir — créer un monde plus heureux et moins dangereux, une société meilleure ? Ou bien mon activité va-t-elle à l'encontre de ces objectifs positifs ?

Y a-t-il quelque chose que je remets au lendemain et qu'il vaudrait mieux faire tout de suite ? Combien de fois m'arrive-t-il de traîner pour faire une chose et passer à la suivante ? Tuer le temps, c'est se transformer en mort vivant.

Si je pouvais faire absolument tout ce que j'ai envie de faire dans ce monde, si j'avais une carte de crédit cosmique, que choisirais-je ?

Et qu'est-ce qui m'empêche de le faire maintenant, là, tout de suite ?

L'APPRENTISSAGE DE LA MÉDITATION

Conscience alerte, attention et concentration

Le Noble Octuple sentier est la voie du vécu conscient. La vigilance en est le fondement. En pratiquant la vigilance, on développe la concentration qui permet la connaissance. Grâce à la juste concentration, on accède à la conscience alerte, aux pensées, aux paroles et aux actes justes, au mode de vie et à l'effort justes. La connaissance qui se développe alors peut vous libérer des entraves de la souffrance et faire naître paix et joie véritables.

Thich Nhat HANH, extrait de *Old Path, White Clouds.*

Les Occidentaux viennent au bouddhisme à cause de la méditation, mais commettent souvent l'erreur de s'en faire une idée étriquée : on s'installe dans une pièce tranquille, on s'assied jambes croisées et on ferme les yeux. Or, le Bouddha a conçu cet aspect de la voie comme une discipline mentale : former l'esprit en cultivant une conscience alerte et vigilante, une attention à l'instant présent. Si les difficultés de la vie sont le produit de l'ignorance, de la pensée erronée et des émotions conflictuelles, la solution évidente est de devenir plus sage, plus conscient, mieux équilibré et plus aimant. On y parvient en faisant l'apprentissage de la méditation, le *samadhi*, terme sanscrit qui signifie discipline mentale ou concentration. L'apprentissage de la méditation comprend le Juste effort, la Juste vigilance et la Juste concentration.

La conscience est le dénominateur commun de tous les êtres doués d'esprit. La méditation est le moyen le plus direct et le plus efficace pour cultiver cette conscience innée. C'est l'élément essentiel de la voie qui mène à l'éveil du bouddha intérieur. On médite pour purifier l'esprit et le discipliner. On médite pour accéder à l'illumination spirituelle, afin de comprendre et de percevoir directement la réalité, la vérité. C'est ce que le Bouddha appelait « claire vision », « voir les choses telles qu'elles sont ». On médite pour s'éveiller à ce qui est et connaître l'immédiateté et l'authenticité totales de la vie dans l'instant présent. Tel est le but, telle est aussi la pratique. Cultiver la conscience présente, d'instant en instant, vous aide à revenir à l'origine de ce que vous êtes et avez toujours été.

Démythifiée, affranchie de l'apparat de la religion et de la culture, la méditation revient essentiellement à cultiver la conscience vigilante, l'attention pure, un esprit présent et alerte, en éveil. Ce développement de la conscience alerte éradique l'ignorance — méconnaissance de soi, des autres et aussi de la réalité. La méditation éveille et libère l'esprit, elle ouvre le cœur et développe en soi sagesse, lucidité, joie et compassion, conférant ainsi une dimension spirituelle à chaque aspect du quotidien, donnant une plus vaste perspective sur la vie. L'apprentissage de la méditation aide à se concentrer, à voir et à penser plus lucidement. Elle permet de se développer spirituellement pour devenir des hommes et des femmes plus sages, moins égoïstes, et plus soucieux des autres.

La méditation n'est pas un simple exercice auquel on se livre, c'est une manière d'être et de voir, un engagement inconditionnel à vivre l'instant. Elle permet de percevoir et de connaître les choses telles qu'elles sont en réalité. Elle nous met directement en prise sur la vérité au sens le plus simple : les choses telles qu'elles sont. La méditation est la prière des bouddhas.

Le Dharma enseigne que, le bien comme le mal, tout provient de l'esprit, de nos esprits conditionnés par des années (et des vies) de pensée entachée d'erreur et d'illusion. Notre esprit n'est-il pas constamment anxieux, occupé à remâcher des regrets passés, à s'inventer des projets d'avenir ? N'a-t-on pas parfois l'impression que l'esprit grouille de sentiments conflictuels, de pensées et de fantasmes ? À chaque seconde de la journée, l'esprit et les sens sont submergés par des stimuli extérieurs — sons, odeurs, images. Il y a tellement de choses qui se passent, tant d'information qui entre et sort du cerveau, qu'il paraît impossible d'y voir clair.

L'esprit est capable de tout, il a engendré les plus grandes merveilles et les pires horreurs du monde moderne. Tout dépend de la manière dont on use de ce don unique qu'est la conscience. La pensée et l'intellect font de bons valets — ce sont d'excellents instruments — mais de piètres maîtres. Pourtant, on tombe souvent sous la domination tyrannique de la pensée : la routine des schémas mentaux prend le contrôle, avec en fond sonore les bruits de statique et l'écho vide des paroles habituelles. L'imagination part dans tous les sens, on est en proie à des obsessions folles, des angoisses, des incertitudes et des soucis incessants qui ne laissent pas un instant de répit. À pareil moment, il est bon de faire le point et de renouer avec la quête sincère d'un cœur assoiffé de bonheur et d'épanouissement. Prendre un nouveau départ, recommencer le voyage et l'exploration afin de trouver ce qui importe vraiment dans la vie, et s'y atteler pour de bon. Qu'est-ce qui compte vraiment pour chacun d'entre nous ? Comment apprendre à aimer et à vivre mieux. Comment se faire une vie, sans se borner à la gagner. Comment se trouver, découvrir son véritable soi, au-delà du personnage ou de l'image. Comment utiliser ses talents et ses dons particuliers.

Pour simplifier et approfondir sa vie, il faut simplifier et approfondir son esprit. Quand on devient mieux centré en soi, plus lucide, plus ouvert et soucieux des autres, soudain il y a davantage de place pour les autres et pour soi dans sa vie frénétique. Pour reprendre la formule de Marshall McLuhan : « Notre esprit est un magazine qui sort une nouvelle édition toutes les quatre secondes. » Le Bouddha a dit dans le *Dhammapada* : « L'esprit est agité, instable, difficile à surveiller, difficile à contrôler. Le sage le redresse, tel l'archer sa flèche. L'esprit est vif-argent, difficile à retenir, il va où il veut. Il est bon de le dresser et de le maîtriser, car un esprit discipliné procure le bonheur. »

Il existe en fait deux types de méditation bouddhiste :

1. La méditation basée sur la concentration

Pratique yogique qui existait avant la naissance du Bouddha, la concentration peut aider à atteindre les états mystiques les plus avancés. Si le Bouddha parvint ainsi à des états de félicité inimaginables, il estimait malgré tout que ce type de méditation ne pouvait à lui seul garantir l'éveil. La juste concentration repose sur des exercices de relaxation et de centrage en soi qui apprennent à se recueillir, à focaliser l'énergie et l'attention, à calmer le cœur-esprit. Il a été prouvé que ces techniques sont très utiles pour réduire le stress, gérer la tension et d'autres problèmes à composante somatique.

2 . La méditation de la vision transcendante[1]

Ce type de méditation, mis au point et enseigné par le Bouddha, s'appelle *vipassana*. C'est le moyen de développer la sagesse intérieure et une compréhension intime de la nature de la réalité. La méditation de la vision transcendante consiste à cultiver la vigilance et la conscience alerte qui font naître la compréhension spirituelle, tout en éradiquant le conditionnement du karma négatif et les *kleshas*. Le résultat est un cœur pur et paisible, un esprit libéré. La méditation de la vision transcendante est la voie même de l'éveil ; c'est le « cœur » de la méditation bouddhiste.

L'idéal, bien sûr, est d'allier le tranchant acéré de la concentration à la méditation de la vision transcendante pour accéder à une vue d'ensemble,

---

1. Le nom tibétain de cette méditation (*lhag mthong*) signifie littéralement « voir plus clair, voir mieux ». Il est diversement traduit par vision supérieure, vision pénétrante, vision profonde, etc. Il est important de souligner pour éviter toute ambiguïté qu'il ne s'agit pas de « visions » mais d'une qualité de lucidité et de clarté de l'esprit qui lui permet de connaître la réalité, c'est-à-dire percevoir les choses et les êtres sans distorsion affective ou cognitive. (N.d.T.)

globale et panoramique. Dans les enseignements non-duels du Mahamoudra et du Dzogchen, cette alliance s'appelle la grande *vipassana*, la grande vision transcendante que confère la conscience panoramique. Cette combinaison de la concentration et de la vision transcendante est la méthode que pratiquait le Bouddha lorsqu'il comprit l'ultime vérité et atteignit la libération totale sous l'arbre de bodhi, dans les terres solitaires d'Inde du Nord.

Ces deux types de méditation se retrouvent dans les différentes écoles et traditions. Ainsi, il y a deux sortes de pratique zen assise : « juste s'asseoir » et le koan (réfléchir à une énigme). Dans le bouddhisme tibétain, la pratique de la méditation recouvre à la fois les techniques non réflectives — on laisse l'esprit reposer dans sa propre nature — et les systèmes de méditation analytiques, avec réflexion sur un thème. En tout cas, la distinction entre concentration et vision transcendante est un principe commun à toutes les pratiques et formes de méditations des différentes écoles.

Il faut si peu pour méditer. Il suffit d'arrêter ce qu'on est en train de faire et d'être là, tout simplement. Pour gagner, il faut participer. Alors, soyez là, c'est tout ! Une fois habitué à la méditation, on peut la pratiquer debout, en marchant, couché, et même en composant un bouquet. Le Bouddha a un jour dit qu'il y avait quatre postures de méditation : debout, assis, en marchant et couché. Autrement dit, tout le temps.

Au début, méditer veut dire focaliser l'esprit, le calmer. Ensuite, cela évolue vers la conscience panoramique. Il y a des siècles qu'on apprend à méditer sur le souffle. J'ai appris, comme je l'enseigne maintenant aux autres, à respirer par le nez, en se concentrant sur la sensation de l'air qui entre par les narines ; puis à expirer, par les narines, en se concentrant toujours sur la sensation de l'air qui sort par les narines. Observez simplement le souffle, sans vous occuper d'autre chose. Restez concentré sur le souffle, quoi qu'il arrive autour de vous — gens qui passent, moustiques qui bourdonnent, radios qui hurlent. Si vous éprouvez une sensation physique — une crampe dans le pied, l'épaule qui vous démange —, essayez de laisser couler et concentrez-vous sur la respiration. S'il vous vient à l'esprit une pensée, un souvenir, une envie, servez-vous du souffle pour décoller l'esprit en douceur et continuer à le concentrer sur le souffle.

Ça paraît si simple, mais c'est en essayant qu'on s'aperçoit à quel point l'esprit est indiscipliné, à quel point il est difficile de se concentrer sur une seule chose. De même que les adultes savent que les enfants ont une durée d'attention réduite, les maîtres de méditation comprennent qu'un adulte ordinaire éprouve des difficultés à se concentrer. Mais l'esprit même le plus rebelle peut arriver à méditer grâce à l'effort, la vigilance et la concentration. Quel est le contenu de la méditation ? Vous, votre vie, votre monde. Pas besoin d'aller au Tibet ni au Népal pour trouver sur quoi méditer.

Un maître zen Dogon a un jour écrit :

> « Étudier la voie du Bouddha, c'est étudier le soi ;
> Étudier le soi, c'est transcender le soi.
> Transcender le soi, c'est s'éveiller au contact de toute chose.
> S'éveiller au contact de toute chose, c'est abolir la barrière entre soi et les autres. »

LE JUSTE EFFORT

Une passion pour l'éveil

Par l'effort soutenu et la sincérité,
La discipline et le contrôle de soi,
Les sages deviennent comme des îles
Que nulle inondation ne peut submerger.

Extrait du *Dhammapada* (paroles du Bouddha).

Le terme « bouddhiste » n'existe pas en tibétain. On se sert du mot *nang pa* qui veut dire les « gens de l'intérieur ». Cette appellation, qui ne se veut pas une exclusion des autres, désigne ceux dont la quête implique un regard tourné vers l'intérieur. Les « gens de l'intérieur » ne cherchent pas un refuge extérieur à soi, mais un sens existentiel qui ne peut se trouver qu'en soi-même. La sixième étape du Noble Octuple sentier fait de nous des « gens de l'intérieur », engagés dans un véritable travail intérieur, avec énergie, discernement et amour.

Il est intéressant que le Juste effort soit considéré comme partie intégrante de l'apprentissage de la méditation (*samadhi*). Cela nous rappelle que la méditation est dynamique et non passive. Avec le Juste effort, il est en réalité question d'effort spirituel. On tâche de s'élever, de développer des états mentaux plus sains, tout en s'efforçant — en douceur — d'aller plus profondément en soi et de vivre plus pleinement. Cet effort-là nous aide à nous ouvrir et à nous éveiller, cœur et esprit, corps et âme.

En déclarant : «Une vie qu'on n'examine pas ne vaut pas la peine d'être vécue », Socrate a évoqué une si profonde résonance de vérité que l'écho de ses paroles se prolonge de nos jours encore, plus de deux mille ans après sa mort. Il faut une bonne dose d'effort spirituel sincère pour examiner sa vie et tenter de travailler sur soi. Utiliser l'introspection, la prière et la contemplation — les pratiques de vigilance et de conscience alerte —, c'est recourir à une science intérieure d'éveil et de transformation spirituelle, une méthode intemporelle, éprouvée, authentique et efficace. Celle qui a servi, sert et servira à tous les bodhisattvas — passés, présents et futurs — à faire leurs riches semailles de Dharma pour produire les fleurs destinées à réjouir le monde entier.

L'effort et l'inspiration sont les moteurs du cheminement spirituel

Il y a quantité de façons de définir l'effort : application, persévérance, courage, autodiscipline, diligence, constance, patience — la liste est interminable. Chacun ayant son propre cheminement, on est tous appelés à faire différentes sortes d'effort, et à des degrés divers. Ce qui semble facile à l'un sera difficile pour l'autre. En vertu du conditionnement particulier à chacun de nous, on a tous des perceptions, des tendances, une histoire personnelle qui nous entraînent vers tel ou tel vécu spirituel. On est généralement attiré par ce qu'on connaît déjà, c'est un principe karmique. Il faut donc de l'effort pour modifier les schémas qui nous sont familiers. Prenons l'exemple de Doug, ex-alcoolique en phase de convalescence, qui doit générer une énorme dose d'effort spirituel chaque jour afin d'éviter la boisson, mais aussi pour tenter de réparer les erreurs que sa conduite intempérante a causées dans le passé. Il se bat pour reconstruire ses relations avec ses enfants, ses parents, ses frères et sœurs. Il essaie aussi de se forger de nouvelles amitiés, de nouveaux liens qui ne ressemblent pas à ceux du passé.

Chaque matin, Maggie commence sa journée par une heure de méditation et de calme réflexion. Elle déploie aussi de prodigieux efforts pour lire sur le bouddhisme et en apprendre davantage. Le soir, après le travail, elle suit des cours de yoga et de tai-chi. Elle fait cela parce qu'elle veut changer. Comme Doug, elle espère se faire de nouveaux amis et aimerait bien trouver un compagnon qui partage son intérêt pour la spiritualité. Les gens font des plaisanteries sur les soirées de méditation qui se tiennent au centre de méditation du coin : ils appellent ça le « bardo des célibataires ». Maggie, quant à elle, apprécie vraiment le groupe de méditation auquel elle participe une fois par semaine et elle s'y est fait plusieurs nouveaux amis.

Bien qu'ayant un travail épuisant dans la vente, Jane est bénévole dans un foyer de sans-abri où elle passe deux nuits complètes par semaine, en plus de toutes les heures qu'elle consacre à collecter des fonds, de la nourriture et des vêtements pour les SDF. Pourtant, il y a quelques années, Jane s'était effondrée après la rupture d'une relation qui comptait énormément pour elle ; elle raconte que, pendant toute cette période-là, elle était incapable de penser à autre chose qu'à elle-même. Et puis, un jour qu'elle était allée à l'église prier pour que son petit ami lui revienne, elle a remarqué une affiche qui demandait des volontaires pour un refuge de sans-abri. De toute façon, elle n'arrivait pas à dormir, alors pourquoi pas ? Au départ, Jane n'y a vu qu'un moyen de sortir d'elle-même mais, maintenant, elle estime qu'elle y a trouvé toutes sortes de satisfactions profondes, ne serait-ce que de mieux se connaître et de se sentir plus proche des autres.

Ces trois personnes ont toutes fait des efforts concrets pour mieux se connaître et se développer intérieurement. Doug, Maggie et Jane sont différents, de par leur vie, leurs centres d'intérêt, leur cheminement personnel. Mais ils ont une chose en commun : ils ont tous une idée de ce que signifie faire des efforts héroïques pour rester sur la voie spirituelle, même si c'est malcommode et inconfortable. Bien sûr qu'il y a des jours où Doug aimerait bien appeler Charlie, son vieux copain de beuveries, pour aller faire une petite virée et boire une ou deux bières, mais il s'en asbtient car il en a appris assez long sur lui-même pour ne pas avoir envie de replonger. Certes, il y a des petits matins pluvieux où Maggie préférerait laisser tomber sa méditation et dormir un peu plus longtemps ou regarder les infos à la télé, mais la méditation et le yoga l'aident à donner un sens à sa vie et elle ne veut pas perdre le contact avec cela. Quant à Jane, il y a bien des soirs où elle préférerait prendre sa voiture pour se rendre au centre commercial plutôt que d'aller au foyer de SDF aider une femme à s'occuper de sa fille, une adolescente rebelle. Mais Jane veut continuer à tendre la main aux autres au lieu de se replier sur elle-même. Ces gens-là s'obstinent à faire l'effort nécessaire pour s'éloigner de leurs vieux schémas passés et marcher vers un avenir riche de possibles. Cela exige un profond engagement, de la régularité, de la patience, du courage, de la détermination et de l'enthousiasme. Voilà le Juste effort.

Effort et méditation

S'il y a une infinité de façons de développer la conscience de soi, toutes exigent un effort. Qui peut nier qu'il faille du courage pour examiner ses pensées et sa conduite ? Ce n'est pas facile de s'avouer qu'on a agi par orgueil, par jalousie ou par malveillance, au lieu de faire honneur à sa nature de bouddha. Qui a le courage et le zèle spirituel nécessaires pour regarder en face la vérité sur lui-même ?

Il y a de nombreuses manières de fournir un effort spirituel et de vivre une vie dotée d'un supplément d'âme. Le bouddhisme offre aux aspirants à la vérité des techniques de méditation authentiques et éprouvées, transmises depuis des siècles par des pratiquants expérimentés et des maîtres éclairés qui avaient compris que c'est notre vie intérieure qui détermine notre vécu. Depuis des milliers d'années, la méditation sert à des millions de personnes à transcender les limites humaines, à se réaliser spirituellement et à connaître le divin. Pratiquement, cela signifie se développer intellectuellement et affectivement afin d'être équilibré et en harmonie avec soi, capable de gérer les grandes questions de la vie.

Dans la pratique bouddhiste, l'effort de transformation et d'éveil est lié à la méditation, qui commence souvent par l'observation du souffle.

Certains s'en étonnent : quel est le rapport entre le développement de soi, le changement intérieur, et le souffle ? Qu'est-ce que l'esprit a à voir avec le souffle ? Et l'observation du souffle avec la transformation spirituelle ?

On commence par le souffle parce que c'est un processus physique qui nous est commun à tous. Les mots « respiration » et « esprit » ont les mêmes racines, étymologiquement. La respiration est ce qui nous rattache à la vie. C'est un phénomène fondamental et tangible dont on peut tous faire l'expérience. L'observation du souffle est l'exercice de centrage et d'ancrage de base, celui qu'on peut pratiquer où qu'on se trouve. Inspirez. Expirez. Ça calme, ça tranquillise. Ça aide à se concentrer, à focaliser l'attention. Pour faire l'effort d'observer le souffle, on est obligé de ralentir, d'avoir une attitude plus réfléchie, plus contemplative. Prenez une profonde inspiration. Expirez. Détendez-vous. Relâchez tout. Lâchez prise. Souriez-vous. Prenez votre aise.

La méditation est essentiellement un mode de vie. C'est pourquoi elle est si intrinsèquement liée à l'effort spirituel. Il faut un certain effort pour cultiver une conscience alerte en développant l'attention. La *voie* méditative n'exige aucune allégeance de notre part : pas besoin d'adopter ou de rejeter une foi, une école ou une religion particulières. Les seules incitations à poursuivre la pratique de la méditation sont la confiance et l'intime conviction que nous inspire notre propre expérience. La méditation n'est pas un quelconque programme de gymnastique mentale. La simplicité est la clé de l'art de méditer : la simple nécessité de se décharger de ses excédents de bagages et de diriger le projecteur vers l'intérieur. Car tout est déjà là, dans le tréfonds de notre être spirituel intangible.

Notre conditionnement est tel que nous avons tendance à concevoir l'effort comme un labeur orienté vers un but précis, un dur travail qui s'accomplit à la sueur de nos fronts. Je pense qu'il est important de se rappeler que, dans le contexte du Juste effort — l'effort spirituel —, il s'agit plutôt d'un mélange parfaitement équilibré d'endurance, d'énergie, d'enthousiasme, de grâce et de dignité. Parmi les images associées au Juste effort, il y a celle de l'aigle majestueux qui s'élève sans effort au-dessus de son nid posé sur une cime, et celle du noble cygne qui glisse entre les feuilles de nymphéas sans faire de vagues qui dérangeraient la tranquillité de l'onde.

De nos jours, on a la mentalité café instantané : on veut tout, tout de suite. Un peu d'eau chaude, et c'est prêt. Mais en matière spirituelle, mieux vaut se hâter lentement pour arriver sans tarder, même si l'on ressent l'urgence du besoin de progresser. Ce n'est pas en tirant chaque jour sur la tige des fleurs qu'on les fera pousser plus vite ; on risque même d'entraver leur floraison naturelle. On peut en revanche optimiser leur potentiel de croissance en les soignant intelligemment avec juste ce qu'il faut d'eau, d'air, de soleil et d'engrais. Ces sages principes de jardinage ne sont pas sans similitude avec l'effort approprié, celui qui convient exactement pour assurer la croissance spirituelle, le développement personnel de chacun.

Le Bouddha a lui-même défini quatre facettes de l'effort, les Quatre grands efforts, dont la combinaison constitue le meilleur moyen d'œuvrer à la sagesse.

LES QUATRE GRANDS EFFORTS

1. *L'Effort pour éviter* les pensées et les actes néfastes et négatifs.

Ce premier Grand effort est par beaucoup de côtés le plus facile parce qu'il n'exige pas la renonciation à un mode d'être existant. Il requiert cependant qu'on soit alerte et conscient des différentes manières dont de nouveaux schémas négatifs sont susceptibles de s'établir. Il s'agit d'observer attentivement ses sens pendant la méditation, pour voir ce qui vous attire et vous repousse. L'observation se prolonge ensuite toute la journée. Cet effort aide à acquérir la maîtrise de ses réactions et à mieux gérer ses humeurs et ses émotions.

En 1984, à la fin de ma première retraite de trois ans, notre groupe se retrouva pour partager un repas et une fête joyeuse. Après quoi notre maître nous emmena voir Lama Genndunn Rimpotché, le vieux lama du monastère d'à-côté, un charmant maître de retraite qui avait passé le plus clair de sa vie à méditer seul dans des lieux reculés, au Tibet.

Pendant trois ans et demi, notre groupe de vingt-deux personnes avait médité sans sortir, ou presque, de la cour de notre monastère clos. Et tout d'un coup, les portes s'ouvraient : tout semblait si lumineux, si vivant, si coloré tandis que nous marchions sur la route. Un peu comme au sortir d'un caisson de privation sensorielle. On entra dans la chambre-cellule de Genndunn Rimpotché et on s'assit devant lui. On attendait, les yeux brillants, la bouche en cœur. Genndunn Rimpotché nous rappela que l'expérience de ces trois années nous avait purifiés, que nous étions comme des ardoises vierges sur lesquelles on pouvait écrire ou dessiner n'importe quoi. « Observez-vous bien. Ne laissez pas vos sens aspirer votre esprit hors de vous. Ne perdez pas le fil de l'esprit chaque fois que vous sentez une odeur, que vous voyez ou touchez quelque chose. Maintenez la conscience du présent, restez centrés dans l'esprit naturel, essentiel, et appréciez tout de manière égale. »

Quand on pratique le Juste effort, je pense qu'il peut être utile de s'imaginer qu'on est un enfant, récuré de frais, ouvert à de nouvelles expériences, à des actes neufs, à du karma neuf. On crée son propre avenir à chaque instant. Quel sera-t-il ? Peut-on faire l'effort d'éviter ce qui détruit, ce qui fait mal, la gratification des sens et les bêtises ? Sommes-nous capables de démasquer et d'éviter les images, les sons, les odeurs et les pensées qui risquent de nous pousser à créer du nouveau karma négatif ?

2. *L'effort de surmonter* les pensées ou actes néfastes déjà existants.

Il suffit d'avoir suivi un régime pour se rendre compte de la quantité d'effort requise pour modifier ses vieux schémas de comportement. Supposons que vous ayez pris du poids et que vous décidiez de renoncer aux gâteaux et aux biscuits dont vous avez constamment envie. Et voilà que vous changez d'envies du jour au lendemain : maintenant, vous n'arrêtez pas d'acheter du yaourt glacé, du jus de fruits sucré et des pommes de terre au four. Vous ne perdez pas de poids, peut-être même en gagnez-vous. Alors, vous laissez tomber le yaourt et les pommes de terre, et vous vous mettez aux fruits secs et aux bananes. Quoi que vous éliminiez de votre régime, vous vous débrouillez toujours pour trouver d'autres aliments dont abuser. Peut-être avez-vous appris à manger un peu plus sainement, pour vous être penché sur vos désirs alimentaires, mais les envies et les pulsions qui vous poussent à trop manger sont toujours là. Le même principe s'applique à toute la gamme des pensées et des schémas négatifs. Car il est des faims plus profondes qui nous incitent à trop manger, des faims intérieures qui attendent d'être reconnues.

Chacun a derrière lui un passé, une vie passée qui conditionne son comportement. Chacun trimballe son bagage de mauvaises habitudes, de vieilles colères et d'anciens ressentiments, d'obsessions éculées, de vendettas essoufflées et de manières d'être qui produisent l'inverse des résultats escomptés. Diane houspille sans cesse sa famille et crie très fort ; l'angoisse que Bob éprouve à propos de son travail se traduit par un comportement tyrannique envers ses employés ; Gigi est jalouse de sa sœur ; Donald en veut à ses parents ; Pamela ment à son mari ; Carrie flirte avec le mari de sa meilleure amie : Marion n'arrête pas de critiquer les autres. Cela coûte très cher de trimballer ce paquet de linge sale partout avec soi. Mais il est possible de changer : on peut décider de recourir à l'effort spirituel pour démanteler les comportements néfastes ; on peut choisir de lâcher prise de ce qui est inutile aux autres et à soi. Le passé est le passé, mais on va se créer du nouveau karma avec les actes qu'on accomplira désormais. Voilà pourquoi c'est ici et maintenant qu'il faut prendre le virage dont dépend notre existence, présente et future. Maintenant est la frontière entre le samsara et le nirvana.

Respirez et réfléchissez aux schémas qui déterminent vos pensées et vos comportements actuels. De quoi aimeriez-vous vous débarrasser ? Pratiquez la méditation et l'introspection profonde pour acquérir une plus grande conscience de soi, la vision transcendante. On peut se servir du Juste effort pour se transformer, tout en faisant de la place pour des pensées plus satisfaisantes, des « instants d'esprit » plus épanouissants.

3. *L'Effort de développer* uniquement les pensées bonnes et bienfaisantes et de mener une vie éclairée.

Réfléchissez à ce que vous voudriez être, à la façon dont vous aimeriez vivre. Pensez à ce que cela signifie d'être un bodhisattva, un guerrier spirituel ; à ce que veut dire mener une vie éclairée. Les bodhisattvas pratiquent les Six Paramitas ou Perfections, six vertus transcendantes que j'aime à appeler les « six principes d'une vie éclairée ». C'est faire l'effort de mener une vie éclairée que de tenter d'incarner ces six perfections :

> *La générosité* : donner, concilier, aimer sans condition et sans bornes. Mains ouvertes, esprit ouvert, cœur ouvert.
> *La vertu* : éthique, honnêteté, moralité, intégrité, aider les autres.
> *La patience* : tolérer, supporter, accepter, pardonner.
> *L'effort* : énergie, diligence, courage, enthousiasme, endurance.
> *La méditation* : concentration, focalisation, examen de soi et réflexion, esprit présent, vigilance.
> *La sagesse* : discernement, sagacité, bon sens, ancrage, connaissance.

Un ami a un problème. Vous faites preuve de générosité d'esprit en l'écoutant, en le soutenant. Qui rend service à l'autre ? Pour illustrer la manière dont nous sommes tous liés les uns aux autres, le Dalaï-Lama souligne que, quand un autre vous offre l'occasion d'incarner l'une des six perfections, c'est vous, en fait, qui recevez de l'aide sur la voie de la bouddhéité. Pensez-y, la prochaine fois que quelqu'un éprouvera votre patience jusqu'à ses limites. Un adversaire pourrait même devenir votre meilleur maître.

4. *L'Effort de maintenir* le bien qui est déjà présent.

Nous avons tous la pureté dans le cœur, mais il faut un effort pour trouver le bouddha intérieur. Faites de cette nature de bouddha une réalité de chaque instant, la claire lumière qui illumine chaque moment. Repensez à une fois où vous avez éprouvé de la joie pure, de l'amour inconditionnel, et évoquez-la, ne serait-ce qu'une seconde. Pouvez-vous retrouver ce sentiment et le garder en vous ? Comme l'a fait un jour remarquer Chögyam Trungpa : « Nous sommes bien plus semblables au Bouddha que nous ne le savons. »

S'efforcer de méditer chaque jour : « Fais-en autant ! »

Milarepa vécut au XIe siècle et, pourtant, les Tibétains évoquent encore les minces robes de coton blanc, souvent déchirées, qu'il portait en toutes saisons dans le désert de neige de l'Himalaya. Tout le monde reconnaît en lui le plus grand des yogis ; l'effort qu'il déploya fut, dit-on, d'une telle ampleur que la Roue du Dharma qu'il mit en branle, ce faisant, tourne encore, et les bénédictions de sa lignée de pratique continuent à se répandre de nos jours.

Mon anecdote préférée sur Milarepa est celle qui met en scène son principal disciple, Gampopa, le dévoué moine-médecin qui avait pour son maître une profonde affection. Quand arriva le moment de le quitter, après de longues années à ses côtés, il lui demanda un dernier enseignement, une instruction à conserver. Milarepa parut d'abord réticent : « Ce qu'il te faut après tant d'années, ce n'est pas de nouvelles instructions mais davantage d'efforts. »

Gampopa se mit en marche, traversant une petite rivière qui allait le séparer de son maître, quand Milarepa le rappela : « Hé, moine-médecin, j'ai une très profonde instruction secrète, trop précieuse pour être transmise à n'importe qui. » Gampopa fit volte-face, rempli de joie, pour recevoir ce dernier enseignement de son gourou bien-aimé. Milarepa lui tourna le dos, se pencha et remonta ses robes de coton élimé : il avait les fesses aussi calleuses et cornées que le sabot d'un cheval, durcies par les heures et les années passées assis sur de durs rochers. Milarepa lui cria alors : « Voilà mon dernier enseignement. Fais-en autant ! »

Je repense souvent à cette puissante instruction de Milarepa : « Fais-en autant ! » Quand j'étais en pèlerinage à Bodh Gaya, il y a plus de vingt-cinq ans, j'ai participé à un cours de méditation donné par S.N. Goenka qui nous a demandé de faire le vœu de méditer une heure chaque jour pendant un an. Je l'ai fait et j'ai continué depuis. La séance de méditation quotidienne fait partie de mon emploi du temps normal. Je dirais même qu'elle finit par faire partie de soi. On peut méditer n'importe quand, n'importe où, et pas forcément pendant une heure. La plupart des gens trouvent que la première et la dernière heure de la journée (avant le coucher) sont généralement les plus favorables à la pratique spirituelle. L'aube et le crépuscule sont aussi de bons moments pour le travail intérieur — pour « être », tout simplement, au lieu de toujours « faire ». Des parenthèses de grâce dans une journée très remplie.

Des millions de personnes, au cours des siècles, ont fait l'effort de développer leur sagesse intérieure en pratiquant la méditation. L'esprit précède le corps : « La charrette va où la mènent les chevaux. » Il faut faire l'effort d'être attentif et vigilant tout en réfléchissant aux problèmes qu'on doit assumer dans la vie. Cela nous aidera à agir avec intégrité, grâce et clarté. La dynamique de la vie intérieure rejaillit sur la vie extérieure, et les deux finissent par se mêler.

En 1930, Mohandas Gandhi cherchait un moyen approprié et efficace d'exprimer la réaction politique de son pays aux taxes exorbitantes que le gouvernement britannique avait imposées sur le sel. Les plus pauvres de ses concitoyens étaient les plus touchés par cet impôt. « Que faire ? lui demandaient ses partisans. Les Britanniques étranglent notre économie. » Incapable d'imaginer sur-le-champ un plan qui convienne, Gandhi rentra chez lui et passa plus d'un mois à méditer et à prier. C'est au terme de cette retraite spirituelle qu'il conçut son plan, devenu célèbre, de ramasser le sel de mer à la main. Il partit à pied avec ses partisans pour entreprendre une « marche du sel » solennelle jusqu'à la mer, en signe de désobéissance civile. Cet acte simple, qui reçut en route le soutien de millions d'Indiens, allait briser l'armature du joug colonial en Inde.

Face à de difficiles décisions, Gandhi partait en retraite méditer et prier. Grand activiste politique non violent, il est l'exemple lumineux d'un homme qui avait compris qu'une vie intérieure dynamique est le fondement d'une existence plus intelligente et plus efficace dans le monde.

L'éveil d'Ananda le doux

L'effort spirituel est illustré par une histoire qui met en scène Ananda, un dévoué disciple du Bouddha. Quand le Bouddha tomba malade et mourut, il y avait quarante-cinq ans qu'il enseignait, et nombre de ses disciples avaient trouvé l'éveil. Mais pas Ananda, qui avait pourtant toujours vécu à ses côtés. Ce qui peut sembler bizarre, puisqu'il avait entendu tout ce que le Bouddha avait enseigné, et tout retenu par cœur. D'un autre côté, Ananda avait toujours eu un emploi du temps si chargé — on connaît ça ! —, si occupé à accompagner le Bouddha partout où il allait et à aider les autres membres de la sangha, qu'il n'avait guère eu le temps de pratiquer la méditation solitaire.

Quelques mois après la mort du Bouddha, il devint soudain impératif qu'Ananda trouvât l'éveil, car le Premier concile des arhants bouddhistes allait se tenir pour réciter et codifier tous les enseignements du maître et il était essentiel qu'Ananda y prît part, sachant qu'il était mieux placé que quiconque pour réciter les soutras et vérifier le souvenir des autres. L'ennui, c'est que, n'étant pas éveillé, il n'avait pas qualité pour y assister.

Ananda fit alors la seule chose possible en l'occurrence : comme on potasse un examen, il se mit en retraite et travailla vingt-quatre heures sur vingt-quatre à trouver l'éveil — un vrai marathon de méditation ! Le matin de la veille de la première réunion du Concile, Ananda méditait toujours.

L'heure tournait : vint minuit, puis deux heures du matin, trois heures du matin, le jour de la réunion, et Ananda s'acharnait toujours à parvenir à l'éveil, assis dans sa petite cellule monastique. À trois heures quarante-cinq, soit un quart d'heure avant l'heure du lever, le jour du concile, Ananda finit par renoncer et pensa : « Bon, eh bien, voilà, je ne suis pas un arhant. » Épuisé, il s'affaissa peu à peu, passant de la posture assise à une position couchée. Ananda avait cessé d'essayer d'être ce qu'il n'était pas. Sa tête n'avait pas touché l'oreiller qu'il devint tout d'un coup un arhant libéré — totalement éveillé. Il avait enfin trouvé l'illumination spirituelle en lâchant prise, en arrêtant tout, en voyant les choses telles qu'elles étaient. C'était la fin du combat. En ne s'acharnant plus à vouloir devenir un arhant, Ananda l'était effectivement devenu. Il avait trouvé ce qu'il cherchait en s'abandonnant, en renonçant. Ananda s'était éveillé en étant simplement ce qu'il était.

Il avait derrière lui une vie entière d'effort pur, une existence consacrée à la vertu, à seconder le Bouddha. Ce service désintéressé n'eût cependant pas suffi à l'amener à l'éveil, pas plus d'ailleurs que sa méditation vingt-quatre heures sur vingt-quatre, bien qu'il n'eût pu accomplir son but sans cela. C'est en s'abandonnant à l'absence d'effort qu'il parvint finalement à l'éveil.

Un maître zen japonais a récemment déclaré au cours d'une *sesshin* (une retraite de méditation intensive) : « La voie parfaite est sans difficulté. Travaillez dur. Nous sommes tous parfaits, pourtant on peut se perfectionner à l'infini. »

L'effort selon le Dzogchen

L'équilibre entre l'effort et l'absence d'effort est l'essence même de l'effort impeccable et de la maîtrise de soi. C'est vrai dans tous les cas, qu'il s'agisse de cultiver une vie spirituelle, une relation, un projet professionnel ou le plus indispensable de tous les arts : l'art de vivre.

Le grand saxophoniste de jazz, Charlie Parker, donnait le conseil suivant : « Commencez par perfectionner la pratique de votre instrument et, ensuite, jouez — tout simplement. » Cette parole de bon sens rejoint le vieux proverbe selon lequel la pratique rend parfait et la formule, style boutade Dzogchen, qui déclare que la pratique est parfaite. On dit souvent de la pratique du Dzogchen qu'elle est au-delà de l'effort, qu'il ne s'agit pas d'une tâche à accomplir mais d'une manière d'être. Le Dzogchen met l'accent sur « ce qui est », l'esprit naturel, un état au-delà de la notion même d'effort et de non-effort.

Cela peut créer un certaine confusion chez les néophytes. N'est-il pas trop simpliste de supposer que tout est parfait, qu'on peut tout faire ? objecte-t-on. Si tout est vraiment aussi parfait « tel quel », alors pourquoi s'embarrasser de conduite éthique, d'entraînement de l'esprit, de toutes les pratiques de méditation destinées à vous transformer ? Cette interprétation fausse et nihiliste ne correspond évidemment pas à l'intention du Dzogchen, pratique et art de la liberté.

Padma Sambhava, un des précurseurs de la pratique du Dzogchen, a un jour décrit ainsi le point de vue et l'acte éveillés : « Bien que mon point de vue monte plus haut que le ciel, ma conduite au regard de la cause et de l'effet est aussi méticuleuse et finement passée au crible que la farine d'orge. »

Autrement dit, on ne peut pas vivre la tête dans les nuages sans garder les pieds fermement campés sur terre. C'est bien joli d'avoir une philosophie profonde, une grande hauteur de vue, une compréhension affinée, encore faut-il traduire ses paroles par des actes et pratiquer ce qu'on prêche. Il n'y a pas d'excuse pour invoquer la réalité ultime ou la vacuité afin de justifier et d'enjoliver son comportement quotidien. On ne peut pas non plus prétendre que la pratique de la méditation et de la conscience alerte n'ont pas d'importance, alors qu'on sait pertinemment que si.

Les pratiquants du Dzogchen font assez vite le constat qu'il ne suffit pas de méditer un peu chaque jour et ils apprennent à intégrer la méditation à chaque moment de leur vie. Donner une richesse de sens et une dimension sacrée à tous nos actes, à tous nos rapports : tel est le but. Telle est aussi la pratique. Appliquer le juste point de vue à chaque minute de sa vie, voilà la pratique de méditation, d'une portée qui va bien au-delà du contexte limité de son petit coussin ou d'un cadre religieux formel.

Pour illustrer la valeur d'une pratique quotidienne régulière, une de mes histoires préférées est issue du répertoire des anecdotes du bouddhisme américain : elle a trait à ce grand personnage du basket qu'est Michael Jordan. À l'inverse de Mozart, Jordan n'est pas né dans le sérail. En fait, il s'est même fait exclure de l'équipe junior de son école parce qu'il ne jouait pas assez bien. Ce n'est qu'en s'entraînant tous les matins, avant l'école, avec l'entraîneur au grand cœur qui l'avait éliminé de l'équipe qu'il put acquérir le niveau nécessaire pour jouer pour le lycée. Le reste appartient à l'histoire... C'est un merveilleux exemple de maîtrise née de la persévérance et la pratique. Voilà pourquoi les yogis et les grands méditants pratiquent leur discipline chaque jour, comme les athlètes et les musiciens.

Ce n'est qu'après avoir passé des heures à mémoriser une sonate difficile qu'un pianiste pourra la jouer sans effort. Le potier apprend à poser l'argile humide parfaitement au centre de son tour afin qu'elle reste d'elle-même stable et bien en place. Le même principe vaut pour la méditation : on commence par unifier l'esprit par la pratique du calme et de la tranquillité. Puis, quand il est libre, stable et sans contrainte, tout en restant centré — à quelque « vitesse » qu'aillent les pensées —, il peut se maintenir de lui-même, sans effort.

Tenter de résoudre l'apparente contradiction entre l'effort et l'absence d'effort — le rude travail et l'abandon de poste pur et simple — peut nous aider à devenir plus énergique, stable, patient et persévérant. Cela peut aussi nous rendre plus doux, par la grâce de ces vertus complémentaires que sont l'acceptation conciliante et une sincère gratitude envers tout ce que l'existence nous apporte. Bref, le Juste effort étant par nature spirituel, il implique qu'on sache lâcher prise au bon moment et de la manière qui convient, et qu'on fasse simplement le nécessaire.

Le renoncement : renoncer aux choses et donner

Quitter sa terre d'origine, c'est accomplir la moitié du Dharma.
MILAREPA.

Le renoncement est une méthode de travail sur soi qui a fait ses preuves au cours des âges. Le Bouddha lui-même est sans doute l'exemple le plus célèbre du renoncement. À l'instar des autres aspirants à la vérité de son temps, il quitta sa terre natale pour aller méditer dans les jungles touffues et les déserts brûlants. Mais si l'on se veut réaliste, que signifie le renoncement dans le contexte contemporain du bouddhisme ? La société dans son ensemble est infiniment plus mobile que jadis. Avec le téléphone, le fax et l'Internet, on peut pratiquement joindre tout le monde, partout. Comment quitter sa patrie quand celle-ci s'étend à la planète entière ? Et faut-il vraiment tourner le dos à sa famille, à ses amis, à son travail pour pratiquer le Dharma ? Je ne le pense pas. Renoncer ne veut pas dire fuir ses responsabilités et ses proches, mais se défaire de l'attachement affectif intense qu'on éprouve et de ses préoccupations compulsives.

Citons à ce propos les paroles de Trungpa Rimpotché : « On pense généralement que le renoncement signifie le célibat, la pauvreté, l'obéissance, se raser le crâne, partir ailleurs et tout laisser derrière soi. » Trungpa poursuivit en donnant une interprétation tantrique, plus large, du renoncement : « Le renoncement, c'est cesser de retenir les choses. »

Au Tibet, on n'envisageait pas le renoncement comme un sacrifice ou une pénitence. On y voyait plutôt le soulagement de s'être enfin délesté d'un excédent de bagages grâce à l'intime conviction de la nature illusoire des choses créées. Il suffit d'avoir connu le plus petit avant-goût de libération et d'affranchissement du désir pour voir où se trouve le vrai bonheur. De là naît la certitude intérieure. Et quand cela arrive, on commence à renoncer, à abandonner les pensées et les comportements insatisfaisants, générateurs de karma négatif.

Le renoncement, c'est ouvrir le poing fermé qui retient les choses et se délester du lourd fardeau qu'on a accumulé. Il s'agit essentiellement de laisser faire au lieu de contrôler. Cela exige qu'on lâche prise de ce qui est négatif et malfaisant et qu'on s'ouvre à ce qui est sain et intègre. Mais une question se pose : est-on capable de se défaire de son attitude captative ? De ses peurs et de ses défenses ? Peut-on pardonner ? Saura-t-on s'abandonner et apprendre à mieux accepter les choses telles qu'elles sont ? Cela peut se faire petit à petit, étape par étape. On grandit, on acquiert de la maturité. C'est cela, quitter la patrie de son enfance : renoncer à ses habitudes immatures. Quitter le nid de sa famille d'origine et se libérer de ses comportements figés. Cesser de se raconter des boniments, de nourrir des fantasmes. On trimballe tous un lourd bagage qui ne nous est d'aucune utilité pour atteindre notre but ou réussir ce qu'on veut entreprendre. Le jour où l'on se rend compte qu'on n'en a plus besoin, on peut l'abandonner. Fort de sa certitude intérieure, on arrive à jeter aux orties ses vieilles habitudes néfastes.

Faire un effort pour se défaire de l'avidité et de l'attachement

Tant qu'il y a attachement, le point de vue du pratiquant n'est pas le vaste point de vue.
Tant qu'il y a résistance, la méditation est faible.
Tant qu'il y a partialité, les actes ne sont pas activité éveillée.
Affranchie de ces trois défauts, telle est la voie de la Grande Perfection naturelle.

Poème dzogchen.

Le Bouddha a expliqué que la résistance et l'attachement sont des réflexes conditionnés, de l'acquis. L'attachement relève du superficiel, pas de l'essentiel. Sommes-nous capables de le comprendre et d'apprendre à revoir le fonctionnement de notre machine intérieure ? Tel est le vrai travail sur soi. Il existe des antidotes à la souffrance, au stress, à l'anxiété : on les trouve en résistant moins, en prenant moins, en s'identifiant moins aux choses. Rien n'est moitié aussi important qu'on le croit normalement.

Voici quelques formes d'attachement auxquelles renoncer :

• Attachement à l'ego

Une des raisons pour lesquelles on aime bien se trouver dans la nature, je crois, c'est qu'on y est beaucoup moins exposé à des conflits d'ego. On y goûte un répit, après les collisions en chaîne que provoque l'ego de chacun. C'est aussi pourquoi les gens apprécient les retraites spirituelles. En retraite, on est moins exigeant et les autres exigent moins de vous ; on a moins de choses à prouver. Trop souvent dans la vie, on raisonne en termes de possession : « mon espace », « mon temps », « mon travail », « mes buts », « les miens ». Quand on lâche prise et qu'on arrête de privilégier systématiquement le moi et le mien, on peut s'ouvrir et laisser entrer les autres. Le fait de se départir d'une vision dualiste du monde aide à voir qui l'on est en réalité, aide à reconnaître sa propre nature de bouddha.

• Attachement à des idées étroites

Si certains types de comportement sont invariablement considérés comme malfaisants — faire du mal aux autres, par exemple — , on convient généralement que les différents modes de perception de la réalité sont sujets à interprétation. L'attachement farouche à des opinions obscurcit l'esprit et empêche de voir clair. C'est ainsi qu'on finit par être attaché à des idées complètement irréalisables qui parasitent tous les domaines de la vie. Pensez à la mère qui s'est mis en tête que sa fille, douée pour les sports d'équipe, devrait faire de la danse au lieu d'apprendre à jouer au basket, ou à cet ami qui insiste toujours pour avoir le dernier mot. Profitons de la conscience alerte issue de la méditation, celle qui ne porte pas de jugement, pour ouvrir l'esprit et danser avec les idées, au lieu de faire des fixations dessus.

• L'attachement au principe plaisir/douleur

Un sachet de M&M peut-il apporter le bonheur ? Et une bière et des cacahuètes ? Une histoire d'amour, un partenaire sexuel ? Regardons les choses en face : personne ne trouvera jamais une paix durable, une satisfaction profonde, à la faveur d'un régal, d'une dépendance, de la sensualité, ou même d'une relation amoureuse. Outre le plaisir, on en arrive même à s'attacher à la douleur, si coincé dans l'ornière familière des relations douloureuses qu'on ne sait plus comment tourner la page, bien qu'on ait manifestement intérêt à le faire.

• L'attachement à des rites et des rituels vides de sens

Il n'y a rien, dans le bouddhisme authentique, qui encourage la foi aveugle, du genre de celle qui sévit dans les sectes. Certains s'accrochent, toujours et partout, à des dogmes éculés, mais ça, ce n'est pas le Dharma. Le Bouddha, dans sa grande sagesse, a lancé un défi à ceux qui suivent sa voie : celui d'ouvrir leur esprit et de réfléchir par eux-mêmes, au lieu de se contenter de croire une chose du simple fait qu'elle a été édictée par des autorités — Bouddha y compris — ou qu'elle figure dans des livres.

• L'attachement à une courte vue qui ne voit que ce monde-ci et cette vie-ci

Le fait de renaître indéfiniment et de connaître des quantités d'existences n'est pas plus extraordinaire aux yeux de certains que de naître ici-bas, même une seule fois. L'attitude qui consiste à ne penser qu'à aujourd'hui, à n'investir que dans ce qu'on peut voir, toucher et soupeser, se heurte à des limites certaines, même dans la perspective d'une vision scientifique et matérialiste de la réalité.

Ouvrir l'œil intérieur, écouter avec l'oreille intérieure, humer des parfums divins, percevoir intuitivement une présence, impalpable et invisible mais authentique, n'y a-t-il pas là de quoi suggérer que la vie est plus riche qu'on ne le croit de prime abord ? Si l'on éprouve un impérieux besoin d'apprendre et d'aimer, il faut pousser plus avant l'exploration de notre expérience et de ses complexités, avec ses multiples niveaux qui s'interpénètrent, toutes ses dimensions et les myriades de formes d'existence.

Affronter l'obstacle de la paresse spirituelle

Rien de grand ne s'est jamais accompli sans enthousiasme.

Ralph Waldo EMERSON.

Le Bouddha nous a mis en garde contre les cinq obstacles essentiels qu'on rencontre sur la voie de l'éveil. L'un d'eux, la paresse spirituelle, est une attaque directe contre la vigueur et l'énergie nécessaires pour produire le Juste effort. Ces obstacles à l'éveil sont décrits depuis des siècles en Asie en des termes un peu démodés — fainéantise et torpeur — qui correspondent en fait à toute une gamme d'états tels que l'apathie, la léthargie, l'indolence, la paresse spirituelle, la complaisance et même la dépression.

Considérez à quel point le Bouddha était intensément passionné d'éveil : il passa six ans à méditer dans un endroit isolé avant de parvenir à l'éveil parfait sous l'arbre de bodhi, au moment précis où l'étoile du matin pointait à l'horizon. Milarepa, lui, atteignit l'illumination spirituelle en une seule vie passée dans les montagnes de l'Himalaya, au-dessus de la limite de la forêt, vivant dans des grottes souvent bloquées par les neiges, avec sa lumière intérieure pour seul chauffage. Songez aussi aux courageux efforts de la tante du Bouddha et des femmes qui la rejoignirent, bravant les strictes conventions de l'ordre social de l'Inde ancienne, figée en castes, pour consacrer leur vie à la spiritualité.

Cela ne signifie pas pour autant que les pratiquants les plus engagés, les « cultivateurs » du Dharma comme moi, ne connaissent pas des jours où ils détestent sauter hors du lit avant l'aube pour méditer. Du temps où je vivais dans un monastère, j'avais un mal fou à me lever à quatre heures du matin tous les jours, à longueur d'année. Quand le gong sonnait, j'avais tendance à me retourner dans mon lit, et à intégrer la vibration du son dans mes rêves. Finalement, je demandai au diligent moine-médecin qui sonnait le gong d'avoir la gentillesse d'ouvrir la porte de ma chambre et de faire quelque chose pour forcer mon attention. La tradition monastique lui interdisant l'accès de ma cellule, il entrouvrait ma porte à quatre heures et demie et, s'il me voyait encore couché, jetait mes sandales sur le lit.

Je ne me suis jamais vraiment habitué à me lever si tôt pour méditer mais, en tant qu'oiseau de nuit qui a du mal à se réveiller, j'étais néanmoins ravi d'y arriver, même péniblement. Le moine français qui occupait la cellule voisine se levait au contraire à trois heures et demie tous les matins pour commencer ses prières et sa méditation. À soixante-deux ans, il était plus âgé que la plupart des membres de notre bande d'intrépides et tenait absolument à en faire un maximum, car il pensait disposer de moins de temps que nous pour atteindre l'éveil. C'était un formidable exemple, très inspirant, et j'admirais son énergie autant que sa gentillesse et son tact.

S'agissant de l'obstacle de la torpeur, il faut évoquer la crise spirituelle qu'on qualifie de « dépression », et la léthargie qui l'accompagne. Si le terme même de dépression n'existait pas du temps du Bouddha, le désespoir est une émotion qui n'a rien de nouveau. Parmi les hommes et les femmes avec qui j'ai l'occasion de dialoguer, nombreux sont ceux qui expriment du désespoir ; ils ont souvent l'impression que la fatigue de la dépression leur vole l'énergie nécessaire pour cheminer sur la voie spirituelle, ou simplement pour continuer à vivre. La dépression les submerge sous une vague de négativité et de léthargie. Difficile d'entreprendre quoi que ce soit, expliquent-ils, quand on a le sentiment de s'être égaré et que rien de ce qu'on fait n'a d'importance.

La dépression vous submerge sous un sentiment d'abandon, de solitude, d'épuisement ; on se sent coupé de tout. On éprouve une profonde lassitude envers la vie et ses infinies complexités. Si jamais cela vous arrive — beaucoup connaîtront cet état à un moment ou à un autre —, interrogez-vous pour voir comment vous avez abandonné ou perdu le contact avec vous-même. Quand on travaille sur la dépression ou sur tout autre aspect difficile de son vécu, il est important de raviver sa foi, de recourir à des pratiques intérieures nourrissantes, de prendre refuge dans une source de consolation spirituelle. N'oubliez pas d'avoir foi en votre nature de bouddha, en votre lumière intérieure, et faites-vous conseiller par un maître fiable, un mentor à la mentalité de bodhisattva, qui soit pour vous une inspiration à la sagesse et à l'énergie spirituelles. Prenez refuge dans le Dharma en restant fidèle à vous-même et à la conviction que vous êtes sur le bon chemin. Et cherchez un soutien auprès de vos amis, de votre sangha, du groupe spirituel auquel vous appartenez, quelle que soit son étiquette.

Lorsque vous vous sentez épuisé et léthargique, fiez-vous à l'activité physique pour mobiliser votre énergie. Pratiquez le yoga, le tai-chi, des exercices de respiration et l'examen de soi. La méditation dynamique fournit bien plus d'énergie qu'elle n'en consomme. On arrive souvent au centre de méditation éreinté et énervé mais, si l'on participe à la séance complète, on se sent presque toujours mieux en repartant. Ainsi une retraite de méditation peut-elle aider à reprendre courage, même quand on éprouve un profond chagrin.

Cependant, je dois dire d'expérience que les gens qui se trouvent vraiment au creux de la vague de désespoir ne sont pas toujours à même de profiter des effets apaisants d'une simple méditation assise. Ils ont souvent surtout besoin de remettre leur énergie en mouvement et de sortir un peu d'eux-mêmes. Alors, si vous êtes en pleine dépression, peut-être devriez-vous essayer des formes d'activité spirituelle plus dynamisantes, telles que la psalmodie, la respiration, le chant, la prière ou le yoga. Les arts méditatifs comme le jardinage, la calligraphie, la cérémonie du thé ou les arts martiaux s'avèrent généralement très bénéfiques. De même que la marche rapide, le jogging ou la danse. Souvenez-vous aussi que le bouddhisme n'a rien d'incompatible avec une psychothérapie, je le recommande au contraire volontiers. Mais ne cédons pas à la tentation de faire de la méditation un biais pour éviter les difficultés psychologiques ou les problèmes du quotidien. Et n'oubliez pas la force spirituelle qu'on peut trouver quand on tend la main pour se faire aider par une communauté spirituelle ou un groupe de soutien.

Je me sens toujours regonflé à bloc à la fin d'un week-end de méditation. On peut penser que la méditation prend du temps et de l'énergie, certes, mais elle vous donne plus de temps qu'elle n'en consomme, avec en prime une impression d'espace, de facilité et de clarté. La même chose est vraie de la vie spirituelle : on en retire vraiment bien davantage que ce qu'on y investit, comme vous pourrez vous-même le constater.

Mon plus grand effort et mon plus grand obstacle sur la voie du dharma

On voit souvent des photos de lamas et de moines tibétains en robes grenat qui se prosternent à terre. Ils sont en train d'accomplir une des pratiques préliminaires du bouddhisme tibétain, le *Ngeundro*. Les Occidentaux qui veulent étudier avec des lamas tibétains ne tardent pas à découvrir le degré d'effort et le niveau d'énergie requis pour suivre les pratiques de méditation de la tradition tibétaine. Les moines, moniales et yogis non ordonnés accomplissent tous ces pratiques préliminaires, parfois plusieurs fois, voire de nombreuses fois dans leur vie. Les « pratiques préliminaires » sont ainsi nommées car elles donnent les solides bases nécessaires pour entreprendre les pratiques tantriques du Vajrayana qui trouvent leur apogée dans le Mahamoudra et le Dzogchen. Considérez la discipline qu'elles exigent, puisque le *Ngeundro* comprend : cent onze mille prosternations de tout son long, par terre, qu'on exécute tout en psalmodiant la prière aux Trois Refuges ; cent onze mille prières de bodhicitta et de compassion ; cent onze mille mantras de purification — le mantra à cent syllabes de Vajrasattva ; cent onze mille offrandes de l'univers sous forme d'un mandala qu'on donne aux êtres éveillés, afin d'accumuler du bon karma et de cultiver la générosité et le non-attachement ; cent onze mille pratiques du « gourou yoga », dans le but de mêler son esprit individuel et limité à l'esprit-bouddha infini, incarné sous la forme du lama-bouddha. On dit en tibétain qu'on a fait un « *boum* » de telle ou telle pratique (« boum » signifie cent mille).

Même septuagénaires ou octogénaires, mes maîtres Dzogchen, tels Dudjom Rimpotché, Toulkou Orgyen Rimpotché et d'autres, ont toujours accompli ces pratiques préliminaires chaque matin, y compris quelques prosternations. Les Tibétains s'y livrent aussi régulièrement. On raconte que le Lama Patrul Rimpotché, un grand érudit, faisait ses prosternations quotidiennes dans une prairie, avec tant de zèle qu'il avait fini par laisser son empreinte au sol.

Pour ma part, ces pratiques préliminaires du Vajrayana, notamment les cent onze mille prosternations étendu de tout son long par terre en psalmodiant la Prière du Refuge, sont la chose la plus difficile que j'aie jamais eu à accomplir en matière de Dharma ou dans tout autre domaine, je suppose. À l'époque où j'ai commencé à étudier avec des lamas, on nous encourageait à faire le *Ngeundro*. C'était une expérience merveilleuse d'être là avec la sangha, de prendre refuge en psalmodiant et en priant ensemble, tout en visualisant les bouddhas et les bodhisattvas. C'est une pratique spirituelle très joyeuse et illimitée, qui inclut tout le monde, puisque le *Ngeundro* partage l'idéal du bouddhisme mahayana : le souhait que tous les êtres connaissent la joie du Dharma et accèdent ensemble à l'éveil — amis, parents, animaux, insectes.

Cependant, je trouvais les prosternations incroyablement difficiles. Il faisait très chaud en Inde et j'étais vraiment maigre. On n'avait guère de protéines ou de vitamines dans la nourriture, et pas de douches chaudes. Nous, les Occidentaux, affligés par toutes sortes de « parasites » intestinaux, nous sentions plutôt en mauvaise santé. Nous étions malgré tout censés faire jusqu'à trois mille prosternations par jour, sans parler des prières et des visualisations qui les accompagnent.

À quoi s'ajoutaient les questions qu'un Occidental ne pouvait manquer de se poser. Se prosterner ? Devant qui ? Et pourquoi ? Nous avions pour la plupart été élevés dans l'idée qu'on ne doit pas se prosterner devant des idoles ou des représentations du divin. Nous voulions simplement trouver l'éveil, alors à quoi rimait de s'incliner et de balayer le plancher de la sorte ?

J'ai souvent questionné Kalou Rimpotché à ce propos. Combien de fois m'a-t-il expliqué patiemment que les prosternations purifient l'esprit et l'énergie du corps ? Combien de fois m'a-t-il répété que cette pratique développe la dévotion, la concentration, l'attention et une conscience alerte et méditative ; que c'est comme si l'on se trouvait devant les Bouddhas et qu'on s'inclinât devant eux ? C'était toujours convaincant quand Rimpotché le disait, et je repartais en faire plusieurs milliers. Je me sentais inspiré et, pendant quelques jours, tout allait bien. Et puis je recommençais à me demander ce qu'on faisait là, tous.

La pratique devint à la longue bien plus joyeuse et, quand on s'asseyait, le soir, après deux ou trois mille prosternations, on goûtait une méditation fantastique. Se pousser ainsi au-delà de ses limites ordinaires développe l'aspiration, la volonté et la concentration. Je me souviens d'un jour, au monastère du Karmapa, au Sikkim, où j'essayais de faire quelques milliers de prosternations au temple à l'aube, avant que la chaleur du soleil ne fût trop forte. Je comptais les prosternations et les prières à l'aide d'un rosaire. Le Karmapa passait par là, en robes ordinaires, son propre rosaire à la main. Il sourit, s'approcha, jeta un peu de riz sur moi en murmurant des prières et des bénédictions. C'était vraiment inspirant ; j'avais l'impression qu'une pluie de fleurs et de grâces me tombait sur la tête et m'entrait droit dans le cœur.

En 1974, je fis une retraite à l'ermitage de Lama Norla, dans la montagne, au-dessus du monastère de Kalou Rimpotché à Darjeeling, pour pratiquer le *Ngeundro* pendant la saison des pluies qui tombèrent quatre-vingt-neuf jours d'affilée. C'est grâce au soutien et aux conseils de ce jeune lama énergique, et à la cuisine de sa mère, que je parvins à terminer le boum, les cent onze mille prosternations. Et je vous garantis qu'en arrivant au terme de cette somme considérable de prosternations j'avais vraiment l'impression d'avoir produit le « *boum* » des avions qui passent le mur du son ! Néanmoins, Lama Norla prit bien soin de me rappeler : « N'oublie pas les quatre autres *boum* ! » pour éviter que ma joie ne tourne à la vanité. Il me cita l'exemple d'une femme du Sikkim qui avait accompli ces cinq boum (cinq fois cent onze mille pratiques) dix-sept fois — pas moins ! Et pourquoi ? ai-je évidemment demandé. Lama Norla a ri : « Le grand mérite fait l'excellente pratique. » Que pouvais-je ajouter ? J'ai finalement terminé les cinq *boum* de la pratique du *Ngeundro* pendant mes retraites de trois ans, avec mes compagnons, et ce fut une expérience chaque fois plus riche et plus profonde.

En réalité, la qualité prime la quantité — je ne vous apprends rien, mais il faut le souligner. Une seule vraie prière de refuge et de bodhicitta, faite avec l'attitude mentale de révérence qui symbolise la prosternation, vaut mieux que des quantités de gesticulations physiques relevant plus du sport que de la dévotion.

Au monastère de Kalou Rimpotché, nous faisions — en bons Occidentaux — tout ce qui était en notre pouvoir pour atténuer les difficultés physiques qu'occasionne le *Ngeundro*. Nous utilisions des protège-genoux, des gants de toilette, du talc, des gants — bref, tout ce qui pouvait faciliter un tant soit peu la tâche. On devait vraiment avoir une drôle d'allure, mais Kalou Rimpotché était tolérant. Des années plus tard, un autre maître, Dudjom Rimpotché, lama d'une bonté inimaginable, adopta néanmoins une position différente, nous recommandant de ne pas recourir à des protège-genoux ou à des patins pour faire glisser les mains par terre. « Dans notre tradition, déclara-t-il, on se jette par terre comme un mur qui s'effondre. » Une petite phrase que nous serons plusieurs à ne jamais oublier. Mes genoux calleux sont là pour en témoigner.

Le yoga des relations : l'intimité comme voie de la transcendance

L'amour est la poursuite du tout.

PLATON.

Le yoga des relations est, à mon sens, tout à fait approprié à notre temps, et même indispensable. Car le développement spirituel de la plupart des hommes et femmes de notre époque ne se fera pas à travers le monachisme, mais par le truchement des relations intimes et autres formes de rapports humains. Les rapports qu'on entretient avec ses amis, sa famille et la terre même offrent de formidables occasions de travailler sur soi, en s'efforçant de bien faire.

Pendant des siècles, en Asie, on a considéré les moines comme « l'équipe gagnante », le reste de la société faisant figure de seconds rôles. La conception tantrique est différente, puisqu'on s'efforce de tout intégrer à son cheminement spirituel : le moindre aspect de l'expérience humaine, sensualité comprise, nourrit le feu de la conscience alerte. Notre expérience le confirme, par l'intensité de nos relations les plus intimes. On peut en effet se faire illusion à soi-même, mais un ami ou un conjoint verra ce qui se passe vraiment en vous et vous renverra l'image de vos travers et de vos défaillances, tel un clair miroir.

Un maître spirituel authentique peut remplir la même fonction. L'important n'est pas d'adorer le miroir mais de s'y mirer et de reconnaître sa nature intrinsèque. Une relation, comme un maître spirituel, peut vous aider à évoluer et à vous transformer. Les irritations et les déceptions inévitables dans toute relation peuvent révéler des trésors de connaissance profonde, à la manière du grain de sable qui irrite l'intérieur d'une huître et produit une perle lumineuse. C'est le « principe de la perle », comme j'aime à l'appeler.

Les relations personnelles envisagées dans cette optique restent intensément vivantes et spirituellement stimulantes. Le yoga des relations ne s'adresse pas qu'aux couples puisqu'il s'agit de voir Dieu, Bouddha, la lumière en toute chose. L'un de mes maîtres, Neem Karoli Baba, disait :

« Mieux vaut voir Dieu en toute chose qu'essayer de l'imaginer. » À la lumière de la perception pure, on apprend à voir en tous des êtres spirituels, au lieu de les concevoir comme de simples objets susceptibles de nous être passagèrement agréables ou désagréables. Voilà comment développer un cœur aimant.

Imaginons qu'un soir vous ne soyez pas d'accord, votre partenaire et vous, sur le film à aller voir. Eh bien, ça peut être une expérience de maturation spirituelle. Êtes-vous capable d'entendre ses raisons ? De vous défaire de vos idées préconçues sur ce qui est drôle ou pas ? De continuer à percevoir la lumière en votre compagnon ou votre compagne, alors même que vous argumentez à propos des critiques parues sur les films ? Pouvez-vous prendre conscience que voir tel ou tel film n'a finalement pas grande importance, puisque vous sortez pour vous détendre ensemble et qu'une dispute sur la manière de se détendre augurerait mal du reste de la soirée ? C'est un vrai défi contemporain. Pas si différent, après tout, des défis que doivent relever tous ceux qui vivent ensemble où que ce soit, y compris dans les monastères et les centres de méditation. La nature humaine est la même partout. Quand on trouve un sac de nœuds chez soi, il y a de fortes chances pour qu'on l'y ait soi-même apporté.

Un lama tibétain de ma connaissance était en cours de divorce quand un étudiant lui demanda : « Rimpotché, pourquoi divorcez-vous ? » À quoi le lama répondit : « Parce que nous ne générons pas la bodhicitta ensemble. Il est important d'avoir le compagnon qui convient pour cheminer sur la voie. » L'essentiel de l'effort, pour certaines personnes et dans certains cas de figure, consiste à apprendre à lâcher prise et à tourner la page si l'on n'arrive pas à résoudre les problèmes de façon satisfaisante.

L'engagement du mariage peut cependant contribuer, au même titre que des vœux monastiques, à développer nos engagements spirituels, à les soutenir et à les approfondir. Engagements, résolutions, accords et vœux sont utiles pour nous aider à persévérer quand ça va mal. Il est quasi inévitable qu'une relation connaisse des crises et c'est l'aptitude à les gérer ensemble qui déterminera la nature et la longévité de la relation. J'ai toujours trouvé intéressant que le mot chinois pour « crise » se compose de deux caractères : danger et occasion. Deux personnes qui tiennent à vivre ensemble seraient bien avisées de réfléchir aux occasions qu'offre une crise relationnelle. Rappelez-vous le principe de la perle…

Nous entretenons toutes sortes de relations, avec des personnes, certes, mais aussi avec les différentes formes de vies, avec le monde inanimé, avec notre planète. Nous avons des liens de parenté avec tout et tous. C'est l'un des grands défis que de reconnaître cette parenté et d'agir en conséquence. Quels sont nos vrais rapports aux choses autres que gens et bêtes ? Un livre paru il y a quelques années, *The Secret Life of Plants*, expliquait que les plantes ont des sensations, qu'elles ressentent quelque chose. Ce sont là des domaines encore inexplorés.

Il n'est pas nécessaire d'abandonner ses relations intimes pour être un bon bouddhiste ou un bon quoi que ce soit. Essayons simplement d'être des gens de cœur. D'un point de vue existentiel, chacun est seul mais, d'un autre côté, il est très difficile d'accomplir seul le voyage. On évoque Milarepa qui passa tant d'années à méditer seul mais, même lui avait un disciple, Gampopa, et une sœur. On a tous besoin d'amis. Les relations sont essentielles.

Est-on capable d'appliquer ce qu'on a appris du bouddhisme à ses relations ? De voir le Bouddha dans ses proches, même quand ceux-ci nous énervent ? De cesser de s'accrocher aux autres, de vouloir les former et les contrôler, de leur donner au contraire plus d'espace, de liberté et de temps ? La possessivité engendre le conflit, lâcher prise est source de satisfaction. Saura-t-on créer des rapports chaleureux, confiants et empreints de bonté ? Appliquer ses intentions de bodhicitta à ses amis, famille, collègues et aux inconnus ? Est-on capable d'apporter un soutien fiable aux autres, d'être toujours amical et bienveillant ? Voilà le sens à donner à nos efforts.

Il faut une grande confiance pour être là, pour lâcher prise et, tout simplement, pour être. Ouvert, sans condition, la garde baissée, sans armure ni personnage factice derrière lesquels se protéger. La peur fait lever la garde, tandis que l'amour, la détente, la confiance en soi, l'assurance, la franchise et la confiance permettent une plus grande ouverture, préparent à aimer, à s'ouvrir sans condition, à accepter sans crainte tout ce qui peut venir à soi. La foi et la dévotion aident à développer la confiance, une intime conviction, une certitude telle qu'on arrive à s'ouvrir et à lâcher prise sans que tombent les balles avec lesquelles on était en train de jongler. La conscience vigilante et l'attention aident à voir qu'il est effectivement possible de vivre ainsi. Car c'est notre état naturel. On peut le retrouver sans avoir à l'acheter ni à le quémander auprès d'un tiers. Le cœur s'étiole si l'on se tapit dans un petit coin de la vie. Alors, relevez-vous et sortez-en !

L'effort équilibré

Il est important de ne pas oublier la joie du voyage par un excès d'attention portée au but. Une des histoires du Bouddha concerne un jeune néophyte qui essayait tant bien que mal de méditer. Quand ce jeune moine faisait sa méditation matinale, assis sur son coussin, il n'arrivait pas à arrêter le flot de pensées qui l'assaillait. Il finit par aller trouver le Bouddha pour lui avouer sa frustration et lui demander conseil.

— Te souviens-tu comment tu t'y prenais pour accorder ton sitar, avant d'être moine ? lui demanda le Bouddha.

— Oui, répondit le jeune homme.

— Le son était-il plus beau quand les cordes étaient très tendues ou très relâchées ? s'enquit le Bouddha avec douceur.

— Ni trop tendues, ni trop relâchées, Seigneur ; c'était toujours mieux dans un juste milieu de modération et d'équilibre.

— Ainsi en va-t-il de la méditation, jeune moine, déclara le Bouddha. En matière de méditation et d'efforts spirituels comme en toute chose, l'équilibre est toujours préférable.

En 1990, je suis allé au Tibet avec quelques-uns de mes maîtres et un groupe d'Occidentaux. J'ai été ravi de découvrir à Gyangdzé deux énormes roues à prières en cuivre, remplies de mantras et de prières, gravées à l'extérieur de grandes syllabes sanscrites calligraphiées. De telles roues à prières — gigantesques — se trouvent parfois dans les lieux de pèlerinage et à l'entrée des monastères. On marche autour d'elles dans le sens des aiguilles d'une montre, en les faisant tourner comme des toupies, des sortes de manèges géants regorgeant de bénédictions et gravés de mantras. Les pratiquants impriment un mouvement à la roue et aux prières qu'elle contient, tout en psalmodiant doucement et en priant, avec l'attitude contemplative qu'on adopte pour méditer en marchant.

Les roues à prières de Gyangdzé étaient toutes grasses d'avoir été touchées et tournées par des millions de pèlerins au cours des siècles. Que l'une de ces roues s'immobilise, et il serait presque impossible de la remettre en branle. Mais qu'on la pousse trop fort, et elle risquerait de s'emballer et de se déboîter de son axe. Tandis que, si la roue se meut à vitesse régulière et modérée, il suffit de pousser les poignées de bois de temps à autre pour la maintenir en mouvement.

Le Juste effort n'est pas forcément orienté vers un but, une réussite ; il comprend aussi ces vertus plus subtiles que sont le non-agir, la flexibilité, savoir se laisser porter par le flot. Quand Paul McCartney chantait « Let it be[1] », on s'est tous senti des affinités avec ces paroles. Par le Juste effort, on apprend à faire de son mieux, à vivre pleinement et de tout son cœur, puis à lâcher prise, à laisser faire — advienne que pourra. L'univers est de toute façon hors de notre contrôle. Vouloir manipuler les choses ne fait que créer plus de stress, de conflit et de friction irritante, à l'échelle du système entier.

Un juste équilibre entre l'effort, le détachement intérieur et une réelle sérénité aident à revenir en soi et à trouver un sentiment de paix intérieure et d'unité. On peut vivre dans la totale plénitude de l'être, tel qu'on est, au lieu de toujours vouloir attraper le chaudron plein d'or qui est censé attendre au pied d'un arc-en-ciel brillant de toutes ses couleurs mais intangible. Le grand lâcher-prise, le laisser-être, donne naissance à la riche

1. Laisse faire, laisse être. (N.d.T.)

sagesse qui vous permet d'être ce que vous êtes, sans plus chercher à fuir ni à courir après quoi que ce soit. Cette valse-hésitation perpétuelle est symptôme d'attachement et d'aversion, et ne procure finalement aucune satisfaction.

Comme a dit le Bouddha : « Il n'y a pas de voie du bonheur et de la paix. Le bonheur et la paix *sont* la voie. »

L'EFFORT INSPIRÉ : UNE MÉDITATION SUR LES « QUATRE DIVINS SÉJOURS »

L'activité des bodhisattvas naît de leur motivation à provoquer l'éveil et à soulager la souffrance universelle. Une tâche aussi ambitieuse a de quoi intimider, mais les bodhisattvas sont extrêmement motivés, émus par les tourments du monde et des êtres qui, tous, leur sont chers. Une entreprise aussi transcendante nécessite la Perfection de l'Effort, un des six principes de vie éclairée, les Paramitas, que nous avons déjà évoqués. Ces six vertus nous propulsent vers les hauteurs de l'illumination spirituelle à la manière des courants chauds ascendants sur lesquels planent les grands oiseaux.

Le meilleur lieu de vie : Une méditation sur les « Quatre divins séjours »

Certains grandissent en nourrissant le fantasme d'habiter un jour une merveilleuse demeure. Le Dharma nous offre mieux qu'un fantasme : il est possible de vivre dans un séjour divin, pour qui fait l'effort de cultiver ces sublimes modes d'être qu'on appelle les *Brahma Viharas*, les quatre plus nobles qualités de l'esprit. Ces merveilleux états sont :

1. *L'amour* et *la bienveillance* (*metta*).
2. *La compassion* et *l'empathie*.
3. *La joie* et le fait de *se réjouir du bonheur des autres*.
4. *L'équanimité* et *la sérénité*.

La pratique de la méditation peut nous aider à vivre dans ces états-là, à y séjourner constamment. C'est pourquoi les *Brahmas Viharas* s'appellent aussi les « divins séjours » : des états qui représentent une ambiance qu'on peut créer et emporter partout avec soi. Votre lieu de vie peut en permanence baigner dans l'amour, la compassion, la joie et l'égalité d'âme. Réfléchissez à tout ce que recouvrent ces quatre qualités : acceptation, pardon, espoir, célébration, affirmation, plaisir, réconciliation, faire la paix. On pourrait dresser une interminable liste de synonymes décrivant ces vertus sans bornes, si importantes de nos jours. Ce qui explique que ces quatre « séjours divins » aient été traduits en tibétain par les « Quatre incommensurables ».

Ce ne sont pas seulement des qualités de l'esprit mais aussi des attitudes du cœur. C'est pourquoi j'aime à les appeler les quatre « *cœur-attitudes*[1] ». Sortes de béatitudes spirituelles, ces quatre « cœur-attitudes » sont susceptibles de transformer totalement nos vies, en particulier nos rapports avec les autres. Je les ai trouvées très efficaces pour dompter ma nature rebelle et égoïste, pour transformer mon expérience du monde et mes rapports aux autres. Je vous les recommande chaleureusement.

Grâce à des enseignants du Dharma tels que Sharon Salzberg et son livre au succès justifié, *Loving Kindness : The Revolutionary Art of Happiness*[2], un grand nombre d'Occidentaux connaissent maintenant ces méditations qui conviennent aussi bien aux débutants qu'aux pratiquants expérimentés, bouddhistes ou pas. Ces enseignements sur l'amour et la compassion sont en résonance profonde avec les valeurs et la sensibilité chrétiennes, juives et humanistes auxquelles nous, Occidentaux, restons liés.

La notion d'amour bienveillant (*metta*) est si importante qu'elle est constamment soulignée par les enseignements. On a ainsi évoqué la prière de *metta* dans le contexte de la Parole juste, et ces mêmes aspirations compatissantes deviennent ici l'objet de la méditation.

Bien que la méditation sur l'amour bienveillant soit celle qui se pratique le plus souvent, je crois qu'il est important de souligner qu'il y a *quatre* « cœur-attitudes », dans lesquelles on pourrait voir les quatre piliers du temple du divin séjour.

Pour pénétrer dans ce divin séjour et goûter vous-même ces qualités, asseyez-vous et centrez-vous en vous-même. Recueillez-vous et laissez l'énergie et l'esprit se poser là où vous êtes, ici et maintenant. Commencez à respirer doucement, par les narines, et prenez peu à peu conscience de la respiration. Laissez la conscience alerte prendre conscience d'elle-même, laissez l'expérience se goûter. Contentez-vous de respirer. La conscience alerte est là. Fermez les yeux. Posez les mains sur les genoux ou sur vos jambes croisées. Tournez l'attention vers l'intérieur. Lâchez prise un petit peu. Détendez-vous et commencez à psalmodier :

> « Que tous les êtres trouvent le bonheur et la cause du bonheur.
> Que tous les êtres s'affranchissent de la souffrance et de la cause de la souffrance.

---

1. « *Heartitude* » est le jeu de mots choisi par l'auteur pour exprimer une fusion de *heart* (cœur) et d'*attitudes*. (N.d.T.)

2. L'Amour bienveillant : l'Art révolutionnaire du bonheur. (N.d.T.)

> Qu'aucun être ne soit jamais privé du bonheur sacré qui est totalement dépourvu de souffrance.
> Que tous les êtres parviennent à connaître la grande égalité d'âme qui se trouve au-delà de l'attachement et de l'aversion. »

Vous constaterez, en examinant ces quatre versets, que chacun se rapporte à l'une des quatre attitudes du cœur. Le premier illustre l'amour bienveillant, le deuxième la compassion et l'empathie, le troisième la joie, le quatrième l'équanimité, la sérénité.

Vous pouvez méditer sur ces quatre versets en les psalmodiant ou en vous les répétant silencieusement, encore et encore. Ce faisant, réfléchissez au sens de chacun. Puisqu'il s'agit de cultiver des attitudes du cœur, mettez tout le vôtre dans votre psalmodie ou votre prière. Concentrez-vous sur une seule ligne à la fois et réfléchissez à sa signification. Formez un noble souhait en vous-même. Imaginez que votre cœur est brillant comme un soleil dont la lumière jaillit en tous sens. Ce soleil vous réchauffe le cœur, le corps et l'esprit. Sentez alors votre cœur déborder, fleurir et s'épanouir comme un tournesol. Visualisez ce soleil d'or dans votre cœur, lumineux et chaleureux, illuminant tout alentour. Ressentez un amour inconditionnel, y compris à votre égard. Pardonnez-vous, acceptez-vous, étreignez votre être. Ouvrez-vous grand afin de pouvoir donner de l'amour et en recevoir. Adoucissez-vous. Partagez les bénédictions et les mérites avec tous.

Parfois, en retraite, on psalmodie ces quatre versets trois mille fois par jour, ce qui prend environ dix heures. Vous pouvez décider de consacrer la demi-heure qui vient à psalmodier ces quatre « cœur-attitudes ». Laissez ce divin état d'esprit s'installer dans votre être intérieur et s'y enraciner pour devenir une puissante affirmation. Un peu comme si votre cœur prenait une résolution de nouvelle année. De quoi faire de chaque instant un nouveau début.

Voici quelques autres souhaits, prières et affirmations qu'on peut répéter pour le bien de tous : Que tous les êtres soient heureux, satisfaits, épanouis ! Qu'ils soient en paix, en harmonie, et se sentent bien ! Qu'ils soient à l'abri de ce qui fait mal et peur ! Que tous obtiennent ce qu'ils veulent, ce qu'il leur faut et ce à quoi ils aspirent ! Puissent tous les êtres aller mieux et retrouver leur intégrité ! Que la planète entière aille mieux et trouve son unité ! Puissent tous les êtres s'éveiller du sommeil de l'illusion ! Qu'ils soient éveillés, délivrés, affranchis et libres ! Puissent-ils faire de leur véritable nature une réalité et éveiller le bouddha intérieur ! Puissent-ils goûter également la Grande Perfection innée, la rendre réelle et l'incarner !

On peut réciter ces souhaits ou simplement y réfléchir attentivement, en profondeur. Envoyez à tous les êtres la lumière de l'amour inconditionnel et l'acceptation, en priant que tous parviennent à s'éveiller et se libérer. Envoyez la lumière de l'amour bienveillant au monde. Envoyez la lumière de la compassion, de la joie, de l'équanimité et de la sérénité à la planète entière. Puis ramenez la lumière en vous-même. Accueillez-vous, aimez-vous, pardonnez-vous. Ouvrez-vous à cet amour et à ces bénédictions que vous avez envoyés aux autres, et recevez-les en vous. L'extérieur et l'intérieur fusionnent, il n'y a plus de séparation. Tel est l'état naturel, l'unité, la complétude.

On se réjouit de la bonne fortune d'autrui, des actes vertueux et des bonnes choses accomplies par autrui, mettant ainsi un terme à l'envie et à la jalousie. On pardonne aux autres et on les accepte, tournant ainsi la page de la malveillance et de l'inimitié. Qu'une pluie de grâces tombe sur le monde ! Et sur nous.

Répétez ces dernières paroles. Et puis reposez-vous quelques minutes dans la lumière jaillie de la méditation. Soyez en paix dans cette lumière. Soyez lumière. Goûtez ce divin séjour, cette demeure paradisiaque. Demeurez à votre aise dans la sublime conscience des quatre « cœur-attitudes ».

LA JUSTE VIGILANCE

Garder les yeux ouverts

> *Tout l'enseignement du Bouddha vise à la maîtrise de l'esprit. Si vous maîtrisez l'esprit, vous aurez la maîtrise du corps et de la parole… On trouve la maîtrise de l'esprit en restant constamment conscient de ses pensées et de ses actes… Si vous maintenez cette vigilance constante dans la pratique de la tranquillité et de la vision transcendante, vous serez un jour capable de conserver la reconnaissance de la sagesse, même au beau milieu des activités et des distractions ordinaires. La vigilance est le fondement même de la pratique, le remède à toutes les afflictions du samsara.*
>
> Dilgo Khyentzé RIMPOTCHÉ, *Journey to Enlightenment.*

En 1982, je me trouvais en France, où je secondais momentanément le Dalaï-Lama. Sa Sainteté dîna un jour avec un autre grand lama, Pawo Rimpotché : ils devisaient tous deux, racontant des histoires, évoquant la renaissance attendue du Seizième Gyalwa Karmapa, récemment décédé, quand Pawo Rimpotché repéra une fourmi qui avait du mal à rejoindre la porte ouverte au soleil, parce qu'elle dérapait sur le plancher ciré.

Pawo Rimpotché, qui était d'un âge avancé, n'avait plus l'usage de ses jambes. Il demanda au Dalaï-Lama de bien vouloir aller au secours de la petite créature pour l'aider à sortir. Sa Sainteté s'exécuta allègrement, transporta l'insecte avec douceur à travers la superbe pièce, et le rendit à ses occupations après lui avoir murmuré une bénédiction. Puis, avec un petit rire réjoui, il rejoignit son vénérable confrère.

« Voilà, j'ai pu vous rendre service, Rimpotché. Vos vieux yeux sont meilleurs que les miens ! Les gens ont beau disserter à perte de vue sur la vacuité et la haute philosophie du Mahayana, c'est la marque d'un vrai bodhisattva que de cultiver un bienveillant respect de l'égalité de tout ce qui vit. »

Cette histoire est un merveilleux exemple de sensibilité et d'amour bienveillant, qui reflète en outre le haut degré de conscience alerte et de vigilance de Pawo Rimpotché. Ce lama âgé, à la vue moins que parfaite, était en pleine conversation animée avec le Dalaï-Lama, dans un lieu et un pays étrangers, mais ça ne l'empêchait pas d'avoir conscience des mouvements d'une fourmi. Pawo Rimpotché était conscient de son vécu, et la petite fourmi faisait partie de son champ de conscience. C'est cela, la vraie présence d'esprit. Et sa vigilance avait rendu possible un acte de compassion spontané.

La Juste vigilance, la septième étape du Noble Octuple sentier, pourrait même être qualifiée d'escalier mécanique menant à l'éveil. Le hasard veut que les enseignements sur la vigilance, bien qu'intemporels, semblent faits sur mesure pour notre monde ultrarapide. De nombreux Occidentaux ont en réalité déjà goûté les bienfaits des vérités associées à la Juste vigilance, même s'ils n'en ont pas identifié les racines comme appartenant au Bouddha Dharma. Car les enseignements sur la vigilance sont devenus partie intégrante de notre culture et sont à l'origine d'une bonne part de la philosophie *New Age*. Pensez à la quantité de livres, d'articles et de techniques de développement personnel qui nous invitent à « lâcher prise et vivre l'instant », à « être présent », « vivre une vie consciente », « ralentir » et « être en contact avec ses sentiments ». La présence consciente, ici et maintenant : telle est la leçon de la vigilance. Et nous en avons tous besoin.

Que faites-vous et pourquoi ?

Il y a bien longtemps, en Chine, un jeune moine demanda à son maître zen : « Qu'est-ce que l'éveil ? Comment est-ce pour vous ? » À quoi le maître répondit : « Quand je mange, je mange. Quand je dors, je dors. »

On ne fait généralement guère attention à ce qu'on dit ou fait. On mange, sans vraiment manger ; on dort, sans vraiment dormir. Notre esprit est distrait, nos pensées partent dans tous les sens. On est souvent trop occupé à se lamenter sur le passé ou à s'y raccrocher, quand on n'est pas en train d'anticiper l'avenir ou de le redouter. Au lieu d'habiter pleinement son corps et de ressentir son vécu, on n'est qu'à demi conscients — dans les meilleurs cas. Pas complètement présents, à peine conscients. Pour preuve de ce triste état de choses, les bêtises et les aberrations qu'on commet en traversant l'existence comme en pilote automatique.

À force d'être si occupé et si pressé, on oublie de rester en contact avec ce qu'on est et ce qu'on fait. Si bien qu'on passe à côté de la beauté et de la tristesse, à côté de la réalité de sa vie, de sa texture particulière. On passe à côté de la vérité de ses expériences, d'instant en instant. Le manque de vigilance nous rend inattentif : on blesse les autres sans réfléchir, parfois même sans s'en apercevoir. Et l'on se fait soi-même du mal. On s'endort continuellement aux commandes de sa vie, risquant toutes sortes d'accidents physiques autant qu'affectifs.

Faute d'être pleinement conscients, on marche sur la fourmi, ou pire. On ne fait pas attention à son vécu dans l'immédiateté de l'instant présent et, quand enfin on lève le nez, on est déjà embarqué dans des relations personnelles désastreuses. Faute d'être attentif aux êtres qui nous sont chers, on se retrouve avec des enfants distants et des conjoints furieux. Le manque de vigilance et de conscience alerte a des répercussions dans tous les domaines, depuis les clés qu'on égare jusqu'aux vies qui dérapent. Conscience du présent et vigilance signifient savoir ce qu'on fait et ce qu'on dit. Contrairement aux apparences, il n'est pas facile de vivre pleinement le moment présent. Pas plus que de maintenir une conscience lucide et de rester vigilant.

Un jour, pendant la retraite de trois ans, notre maître Nyoshoul Khempo a pris un gros stylo feutre et griffonné en tibétain, sur un grand morceau de papier essuie-tout ménager, des phrases qui lui étaient venues spontanément à l'esprit. Il a ensuite punaisé le bout de papier sur la barrière de bois qui séparait notre ermitage forestier du chemin de terre menant au monde extérieur. Nous avons été si inspirés par ce qu'il avait écrit que nous avons mis le morceau de papier sous plastique pour le protéger des éléments et l'avons laissé accroché à la barrière, pour nous rappeler constamment de rester éveillés.

Le miroir de la vigilance

La vigilance est la racine du Dharma.
La vigilance est le corps même de la pratique.
La vigilance est la forteresse de l'esprit.
Le manque de vigilance permettra aux forces négatives de vous vaincre.
Faute de vigilance, vous deviendrez la proie de la paresse.
Le manque de vigilance est le créateur de tous les actes malfaisants.
Faute de vigilance et d'un esprit présent,
Rien ne peut s'accomplir.
À cause du manque de vigilance, la merde s'entasse.
À cause du manque de vigilance, vous dormez dans une mer de pisse.
Faute de vigilance, vous êtes comme un zombie sans cœur, un cadavre ambulant.

Notre maître voulait nous rappeler que formes et rituels n'ont pas de sens si l'on ne développe pas la conscience alerte, le cœur de la pratique. Une retraite monastique sans vigilance ne produirait guère de fruits spirituels. Tout ce qu'on aurait à montrer après des mois de clôture, ce serait des amas d'excréments. Sans vigilance, les quantités d'heures de méditation perdraient beaucoup de leur valeur profonde. C'est en pratiquant la conscience vigilante qu'on développe la vision transcendante et qu'on se réalise. La même chose est vraie hors les murs du monastère, qu'on médite ou qu'on fasse sa lessive. Plus on est totalement présent à ce qu'on fait, plus on y applique une conscience alerte et une attention pénétrante, et plus on accomplit de choses, spirituellement parlant.

La méditation, c'est s'entraîner à la vigilance et à la conscience alerte

L'aube d'un jour nouveau ne point que pour ceux qui sont complètement réveillés.

Henry David THOREAU.

Le maître zen japonais, Dr D.T. Suzuki, pionnier du zen en Occident, fut en quelque sorte le premier patriarche officieux du zen américain. Le professeur Suzuki, qui avait enseigné à l'université de Columbia dans les années 50, allait sur ses quatre-vingt-dix ans ; il assistait à une réunion d'universitaires assis autour d'une longue table. Il semblait endormi ou absorbé dans une profonde méditation. « Comment voir la différence ? » songeaient du reste certains de ses jeunes collègues, non sans un brin d'ironie, peut-être. C'est alors qu'un souffle de vent souleva les papiers posés devant l'orateur assis au bout de la table d'acajou verni et fit envoler une feuille. Celle-ci passa sous le nez des spécialistes du bouddhisme et autres professeurs assis à la table jusqu'à ce que la main décharnée du vieux maître zen, qu'on avait cru en hibernation, se tende et l'attrape sans qu'il bouge le reste de son corps ou lève ses paupières mi-closes. Tout le monde fut impressionné, sidéré de constater que la présence d'esprit et les réflexes du vieux tigre demeuraient plus aiguisés que ceux de toute la noble compagnie. Après cela, plus personne n'alla s'imaginer qu'il somnolait… même si c'était le cas.

La vigilance pure est une conscience du présent, détendue, ouverte, lucide, alerte d'instant en instant. Elle ressemble à un miroir bien poli : elle ne s'attache pas, n'accapare pas, ne rejette pas, ne réagit pas, ne déforme pas. La bonne nouvelle, c'est que la vigilance est une technique qui peut s'apprendre, comme toute autre. Les bouddhistes traditionnels des lignées de pratique de *Vipassana* mettent très fort l'accent sur la vigilance. C'est la pratique essentielle d'enseignants du Dharma tels que Jon Kabat-Zinn, Jack Kornfield, Sharon Salzberg et Sylvia Boorstein. Joseph Goldstein, un des pionniers de l'enseignement du Dharma en Occident, voit dans la vigilance la pratique centrale du Dharma, le premier ingrédient de la recette de l'éveil selon le Bouddha.

Pour s'entraîner à la vigilance, on utilise la méditation. Elle est unique, par sa capacité à nous réveiller, ouvrant et libérant ce qu'il y a de replié en nous, de fermé et de figé. Sylvia Boorstein souligne fort justement :

« Au début de la pratique de la méditation, il faut se rappeler d'être vigilant. Au bout d'un moment, on ne peut plus l'oublier. »

La méditation explore, dévoile et illumine ce qui est caché en soi et autour de soi. Cette expérience contemplative et introspective nous aide à sortir des rêves et des illusions qu'on a sur les choses, à dépasser notre vision subjective du monde pour découvrir la vraie réalité. La méditation nous permet d'entrer de plain-pied dans une relation intime et directe avec nos expériences, sur un mode de simplicité, de rapport plus authentique à la vie. Il ne s'agit pas simplement de vivre plus consciemment. Mais d'*être*.

Réveillez-vous ! Les leçons de vigilance du Bouddha

Il y a 2 500 ans, quand le Bouddha expliqua pour la première fois à ses disciples ce que signifiait vivre en cultivant la Juste vigilance, il leur dit : « Le disciple agit en pleine connaissance de cause lorsqu'il va et vient... il agit en pleine connaissance de cause quand il regarde devant ou derrière lui... il agit en pleine connaissance de cause lorsqu'il mange, boit, mâche et goûte... il agit en pleine connaissance de cause quand il marche, se tient debout, s'assied, s'endort, s'éveille... il agit en pleine connaissance de cause lorsqu'il parle ou se tait. »

Le Bouddha exhortait ainsi ses disciples à être pleinement conscients et éveillés dans tous leurs actes. N'oublions jamais que la pratique de la conscience alerte et de la vigilance est directement liée à la réalité, puisqu'*il s'agit* de voir clairement les choses. Le Bouddha recommandait de ne pas vivre dans le passé ni dans l'avenir, d'être conscient et éveillé à l'instant présent, à la vérité de ce qui est. Voilà ce qu'on cultive en méditant : la conscience de ce qui est. C'est par là que les pratiquants du Dharma accèdent à la vérité et à la réalité dans sa plus simple acception : *les choses exactement telles qu'elles sont*.

Le Bouddha a décrit dans le « Soutra de la Vigilance » ce qu'il appelait les « Quatre fondements de la vigilance ». Ces enseignements rappellent qu'il faut être conscient de son corps, de ses sensations et sentiments, de ses pensées, et conscient des événements à mesure qu'ils surviennent, d'instant en instant. Dans les instructions fondamentales qui nous ont été transmises, le Bouddha montre à ses disciples comment développer la conscience du présent et la vigilance : « Le disciple se retire dans la forêt, au pied d'un arbre, ou dans un lieu solitaire, il s'assied... et, avec sa vigilance fixée devant lui, il inspire attentivement, il expire attentivement. Lorsqu'il inspire longuement, il le sait : "j'inspire longuement". Lorsqu'il expire longuement, il le sait : "j'expire longuement"... Ainsi il s'entraîne. »

« Est-ce vraiment ça, la méditation ? me demande-t-on souvent. C'est vraiment aussi simple que ça ? » Si ces instructions semblent presque trop faciles pour être crédibles, écoutez cette histoire du Bouddha. Une grand-mère âgée vint un jour le trouver, disant qu'elle aimerait bien atteindre l'éveil, elle aussi, et qu'elle voulait apprendre à méditer. Mais, expliqua-t-elle, elle était vieille, infirme, illettrée et très prise par ses obligations familiales et les travaux domestiques. Elle ne pouvait pas renoncer à sa famille pour entrer dans les ordres. Cela dit, elle était déjà suffisamment ouverte et consciente pour percevoir la forme lumineuse du Bouddha et de nombre de ses disciples. Et son cœur brûlait du désir d'apprendre à méditer pour se joindre à eux dans la voie du développement spirituel.

Le Bouddha lui répondit : « Vénérable grand-mère, chaque fois que vous tirerez de l'eau au puits pour votre famille et vous, soyez consciente du moindre de vos faits et gestes, du moindre mouvement de vos mains. Et quand vous rentrerez à la maison en portant la jarre d'eau sur votre tête, soyez consciente de chacun de vos pas. Et quand vous accomplirez vos tâches, restez vigilante et consciente à chaque instant, moment après moment, et vous maîtriserez vous aussi la méditation. »

Pour être la simplicité même, ces instructions ne sont cependant pas toujours faciles à suivre. Vous est-il déjà arrivé de prendre en main un bol de soupe rempli à ras bord quand vous portiez des vêtements habillés ? Vous rappelez-vous l'état de vigilance alerte de votre esprit, que vous avez maintenu jusqu'à ce que vous ayez posé le bol quelque part ? Dans la pratique de la vigilance, c'est avec le même soin qu'on tient l'instant présent. Dans le but de parvenir à porter cette vigilance en soi à chaque instant de sa vie.

Le maître Thich Nhat Hanh note dans son livre *La Paix : un art, une pratique* : « Je dois avouer que ça me prend un peu plus de temps de faire la vaisselle avec vigilance, mais je vis pleinement chaque instant et je suis heureux. Chaque seconde de vie est un miracle ; la vaisselle même et le fait que je sois là en train de la laver, ce sont des miracles ! À chaque pas qu'on fait en pleine conscience, une fleur s'épanouit sous nos pieds. On ne peut agir ainsi qu'en ne s'appesantissant pas sur le passé ni sur l'avenir, et en sachant que la vie n'est que dans le moment présent. »

Dans l'entraînement à la méditation, on apprend à aborder toutes ses activités avec attention et vigilance. La vigilance est aussi le résultat final de la méditation, telle qu'elle se manifeste dans la présence totale, l'attention unifiée, la conscience concentrée et même l'éveil. Après que le Bouddha eut trouvé l'éveil sous l'arbre de bodhi, il vécut plusieurs dizaines d'années qu'il passa à enseigner et à goûter la vie éveillée. Il n'avait plus besoin de s'asseoir pour pratiquer la méditation. Tout étant pour lui un état d'éveil naturel, semblable à la méditation, il ne lui restait rien à cultiver, à développer ni à accomplir.

Vivre en pleine vigilance, c'est mener une vie sacrée dans ce monde, avec ou sans le cadre de sécurité qu'on trouve traditionnellement dans les formes religieuses les plus élaborées. Connaître les choses telles qu'elles sont, savoir comment elles fonctionnent, voilà l'état d'éveil éclairé. Pas de but au-delà. Plus rien à faire. Plus rien qui manque.

La leçon de « maintenant »

> *On s'imagine trop souvent que, pour résoudre les problèmes du monde, il faut conquérir la terre, au lieu de la toucher, de remettre les pieds dessus.*
>
> Chögyam TRUNGPA.

Entre les lignes de l'enseignement sur la vigilance se cache une des plus grandes leçons du Dharma : la méditation est un moyen simple et direct de revenir aux sources de « maintenant ». Il se passe une chose extraordinaire quand on commence à devenir vigilant, à vivre dans le « maintenant », à diriger son attention sur le plus petit fragment d'instant présent : notre fascination pour le passé et l'avenir décroît. On cesse de vivre dans ses fantasmes, de redouter l'avenir ou de l'attendre avec impatience ; on apprend à ne plus se laisser absorber des heures par le souvenir de ce qui s'est passé ou l'idée de ce qui aurait pu arriver. Et l'on constate un regain d'énergie, à mesure qu'on apprend à lâcher prise. Elle redevient vôtre, cette merveilleuse énergie qui était gaspillée pour aller nourrir fantasmes, amertume et regrets. On revient à l'état naturel du pur maintenant. C'est être authentiquement. La joie du maintenant. Maintenant sacré.

On peut passer sa vie entière obsédé par l'attachement au passé ou à l'avenir. N'ayant pas l'habitude d'être conscient de l'instant actuel, on a besoin de réapprendre à rester présent à chaque seconde. Pour mieux développer le pouvoir de la vigilance, on commence par prendre plus complètement et lucidement conscience de ses actes physiques, tels que la respiration et la marche. Quand par exemple on marche, on fait un pas, puis un autre, en étant pleinement conscient. On décompose chaque pas en tout petits gestes tels que soulever le pied, le déplacer vers l'avant, le poser par terre. Si j'ai l'air de me répéter, c'est parce que l'exercice même est répétitif. C'est d'ailleurs l'objet de la manœuvre. Il s'agit d'un entraînement et, comme dans toute forme d'entraînement, il faut constamment revenir sur les points essentiels et recommencer. Cent fois sur le métier remettre son ouvrage. On apprend à être conscient, pas à pas, une respiration après l'autre, une pensée après l'autre, une sensation après l'autre.

Le Bouddha réunit un jour ses disciples les plus accomplis spirituellement, comme s'il allait leur parler. Mais au lieu de s'exprimer avec des mots, il se contenta de brandir une fleur jaune en la faisant légèrement tourner sur elle-même. Ce qui suscita un grand sourire chez Kasyapa, un arhant. Le Bouddha déclara alors : « Aujourd'hui, seul le vénérable moine Kasyapa a compris mon enseignement. » Kasyapa devint par la suite le premier patriarche de la lignée que l'histoire nous a transmise sous le nom de bouddhisme zen. Ce bref « sermon sans paroles » s'appelle le « Soutra de la Fleur ».

Comment comprendre un tel enseignement, ineffable et dépouillé, sans avoir l'œil de la sagesse ouvert ? C'est pourquoi les instructions de méditation zen sont souvent données dans des formules lapidaires, hermétiques mais compréhensibles, telles que être assis quand on est assis, respirer lorsqu'on respire, ou marcher quand on marche. Quoi de plus simple ?

Dans l'apprentissage de la méditation, ce sont nos riches ressources naturelles qui nous servent : respiration, sensations physiques, pensées, sentiments. On peut ainsi recourir librement à telle ressource ou à telle méthode de méditation selon ses besoins, en tout lieu et en tout temps. La vigilance suppose l'attention et une conscience lucide. On a tout intérêt à être attentif et réellement présent : on y trouvera une satisfaction accrue, une plus grande largeur de vue, davantage de maîtrise et d'efficacité dans tous les domaines.

En étant simplement là, exactement où vous êtes, vous pouvez vous rendre la vie bien plus facile et merveilleuse. « En s'éveillant à l'instant présent, on comprend que l'infini se trouve dans la finitude de chaque instant », a dit un maître zen. Et comme l'écrivait si joliment la poétesse américaine Emily Dickinson : « L'éternité est faite de maintenants. »

La conscience guérit

Plus concrètement, si l'on se sent désemparé, pris dans des nœuds inextricables, la méditation est le moyen de se redresser. Le cœur et l'esprit du méditant se débrident et se dénouent progressivement, à la manière du serpent qui défait tout seul les nœuds de son long corps lové.

J'entends souvent dire qu'on n'a pas le temps de méditer, et j'éprouve souvent moi-même cette impression. Je sais pourtant, comme la plupart de ceux qui méditent, que la méditation donne tellement de lucidité, tant d'espace dans la tête, qu'en réalité elle ajoute du temps à la journée. Étant mieux centré en soi, on se sent moins dépassé par les événements et l'on est plus efficace, plus détendu.

La pratique de la vigilance est aussi un excellent moyen d'apprendre à gérer ses sentiments et à développer une « intelligence des émotions ». On prend conscience de ses sentiments à l'instant même où ils se manifestent, on les éprouve sans les refouler ni les nier. Ce qui donne assez de recul pour trouver le meilleur moyen de les gérer. La méditation permet d'être en prise directe sur ses sentiments, sans pour autant se laisser manœuvrer ou dominer par eux.

La méditation est, au dire de beaucoup, ce qui leur permet de rester équilibrés. Parce qu'elle aide à observer l'esprit sans s'attacher à ce qui s'y passe, au-delà des contraintes du désir et de l'aversion. C'est à la fois l'instrument et l'expression de l'intégration et du centrage en soi. *C'est* l'état d'un esprit sain, le remède naturel à la frustration et à l'angoisse inhérentes à la vie éparpillée et fragmentée qui est le lot de nombre d'entre nous. La tension, la peur et le stress ne viennent pas de l'extérieur, ils sont l'expression d'un climat intérieur que l'on crée soi-même. Essayez un instant de vous dessaisir de tout. Prenez une profonde inspiration, détendez-vous. Devenez plus réceptif, tolérant, conscient. Adoucissez-vous. Offrez-vous un répit.

Je voyage beaucoup et je trouve que la méditation est une formidable façon d'aller d'un point à un autre. Supposons que l'avion vole à près de mille kilomètres à l'heure au-dessus de l'Atlantique. Je m'arrête, je prends une inspiration ; je souris, j'expire et je lâche prise. N'importe qui peut faire ça, n'importe où, pendant le laps de temps qu'il veut, et sans avoir à croire à quoi que ce soit. Le passager assis à côté de moi ne s'en aperçoit même pas. Nul ne sait ce que je fais, ça n'intéresse personne. Mais les bouddhas, eux, le savent, et moi aussi, et nous sommes d'accord. Ça suffit bien.

Il existe un exercice très naturel, qui consiste à faire des méditations instantanées, des méditations minute (que je m'amuse à appeller des « petites rapides »), vingt-cinq à cent fois par jour. Mes maîtres du Dzogchen disaient : « Beaucoup de "petites rapides" valent mieux que peu de longues. » C'est un moyen de garder l'esprit « frais » et vivant.

La méditation n'est pas affaire de temps, mais de temps de qualité. Si l'on n'y passe qu'un bref moment, c'est presque comme quand on allume une bougie sur un autel ou qu'on voit passer une étoile filante. Mais si l'on y consacre une demi-heure, ça peut devenir une profonde pratique contemplative. Quand on est distrait ou soucieux, ça aide à se détendre, à se calmer et à se concentrer. Quand on surchauffe, qu'on est trop stressé, c'est comme une brise qui vous rafraîchit pendant une marche en pleine chaleur, qui vous aide à vous recentrer et à revenir au moment présent. Quand on s'ennuie, qu'on ne tient pas en place, qu'on est dévoré de doute et d'incertitude, la méditation réveille et aiguise la conscience, clarifie et stabilise l'esprit.

La méditation en « kit » personnalisé

On me demande souvent s'il y a des instructions précises pour apprendre à méditer, on veut savoir s'il est possible de le faire seul. La méditation étant un processus fluide et ouvert, il n'y a que peu de règles absolues, mais il existe des techniques et des tuyaux que les méditants de toutes les époques ont trouvés utiles.

CRÉER DES CONDITIONS FAVORABLES À LA MÉDITATION

Si les maîtres de méditation accomplis sont capables de méditer au beau milieu d'un rond-point de Times Square, en plein cœur de New York, ils préfèrent généralement le calme et la solitude. Au début, quand on apprend à méditer et que l'esprit a encore furieusement tendance à se disperser, mieux vaut suivre quelques règles générales.

• Trouvez-vous un endroit tranquille pour méditer, avec aussi peu de distractions extérieures que possible, de préférence un lieu sans télévision, radio, enfants ni téléphone. Choisissez autant que possible un lieu où vous vous sentez émotionnellement à l'aise et en sûreté, loin du stress et de la pression. N'essayez pas de méditer dans votre cadre professionnel si vous ne pouvez pas poser les yeux sur votre bureau sans éprouver des angoisses liées au travail. Efforcez-vous de créer un environnement simple. Les disciples du zen apprennent à méditer dans des pièces ou des jardins remarquables par leur dépouillement et leur simplicité. La nature peut souvent fournir l'environnement adéquat. Le Bouddha a médité au bord d'une rivière et sous un arbre. Vous pouvez préférer vous installer au sommet d'une colline, sur un toit-terrasse, sur une plage, tout près de l'eau.

• Veillez à ce que la température soit agréable sans être trop chaude, car vous devez rester frais, calme et alerte. Comme disait un maître : « Pratiquez avec des yeux de glace et un cœur en feu. »

• Fixez d'avance la durée de votre séance de méditation et essayez de vous y tenir. Ne dépassez pas la demi-heure, au départ. Ne forcez pas.

• Portez des vêtements flottants et confortables, si vous ne voulez pas qu'une ceinture trop serrée devienne l'objet essentiel de votre méditation.

• Avant de méditer, cultivez un sentiment de modération, de retenue, d'autodiscipline. Abordez la séance de méditation (et le monde environnant) avec une attitude de respect et de révérence.

• Préparez-vous mentalement à la méditation en tâchant de laisser passer les images ou les choses qui évoquent du désir en vous. Ce n'est pas toujours facile, ne vous découragez pas si vous n'y arrivez pas tout de suite. Même les maîtres expérimentés déplorent certaines images qui leur viennent à l'esprit, bien malgré eux, pendant la méditation.

• Cultivez un sentiment de satisfaction pendant vos séances de méditation. C'est une grande chance de pouvoir méditer, un cadeau qu'on s'offre à soi-même. Soyons reconnaissant de cette grâce.

• Faites l'effort de lâcher prise des pensées discursives, compulsives et obsessionnelles. Observez ces pensées répétitives et les vieilles histoires qu'elles vous racontent. Classez-les à la rubrique « revoilà cette vieille rengaine ! » et revenez à l'objet de votre concentration.

• Goûtez la simplicité et la tranquillité de la méditation. Rien ne manque. Savourez la richesse de l'instant présent.

CORPS ET SOUFFLE

Traditionnellement, on apprend à méditer assis. On voit souvent les méditants assis jambes croisées, dans la posture du lotus ou du demi-lotus, un coussin sous les fesses. Cette position n'est cependant pas indispensable : vous pouvez aussi vous asseoir sur une chaise confortable au dossier droit. Voici quelques instructions de base :

• Redressez le corps et asseyez-vous bien droit. Ne penchez pas d'un côté ou de l'autre, en avant ou en arrière. Laissez les épaules tomber naturellement.

• Essayez de faire en sorte que votre nez se trouve dans l'alignement du nombril, et tenez la tête droite, les oreilles à la verticale des épaules.

• Laissez la langue reposer doucement sur le palais, les lèvres et les dents légèrement closes.

• Posez les mains sur le bas du ventre ou sur les genoux.

• Gardez les yeux clos ou mi-clos.

• Laissez-vous aller et ressentez une impression d'espace, d'aise, de clarté ; laissez l'esprit s'installer naturellement dans son état naturel.

• Commencez par inspirer par les narines, puis expirez par les narines. Concentrez-vous sur la sensation physique de l'air qui entre et sort des narines. Observez simplement le souffle à l'endroit où se produit la sensation, et restez concentré là-dessus.

• Quoi qu'il arrive pendant que vous méditez — des bruits, un pied qui vous démange, un souvenir (agréable ou pénible) —, lâchez prise et ramenez l'attention sur la respiration.

• Restez immobile et respirez librement, sans forcer.

• Soyez détendu, ouvert, acceptez.

• Goûtez l'instant.

CE QU'ON ENTEND PAR : « LÂCHEZ PRISE DE VOS PENSÉES »

« Mais qu'est-ce que je fais de mes pensées ? » me demande-t-on fréquemment ? Certains croient que méditer signifie supprimer les pensées, se forcer à ne penser à rien, voire rechercher une sorte d'inconscience. C'est là une notion parfaitement fausse de la méditation qui vise au contraire à rendre conscient de ce qui est, à l'instant présent. À reconnaître la réalité. La méditation nous rend conscient de tout, y compris de nos pensées et de nos sentiments. On cultive la conscience du présent, instant après instant. On cherche à être conscient, éveillé, alerte — le contraire de l'inconscience. Une fois entraîné à la méditation, on sera mieux à même de remarquer les petites fleurs qui poussent dans les fissures des trottoirs et de les apprécier. On saura mieux prendre plaisir à voir les enfants jouer sur la plage avec leurs petites pelles et leurs seaux en plastique.

Bien sûr, vous aurez des pensées pendant la méditation. Les pensées surgissent sans cesse, telles les vagues d'un océan. Mais on n'a pas besoin de repasser l'océan : les vagues se forment à sa surface et disparaissent d'elles-mêmes. L'attitude qu'on essaie de cultiver face aux pensées quand on médite s'inspire de cela. On observe le processus de la pensée. On remarque la survenue d'une pensée, on la regarde se former, on lâche prise et on la laisse passer tout en continuant à respirer. À mesure que la méditation s'approfondit, on remarque que le souffle se fait plus lent, le corps plus tranquille, les pensées plus calmes. Ce n'est pas là le but premier de la méditation mais c'en est une des retombées bénéfiques, ainsi qu'un signe de progrès.

On découvre grâce à la méditation que l'on n'est pas ses pensées. À mesure qu'on développe un « esprit stable », comme on l'appelle souvent, les pensées perdent le pouvoir de nous chambouler, de nous mettre sens dessus dessous. On apprend qu'on a une vie en dehors des pensées. *On n'est pas ce que l'on pense*. Certes, nous créons nos pensées et nous en sommes responsables, mais nous ne sommes pas limités par elles, nous ne sommes pas esclaves de la pensée.

En méditation, on se contente d'observer les pensées qui surgissent, d'en prendre conscience. On les classe sous la rubrique « pensées », sans se laisser contrôler par elles. Et on ne les juge pas. S'il vous vient, par exemple, une pensée de colère, une pensée méchante à l'égard d'une personne, vous n'avez pas besoin de vous dire : « Je suis colérique et méchant. » Nous avons tous des pensées débridées, mais ça ne signifie pas pour autant qu'elles nous définissent.

Quand on médite, on s'efforce aussi de ne pas en rajouter, en matière de pensées comme de sentiments. Supposons que la pensée méchante qui vous est venue à l'esprit soit la suivante : « J'aimerais bien qu'Untel se fasse virer de son boulot », vous n'avez pas besoin de poursuivre l'idée en élaborant toutes sortes de scénarios sur la manière dont Untel se fera virer. Si vous avez pensé : « C'était vraiment chouette de ma part de ramener Dolorès en voiture », pourquoi continuer en vous décernant d'autres satisfecit ? Soyez simplement conscient de la pensée, et puis laissez-la partir. Méditer, c'est surveiller son esprit afin de mieux se connaître, afin d'être fidèle à soi-même. On ne s'accroche pas à ses pensées, on ne s'en sert pas pour manipuler ce qui se passe.

Considérez chacune de vos pensées comme une vague sur l'océan de la conscience. Les vagues ont beau être énormes, extraordinaires, l'océan immense conserve les qualités inhérentes à sa nature propre. L'océan de la conscience alerte ne sort jamais de sa « fosse », quelles que soient les vagues qui en agitent la surface. C'est pourquoi le Dzogchen dit que les pensées sont les ornements de l'esprit, le jeu de sa créativité. Quand on médite et que les vagues de la pensée rident la surface de l'eau, on s'immerge dans les profondeurs de l'océan — ce que certains appelleraient Dieu ou la lumière intérieure. La méditation est un riche exercice qui nous aide à revenir aux sources de cette lumière qu'on nomme nature de bouddha, esprit naturel, bouddha intérieur.

Quand on commence à pratiquer la méditation, on a parfois l'impression d'être encore plus noyé qu'à l'ordinaire sous la masse des pensées et des sentiments. En réalité, ces pensées et sentiments sont toujours là, mais la méditation nous aide à en prendre conscience. Pour citer Daniel Goleman : « La conscience de soi — reconnaître un sentiment à l'instant où il surgit — est la clé de voûte de l'intelligence des émotions. » La psychologie bouddhiste considère les pensées comme l'un des six champs sensoriels. Les pensées sont objets de l'esprit, tout comme les images sont objets de la vision, et les sons objets de l'ouïe. La méditation porte le même regard sur tous ces phénomènes. On les remarque, on les identifie, on les laisse partir, sans cesser de revenir toujours à notre nature profonde, à l'esprit naturel. On laisse tout glisser sur notre cerveau, rien n'accroche.

Prenons l'exemple simple qui va suivre.

MÉDITATION AVEC MOUSTIQUE

Vous méditez. Inspiration, expiration. Vous êtes attentif à ce qui se passe. Soudain, un bourdonnement près de l'oreille droite. Vous vous dites : « Ah non, un moustique sur l'oreille droite ! »

Méditer, c'est être conscient de ce qui est — quoi que ce soit. Alors, à ce moment précis, votre méditation consiste peut-être simplement à être conscient du bourdonnement. Ce bruit n'est pas une interruption, à moins que vous ne le laissiez en devenir une, en vous y intéressant de manière excessive. Vous serez distrait si vous vous retournez pour tirer au clair d'où provient le bourdonnement, alors que, si vous continuez à méditer, vous savez que c'est juste un bruit. Une simple vibration de votre tympan. Bzz...

Faut-il faire quelque chose à cause du bourdonnement ? Que *pouvez-vous* faire ? La conscience vigilante vous donne ce supplément d'espace qui permet de décider de réagir — et comment — ou de ne pas réagir.

Dans la fraction d'espace-temps où vous êtes conscient de ce bourdonnement pur et simple, et de rien d'autre, vous découvrez la conscience originelle. La liberté est là, à l'instant où la conscience alerte vous épargne une réaction automatique au moustique, ou à quoi que ce soit. Il y a toujours plusieurs choix possibles, en toute situation. En l'occurrence, il y a diverses façons de gérer l'esprit-moustique.

Le principe reste le même si, par exemple, quelqu'un vous blesse ou vous complimente. La conscience alerte nous donne la présence d'esprit nécessaire pour observer les paroles et compter jusqu'à dix avant de réagir. Voilà la liberté. La conscience vigilante ralentit le mouvement, pour qu'on ait le temps d'examiner la situation avant de se laisser emporter par ses vieux schémas. Vous avez le choix entre une réaction aveugle et une réponse créative, réfléchie. On fait tous des choses regrettables et des erreurs parce qu'on n'est qu'à demi conscient au volant de sa vie. La vigilance peut nous aider à vivre nos vies d'une manière bien plus satisfaisante, en nous donnant du temps et en nous rendant conscients.

Revenons à notre moustique. Un saint bouddhiste formera peut-être le souhait que l'insecte trouve un coin de peau tendre et bien juteux, qu'il fasse un bon repas et qu'il rentre tranquillement chez lui. Un novice de la méditation essaiera peut-être d'éloigner le moustique par un mouvement soudain, pour l'effrayer. Mais si vous avez décidé dès le départ de ne pas bouger de votre méditation pendant une période donnée, vous vous contenterez de remarquer le bourdonnement et de l'identifier comme tel.

La méditation en trois temps

Que je pratique la méditation ou que je l'enseigne, je considère que chaque séance se déroule en trois temps.

PREMIER TEMPS : « ARRIVER DANS LE PRÉSENT » ET SE CENTRER

On cesse de faire ce qu'on était en train de faire, de penser ce qui nous occupait l'esprit. On se détend. On arrive dans le présent. On s'assoit. On s'installe confortablement. Si l'on s'assoit jambes croisées, par terre, on ajuste son coussin et ses jambes. Si l'on s'installe sur une chaise, on pose les deux pieds sur le sol, on se détend tout en gardant le dos bien droit, on met les mains dans une position confortable. Bref, on arrête tout.

Commencez par laisser la respiration trouver son rythme. Laissez tout se calmer, naturellement. Laissez le corps trouver naturellement le repos sur son siège, à sa façon, en prenant le temps qu'il lui faut. Laissez la respiration et l'énergie se reposer naturellement dans le corps. Laissez les pensées se calmer. « Recueillez »-vous. Arrivez dans le présent, détendez-vous et revenez à la source du moment présent.

Les yogis et maîtres tibétains nous apprennent comment détendre complètement le corps, la parole et l'esprit, comment nous dessaisir d'eux.

> « Laissez le corps au repos, telle une montagne immuable.
> Laissez la parole au repos, telle une guitare sans cordes.
> Laissez l'esprit au repos, tel le pâtre au crépuscule qui a ramené son troupeau au bercail et s'assied, paisible, à la chaleur du feu. »

Une fois qu'on est arrivé dans le présent, on a tout fait. Le cœur et l'âme sont unis. Le corps, la parole et l'esprit ont lâché prise. On y est.

DEUXIÈME TEMPS : INTENSIFIER ET FOCALISER

La conscience du moment présent commence à se manifester. La sensibilité s'affine, l'énergie s'intensifie. On fait l'effort conscient d'être attentif. On se concentre sur la sortie du souffle avec l'expiration, sur l'entrée du souffle avec l'inspiration.

Observez simplement la respiration. Inspirez, expirez. Lâchez prise de tout le reste. En respirant, prenez conscience de ce que vous ressentez à chaque instant : les sensations du corps, du ventre, du diaphragme, des narines. C'est cultiver la vigilance et la présence d'esprit alerte. Dirigez votre attention sur la respiration et restez concentré là-dessus, à l'exclusion de tout autre objet.

Soyez vigilant et attentif. Chaque fois que l'esprit s'égare, ramenez-le sur le souffle. Ramenez-le en tirant doucement sur la laisse de la vigilance. Observez la respiration. Inspirez, expirez.

Soyez attentif. Observez lucidement, voyez les choses telles qu'elles sont. Clarifiez, pénétrez les choses. Restez avec la respiration qui unifie et stabilise l'esprit. Concentrez toute votre énergie sur la respiration.

TROISIÈME TEMPS : RELÂCHER ET LAISSER FAIRE

Ce troisième temps est la partie essentielle de la méditation. Il n'y a plus rien à faire. Ouvert à l'absence d'effort, vous êtes pleinement arrivé dans l'instant présent. Vous êtes là, conscient, sans porter de jugement ; conscient à la manière d'un miroir, sans choisir. Vous n'avez pas de but particulier — nulle part où aller, rien à faire. Vous êtes arrivé, vous êtes présent. Vous gagnez.

C'est le moment de goûter d'être là, pleinement, uni à vous-même et au monde, en harmonie avec ce qui vous entoure, en harmonie avec tout. Être, c'est tout. À goûter la joie et la paix de la méditation. Oui !

> *L'esprit méditatif est silencieux. Il est au-delà de la pensée… L'esprit méditatif est l'esprit religieux, hors de portée de l'église, des temples et des chants… La méditation n'est pas un moyen servant à une fin. Elle est à la fois le moyen et la fin.*
>
> J. KRISHNAMURTI, *Méditations*.

L'éveil est le but, la méditation est la voie

> *Vous êtes le Bouddha. Vous êtes la vérité. Alors, pourquoi ne le sentez-vous pas ? Pourquoi ne le savez-vous pas, et par cœur ? Parce qu'il y a un voile qui s'interpose : l'attachement aux apparences, telle l'idée qu'on n'est pas bouddha, qu'on est un individu autonome, un ego. Si l'on n'arrive pas à lever ce voile d'un seul coup, il faudra le faire disparaître peu à peu.*
> *Mais si l'on a vraiment percé le voile, ne serait-ce que le temps d'un bref coup d'œil, on pourra recommencer à tout moment. Peu importe où l'on est, ce qui se présente à soi, l'apparence qu'ont les choses : il suffit de revenir à cet espace ouvert et omniprésent, à cette lucide clarté.*
>
> Kalou RIMPOTCHÉ.

À la faveur de la méditation, on pèle des couches successives de sa personnalité. On pèle, on pèle en direction du centre, on lâche prise, et, couche après couche, on démasque les mille et un visages qu'on présente au monde et à soi-même. Mais si nous ne sommes pas nos pensées, que sommes-nous ? Qui est cette personne qui essaie de méditer ? Qui est le sujet qui vit notre vécu ? Est-ce notre esprit, notre corps, notre âme, notre caractère ? Telle est *la* grande question, celle de l'identité.

La plupart de ceux qui viennent à la méditation l'abordent avec la même aspiration : faire l'expérience directe des choses telles qu'elles sont, dans l'instant présent. *Maintenant* est le seul endroit où l'on puisse jamais exister. Souvenirs et projets interviennent dans le maintenant. En méditant, on revient inlassablement aux sources de ce délicieux présent, on s'éveille à la vérité de ce qu'on est. On sait qu'on ne peut pas faire marche arrière. On respire, on s'efforce à la vigilance, on pèle les couches, une par une. De plus en plus profond. On démystifie ses états d'esprit, on lâche prise continuellement, on démasque, on démasque. On continue à peler jusqu'à ce qu'on finisse par arriver à l'état naturel, originel, non trafiqué. Notre être authentique. C'est la nature de bouddha, notre véritable nature, l'esprit au naturel. Le bouddha intérieur est éveillé.

Être, tout simplement. *Être* au milieu du tohu-bohu du faire, de l'accomplir et du devenir de tout poil. Goûter l'état naturel de l'esprit, notre état originel et fondamental. La nature de bouddha non frelatée. Retrouver l'équilibre.

« Grand esprit », « petit esprit »

Pour nous aider à comprendre qu'on n'est pas ce qu'on pense, les enseignements bouddhistes font une distinction entre le « grand esprit », l'esprit naturel, et le « petit esprit », l'esprit ordinaire, entaché d'illusion. Le petit esprit est celui qui court dans tous les sens, qui est imprévisible et, souvent, ne se contrôle plus. C'est l'esprit conceptuel, fini et limité ; notre esprit habituel, rationnel, discursif et pensant. L'esprit sous l'emprise de l'illusion a tant de pulsions et de besoins qu'il est souvent confus, sujet à des sautes d'humeur. Il se met en colère, déprime, devient hyperactif. Certains textes anciens de la tradition le qualifient d'« esprit-singe » ; on le représente sous la forme d'un mustang sauvage ou d'un petit singe mignon comme tout mais intenable, qui saute d'arbre en arbre, qui cherche des satisfactions partout où il ne faut pas.

Le « grand esprit » correspond à la nature essentielle de l'esprit. C'est ce qu'on appelle la nature de bouddha, l'esprit naturel. C'est notre véritable nature, la pure conscience illimitée qui vit au cœur de chacun de nous, qui fait partie de notre être. Le Bouddha l'a décrit comme étant tranquille, clair, lucide, vacuité, profond, simple (sans complications) et en paix. Ce n'est guère l'esprit tel qu'on se le représente ordinairement… C'est la claire nature lumineuse qui est le fondement de notre être. *Rigpa*, le cœur de l'éveil. Notre part de nirvana sur terre.

Le Dzogchen enseigne que, pour s'éveiller, il suffit de reconnaître cet état naturel de l'esprit et d'y demeurer. Le zen appelle cela l'esprit originel. La conscience à l'état brut, dans sa nudité initiale ; pas quelque chose d'appris ou de fabriqué. Le bouddha intérieur, la parfaite présence à laquelle se fier. La méditation sert à éveiller cet esprit naturel, cette nature de bouddha.

Maintenir le point de vue : garder une vue d'ensemble

La Grande Perfection innée combine le point de vue, la méditation et l'activité éclairés.
Avec un point de vue aussi vaste et ouvert que le ciel infini et lumineux,
Une méditation aussi inébranlable qu'une noble montagne,
Une activité aussi spontanément libre et sans entraves que les vagues de l'océan,
Le résultat est la reconnaissance de l'esprit naturel, la Grande Perfection innée.

Chant de joie d'un yogi, tradition orale du Dzogchen.

Quand les maîtres du Dzogchen parlent de « garder le point de vue », ils veulent dire reconnaître l'état naturel de l'esprit, la nature de bouddha, et demeurer dans cette conscience lucide. Cela implique une immédiateté spontanée, une conscience alerte qui n'opère pas de sélection dualiste. C'est un point de vue ouvert, large, la capacité de voir les choses telles qu'elles sont, avec une totale clarté. Aucune distorsion n'affecte ce point de vue, cette vision supérieure des choses qui ne juge pas. Tant qu'on y est ancré, on n'est pas tenté de manipuler ou de modifier la vérité de ce qui est. Un miroir ne choisit pas ce qu'il a envie de réfléchir. De même, ce qui surgit dans l'esprit ne fait qu'apparaître dans la conscience, lisse et claire comme un miroir, sans distorsion ni sélection.

Un tel point de vue permet de garder la vue d'ensemble, dzogchen, perfection naturelle des choses, exactement telles qu'elles sont. Si la méditation de base développe la vigilance par l'attention à la respiration, l'enseignement dzogchen va plus loin en nous apprenant à être intensément vigilant et alerte, à ne faire qu'un avec *ce qui est*. Dans la pratique dzogchen, cette conscience qui ne juge pas vous accompagne où que vous alliez, de sorte que chaque moment devient un instant de vigilance, un instant de réalité, donc de liberté et d'éveil. Comme l'a dit un maître zen : « L'éternité est un instant, et cet instant est maintenant, tout de suite. Éveille-toi à lui ! »

Cela peut paraître ésotérique mais c'est en réalité un enseignement à visée pratique, qui débouche directement sur l'ici et maintenant. Mes plus jeunes élèves ont leur propre formule, un peu argotique, pour décrire ça : « Reste ancré dans le point de vue, Lulu ! T'affole pas, Lola ! Laisse-toi porter par le flot, Coco ! » Ce qu'il faut, c'est rester ancré dans le point de vue.

Cet enseignement montre comment garder une vue d'ensemble et suivre le courant dominant de la rivière de la réalité, sans se laisser happer par les petits tourbillons de la vie. Conservez l'esprit naturel, que vous soyez en train de méditer ou de baigner le chien de la famille. Restez vigilant et éveillé, au lieu d'être emporté par des pensées et des projections diverses qui ne sont qu'apparences illusoires. Si vous parvenez à maintenir le juste point de vue, la méditation en action se développera d'elle-même, et il y aura de moins en moins de différence entre la pratique proprement dite et les actes ordinaires de la vie quotidienne.

On vit dans l'illusion
Et dans l'apparence des choses.
Il y a une réalité.
Nous sommes cette réalité.
L'ayant compris,
Vous voyez que vous n'êtes rien.
Et, n'étant rien,
Vous êtes tout.
C'est tout.

Kalou RIMPOTCHÉ.

Trouver des occasions de « mini-méditations » naturelles dans sa propre vie

On a chaque jour des douzaines d'occasions de faire des petites méditations courtes, naturelles et « maison », pour se rapprocher de la réalité. Voici l'une de ces simples méditations naturelles. Le transat dont elle parle n'est pas obligatoire, on peut la pratiquer n'importe où.

Méditation sur un transat

Installez-vous sur un transat confortable
ou une chaise longue, jambes étendues,
et détendez-vous complètement.
Lâchez prise du corps et de l'esprit ;
laissez couler, laissez faire le bien.

Au bord d'une piscine, sur votre terrasse ou votre véranda, dans
un jardin ou sur la plage,
levez le regard,
ouvrez les yeux, le cœur et l'esprit.
Ouvrez l'angle à trois cent soixante degrés
et laissez jouer la conscience panoramique — globale.

Détendez-vous simplement
et regardez les vagues
de la mer, les rides d'une rivière
ou les nuages qui passent
tandis que l'esprit lance sa voile,
que l'âme se déploie
et que le ciel infini s'ouvre grand
pour révéler la joie de la méditation.

Essayez de trouver dans votre vie d'autres petites méditations « organiques » qu'il vous arrive de faire, sans avoir jamais pensé à les qualifier de « méditations ». Et offrez-vous quotidiennement ce plaisir.

Maintenir le point de vue en période de crise

Il y a des moments où maintenir le point de vue est particulièrement difficile, on le sait tous. On s'empêtre dans ses vieux schémas et l'on perd de vue la réalité. Car la vie est dure, parfois : manque d'argent, problèmes familiaux, personnels. Facile de dire que tout n'est qu'illusion, mais l'idée même arrive à devenir intolérable quand c'est votre enfant qui pleure, un de vos parents qui est malade, l'amour de votre vie qui vous quitte. C'est un vrai défi, même pour les maîtres de méditation, que de conserver le bon point de vue, de continuer à avoir une vue d'ensemble de la réalité malgré l'adversité.

Les Tibétains disposent d'anciennes pratiques tantriques spécialement conçues pour aider les pratiquants à garder du recul, à rester ancrés dans le juste point de vue. Certaines de ces pratiques paraîtront bizarres à un esprit occidental : en Asie, on méditait par exemple dans des cimetières terrifiants, souvent remplis d'ossements, voire de cadavres offerts en pâture aux bêtes sauvages, comme le voulait la coutume de « l'enterrement à ciel ouvert » qui se pratique encore au Tibet. Je suis allé en voir un, au sommet d'une montagne, et je m'attendais à trouver des tas d'ossements burinés par les vents au milieu d'un cercle de rochers, surveillés par un vieux gardien à demi fou. Au lieu de quoi j'ai trouvé un gamin de dix-huit ans, muni d'une hachette, et dont c'était le travail de débiter les cadavres. Il était fier de me montrer un de ses biens les plus précieux : une carte postale de l'Empire State Building que lui avait donnée un touriste.

Loin de moi l'idée de suggérer que les candidats à l'éveil devraient se mettre à pratiquer les méditations de cimetière. Cela dit, comprenons bien que cette pratique, comme d'autres du même genre, n'est qu'un moyen de s'entraîner à faire face à ses peurs tout en conservant sa vigilance, son équilibre, sa vision d'ensemble. On constate souvent, quand on s'efforce d'assumer la peur, que les choses qu'on redoute ne sont pas aussi terrifiantes qu'on le pensait. Nous devons chaque jour affronter nos démons, qui peuvent prendre une multitude de formes : exigences d'un patron tyrannique, rejet par un conjoint agressif, meurtrissures et pulsions inconscientes, stress dû à une échéance urgente. C'est une ressource extrêmement pertinente, par les temps qui courent, que d'arriver à maintenir sa vigilance et à garder du recul en période de crise personnelle

Plus on s'entraîne à rester vigilant, à « tenir le coup », ne serait-ce qu'un instant, et plus l'on mûrit, plus on gagne en amplitude et en profondeur. Nul besoin de traîner dans des cimetières fantomatiques pour trouver des situations qui font peur, chaque jour en apporte son lot : une personne particulièrement perturbante vers qui l'on a peur de faire un geste, de tendre la main ; une chose aussi bête que de ne pas avoir envie de passer un coup de fil par crainte de ce qu'on aura à entendre. Il peut s'agir aussi de relever le défi d'un vrai problème de vie ou de mort.

On s'entraîne à maintenir le bon point de vue en temps de crise, afin d'apprendre à ne pas fermer les yeux, à ne pas éluder la réalité ni ses responsabilités. Car c'est trop facile de compter sur la peur, sur le déni ou tout autre mécanisme de défense pour occulter les moments douloureux de l'existence. Maintenir le point de vue nous permet d'ouvrir nos esprits bridés et nos cœurs tendres. Laisser entrer le monde au lieu de le rejeter derrière nos remparts.

On peut s'entraîner en faisant délibérément face à certaines de ses peurs. On peut reproduire les bienfaits des méditations tantriques dans les cimetières en allant visiter ou travailler bénévolement dans des lieux qui nous perturbent — hôpital, service des urgences, maisons de repos, foyers de SDF —, en s'efforçant de maintenir la vigilance méditative et la conscience de soi tandis qu'on affronte ses craintes. C'est une autre application de la pratique de *tonglen* : au lieu de repousser les difficultés, on les prend en soi en inspirant. Assumer ses peurs et ses angoisses permet de se servir de ses émotions douloureuses pour dénouer des situations. Car cette méthode d'apprentissage de la méditation utilise nos passions, nos maladies, nos crises et nos conflits pour cultiver la sagesse, la compassion, la connaissance et l'intrépidité. C'est le moyen de vraiment purifier le désir et l'aversion habituels, si peu satisfaisants (j'aime, je n'aime pas ; je veux, je ne veux pas). En diminuant l'emprise qu'ont sur nous les schémas négatifs et les tendances karmiques, cela rend possible une plus grande ouverture, une plus grande acceptation et un joyeux amour de la vie.

Il y a trois principes ou méthodes qui permettent de maintenir le juste point de vue dans les circonstances difficiles :

1. Soyez simplement présent, complètement là, sans jugement ni préjugé, face à ce qui se passe. Soyez constamment vigilant afin de voir ce qui est, tel quel. Ne voyez que ce qui est là.

2. Tâchez de considérer les circonstances ou les événements pénibles comme un remède amer, comme une expérience éducative. Regardez la réalité de la situation sans résistance, sans conflit, sans aversion ni esquive. Essayez la pratique de tonglen (inspirer et prendre en soi les difficultés) et assumez le fardeau de bon gré. Souvenez-vous que tout grain est bon à moudre pour le moulin de la conscience alerte. La difficulté présente peut transformer votre conscience à l'instant même.

3. Considérez tout ce qui se passe comme si c'était de l'énergie pure, un spectacle de magie, une projection de la conscience et de la sagesse même, s'inscrivant dans le mandala de la totalité et de l'être intégral. Profitez du spectacle, assistez à la représentation, observez la grande parade, avec ses chars spectaculaires et hauts en couleur. Observez le jeu de la lumière et des ombres. Là, devant vous, c'est la Grande Perfection des choses, exactement telles qu'elles sont.

Vie consciente, mort consciente

A présent que le bardo de la mort point à mon horizon,
Je vais me défaire du désir, de l'envie lancinante et de l'attachement,
Je vais entrer sans distraction dans la claire connaissance
de l'enseignement
Et éjecter ma conscience dans l'espace de la conscience jamais née.
En quittant ce corps composé, fait de chair et de sang,
Je saurai qu'il n'est qu'illusion transitoire.

Padma SAMBHAVA, *Le Livre des morts tibétain.*

La mort n'est qu'une occasion de plus de pratiquer la vigilance, selon les enseignements tibétains. Ce peut être la plus libératrice de toutes les méditations que de se rappeler la fatalité de sa propre mort, d'assumer l'incontournable réalité de l'impermanence de toute chose. C'est une pratique qui montre la réalité des choses, telles qu'elles sont, qui aide à diminuer l'égotisme le plus flagrant, l'attachement et la courte vue, et qui donne du recul par rapport à sa vie.

La mort est un miroir qui reflète et révèle autant la vanité que le sens de nos vies. C'est l'heure de vérité, le moment où l'on se trouve face à face avec la réalité. C'est aussi, pour nous tous, un moment unique : l'occasion de reconnaître sa vraie nature originelle. La mort est plus certaine que l'amour, elle nous attend plus sûrement encore que la maladie ou la vieillesse. La sagesse du fond des âges nous apprend qu'on a intérêt à se préparer à cet ultime départ, pour pouvoir vivre et mourir de façon éclairée.

Deux choses comptent au moment de la mort, dit l'enseignement : ce qu'on a fait de son vivant, et l'état d'esprit dans lequel on se trouve au moment de trépasser. Ces deux facteurs déterminent la suite. Comme l'a expliqué le Bouddha, l'expérience du moment de la mort est cruciale pour la naissance suivante, et l'instant de la mort procure des expériences spirituelles d'une extraordinaire profondeur, qui ouvrent la porte à la grande libération. D'où l'importance de l'ambiance qui règne alors, de l'état d'esprit de ceux qui entourent les mourants : la paix, le réconfort, la douceur, l'amour, l'acceptation et l'harmonie sont le meilleur accompagnement du mourant vers la suite du voyage.

Au Tibet, la tradition voulait qu'on lût le *Bardo Thödol*, le *Livre des morts tibétain*, au chevet des mourants et pendant plusieurs jours après le décès. C'est une forme de méditation assistée, lue à haute voix, généralement par un lama, pour aider les mourants et les morts à reconnaître les différents états transitoires du bardo. Ce merveilleux ouvrage séculaire est un enseignement de sagesse destiné à nous guider vers la liberté et l'éveil, en reconnaissant la claire lumière de la réalité au moment de la mort et après. Il révèle en outre les moyens de reconnaître dans cette vie même cette luminosité innée de l'esprit naturel qui est en chacun de nous, et comment en faire une réalité vécue. Si le *Bardo Thödol* est manifestement écrit pour réconforter et guider les mourants et les morts, pour leur offrir la « libération par l'écoute », il nous apprend aussi à vivre, puisque chaque instant de vie est à la fois une naissance et une mort.

Bardo est un mot tibétain qui signifie « entre deux » ou « en transition ». On enseigne qu'il y a six états de *bardo* et que chacun offre des possibilités uniques. Trois de ces *bardo* ont lieu de notre vivant : le *bardo de la vie présente* couvre la période qui va de la naissance à la mort ; le *bardo de la méditation* correspond à l'état méditatif dans lequel on est capable de reconnaître sa nature de bouddha ; le *bardo du rêve* se produit quand on dort et peut également servir à entraîner l'esprit.

Les trois autres états de *bardo* correspondent à la période qui va de la mort à la naissance suivante. Ils constituent le sujet essentiel du *Livre des morts tibétain*.

Le bardo de la mort

Ce *bardo* se rapporte au processus même de la mort. Les Tibétains considèrent la mort comme une purification puisqu'on retourne à la claire lumière, à l'état intrinsèque de luminosité, pour s'y dissoudre. La claire lumière de la réalité apparaît à chacun au moment de sa mort. C'est la radieuse nature de chaque être, *rigpa*, la conscience éveillée. Pourtant, pour savoir profiter de cet « instant de vérité » pour se libérer, il faut s'y être préparé, sinon il passe trop vite. On reste, à sa mort, si attaché à ses habitudes et aux schémas de comportement qu'on a connus de son vivant qu'on ne reconnaît pas la luminosité essentielle pour ce qu'elle est. On réagit de manière inappropriée et inconsciente. Au lieu d'avoir confiance et de se lancer, de s'abandonner à la luminosité, on s'accroche. Et c'est déjà trop tard. Voici les instructions de Kalou Rimpotché à propos de ce moment de luminosité essentielle : « Lâchez prise du corps et de l'esprit et fondez-vous dans la claire lumière de la luminosité intérieure. Reconnaissez l'apparition de la claire lumière et soyez libéré à cet instant même. Allez au-delà des pièges de la dualité, de la vie et de la mort. »

Mes maîtres ajoutent que, quand on a raté cet instant de « libération par la reconnaissance », on entre dans un état semblable à une sorte d'inconscience, une absence totale — un profond sommeil sans rêves qui dure plusieurs jours. Jusqu'à ce que se lèvent les vents du karma et que commence le *bardo* suivant.

Le bardo de Dharmata (la réalité)

Ce second état de *bardo* suivant la mort offre une deuxième chance de parvenir à la libération. Comme l'expliquait Kalou Rimpotché, l'important est de se rappeler que, tel un rêve, tout ce qu'on voit est la création de son propre esprit et peut donc être changé, de même qu'on peut modifier le cours d'un rêve quand on sait s'éveiller à l'intérieur du rêve. Il s'agit d'un état qui ressemble au rêve et dans lequel rien ne peut vraiment nous faire de mal. La libération y est possible si l'on est capable de gommer ses résistances et ses doutes, de lâcher prise et de s'abandonner à la luminosité innée de l'esprit naturel. Faute de quoi, le stade suivant du *bardo* commencera, inexorablement.

Le bardo du devenir

Dans ce troisième état de *bardo* après la mort, les perceptions reviennent. On recommence à désirer et à rejeter, on est attiré vers le genre de lieu et de personne qui nous est familier. À mesure que nos attachements, nos passions et tendances karmiques se réaffirment, on se rapproche de la renaissance. C'est le moment de former dans son esprit l'aspiration du bodhisattva : vouloir aider et servir tous les êtres sans exception. Sans se laisser prendre dans les rets de l'attraction et de la répulsion, il faut chercher un environnement favorable à l'accomplissement du vœu de bodhisattva. Quand vous serez dans ce *bardo*, faites preuve d'intrépidité et de pure vision, et dépassez l'attirance et le désir suscités par la vue de l'homme et de la femme qui s'unissent dans l'acte sexuel. Ces deux personnes qui s'aiment vont être vos nouveaux parents. Considérez-les plutôt comme un couple de bouddhas : M. et Mme Sagesse et Compassion. Pénétrez dignement dans ce temple humain et trouvez-y votre nouvelle vie.

Vivre à la hauteur de la mort : une méditation

On doit tous faire face à la vie, à la mort, et aux problèmes qui y sont liés. La naissance et la mort font partie de la vie, qu'on doive les affronter à cause du grand âge d'un parent ou de l'arrivée d'un nouveau-né. La philosophie, la science, la religion et les arts sont autant de façons de poser les grandes questions de la naissance et de la mort, de la mort définitive ou de la renaissance. Tout le monde ne s'interroge-t-il pas sur ce qui se passe quand on meurt ? La mort est-elle une fin pure et simple ? Qu'est-ce que cela signifie pour nous ? Comment donner plus de sens à nos vies ?

Au-delà de leur grande diversité, toutes les religions et les cultures partagent une caractéristique : toutes ont des rites, des rituels et des spécialistes pour s'occuper de la mort et des mourants. Ces rites consolent et rassurent l'humanité face à la fragilité et à l'insécurité de l'existence. Y a-t-il quelque chose au-delà de la mort, ou tout s'arrête-t-il brusquement ? Et le ciel, et l'enfer ? Va-t-on se retrouver face à Dieu ou à son karma ? Face à la Vérité ou face aux conséquences de ses actes ? Comment savoir avec certitude ? Y a-t-il moyen de vérifier, ou s'agit-il simplement de mythes et d'inventions auxquels on nous demande de croire et de nous fier ? Doit-on avoir foi dans les récits de ceux qui prétendent être revenus d'une expérience de mort apparente ? Doit-on croire les lamas incarnés dont beaucoup disent se rappeler leurs vies antérieures et qui semblent pouvoir exercer une sorte de contrôle conscient sur le processus de la mort, comme s'ils refaisaient de propos délibéré tout le parcours spirituel ? Comment savoir ? Qui le sait ?

Il y a belle lurette que les bouddhistes ont compris que le fait de réfléchir à sa propre mortalité aidait à se concentrer et à établir ses priorités. La vie spirituelle, ce voyage qui consiste à s'éveiller et à trouver un sens à sa vie tout en apprenant à aimer, est autant affaire de mort que de vie. La précarité même de la vie incite à rester totalement éveillé dans l'instant présent.

Le bouddhisme tibétain, outre ses enseignements éthiques, pragmatiques et directement utiles dans l'ici et maintenant, nous offre un moyen de gérer l'expérience de la mort, une manière d'assumer la mort dans l'instant présent. Un entraînement qui peut considérablement nous aider à faire face à la réalité du moment de la mort, et à la faveur duquel on apprend à apprécier et à se rappeler la richesse et la plénitude de chaque instant de la vie. Une vie que l'impermanence rend encore plus précieuse et touchante.

En s'entraînant à lâcher prise dans l'existence présente, on apprend à vivre chaque moment et chaque décision sans regrets. Chaque décision devient ainsi la bonne décision. En apprenant à lâcher prise dans cette vie-ci, on abandonne ses rancœurs, on trouve le pardon, on se déleste du ressentiment, de l'amertume et de l'hostilité. Cela permet de tourner la page et de laisser mourir les vieux complexes, les anciennes blessures et les schémas figés. Voilà comment on meurt sans regrets : en apprenant à vivre une vie neuve. À l'instant. Une respiration après l'autre. Voici une méditation qui nous y aidera.

Prenez une profonde inspiration et détendez-vous complètement. Attendez que tout se calme. Soyez totalement présent, naturellement présent, présent sans effort. Vous n'êtes assis là qu'un moment, un instant d'éternité à la fois. Ne le ratez pas. Le seul moment, c'est maintenant.

Soyez sensible à tout, tel quel. Soyez présent, conscient, en éveil et détendu.

Ouvrez-vous à la présence spontanée, à la pure conscience. Présence totale, consciente de la conscience même. Conscience lumineuse et dépourvue de centre, ici et maintenant. Laissez tout se faire sans effort, dans la transparence. Abandonnez toute velléité de contrôle, de manipulation, de jugement de valeur.

Lâchez prise un peu plus à chaque respiration. Sur l'expiration, laissez aller, ouvrez-vous et centrez-vous un peu plus profondément. L'expiration est une sorte de mini-mort. Occupez-vous simplement d'expirer. Inspirez, expirez et lâchez prise un peu plus à chaque expiration. Lâchez une personne ou une chose à laquelle vous vous raccrochez. Laissez aller un peu plus à chaque expiration. Délestez-vous encore davantage… défaites les nœuds de votre psychisme. Lâchez du lest. Laissez tout tomber. Relâchez cette petite tension dans les épaules, évacuez-la en expirant. Évacuez cette bulle de pensée en expirant, ce souvenir aussi ; laissez-les partir, partir, partir…

Lâchez l'expiration. Mourez un peu à chaque expiration. Mourez dans l'instant présent. Quelles que soient les sensations que vous éprouvez, laissez-les partir. Laissez tomber votre corps, votre esprit, vos pensées et votre personnalité. Laissez tout tomber. Lâchez prise. Laissez couler votre image, votre maison, vos biens, vos projets, votre carrière professionnelle. Tout est parfaitement résolu dans l'esprit naturel jamais né et immortel.

Abandonnez toute velléité de contrôler l'esprit, lâchez prise à chaque expiration. Appuyez sur l'embrayage du détachement spirituel et désengagez vos vitesses habituelles. Laissez partir une chose de plus chaque fois que vous expirez : sensation, émotion, sentiment, relation, personne, peur, objet — ce qui vous vient à l'esprit à ce moment-là. Lâchez prise, tout simplement, une respiration après l'autre, un fugitif instant après l'autre. Habituez-vous à évoluer, à vous transformer, à tourner la page sans résister, sans vous accrocher ni vous attacher.

Laissez couler, une respiration après l'autre. Laissez passer tous ces phénomènes illusoires, pareils à des rêves.

Une respiration après l'autre, pardonnez aux autres. Ceux qui ont appartenu à votre passé, avec qui vous n'avez plus de contact, et ceux qui sont encore avec vous. Et pardonnez-vous à vous-même. Acceptez les autres pour ce qu'ils sont. Acceptez-vous vous-même, en bloc. Laissez aller, laissez être. La sagesse est à l'œuvre.

Une respiration après l'autre, dessaisissez-vous de la peur, des attentes, de la colère, du regret, des envies, de la frustration, de la fatigue. Laissez partir votre besoin d'approbation. Laissez filer les vieux jugements de valeur, les idées arrêtées. Mourez à tout cela et envolez-vous, libre. Élevez-vous dans le ciel de la liberté sans désir.

Laissez aller, laissez être. Démystifiez tout et soyez libre, complet, lumineux, revenu aux sources — à l'aise.

Grâce à ce genre de méditation, un tri s'opère dans les couches subtiles dont nous sommes faits, et l'on pénètre plus profondément dans l'état naturel, l'être authentique dans sa nudité originelle. C'est la transformation dans l'ici et maintenant. La renaissance spirituelle.

Le yoga du rêve : s'éveiller du sommeil de l'illusion qu'est la vie

On se livre à une pratique illusoire d'une manière illusoire pour atteindre un éveil illusoire et délivrer des êtres illusoires de leurs illusoires souffrances.

Khyoungpo NALJOR, maître tibétain du XIIe siècle.

J'ai rêvé que j'étais un papillon, voletant dans le ciel, puis je me suis réveillé. À présent, je m'interroge : suis-je un homme qui a rêvé qu'il était papillon ou suis-je un papillon qui rêve qu'il est homme ?

Chuang TSU.

Si tous les maîtres bouddhistes soulignent la nature transitoire et éphémère de ce monde, semblable à un rêve, la pratique du yoga du rêve est l'apanage du bouddhisme tibétain. C'est un merveilleux moyen de prolonger l'apprentissage de la conscience alerte au-delà des heures de veille, pour embrasser aussi le sommeil. Le yoga du rêve présente une certaine similitude avec ce que la psychologie occidentale appelle depuis quelque temps le « rêve lucide ».

Le rêve lucide désigne l'aptitude à « s'éveiller » — à opérer des choix conscients — dans un rêve, tout en restant endormi. Il est possible, tout en demeurant dans le rêve, d'en modifier les circonstances et de se transformer soi-même en ce qu'on veut. Ce qui peut donner une expérience vécue extraordinairement riche et profonde. L'état onirique correspond à l'un des *bardos*. Rappelez-vous : ce qu'on perçoit en rêve semble aussi réel que les objets reflétés dans un miroir. Nombre de pouvoirs psychiques, dont la clairvoyance et le souvenir des vies passées, peuvent se développer à la faveur de telles pratiques ésotériques qui sont à la lisière de la réalité et de l'illusion.

Supposons que Nancy rêve que sa mère et elle se trouvent dans une voiture lancée à grande allure, et qu'elles ont une de leurs sempiternelles discussions. Si Nancy était versée dans l'art du rêve lucide, elle pourrait modifier son rêve en disant par exemple à sa mère : « On va trop vite, cessons de nous disputer. Arrêtons-nous, allons acheter des glaces et on s'envolera par-dessus l'arc-en-ciel, pour aller manger nos glaces sur une plage de Hawaï. » Tout en étant consciente de dormir et de rêver, Nancy serait capable de décider de transformer un petit cauchemar en pique-nique agréable, au bord de la mer.

Les Tibétains appellent ça « saisir le rêve ». On peut, en saisissant ses rêves, apprendre à jouer avec eux et à en modifier le cours de manière qu'ils nous aident à comprendre la nature insubstantielle de nos expériences, pareilles aux songes. Il s'agit de s'emparer du rêve au lieu de le laisser s'emparer de nous.

Les exercices du yoga tibétain du rêve peuvent être d'une grande utilité pour soi et pour les autres. Saisir un rêve permet en effet d'accomplir certaines activités spirituelles, de multiplier son corps, de se rendre dans des domaines d'existence pure pour y recevoir les enseignements et les bénédictions des boudhas, des bodhisattvas transcendants et des sages accomplis. C'est un entraînement à la maîtrise d'états modifiés, de modes d'être différents, tels que le voyage astral et autres expériences de sortie du corps car, en rêve, on n'est pas si encombré par la matérialité physique puisqu'on se déplace dans un corps plus fin et subtil, le « corps mental », appelé aussi « corps-lumière illusoire ».

Le rêve lucide a une autre finalité importante : les leçons qu'on apprend en rêve valent pour la vie diurne. Quand on rêve, le psychisme est tellement plus léger et sensible, libéré de son enveloppe matérielle grossière, qu'il est grand ouvert aux expériences d'au-delà, aux bénédictions, enseignements, transmissions qui vous transforment, guérisons, initiations et révélations. Le yoga du rêve est source de précieuses leçons sur la manière de faire face à la peur, de rester éveillé et d'opérer des choix conscients. Autant de leçons qui nous seront très utiles dans les états de *bardo* qui interviennent après la mort et avant la naissance suivante. On apprend à mourir en restant plus conscient et à se réveiller dans le *bardo* d'après la mort, de façon à pouvoir choisir sciemment sa renaissance et s'orienter dans le sens voulu.

Tout le monde fait des rêves lucides mais on ne les reconnaît pas toujours, ou bien on ne s'en souvient pas. Vous pouvez essayer de devenir plus conscient de votre activité onirique en tenant simplement un journal de vos rêves, que vous garderez à votre chevet et dans lequel vous consignerez le récit de vos songes, chaque matin. Je me suis aperçu quand j'ai commencé à le faire que, plus je notais de rêves, plus il en sortait de mon subconscient.

Pendant la retraite traditionnelle de formation des lamas, au lieu de dormir dans un lit, on passait la nuit assis dans sa « boîte de méditation », qui est une sorte de siège. Tout en psalmodiant des prières et des déclarations d'intention en tibétain, on prenait la résolution de se réveiller à l'intérieur de ses rêves, et en sachant qu'on rêvait. Avec l'aide et le conseil de mes maîtres, j'ai moi-même réussi à me souvenir de plus en plus de rêves, chaque nuit, et à en tirer des leçons. Il m'est même arrivé d'avoir la préfiguration de certains événements futurs et de comprendre certains signes ou augures. Cela m'a permis de mieux voir à quel point tous les *bardo* se ressemblaient, qu'il s'agisse de vivre, de rêver ou de mourir.

L'important, c'est de se souvenir que le rêve lucide est une pratique spirituelle. Ce n'est pas un jeu de salon ou une méthode psychique de prévision des cours de la Bourse. Le yoga du rêve est un apprentissage spirituel, une puissante démonstration, fondée sur l'expérience personnelle, de la nature insubstantielle et malléable de la réalité, semblable au rêve. En apprenant à être conscient de ses rêves, on se prépare à être plus conscient de sa vie, instant après instant ; et en transformant ses rêves, on s'entraîne à la transformation spirituelle. Allumons nos veilleuses naturelles et découvrons « gaiement, gaiement, gaiement que la vie n'est qu'un songe ». À chacun de voir exactement à quel point…

Yoga du rêve : une méditation

Le soir, avant de vous coucher, prenez une posture propice à la méditation et à la prière, et affirmez vos intentions en psalmodiant les paroles qui suivent :

« Pour le bien et le bonheur du monde
Et dans le but de l'éveil spirituel,
Puissé-je saisir mes rêves, m'éveiller dans le rêve,
Et comprendre la véritable nature de l'esprit et de toute chose. »

On peut répéter la formule trois fois ou plus pour planter la graine en soi et créer les conditions favorables à l'éveil dans le rêve, sans sortir du sommeil.

Ensuite, couchez-vous. Détendez-vous, respirez. Restez calme et tranquille. En mettant la tête sur l'oreiller, imaginez que vous la posez sur les genoux chauds, confortables et accueillants du paisible Bouddha. Visualisez-vous couché, la tête sur les genoux du Bouddha assis en lotus, les jambes drapées de robes orange.

Ensuite, fermez les yeux. Reposez-vous.
Laissez filer les tensions, les activités et les souvenirs de la journée écoulée.
Détendez-vous.
Reposez-vous paisiblement.
Reposez dans la lumière.
Reposez votre cœur et votre esprit las, votre corps et votre âme fatigués.
Contemplez la sombre lumière qui scintille derrière vos paupières.
Pour illuminer l'esprit, visualisez un « A » blanc lumineux, devant vos yeux,
aussi brillant qu'une pleine lune.
Concentrez-vous sur cette lumière blanche, focalisez-vous sur elle.
Fondez-vous peu à peu dans cette lumière.
Entrez dans la lumière intérieure et réveillez-vous spontanément à la claire et radieuse lumière du rêve.
Sachez que tout est pareil à un rêve.
Laissez les choses aller à leur guise,
laissez-les être à leur gré,
dans la Grande Perfection naturelle,
la radieuse lumière
de l'esprit naturel.

LA JUSTE CONCENTRATION

La joie de la méditation

Ô, vivons dans la joie et dans l'amour parmi ceux qui haïssent ! Vivons dans l'amour parmi les haineux.

Ô, vivons dans la joie et dans la santé parmi ceux qui sont malades ! Vivons en bonne santé parmi les malades.

Ô, vivons dans la joie et dans la paix parmi ceux qui se battent ! Vivons en paix parmi les combattants.

Ô, vivons dans la joie, bien que n'ayant rien !
Vivons dans la joie, tels des esprits de lumière !

Extrait du *Dhammapada* (les paroles du Bouddha, trad. anglaise de Juan Mascaro).

Le Bouddha a déclaré que la concentration lui avait procuré l'ineffable félicité, l'extase, la paix et la transcendance, et que d'autres pouvaient y arriver par le même moyen. Dernière étape du Noble Octuple sentier, la Juste concentration exige plus que la simple attention. Après tout, un chat est capable de fixer son attention sur une souris pendant des heures sans faiblir. La Juste concentration nécessite, elle, la présence combinée de plusieurs éléments : une intention spirituelle, de la concentration, de la discipline mentale, de l'énergie et de l'attention. La Juste concentration consiste à savoir habilement mobiliser son énergie entière de façon à rassembler et à focaliser tous les aspects de son être pour les faire travailler à l'éveil. Cet objectif atteint, la concentration n'a plus rien d'un exercice forcé, étriqué ou figé, bien au contraire : l'attention repose naturellement, là où on la place.

Apprendre à pratiquer la Juste concentration revient à une sorte d'exercice d'équilibre. Souvenez-vous de l'époque où vous appreniez à faire du vélo : ça paraissait impossible, au départ. Vous étiez tout juste capable d'avancer de travers en espérant ne pas tomber. Et puis, vous avez fini par comprendre, et l'équilibre est devenu partie intégrante de votre être. La même chose vaut pour la concentration.

Le Bouddha a enseigné que, pour se concentrer, il faut combiner le Juste effort et la Juste vigilance. La concentration intègre les nombreux facteurs et aspects de la conscience vigilante en un tout cohérent, intensément présent et efficace. La Juste concentration exige de l'attention, de la vigilance, de la présence d'esprit et de la persévérance. Ce qui nous ramène à notre point de départ, à la sagesse du Juste point de vue et à la compréhension véritable.

L'attention, l'attention, l'attention

Il y a fort longtemps, une femme, maître zen, gisait sur son lit de mort. Les moines, moniales et autres disciples accoururent pour recueillir ses derniers conseils.

— Quelle est votre dernière instruction à notre intention ? Qu'avez-vous appris dans votre vie ? Quel est le secret du zen ?

— L'attention, répondit-elle d'un mot.

Les disciples n'étaient pas satisfaits. Ils attendaient un poème testamentaire, une histoire riche de sens, un soutra de sagesse. Ils persistèrent :

— Quel est le secret le plus essentiel ? La pratique la plus importante ? Qu'est-ce que le Bouddha ?

— L'attention.

Les disciples étaient désemparés. Ça ne leur suffisait toujours pas. Ils auraient voulu qu'elle en dît davantage, dans le genre « prêtez attention à votre maître » ou « prêtez attention au Bouddha et au Dharma ». Ils reformulèrent leur question :

— Avant de pousser votre dernier souffle, dites-nous ce qu'il faut faire de l'attention. Dites-nous ce qu'est l'essence et comment rencontrer le Bouddha.

Vous savez déjà ce qu'elle leur a répondu : l'attention.

Simone Weil définissait ainsi la prière : « Une attention absolument sans mélange ». Une définition qui convient également à la concentration et à la méditation. Autrement dit, être totalement dans l'instant et conscient, en union avec tout et en paix avec soi-même. Ce sont de précieux instants. On a tous eu un avant-goût fugitif de cette impression d'unité en jouant avec un enfant, avec un chien ou un chat. Ou quand on écoute de la musique et qu'on éprouve soudain le sentiment que tout se fond : au lieu d'écouter de la musique, on *est* musique pendant un bref instant. Certains connaissent cette sensation de profonde unité pendant l'orgasme. De tels moments ont un goût de perfection parce qu'on est parfaitement présent — sans aucune référence à soi —, concentré et conscient. Tout s'accorde et concorde. Soudain, tout semble exactement comme il faut. La personne qu'il faut, au bon endroit et au bon moment.

Quand la concentration naturelle s'allie à la conscience non-duelle, elle produit une unité, une plénitude où tout trouve sa place. On ne se sent plus dispersé, on n'est plus tiré à hue et à dia par des activités et des pensées en tout genre. On est *là*. Il n'y a plus de séparation entre soi et autrui, entre l'homme et Dieu, entre la ciel et la terre. C'est ce que les mystiques appellent l'union du ciel et de la terre, la fusion du sacré et du profane. C'est à ces sources que nous ramènent la concentration et la conscience méditative. Il suffit de s'habituer à être là, naturellement. On est arrivé, enfin. Ouf !

Prendre l'engagement de pratiquer la concentration

La continuité est le secret du succès.

S.N. Goenka.

Au début de mon apprentissage spirituel, en Inde, notre maître nous faisait prendre l'engagement de rester assis en méditation *sans bouger* pendant une, deux ou même trois heures. C'était difficile, pas seulement à cause des démangeaisons, des douleurs et autres sensations qu'on éprouve généralement, mais parce qu'il y avait beaucoup de mouches. Celles-ci avaient la fâcheuse habitude de se poser sur votre figure et de se balader un peu. Il fallait vraiment, en ce qui me concernait, faire preuve d'une autodiscipline et d'une concentration sans précédent.

Pendant les cours de Vipassana, en sessions de dix ou vingt jours de méditation et de silence, on avait douze séances d'une heure par jour. Pendant trois de ces douze heures — une le matin, une l'après-midi, une le soir —, il fallait respecter les « engagements » qu'on avait pris. On était soutenus par l'ambiance communautaire qui régnait, chacun sachant que, s'il bougeait, cela aurait des répercussions sur tout le monde ou presque. Personne n'avait envie d'être celui qui dérangerait les eaux lisses de la concentration en y créant la moindre vague.

Parfois, l'heure durait au point de devenir deux heures. Les *vrais* enthousiastes, dont ma petite amie Suil, allaient s'asseoir sous l'arbre de bodhi à minuit avec Goenka et restaient là, immobiles, jusqu'à trois heures d'affilée. J'avais pour ma part déjà presque conclu : « Je ne suis pas sûr que tout ça soit très bon pour moi, je commence à me sentir vraiment bizarre. Si ça continue, on mourra, tout simplement. Et là, on ne bougera plus, on sera arrivés au but ! »

Certains enseignements recommandent à ceux qui méditent : « Soyez comme un bout de bois. » Une instruction tibétaine suggère même : « Quand vous êtes assis en méditation, soyez comme un piquet de tente fiché en terre. » Je trouve plus poétique de dire « comme une montagne ». Idéalement, il faut être centré et équilibré quand on médite, tout en restant souple et relâché.

Dans une subtile variante de l'heure de méditation assortie d'un engagement d'immobilité — variation sur le thème de l'absence de mouvement et de distraction —, on s'asseyait en rangs, les uns en face des autres, les yeux mi-clos, le regard légèrement abaissé. Pas pour se regarder dans les yeux ou pour se surveiller, mais pour nous aider à rester tranquilles plus longtemps et à nous concentrer plus intensément. La synergie du groupe nous soutenait individuellement et collectivement. Un moyen de former des méditants olympiques et des athlètes spirituels dans ce camp d'entraînement bouddhiste !

Il est possible de développer la concentration à un très haut degré : on atteint des états où l'esprit est si parfaitement fixé en un point qu'on se trouve momentanément au-delà de la pensée, des sentiments, de la douleur, des stimuli externes et des perceptions sensorielles. Cela ressemble à une profonde transe mystique. C'est au terme d'une longue formation intensive qu'on parvient à de tels états qui s'appellent respectivement « conscience infinie », « lumière infinie », « félicité sans bornes » et « au-delà de l'existence ». Certains yogis doués d'un puissant pouvoir de concentration entrent dans des états d'absorption tels qu'ils sont absolument insensibles aux stimuli extérieurs. Mais cela seul ne suffit pas pour trouver l'éveil.

Pour atteindre l'éveil, encore faut-il diriger l'attention, concentrée comme un rayon laser, dans le sens de la vision transcendante et de la sagesse. Car, si la concentration seule ne garantit pas l'éveil, la Juste concentration peut donner des ailes à la méditation de la vision transcendante. Il est des virtuoses spirituels qui savent atteindre des degrés de concentration tels que leur attention, quand ils l'appliquent à la vision transcendante, a la puissance et l'acuité d'un chalumeau ou d'un laser, au lieu de la simple lueur de torche dont on dispose le plus souvent.

Les cinq temps de la concentration

Pour se calmer et se concentrer quand on médite, il faut travailler sur ses pensées et ses sentiments. Cela marche d'autant mieux qu'on donne quelque chose à faire à l'esprit discursif. C'est pourquoi on assigne au « petit esprit » la tâche concrète de se concentrer sur un objet donné. Ce qui permet au sage en nous — la pure conscience innée — de reposer à son aise dans la vue d'ensemble, autrement dit l'esprit naturel.

L'aptitude à se concentrer, à ramener inlassablement sur son objet l'attention distraite, est la condition même de la discipline mentale, de la volonté, voire du développement du caractère. Toute forme d'apprentissage de la méditation peut se décomposer en cinq temps.

1. Dresser

Imaginez un instant votre esprit remuant et discursif sous les traits d'un superbe mustang. Il faut d'abord qu'il soit suffisamment dressé pour le faire entrer dans le corral. Autrement dit, l'esprit doit au moins consentir à entrer dans l'arène de la méditation.

2. Entraîner

On apprend au mustang à se défaire de sa peur de l'inconnu. En échange de la sécurité et de la chaleur d'un foyer, il doit apprendre à ne plus se cabrer ni ruer. Un jour, il saura galoper librement, à pleine allure, et ses mouvements auront un but et un sens. Mais, pour l'instant, il doit apprendre à marcher au bout d'une longe qu'on tient fermement en main. En méditation, on entraîne l'esprit à ralentir et à se détendre.

3. Mettre à l'épreuve

Il faut travailler avec le mustang, le monter et sortir du corral. Comment va-t-il se comporter en présence d'influences extérieures, de distractions, de bruits et de tentations ? Saura-t-il garder son calme, son attention disciplinée ? De même, s'agissant de la conscience alerte, il faut voir si l'on est capable de maintenir sa vigilance et sa concentration quand on quitte la pièce de méditation pour le vaste monde.

4. Transformer

Le mustang a été transformé. Il est à présent capable de porter son maître sur de longs trajets et à la vitesse désirée. En méditation, on cesse d'être dominé par ses pensées et l'on se sert des qualités uniques de l'esprit pour atteindre des objectifs supérieurs. On est maintenant aux portes de l'inépuisable pouvoir de l'esprit.

5. Transcender

Dans la phase de transcendance, le cavalier et le cheval ne font plus qu'un. Il n'y a plus de « vous » distinct d'un « lui » à dresser, à entraîner et à mettre à l'épreuve. On réalise l'unité, la complétude, l'harmonie avec l'univers. La pratique de la concentration nous aide à revenir aux sources de cette entièreté unifiée. On sait suivre le cours des choses telles qu'elles sont, sans résistance ni attachement, conscient de faire partie du grand flux infini qui est partout où nous sommes.

Exercices de concentration

Tout ou presque peut servir d'objet de concentration. Parmi les objets traditionnels figurent les mantras, les bougies, les prières et les visualisations. On peut aussi se concentrer sur un vase, une fleur ou ce qu'on a sous la main. Les chrétiens connaissent *Le Pèlerin russe*, ce charmant petit livre qui narre les aventures d'un Russe qui parcourt la campagne, désireux d'apprendre à prier sans cesse. La prière continuelle est l'exemple d'une forme de concentration qui mène à la transcendance.

Dans le contexte de la pratique qui nous occupe ici, j'ai constaté que la respiration était l'objet de concentration le plus facile et le plus éprouvé. Reflet fidèle de notre humeur et notre être physique, la respiration a de quoi soutenir notre intérêt tout en permettant une certaine flexibilité. Quand on est excité, on respire vite ; quand on se détend, la respiration devient plus lente et plus relâchée ; et quand l'esprit se calme, la respiration en fait autant.

La première chose à faire, c'est de bien situer l'objet de concentration. Si l'on se sert d'un mantra, par exemple, il faut d'abord le mémoriser. S'agissant de la respiration, on définit l'objet en localisant le point précis où le souffle effleure la base des narines, au-dessus des lèvres. La prise de conscience de la sensation physique que produit le souffle à cet endroit-là nous aide à entrer dans l'instant présent. À faire l'expérience de la réalité présente. En revenant inlassablement à la réalité, à *ce qui est*, on apprend à *rester* dans l'instant présent. C'est un moyen d'établir un rapport authentique au monde réel et tangible. Un rapport qui permet de réagir à la vie de façon saine et équilibrée.

Les six méditations qui suivent forment une série d'exercices destinés à renforcer la concentration, l'aptitude à focaliser l'attention sur un objet donné.

1. COMPTER LES RESPIRATIONS

On commence par compter ses respirations. Sachant que l'esprit risque de se disperser, on numérote les respirations de un à dix pour le ramener inlassablement à sa tâche : se concentrer et rester présent.

Commencez comme d'habitude par vous installer. Détendez-vous et lâchez prise : laissez partir les angoisses, les préoccupations, tous les soucis ordinaires. Respirez. Laissez le jeu se calmer. Respirez. Laissez se calmer le corps et l'esprit.

Une fois prêt, quand vous aurez l'impression d'être vraiment « arrivé dans le présent », que vous vous sentirez centré, que vous vous serez « réuni » à cet endroit et à ce moment précis, là, sur votre coussin ou votre siège, commencez.

Inspirez et comptez dans votre tête : un. Expirez en comptant : deux.

Inspirez, comptez : trois. Expirez, comptez : quatre.

Inspirez, comptez : cinq. Expirez, comptez : six.

Continuez ainsi jusqu'à dix. Puis recommencez. Inspirez : un. Expirez : deux. Inspirez : trois. Expirez : quatre. Lâchez prise de tout le reste. Laissez les choses aller à leur guise, laissez-les être à leur gré. Laissez aller, laissez être. *Détendez-vous*.

Continuez à compter. Observez la respiration. Concentrez-vous sur une seule chose : compter les inspirations et les expirations. Essayez d'arriver jusqu'à dix sans perdre le fil. Jusqu'à combien êtes-vous allé cette fois-ci ?

Quand vous perdez le fil, recommencez au début. Inspirez : un. Expirez : deux. C'est si simple, et pourtant pas si facile de rester concentré. Quand l'attention s'égare, notez simplement cette tendance habituelle de l'attention à se laisser distraire, et ramenez-la sur le comptage des respirations.

Ne comptez pas à haute voix, faites-le mentalement mais en notant le chiffre. Remarquez bien chaque respiration et donnez-lui son numéro : un sur l'inspiration, deux sur l'expiration, et ainsi de suite. Le comptage vous aidera. Concentrez-vous, focalisez l'attention. Restez fixé sur la respiration. Laissez passer tout le reste. Calmez le cœur et l'esprit ; stabilisez l'énergie, la respiration, le corps. Laissez la respiration prendre un cours plus tranquille et naturel. À mesure que l'esprit se calme, le souffle devient plus tranquille, l'énergie s'harmonise, le cœur se décontracte, se déploie et s'ouvre grand.

Continuez à compter : un, deux, trois, quatre, cinq, six, sept, huit, neuf, dix. Très bien !

Laissez couler tout le reste, telle une rivière qui passerait devant vous, installé sur la berge à compter les vagues — les grandes vagues claires et répétitives du souffle, faciles à compter.

Là, il n'y a plus rien à comprendre, à éclaircir, à réussir, à faire ni défaire. Il suffit de compter. De rester assis. D'être. On compte de un à dix, et on recommence. Un cercle complet. De un à dix, encore une fois. Excellent. Parfait.

Souvenez-vous : on essaie d'exercer le muscle de la concentration, d'aiguiser son pouvoir de concentration.

Une directrice éditoriale qui travaillait sur ce livre a essayé cet exercice de numérotation des respirations et s'est étonnée de constater qu'au bout de cinq respirations seulement tout avait réellement ralenti. C'est un bon exemple de la rapidité des effets de tels exercices. Hank Aaron, le grand crack du base-ball, raconte qu'il aurait pu compter les coutures d'une balle arrivant sur lui à toute vitesse : il était si concentré que tout en paraissait ralenti et ressortait très clairement.

L'important, c'est de se souvenir qu'il s'agit d'un entraînement, destiné à accroître et à parfaire l'aptitude à se concentrer. Pensez-y comme à une sorte d'exercice de musculation. La juste concentration est sereine ; on essaie de la développer suffisamment pour aller plus avant dans sa pratique de la sagesse et de la vision transcendante. Il ne s'agit donc pas de voir combien de temps on peut contrôler l'esprit sans avoir de pensée : ça, c'est du contrôle mental, pas de la méditation bouddhiste. La concentration, c'est être totalement présent à ce qui est — quoi que ce soit. C'est être ici, et non dispersé en tous sens ; capable de fixer toute son attention sur ce qu'on entreprend. Et quand on a maîtrisé les techniques de concentration, on sait se focaliser parfaitement : c'est la complète absorption, l'*unité* totale.

2. L'ATTENTION À LA RESPIRATION

L'attention est un phénomène intéressant. Ainsi, quand on apprend à conduire, on se dit qu'on n'arrivera jamais à coordonner les différents gestes de la conduite tout en restant attentif à ce qui se passe : il faut en même temps regarder la route devant soi, garder un œil sur le rétroviseur, faire attention à ce qui circule à droite et à gauche. Et puis l'on finit par apprendre à effectuer tous ces gestes à la fois. Car, si l'esprit ne peut concevoir qu'une seule pensée à la fois, l'attention est capable de capter davantage de données. En aidant l'esprit à se focaliser, les exercices de concentration permettent d'accéder à l'attention, partie intrinsèque de la conscience alerte, et de la libérer. Fixée sur la respiration, l'attention gagne en acuité et en lucidité, à la manière des rayons du soleil qu'on concentre avec une loupe pour faire du feu.

Quand on a bien maîtrisé le comptage de la respiration, on est prêt à passer à une forme de méditation plus naturelle, ce qu'on appelle « l'attention à la respiration » ou la vigilance appliquée à la respiration. S'étant entraîné à compter les respirations, on est maintenant capable de suivre chaque temps du souffle. L'apprentissage passe donc à une phase plus subtile dans laquelle on élargit légèrement le champ d'application de la concentration. Cet exercice permet de voir si l'on est à même de garder l'attention sur la respiration, sans l'aide des béquilles du comptage. On se contente d'observer et de sentir les respirations jusqu'à ce qu'on ait l'impression de devenir respiration — rien de plus.

C'est la méditation naturelle car on respire forcément tout le temps. Il s'agit simplement d'en prendre conscience, d'être conscient de ce qui se fait déjà de toute façon, ici et maintenant. On respire, tout bonnement, naturellement, sans forcer ni manipuler la respiration d'aucune manière.

Arrivez dans le présent, « réunissez »-vous. Laissez la respiration se stabiliser.

Laissez se calmer le corps et l'esprit, laissez l'énergie se stabiliser.

Laissez chaque chose trouver sa place, à sa manière, à son rythme. Installez-vous. Prenez vos aises. Devenez flexible. Adoucissez-vous, détendez-vous, profitez. Simplifiez les choses en simplifiant l'esprit. Arrivez dans le présent.

Collectez votre attention et, sans compter, concentrez-vous sur la respiration. Soyez simplement conscient de respirer, attentif au processus. Inspiration, expiration. Observez attentivement chaque respiration.

Dirigez l'attention sur les narines. Respirez par le nez et sentez l'air qui entre et sort par les narines. Goûtez la sensation du passage de l'air. Concentrez-vous sur la base des narines, au point de jonction avec la lèvre supérieure, là où passe l'air. Exagérez un peu la respiration au besoin, si c'est la première fois que vous essayez de prendre conscience de cette sensation tactile.

Fixez l'attention sur ce point précis. Éprouvez la sensation que cela vous procure, là, tout de suite, et posez l'esprit dessus. Et tandis que le souffle entre et sort, concentrez-vous sur cette sensation, sur cet endroit à la base des narines. Stabilisez votre esprit. Gardez-le fixé en un point.

Aiguisez l'attention, gardez-la fixée au même endroit comme la mine d'un crayon bien taillé se pose en un point, sur une feuille de papier. Le mouvement du souffle est comparable au va-et-vient régulier d'une scie. La scie bouge mais l'endroit où elle mord le bois reste le même. Soyez tel un bon menuisier qui se concentre sur l'emplacement précis où les dents de la scie entament le bois. Maintenez le va-et-vient du souffle qui effleure la lèvre supérieure et la base des narines au passage.

Inévitablement, l'esprit s'égare. Au lieu de le laisser tomber dans la distraction, ramenez-le à son point d'ancrage. Au lieu d'être absent, faites preuve d'une totale présence d'esprit, soyez conscient de la dérive de l'attention et ramenez-la inlassablement sur son objet.

La respiration nous centre en nous-même. Elle calme l'esprit et le corps, apporte clarté et joie, simplifie tout. Quand l'attention s'égare, tirez doucement sur sa laisse, comme vous le feriez avec un chien. Restez alerte. Rappelez-vous de rester en place. Se rappeler — c'est essentiel. N'oubliez pas. Restez « réuni ».

Concentrez votre énergie sur son point d'ancrage afin d'aviver l'attention, d'aiguiser la focalisation, d'intensifier la concentration. Persévérez. Restez là, exactement ici… et maintenant.

La respiration, toujours présente, nous aide à garder le contact avec la réalité, à ne pas partir dans des fantasmes. En se concentrant, on apprend à faire attention aux choses telles qu'elles sont réellement. Rappelez-vous : « les choses telles qu'elles sont » est la définition bouddhiste de la réalité.

Ne vous laissez pas abuser par l'impression d'échec que vous risquez d'éprouver de temps en temps quand l'esprit s'égare. Car il s'égarera *forcément* : il y aura *forcément* des bulles de pensées qui remonteront et viendront vous distraire. Rappelez-vous simplement de ramener l'attention sur son objet.

On développe le muscle de la vigilance en tirant ainsi gentiment sur la laisse de l'attention et en se remémorant ce qu'on est en train de faire. On se rappelle à soi-même ce qu'on fait et on ramène inlassablement l'attention sur son objet, le point qui se trouve à la base des narines. Voilà comment pratiquer la méditation : continuellement ramener l'attention à sa place, l'y maintenir, l'y ramener, l'y maintenir. On restreint son champ d'activité à ce point précis. Telle est la concentration méditative.

Plus tard, l'outil aiguisé de la conscience nous servira à trancher les voiles de l'illusion, à pénétrer la réalité, à mesure que notre point de vue s'élargira et gagnera une dimension panoramique. C'est cela, l'entraînement de l'esprit : il nous permet d'acquérir plus de discernement, de pénétration, de vision. La sagesse.

3. LA MÉDITATION EN MARCHANT

On a appris, à la faveur des deux précédents exercices, qu'on pouvait être conscient de sa respiration et maintenir cette sorte d'attention pendant la méditation assise. On a vu qu'on était capable de maintenir l'attention et de l'aiguiser. On va maintenant apprendre à la conserver quand on est en mouvement. Dans l'exercice de marche qui suit, on essaie d'appliquer l'attention au contexte plus large du quotidien : au lieu de rester tranquillement assis à observer sa respiration, on passe à un stade où l'on entre en contact plus intime avec son corps, son énergie et la terre. On fait plus directement l'expérience de ces liens. Ce genre de méditation contribue à mieux nous ancrer dans la réalité et à faire circuler l'énergie. C'est ce qu'on appelle la méditation en action.

Tenez-vous debout, à l'aise. Bien droit, le poids du corps bien réparti sur les deux pieds, détendu, tête droite, les yeux ouverts, le regard légèrement baissé. Commencez à marcher tout doucement. Pas à pas, foulez le chemin de l'éveil grâce à la marche attentive.

Levez le pied droit, déplacez-le lentement vers l'avant, posez-le. Sentez le poids du corps se déplacer de son centre de gravité vers le pied droit. Sentez le contact du sol.

Ensuite, décollez le talon gauche, levez le pied gauche et déplacez-le lentement vers l'avant, posez-le. Sentez le poids du corps se déplacer d'une hanche sur l'autre, vers le pied gauche. Sentez le contact du sol. Levez le pied droit, en commençant par le talon, et ainsi de suite.

Décomposez bien les mouvements de chaque pas : lever le pied, le déplacer vers l'avant, le poser par terre, sentir le poids du corps qui se déplace et se pose sur le pied. Ne marchez pas comme un automate ou un somnambule, soyez très attentif au moindre mouvement. Sentez vos sensations, le sol, le pas, vos pieds. Chaque pas devient un vrai pas sur la voie de l'attention éveillée. Une fleur s'épanouit sous chaque pas qu'on fait sur le chemin de l'éveil, disent les textes.

Respirez naturellement. Marchez simplement, pas à pas. Respirez simplement, une respiration après l'autre, tout en faisant attention à chaque pas, totalement vigilant. Concentrez-vous sur chaque pas et lâchez prise de tout le reste. Marchez, tout simplement. Pour une fois, ne faites rien d'autre que ce que vous êtes en train de faire — totalement immergé, à cent pour cent, vraiment là. Un pas après l'autre, foulant le sublime chemin de l'éveil.

4. MÉDITATION POUR SYNCHRONISER LA MARCHE ET LA RESPIRATION

Ayant appris la méditation en marchant et l'attention à la respiration, essayons de les combiner pour vérifier si l'on a bien assimilé l'entraînement.

Inspirez en levant le pied droit et en le déplaçant vers l'avant ; expirez en posant le pied droit par terre. Avancez lentement, en synchronisant chaque pas avec la respiration.

Inspirez, levez le pied gauche : expirez en posant le pied gauche.

Inspirez en levant le pied droit, expirez en le posant par terre. Inspirez en levant le pied gauche, expirez en le posant par terre. N'essayez pas de respirer plus vite ou plus lentement, suivez le rythme naturel de la respiration et synchronisez chacun de vos pas avec le souffle. Accordez votre attention pleine et entière à la marche. Marcher, respirer, être — c'est tout. Ça suffit, c'est plus qu'assez. Faire ce qu'on est en train de faire et être ce qu'on est : voilà la méditation dans toute sa plénitude, l'être essentiel dans son entièreté. Laissez passer les pensées, les sentiments, les bruits. Ne soyez pas distrait par le paysage. Laissez simplement passer les images et les sons, laissez-les couler et s'écouler. Simplement marcher, simplement parfait.

5. MÉDITATION DEBOUT ET EN MARCHE ARRIÈRE

La pratique de cette méditation renforce la présence d'esprit et aide à progresser vers l'attention aiguisée comme une lame de rasoir. En projetant l'attention derrière soi, on lui donne une dimension plus large et multidimensionnelle.

On commence cette méditation debout, solidement campé sur ses pieds, bien droit. Comme vous pourrez le constater même les yeux fermés, la marche, même arrière, nous fait avancer sur la voie…

Tenez-vous debout, dressé droit comme un arbre.
Détendez-vous, respirez, lâchez prise de tout.
Droit, relâché, les pieds fermement campés par terre.
Tenez-vous debout avec la majesté d'une montagne.
Pouvez-vous tenir ?
Méditation debout. Sans rien faire d'autre. Être debout, c'est tout.
Simplement faire ce que vous faites, à cent pour cent.
Simplement être. Fermement dressé dans votre vérité.

Que demander de plus ?
Respiration naturelle, posture naturelle,
À l'aise et chez soi sur terre.
Tenir sa place. Se tenir debout, c'est tout.

Maintenant, faites un petit pas en arrière. Puis un autre. Et encore un. Reculez d'un pouce. Allumez vos feux arrière, ouvrez le quatrième œil derrière la tête, dans la colonne vertébrale, derrière les genoux, sur les talons. Projetez l'attention derrière vous mais sans tourner la tête. Continuez à la projeter vers l'arrière jusqu'à ce vous ayez l'impression d'être entouré d'une sphère lumineuse de conscience alerte. Reculez très lentement. Suivez une ligne au sol, si cela peut vous aider : la ligne d'un court de tennis, le bord d'une allée ou d'un tapis, le bord de l'eau sur la plage ou près d'un lac. Reculez en ligne droite, pas à pas, et avancez sur la voie de l'éveil en défaisant l'habitude de se précipiter en avant. L'habitude d'aller où que ce soit. Renversez le mouvement. Reculez lentement, attentivement, avec une totale vigilance. Un pas après l'autre. La méditation de la marche arrière.

Ensuite, pour intensifier encore la concentration et l'attention vigilante, fermez les yeux et continuez à avancer à reculons, aussi lentement que vous le jugerez nécessaire. Un pas après l'autre. Servez-vous de votre intuition pour sentir votre chemin, derrière vous. Remarquez comme on devient tout de suite plus vigilant et attentif dès qu'il y a le moindre petit danger, l'ombre d'une crainte. Soyez attentif. Continuez à avancer à reculons. Lentement. Marcher, respirer — rien d'autre. Observez ce qui remonte en vous tandis que vous foulez le chemin de l'éveil. C'est aussi un exercice de confiance.

Maintenant, préparez-vous à vous arrêter. Faites un dernier pas. Gardez les yeux fermés et restez immobile. Simplement debout. Tenez votre place. Tenez bon. Tenez la vérité. Vous pouvez tenir. Facile d'encaisser. Prenez position. Prenez parti pour vous, illustrez-vous. Levez-vous et faites-vous entendre, tranchez sur le reste de la foule. Prenez parti pour ce en quoi vous croyez. Prenez parti pour le moment présent. Voilà, ça y est. Quand vous vous sentirez prêt, ouvrez les yeux. Orientez-vous lentement. Remettez doucement le corps en mouvement, sortez-le de son immobilité, détendez-vous. Vous le méritez. Dressez-vous et souriez.

Au fait, cette méditation est formidable pour faire participer des enfants à sa pratique. Vous verrez comme ils se régaleront !

6. LA MÉDITATION-MASTICATION : RUMINEZ UN PEU ÇA

La méditation en mangeant est une excellente façon d'entrer en contact avec l'instant présent. Cette simple méditation, faite ici avec des raisins secs, peut aussi se pratiquer avec des fruits à coque (noix, noisettes, etc.) ou même des quartiers de mandarine. Plus tard, vous pourrez l'appliquer à toutes les sortes de nourriture, du bol de céréales au plat de lasagnes.

La première fois que j'ai fait cette méditation, elle a mis ma patience à rude épreuve, moi qui avais l'habitude d'engloutir les raisins secs par poignées, pas un par un. Mais je me suis aperçu que la méditation-mastication pouvait vraiment aider à ralentir et à devenir plus conscient de ses comportements compulsifs. Elle permet de voir comment fonctionnent l'esprit et le corps. On apprend ainsi à cultiver la vigilance et la conscience alerte dans un plus large éventail de situations. On commence par des raisins secs, un par un, mais on peut mettre autant de soin et de respect à manger chaque bouchée de nourriture.

Prenez trois raisins secs dans la main droite : un pour le Bouddha, un pour le Dharma, un pour la Sangha. Asseyez-vous confortablement. Regardez les raisins. Regardez-les comme si vous n'en aviez jamais vu de votre vie. Retournez-les. Il est dit qu'une infinité de bouddhas demeure dans chacun des pores de notre corps. Sachant cela, combien de bouddhas pourraient tenir dans un raisin sec ? Nous allons tourner toute notre attention vers ces trois raisins.

Prenez un raisin dans la main gauche, examinez-le attentivement. Sentez-en la texture, notez-en les couleurs. Est-il très sec ou légèrement humide ? Prenez conscience des résonances que les raisins secs éveillent en vous : j'aime, je n'aime pas, ça m'est égal. Sentez le raisin. Portez-le à vos lèvres. Observez l'éventuelle envie de le manger que cela suscite en vous.

Êtes-vous pressé ? Souhaiteriez-vous simplement fourrer les trois raisins secs dans votre bouche d'un seul coup ? Remarquez ce qu'évoque et suscite en vous ce petit raisin sec, puis mettez-le en bouche et mâchez-le lentement, méticuleusement, aussi attentivement et consciencieusement que possible. Goûtez-le bien mais n'avalez pas. Continuez à mastiquer. Notez votre forte envie de déglutir : on a tendance à vouloir avaler tout de suite pour passer au suivant. Continuez malgré tout à mâcher. Mastiquez le raisin sec jusqu'à ce qu'il ne reste plus que du jus. Mâchez et soyez attentif.

Si l'esprit s'égare ou si vous entendez du bruit, ramenez l'attention sur le raisin. Ne regardez pas autour de vous. Remettez l'attention sur la mastication du raisin. Pointez l'esprit, dirigez l'attention, focalisez la conscience avec une grande intensité — tel un rayon de lumière, un laser. Concentrez-vous totalement sur le raisin sec, sur l'endroit où les dents entrent en contact avec lui ; sentez-le directement. Pas besoin de comprendre le pourquoi ou le comment de l'affaire, la signification des raisins, de la méditation ou de la vie. Contentez-vous de mastiquer vingt fois, cent fois si vous pouvez, en vous concentrant totalement. Détendez-vous et jouissez de l'expérience. Profitez-en au maximum, comme si c'était la seule chose que vous alliez manger de la journée. Mâchez le raisin à fond, en l'appréciant et en vous pénétrant de tout ce qu'il est. Grâce à une totale attention, extrayez-en l'essence, sous toutes ses formes — goût, texture et ainsi de suite. Continuez à mâcher. Et puis avalez et savourez l'arrière-goût de cette délicieuse expérience.

Maintenant, de la main gauche, prenez un deuxième raisin sec dans la main droite, et approchez-le de la bouche. Regardez-le, sentez-le, touchez-le, examinez-le. Résistez au désir de le mettre tout de suite en bouche, notez-en simplement l'envie. Ensuite, mettez-le dans la bouche et commencez à mâcher. Si c'était une *bouchée* de riz complet macrobiotique, on mâcherait cent fois. Voyez combien de temps vous pouvez faire durer le raisin sec. Ne faites attention qu'au raisin, laissez tomber tout le reste. Cela stabilise et unifie l'esprit de ne faire que ce qu'on est en train de faire — une fois n'est pas coutume ! À cent pour cent. Rien qu'être là, assis. Rien que mâcher. Merveilleux ! Délicieux !

Maintenant, prenez le troisième raisin et faites votre propre méditation dessus. À nouveau raisin, expérience neuve. En quoi celui-ci diffère-t-il des deux autres ? A-t-il l'air pareil ? Le goût est-il le même ? Il est peut-être plus sucré, moins frappant. Où est partie votre attention ? Ramenez-la. Concentrez-vous.

Voilà un exemple concret de méditation. C'est en pratiquant encore et toujours qu'on maîtrisera l'attention méditative. C'est chaque fois différent, toujours neuf, toujours riche de nouvelles découvertes. On développe les muscles de la conscience alerte en dirigeant l'attention sur ce qu'on est en train de faire à l'instant même.

En mastiquant le raisin, on apprend à « ruminer » complètement et méticuleusement la tâche qui nous occupe, quelle qu'elle soit. C'est ainsi qu'on s'entraîne à marier vigilance et attention à son vécu quotidien.

Intégrer ces exercices à votre pratique

Le dictionnaire définit ainsi le mot *pratique* : « Faire ou accomplir une chose régulièrement, afin d'acquérir ou de parfaire une aptitude. » Je crois que c'est un point qu'il est important de se remémorer fréquemment : la pratique de la méditation n'est autre qu'un exercice auquel on se livre régulièrement pour améliorer son aptitude à méditer. Plus on pratique, plus on cultive ses capacités innées. Le pouvoir de concentration s'accroît et s'approfondit à mesure qu'on travaille son aptitude naturelle à la concentration.

Peut-être trouverez-vous, comme moi, que vous pouvez intégrer ces six exercices de concentration à vos séances de méditation. Disons, par exemple, que vous ayez prévu de méditer une heure ; vous passerez peut-être les dix premières minutes à simplement vous détendre et à compter les respirations, après quoi vous pratiquerez l'attention à la respiration. Mais il se peut qu'au bout d'une demi-heure vous vous sentiez trop raide et engourdi pour continuer, si ce n'est quasi somnolent. Au lieu de vous arrêter là, vous pouvez introduire quelques minutes de méditation debout ou marchée dans votre pratique. Cela vous rafraîchira suffisamment pour poursuivre votre séance. Dans le cadre des retraites intensives et silencieuses, la journée se divise en périodes de méditation de trois quarts d'heure — méditation assise, debout, assise, avec un peu de psalmodie, puis une pause —, à quoi s'ajoutent des instructions, une ou deux fois par jour. On essaie de maintenir sa vigilance d'une activité à l'autre, tant en position assise que debout, tant dans les moments de solitude que durant les séances de groupe.

Ces exercices de concentration font partie de ma pratique quotidienne. Même quand on a une certaine expérience de la méditation, on continue à faire ces exercices d'attention à la respiration et de marche attentive, un peu comme les athlètes qui commencent leur entraînement quotidien par de simples mouvements d'étirement et d'échauffement. Les grands sprinters même ne se mettent pas à courir dès qu'ils sortent de chez eux : ils savent qu'il faut toujours revenir aux échauffements pour entretenir une forme qui les amènera à leur meilleur niveau de performance.

La même chose est vraie en matière de pratique spirituelle et, quand on médite, on commence par les exercices d'attention les plus simples avant de passer à la suite. Histoire de mettre l'esprit en forme. Ces exercices peuvent paraître un peu restrictifs et contraignants, au départ. Et ils le sont. Mais grâce à l'autodiscipline qu'ils inculquent, ils permettent d'évoluer vers plus de liberté et une conscience panoramique. Il s'agit de développer le muscle de la concentration. Il faut avoir dressé et harnaché le superbe mustang de l'esprit avant de pouvoir le laisser galoper librement. Le principe d'une certaine contrainte suivie d'une certaine liberté est un exemple de plus de cette démarche de modération qu'est la Voie du Milieu du Bouddha. Quand contrainte et liberté s'équilibrent, l'esprit naturel trouve sa place naturelle et nous aussi.

Où l'on rencontre à nouveau les obstacles

On ne peut évoquer le sujet de la concentration sans mentionner une fois encore les cinq obstacles classiques qui risquent d'entraver notre cheminement : le désir, la malveillance, la torpeur, l'agitation et le doute. Autant de trublions susceptibles de parasiter nos méditations : on a la tête pleine d'envies et de désirs, on se remémore de vieilles disputes, on se sent trop fatigué pour continuer, on en vient à douter que la méditation « marche » pour soi.

Il y a en tout cas un obstacle à la méditation que tout le monde ou presque doit affronter : *l'agitation*, qui se dissimule parfois sous le masque de l'ennui. Ainsi quand on médite et qu'on se demande combien de temps il reste avant la fin de l'heure, ou même si la séance finira un jour. Parfois aussi, une bulle de pensée surgit et, bien qu'on médite, on réagit impulsivement, comme sous l'effet d'un réflexe.

L'agitation se manifeste également en dehors de la salle de méditation. Il y a beaucoup d'hommes et de femmes qui sont attirés vers la voie spirituelle à l'occasion d'une crise, et pour qui la méditation peut représenter un véritable sauvetage affectif. Mais quand les choses s'arrangent et qu'ils retrouvent plus ou moins leur équilibre, ils se laissent souvent distraire par leurs nouveaux centres d'intérêt et se désintéressent de leur pratique. Certains passent ainsi des années à entrer et sortir de la voie spirituelle, en fonction de ce qui leur arrive. Ce genre d'agitation est révélateur du fait qu'on accorde encore trop d'importance aux choses extérieures — événements et personnes ; qu'on continue à chercher la solution en dehors de soi. Pour relever le défi de l'agitation, il faut plus de motivation et vraiment s'engager à travailler davantage sur soi. Continuité et répétition sont les secrets du succès.

Certains ont de fortes tendances à l'agitation qui les empêchent de mener une vie stable et équilibrée. Mais n'est-ce pas un mal dont nous souffrons tous ? On se plaint de ne pas avoir le temps de faire ce qu'on veut mais à peine sort-on d'un épisode chaotique de son existence qu'on s'empresse d'en créer un nouveau. On se lance dans des entreprises ou dans des relations amoureuses, on prend des engagements financiers qu'on ne peut pas assumer. Autrement dit, on tente de gérer son insatisfaction profonde en retournant continuellement son petit monde dans tous les sens. Et cette frénésie de mouvement ne cessera que le jour où l'on y mettra délibérément fin.

Quand on voit quelqu'un qui n'arrête pas de se créer des complications, on est tenté de dire qu'il fait des vagues, qu'il cherche les ennuis, qu'il tourne en rond, qu'il se joue la comédie. Cette pulsion profonde qui fait déraper une existence n'est guère différente de celle qui pousse le moine à s'agiter quand il médite. Une bonne séance de méditation n'est jamais que le reflet microcosmique d'une vie bien vécue.

La méditation permet de gérer les pulsions d'agitation, notamment grâce au « facteur intérêt », comme disent les méditants en usant d'un terme technique du bouddhisme. Prenons un exemple pour voir comment fonctionne ce principe : Debra est en train de méditer et tout se passe très bien. Tout d'un coup, elle repense à une chose qu'elle a en train et qu'elle veut terminer, et elle s'attarde un instant de trop sur cette pensée. Et, comme quand on presse deux morceaux de Velcro l'un contre l'autre, Debra se retrouve accrochée. Elle se sent si bien à ce moment-là qu'elle serait prête à tout entreprendre, mais la séance de méditation n'est pas terminée. Alors Debra en a assez, elle a envie de sortir illico pour aller reprendre son activité en attente.

Ce que peut faire Debra, c'est redonner de l'« intérêt » à sa méditation en s'en servant pour examiner l'ennui et l'agitation qu'elle ressent. Elle pourrait se demander : « Pourquoi je m'ennuie ? Ne suis-je pas exactement là où il faut, à faire exactement ce qu'il faut ? Pourquoi est-ce que je ne tiens pas en place ? Pourquoi ne suis-je jamais satisfaite ? »

L'examen approfondi est l'un des principaux facteurs d'éveil, un des facteurs de transformation. Le fait d'examiner les racines de l'ennui et de l'agitation vous aidera à rester éveillé, alerte, intéressé, en évolution. Si l'ennui et l'agitation vous font très vite basculer dans la somnolence, demandez-vous pourquoi vous avez envie de dormir. Qu'est-ce qui provoque cette fatigue ? Vous en servez-vous peut-être comme alibi pour éluder ou nier quelque chose qui vous pose problème ?

Si ce remède ne marche pas, essayez de respirer profondément plusieurs fois pour redonner du tonus à l'esprit et réveiller votre motivation, puis reprenez la méditation. Certains enseignants du Dharma n'aiment guère le principe d'introduire des mouvements physiques dans une séance de méditation, mais il me semble préférable de se lever et de continuer à méditer debout, si cela peut aider, plutôt que de rester à demi assoupi sur son coussin. On peut même éventuellement sortir de la pièce une minute, respirer un peu d'air frais, s'asperger le visage d'eau froide, et revenir. Cela ne pose pas de problème si vous êtes seul, mais si vous méditez en groupe, c'est peut-être un point à discuter préalablement avec l'enseignant ou celui qui dirige le groupe.

Les bienfaits de la concentration à tous les niveaux

La concentration est aussi indispensable à la vie courante qu'à la spiritualité. Tom Hanks a raconté qu'à l'époque où il remporta l'Oscar plusieurs années de suite il se sentait tellement harcelé et à bout qu'il s'obligeait à s'asseoir chaque jour et à écrire, « juste pour trouver un peu de répit, me concentrer me calmait et me détendait l'esprit ». C'est avec un certain respect que les champions sportifs du monde entier évoquent « la zone », un état quasi mystique dans lequel on se sent en situation optimale : l'esprit parfaitement alerte, une impression d'équilibre et d'unité, une sensation inexplicable de présence totale, de position idéale, qu'Arnold Palmer a appelée « justesse ».

La grande star du football américain, le *quarterback*[1] John Brodie, a déclaré pour sa part : « L'efficacité d'un joueur est directement liée à sa capacité à être là, à se donner pleinement à ce qu'il fait, dans l'instant. Quand on est “dans la zone”, on a l'impression de ne pas pouvoir rater son coup. » Yogi Berra, célèbre pour sa sagesse populaire autant que pour sa batte de base-ball, a dit : « Comment penser et taper dans la balle en même temps ? » Nadia Comaneci a expliqué, elle, que la clé de ses exploits de gymnaste aux Jeux olympiques de 1976 avait été son intense concentration.

Il est incontestable que la concentration donne plus de puissance, focalise l'esprit sur le but à atteindre, aide à mieux réussir et à être plus productif, à la différence des gens hésitants et distraits. La méditation est également susceptible d'améliorer l'état de ceux qui souffrent de troubles dus à un déficit d'attention, et ce sans traitement médicamenteux ni thérapie lourde.

On acquiert, grâce aux techniques de concentration, une lucidité accrue, une impression d'espace. Quand on est concentré, l'énergie est à la fois bien ancrée et canalisée, ce qui permet de la focaliser. On a constaté tout au long de l'histoire humaine que les systèmes d'entraînement de l'esprit, techniques de maîtrise de soi et autres méthodes intelligentes de discipline intérieure réduisaient considérablement le stress et aidaient les gens à mieux gérer la douleur et la maladie chronique, ainsi que les problèmes de comportement compulsif ou d'accoutumance.

La concentration méditative est un moyen de calmer l'esprit qui se révèle d'une valeur inestimable pour faire face aux aléas du quotidien. Prenons un exemple : on vient d'avoir une conversation désagréable, génératrice d'angoisse, avec un collègue, un patron, son enfant, son conjoint. On en ressort ébranlé, avec le sentiment de ne pas avoir su exprimer sa pensée. On ressasse, on éprouve de la colère, du ressentiment, l'impression d'avoir été traité injustement. On a beau se dire : « Laisse tomber, c'est fini, oublie », les mots n'y suffisent pas. Il faut autre chose. C'est justement l'un des moments où la méditation peut s'avérer particulièrement efficace. Au lieu d'essayer de prendre sa revanche sur la personne qui nous a contrarié, au lieu de vouloir à tout prix avoir le dernier mot, ou de laisser les pensées perturbatrices nous gâcher, outre notre journée, notre vision des choses, on s'assied et on médite. On se calme, on respire. Et l'espace revient, et le recul avec lui.

La « forme » métaphysique importe autant que la forme physique. Il m'arrive de penser que la méditation quotidienne est une forme d'hygiène mentale, une sorte de fil dentaire qui empêche la vérité de se gâter. Je

1. Dans le football américain, ce terme désigne la position du joueur qui organise le jeu, qui définit la stratégie de l'équipe. (N.d.T.)

médite parce que cela me conserve sain de corps et d'esprit, calme et lucide, le cœur léger et l'esprit ouvert, en paix avec moi-même et avec le monde. Je ne sors jamais de chez moi sans l'avoir fait.

On dirait que l'apprentissage de la concentration augmente le « poids spécifique » de ceux qui la pratiquent, autrement dit renforce ce qu'on pourrait appeler en termes bouddhistes la « présence authentique ». Grâce à l'attention intensifiée, à une plus grande présence d'esprit et à une conscience alerte de l'instant, on arrive à pleinement goûter et apprécier chaque moment de sa vie, tel quel, sans changer quoi que ce soit.

C'est le miracle de la méditation, la magie de la vigilance, la joie de la concentration. Un secret connu depuis toujours par les sages et par les formateurs et entraîneurs de toutes disciplines.

À propos de la méditation dzogchen

Au début, la conscience méditative est pareille à une petite flamme facile à éteindre, qu'il faut protéger et préserver. Plus tard, elle ressemble plutôt à un énorme feu de bois qui consume tout ce qui y tombe... Ensuite, plus il y a de pensées qui surgissent, et plus la conscience alerte s'embrase, comme quand on ajoute des bûches sur un grand feu. Emaho — ô merveille ! Elle fait feu de tout bois, la conscience nue et éveillée !

Maître dzogchen Djigmé LINGPA.

« Emaho », qui signifie merveille, prodige, est le plus court des enseignements du Dzogchen. C'est une formule qu'emploient souvent les maîtres du Dzogchen. Le mot même exprime un formidable sentiment de joie et d'émerveillement. Car l'amour de la vie sous toutes ses formes est une des retombées du développement spirituel. N'oublions pas que la joie est un ingrédient important de la pratique méditative. L'aspiration à l'éveil peut faire bon ménage avec le fait d'apprécier son état actuel.

On nous demande souvent en quoi le Dzogchen diffère de la concentration méditative ou de la méditation de la vision transcendante. Pour répondre à cette question, il faut d'abord expliquer qu'on passe par trois stades distincts quand on apprend à méditer.

Le premier stade de concentration méditative exige un réel effort, quand on apprend à maintenir l'attention sur un objet donné.

Au deuxième stade, on a dressé l'esprit et l'on est capable de maintenir sa concentration pendant de plus longues périodes. L'attention reste là où on la place.

Au troisième et dernier stade, on a vraiment maîtrisé l'art de focaliser l'attention. On peut donc se détendre tout en restant concentré et sans distraction, presque sans effort. Telle la force de gravité, la conscience alerte garde l'esprit ancré. L'attention demeure en place naturellement, comme la surface d'un paisible lac miroitant que ne dérangent ni vents ni courants.

La pratique de la concentration constitue une base extrêmement utile lorsqu'on en vient à développer une conscience plus profonde, plus large et plus englobante des choses, comme dans les formes évoluées de Vipassana, le zen et le Dzogchen.

Il n'en demeure pas moins que les états de concentration sont un produit, élaboré, fabriqué et construit ; le résultat de pratiques intensives et continuelles de focalisation de l'attention. Et tout ce qui a été construit finit inévitablement par se défaire un jour. La concentration, comme le tonus musculaire, disparaît quand on ne la sollicite plus. Alors que la sagesse, la compréhension et la connaissance acquises à travers la méditation le sont une fois pour toutes, et que la vision élargie des choses qu'elles procurent devient partie intégrante de soi.

Quatre méditations dzogchen

1. UNE MÉDITATION RUSHEN : VOIR LES DIFFÉRENCES

Une partie de la pratique préliminaire particulière au Dzogchen s'appelle *rushen*. Elle comprend des réflexions analytiques qui font appel aux pouvoirs de rationalité de l'esprit. On utilise l'esprit, soigneusement focalisé, comme un outil acéré pour pénétrer plus avant dans la réalité. On procède à l'examen de soi pour favoriser la reconnaissance de la nature essentielle de l'esprit.

Le mot *rushen* signifie littéralement « distinguer la différence entre ceci et cela ». Le concept est illustré par des métaphores traditionnelles telles que séparer le grain de la balle, ou la graine de l'écorce. On recourt à cette pratique pour faire la différence entre les deux faces des dualités qui sèment la confusion dans nos esprits : samsara et nirvana, asservissement et libération, « petit esprit » et « grand esprit » ou esprit de bouddha, esprit conceptuel fini et conscience infinie, notre « soi » fini et notre véritable nature de bouddha.

Passons à l'application de la technique d'« examen de soi » qui figure dans la pratique de *rushen*. Pénétrons plus profondément dans le cœur et l'âme, afin de percevoir la nature essentielle de l'esprit. L'examen de soi permet de se démasquer et de démolır la prison illusoire construite par l'ego, et ainsi d'acquérir la vision transcendante et la sagesse née de la conscience alerte.

L'éternelle question « qui suis-je ? » mène à une recherche à l'issue imprévisible, qui nous entraîne au-delà des pensées et des simples concepts. C'est l'une des meilleures pratiques qui soient pour connaître sa véritable nature, au-delà du soi illusoire et convenu. La reconnaissance de l'esprit naturel, la nature de bouddha, aide à vivre librement dans l'instant présent, sans arrière-pensée de gain personnel. Apprenons à faire la différence entre l'ego, qui trame et manipule, et le cœur-esprit naturel et spontané. Le cœur et l'esprit étant sublimes à l'état naturel, on peut se permettre de les laisser faire. Mieux on se connaît et s'accepte, et plus on peut se sentir « chez soi » et profondément en paix, où que l'on soit. Qui que l'on soit.

Qui est le sujet qui vit votre vécu actuel ? La méditation *rushen* aide à voir la différence entre ce qu'on paraît être et pense être, d'une part, et notre nature originelle, ce qu'on est *vraiment*, d'autre part. On s'identifie à son corps, mais est-on réellement ce corps ? On s'identifie à ses pensées, mais est-on réellement ses pensées, ses états d'esprit ? Cette méditation analytique s'aide du microscope du discernement.

Exercez-vous en vous posant les questions suivantes :

Qui est en train d'éprouver ce que j'éprouve actuellement ? Est-ce mon corps ? Les yeux voient-ils, les oreilles entendent-elles ? (Souvenez-vous qu'un cadavre a des yeux et des oreilles mais ne voit ni n'entend.) Où est celui qui éprouve, celui qui perçoit ? Se trouve-t-il dans ma tête ? Dans ma poitrine ? Dans mon cœur ? Peut-être dans le corps et tout autour, à la manière d'une aura, d'un corps astral ou d'une sphère de lumière ?

L'esprit est celui qui connaît. La conscience anime les sens et perçoit tout ce qui entre par les portes des sens. Quelle est l'essence, la nature de cet esprit ? Scrutez la nature de votre esprit. Connaissez celui qui connaît. Démystifiez celui qui voit, et soyez libre.

L'esprit a-t-il une forme particulière ? Une couleur ? Une taille ou un poids ? Est-il toujours le même ou bien s'agit-il d'un flux de conscience, d'un ensemble d'instants d'esprit et d'événements mentaux toujours changeants, comme le temps, en fonction des circonstances et des conditions météorologiques ? Ai-je un seul esprit, plusieurs, des quantités ? Est-il séparé de l'esprit de l'autre et de tous les autres, ou bien leur est-il lié ? Fait-il partie d'une conscience cosmique universelle ?

Comment est-il et que devient-il pendant un instant d'absence de pensée ? Où va-t-il quand on meurt ? Pouvez-vous me le dire ? Le savez-vous ? D'où viennent vos pensées ? Où vont-elles quand elles ont fini de vous traverser l'esprit ? D'où provient le fait même de penser ?

Essayez de dire *quelque chose* là-dessus. La tentative pourrait se révéler fort intstructive : vous pourriez vous retrouver face à vous-même.

Qui pense, entend, voit, s'interroge ? Qui suis-je ? Que suis-je ? Que se passe-t-il, là, tout de suite, à l'instant ?

Tournez l'esprit sur lui-même à l'aide de cette question pointée comme un laser : Qui éprouve ce que j'éprouve à l'instant ? Ensuite, laissez tomber la pensée. Et voyez ce qui se passe. Sentez de manière immédiate.

2. MÉDITATION DZOGCHEN SUR LES CINQ ÉLÉMENTS

Les méditations dzogchen mettent souvent l'accent sur la nature, l'extraordinaire mystère et la splendeur de Mère Nature, telle une grande déesse. La grande Dakini déclare dans le Tantra de la Vajra Dakini : « L'univers entier est mon corps, les êtres sont mon âme, mon cœur-esprit. »

Le principe essentiel de cette méditation est de se fondre dans les cinq éléments, l'eau, la terre, le feu, l'air et l'espace. Elle a pour but de nous aider à retourner à notre esprit-bouddha inné.

Méditons, unissons-nous à ces éléments. Commençons par l'eau qui, par nature, rafraîchit et coule librement.

On peut pratiquer cette méditation au bord de la mer, d'un lac, d'une rivière ou d'une mare. Ou même en faisant la vaisselle. Le bruit de l'eau peut être celui des vaguelettes qui lèchent doucement le mur d'un quai, le robinet qui goutte dans l'évier, les glouglous discrets et mélodieux d'un aquarium, le rugissement d'une cascade ou le fracas des vagues qui éclatent sur la plage. La vision de l'eau peut aller d'une flaque miroitante à l'océan Pacifique. L'eau est toujours de l'eau, l'élément naturel demeure le même.

On apprend à aller au-delà de soi en se fondant dans les éléments naturels. On entre dans la dimension de l'élément considéré pour ne plus faire qu'un avec l'univers. Transcendant ainsi l'idée d'un m32oi autonome, on connaît sa nature primordiale.

Écoutez le bruit blanc de l'eau. Entrez dans son espace contemplatif, dans son flux, sa capacité de réfléchir les images. Concentrez-vous sur le bruit de l'eau et laissez couler tout le reste. Focalisez-vous uniquement sur l'écoute du son. Dans la méditation dzogchen, on laisse les sens à l'état naturel, cet état qui est la Grande Perfection, Dzogchen. Laissez-vous submerger, pénétrer par le son de l'eau. Gardez vos sens alertes, sensibles, réceptifs. Entrez dans la dimension spirituelle du son pur.

Ouvrez les yeux, regardez l'eau. Laissez toutes les pensées se dissoudre dans le lac de votre esprit, tels des flocons de neige dans l'océan. Les vagues de la pensée et des sensations, des émotions et de l'énergie, se calment peu à peu et s'évanouissent dans la mer paisible de l'esprit naturel, comme des rides à la surface de l'onde. Les vagues se forment et disparaissent dans la mer ; regardez-les jusqu'à vous oublier et ne plus faire qu'un avec elles. Entrez dans la dimension non-duelle du « simplement être ». Soyez ce bruit, coulez avec cette eau. Laissez-vous aller, retrouvez l'état naturel de l'élément, comme pour adorer l'esprit de la nature, la divinité de l'eau. Les éléments sont tous des sortes de divinités sous forme physique ; occupez-vous-en, reposez-vous dans leurs sanctuaires. Ne faites plus qu'un avec les éléments. Entrez dès maintenant dans cette dimension sacrée.

Il y a une certaine similitude entre s'unir à l'eau et s'unir aux autres éléments. Pour le feu, on médite devant une cheminée, un feu de camp ou une bougie, et on laisse les pensées se mêler à la flamme, tandis que la flamme intérieure nous réchauffe le cœur, nous fait fondre et consume la barrière qui nous sépare du monde.

Pour l'élément air, on peut méditer sur le vent. On éprouve les sensations qu'il procure, on l'écoute soupirer. On peut le voir à l'œuvre quand il balaie les herbes folles au sommet d'une colline ou décoiffe la cime des arbres. En ville, on peut aussi s'asseoir à sa fenêtre et sentir la brise qui rafraîchit. Il y a aussi le vent de la respiration qui souffle constamment en nous, capable, si on le laisse faire, de balayer nos soucis et de nous purifier l'esprit.

Quant à la terre, c'est l'élément qui soutient, solide et puissant. On peut se concentrer sur la terre dans un jardin, dans les bois ou en observant une montagne, dans le lointain. Qu'on médite en regardant le Grand Canyon ou près d'un rocher, dans un jardin public, c'est toujours la matière. Ça fait toujours partie de l'élément terre, la déesse terre... Ce même élément unique et divin de notre vécu quotidien.

La méditation sur les Cinq éléments a pour but de diriger notre attention sur la nature, de telle sorte qu'on soit entraîné au-delà de soi-même et ramené aux sources de l'état naturel d'unité. Quand on s'assied au bord de la mer, on dirait que le bruit incessant des vagues évacue nos soucis, nos pensées et nos inquiétudes. C'est une sorte de méditation naturelle. La nature — aimée de tous et si accessible — nous aide à progresser vers l'entièreté et la plénitude de la pure conscience non-duelle.

LA CONTEMPLATION DU CIEL

Voici un autre exemple de méditation dzogchen naturelle et élémentaire — au sens étymologique du terme. Le ciel, qui représente l'élément espace, n'a ni forme ni couleur. Nul ne peut dire avec exactitude où il commence et où il finit. Il *est*, c'est tout.

La méditation nous introduit à une manière d'être en parfaite harmonie avec la nature — y compris les choses et les êtres qui nous entourent —

et avec notre propre nature. Dans cette contemplation du ciel, on s'unit au ciel pour se fondre dans l'infinitude.

Fermez les yeux, laissez vos mains au repos, asseyez-vous. Prenez une profonde inspiration et expirez. Recommencez. Détendez-vous. Lâchez prise. Laissez-vous aller, naturellement. Prenez vos aises.

L'espace d'un instant, laissez tout passer comme des vagues dans la mer, comme les nuages dans le ciel infini.

Observez, simplement, tranquillement. Et comprenez : tout est ici même.

Laissez être.

Laissez aller et laissez être.

À l'aise. Plus rien à faire. Plus rien à analyser, à comprendre ni à réussir.

Simplement présent.

Naturel. Revenu aux sources et à l'aise

Connaissez-vous vous-même.

Voyez les choses telles qu'elles sont à l'instant.

Inspirez, expirez. Profondément, lentement. Laissez entrer, laissez sortir. Lâchez prise un peu plus à chaque respiration.

Laissez le corps se calmer naturellement, là où il est, à son propre rythme. Laissez l'esprit se calmer naturellement, là où il est, à son propre rythme. Laissez tout aller, naturellement, pendant quelques instants.

D'instant en instant, un instant après l'autre.

Respirez, souriez, soyez conscient.

Respirez, souriez, soyez conscient.

Respirez, souriez, soyez conscient.

Maintenant.

Ouvrez les yeux.

Levez le regard.

Ouvrez l'angle de la conscience à 360 °.

Regardez le ciel.

Plongez-y votre regard, sans vous concentrer sur un point particulier. (Pas besoin de forcer sur les yeux.)

L'espace, comme l'esprit, n'a ni début ni fin.

Ni intérieur ni extérieur. Pas de matérialité, ni de couleur, ni de taille, ni de forme.

Fondez votre regard dans l'espace, fondez votre esprit dans l'espace infini et vide.

Fondez-vous dans l'espace — pure conscience spacieuse.

Projetez votre souffle dans l'espace, en suivant l'expiration, loin, loin, plus loin encore. Laissez aller et venir librement pensées, sentiments, sensations et émotions, jetez tout dans le vaste espace.

Laissez le regard courir librement dans l'infinitude de l'espace, dans l'immensité du ciel, dans la sphère de la conscience originelle, claire comme le cristal.

Et lâchez prise, lâchez prise, lâchez prise.
Expirez.
Inspirez et prenez le ciel en vous ; expirez et fondez-vous dans le ciel. Suivez l'expiration.
Expirez.
Ouvrez-vous.
Déployez les ailes de votre esprit-bouddha infini.
Laissez aller — tout.
Laissez être.
Laissez tout tomber : passé, avenir.
Laissez tomber le corps et l'esprit
Fondez-vous dans le ciel et, lentement,
fondez-vous totalement
dans la joie
spacieuse
et lumineuse
de la méditation.

Après vous être ainsi fondu dans le ciel, restez simplement assis. Et goûtez l'infinie et lumineuse vacuité. Qu'une pensée surgisse, maintenant vous savez la regarder arriver et repartir. Qu'un sentiment se manifeste, lui aussi ne fera que passer. Si la concentration commence à flancher, vous savez comment ramener l'attention sur son objet et la rafraîchir en observant de nouveau le va-et-vient de la respiration naturelle, en suivant plus particulièrement l'expiration, tout en lâchant prise.

LA MÉDITATION « AH ! »

Pour renforcer l'effet de la contemplation du ciel, on psalmodie le mantra dzogchen qui est si facile à dire : *Ah !*

Prenez une profonde inspiration et, sur l'expiration, ouvrez grands les yeux et la bouche, levez le regard, et émettez un son retentissant, qui soulage :

Ahhh…

Inspirez de nouveau profondément, et expirez avec l'impression de détente totale que procure l'orgasme :

Ahhhhhh…

Prolongez le son autant que vous le pourrez.
Observez votre respiration.
Inspirez, expirez.
Inspirez, expirez.
Maintenant, psalmodiez : *Ah, Ahhh, Ahhhhhh*
en suivant l'expiration et en vous fondant dans l'espace.
Psalmodiez encore : *Ah*, puis *Ahhh*, et *Ahhhhhh*,

avec une énorme expiration, une expiration cosmique.
Psalmodiez *Ah*, *Ahhh*, et *Ahhhhhh* en modulant la voix
plus ou moins fort, et sur des tons différents.
Videz-vous complètement, en fondant hors
de vous-même à chaque expiration.
Ah, *Ahhh*, *Ahhhhhh*.

Quel soulagement !
Quelle détente !
Ah… Ahhh… Ahhhhhh.
Mêlez votre esprit à l'espace, l'espace à la conscience.
Laissez tout se fondre dans l'espace immense et ouvert.
Restez simplement à l'aise dans le point de vue, exactement tel qu'il est.
Laissez le mantra-graine *Ah !* résonner et mourir
Dans la vacuité
Intérieure et extérieure.
Restez
dans l'absolu silence et la simplicité
de l'état naturel,
du simplement être.
Si des pensées surgissent, psalmodiez quelques *Ah !* prolongés, en suivant l'expiration. Fondez-vous chaque fois un peu plus dans l'espace.
Et reposez de nouveau dans l'immensité spacieuse et la clarté lucide.
Alternez fusion et repos, à votre propre rythme, de la manière qui vous est naturelle.
Fusionnez, reposez.
Fusionnez, reposez.

Visualisation et concentration

Beaucoup sont attirés par le bouddhisme tibétain pour son iconographie ésotérique et colorée, et pour les pratiques de visualisation créative qui y sont associées. La visualisation est un moyen puissant et profond d'utiliser l'esprit et la vive lumière de la conscience. Ces pratiques aident à transcender l'idée limitée qu'on se fait de soi et de son identité. On apprend à se transformer en bouddha ou bodhisattva qui évoluent dans la splendeur inimaginable d'un mandala des bouddhas. Cet exercice permet de desserrer l'emprise qu'a sur nous le monde, tel que le font apparaître nos perceptions présentes, conditionnées par notre karma.

L'objectif est de voir comment, chaque jour de sa vie, on ne cesse de projeter sa « visualisation » du monde, l'idée qu'on se fait de soi et de son vécu. Cette pratique ouvre des horizons : on pourrait aussi bien remodeler ses perceptions et sa vie entière dans un sens satisfaisant et riche de sens. La visualisation aide à prendre conscience qu'on n'est pas forcément coincé dans la peau de la personne qu'on s'imagine être, qu'on pourrait être pratiquement n'importe qui, n'importe quoi. Pourquoi ne pas user de cette liberté de choix et de la sagesse intrinsèque à la conscience, pour se manifester sous la forme du bouddha féminin Tara, radieuse et protectrice, ou sous les traits d'Avalokitesvara, bouddha de l'amour et de la compassion, tout de douceur et de pardon ? Ne serait-ce pas plus épanouissant que les images négatives qu'on a de soi ?

Ces visualisations sont essentiellement des méditations sur l'identité et sa transformation. En apprenant comment on crée l'image qu'on a de soi, comment on crée et recrée sans cesse son karma et son monde, on comprend qu'il est possible d'acquérir la maîtrise des formes et des expériences, au lieu de se sentir victime des circonstances.

Les pratiques tantriques, qui impliquent la visualisation de déités et d'archétypes primordiaux servant à méditer, restent un des aspects les moins bien compris du trésor de spiritualité du monde himalayen. Elles représentent aussi une des facettes les plus inaccessibles de la culture bouddhique de l'éveil. Nombreux sont les Occidentaux qui ont éprouvé des difficultés — voire une impossibilité — à comprendre et à maîtriser ces techniques complexes qui consistent à construire une image mentale et à la garder présente à l'esprit avec une attention sans mélange. Certains passent des heures à étudier ces techniques, pour finir par constater que les principes et la signification profonde leur en échappent. Ils reviennent alors à des pratiques plus simples, plus fondamentales et accessibles, telles que la méditation sur la respiration ou sur la vigilance, et les différentes formes d'examen de soi.

En réalité, il importe moins de savoir « visualiser », imaginer précisément l'apparence et les attributs d'une déité donnée, que de « sentir » viscéralement la présence de la déité qu'on invoque pour la méditation et qui incarne les qualités universelles qu'on s'efforce de cultiver. Il n'y a pas de divinités proprement dites, dans le bouddhisme. Ces formes lumineuses sont des archétypes des qualités les plus nobles et les plus sublimes qu'on aspire à développer en soi ; elles ne sont que la personnification de principes spirituels tels que la sagesse, la compassion, le pouvoir de guérir, et ainsi de suite. On me demande souvent si ces déités existent en dehors de nous, indépendamment de nos esprits. Autant se demander si l'on a soi-même une telle existence… Comme je réponds fréquemment : elles sont aussi réelles, ou irréelles, que nous.

Deux méditations :

1. MÉDITATION SUR UNE FLAMME DE BOUGIE : CONCENTRATION/ VISUALISATION

Cette méditation sur une flamme de bougie aide à dépasser la séparation entre intérieur et extérieur. On se rend alors compte qu'il est facile de garder l'image de la flamme longtemps après l'extinction de la bougie. Cet exercice peut préparer à d'autres pratiques plus détaillées de visualisation et d'imagination créatrice, et favoriser l'entrée dans la claire lumière quand on s'endort, le soir.

Allumez une bougie.
Éteignez les lumières et asseyez-vous à trente ou soixante centimètres de la bougie.
Regardez fixement la flamme quelques minutes ; fixez-la simplement.
Quand l'esprit s'égare et se laisse emporter par une pensée,
remarquez cette distraction et ramenez doucement l'esprit pour redonner
votre totale attention à la flamme.
Regardez la flamme.
Voyez-la.
Voyez-la brûler.
Regardez la flamme,
rentrez dans la flamme,
devenez flamme.

Soudain, éteignez la bougie.
Et fermez les yeux.
Regardez l'image rémanente de la flamme
qui se forme sous vos paupières.
Regardez la flamme.
Voyez-la.
Entrez dans la flamme.

Soyez flamme.
Lâchez prise
et fondez-vous

dans la claire lumière
de l'esprit naturel.
Et, juste comme ça,
sans autre effort,
méditez.

VISUALISATION DU RAYONNEMENT DU BOUDDHA

Cette méditation donne un avant-goût de ce qu'on éprouve quand on rentre en contact avec le sacré. La visualisation consiste à s'imaginer soi-même dans un espace baigné de lumière spirituelle, sans forme aucune. On parle ici de « rayonnement du bouddha », mais s'il vous est plus facile de visualiser des anges, Jésus, une déesse ou Marie, n'hésitez pas. Il s'agit de se dissoudre dans la céleste lumière, d'entrer dans un espace sacré, et peu importe le moyen d'accès. On cherche à découvrir sa propre lumière, la luminosité innée de son être originel.

Commencez par imaginer que vous pénétrez dans un cercle de lumière sacré. Vous entrez dans ce cercle de protection magique, riche de bénédictions et d'amour.

> Inclinez-vous doucement vers le Bouddha, au corps doré et rayonnant, à Bodh Gaya.
> Asseyez-vous, installez-vous confortablement.
> Imaginez le Bouddha rayonnant de lumière, vêtu de robes d'un jaune chaleureux, assis sous la frondaison du grand arbre de bodhi,
> devant vous.
> Visualisez-le, entouré de moines et moniales d'une grande sainteté, vêtus de robes jaunes et assis en méditation.
> De leurs corps jaillissent des lumières arc-en-ciel, des bénédictions, la paix et la joie.
> Vous vous fondez dans cette lumière et en eux,
> et eux se fondent en vous.
> Reposez contemplativement dans le point de vue juste,
> Où il n'y a plus rien à faire,
> Dans la grande perfection naturelle de toutes les choses, telles qu'elles sont.

Trouver le cœur de l'éveil

Ni donner ni prendre,
Ni pour ni contre,
Laissez l'esprit au repos.
Aux perceptions restez indifférent,
La Grande Voie est un esprit ouvert à tout
qui ne s'accroche à rien
Ne se fixe sur rien,
Radieux et immaculé.
Reposez-vous dans l'immuable, l'incréé et le spontané
Et, bientôt, vous atteindrez la bouddhéité.

TILOPA, yogi du XIe siècle (instructions de méditation).

Toutes les techniques méditatives, y compris la concentration et la visualisation, ne sont que des moyens de se brancher sur la source et de s'éveiller peu à peu à notre nature originelle. Ce que les tenants des traditions théistes appellent Dieu ou le Soi, avec un grand « s ». Le vrai Soi, l'état naturel. Auquel on ne parvient que par la purification et la maîtrise du cœur et de l'esprit. Si l'on maîtrise l'esprit en l'entraînant et en le ramenant à sa source, on rejoint l'état naturel, on se relie à ce qui n'avait jamais cessé d'être là.

Quand on avance sur la voie spirituelle et qu'on se rapproche de cette lumineuse intelligence innée qu'est le bouddha intérieur, on découvre différents niveaux et degrés d'éveil (et d'amour). Les niveaux d'éveil vont de l'expérience fugitive d'un moment de grâce — « *Aha !* » — ou d'un instant de révélation, à l'éveil le plus total, ce plein épanouissement de l'éveil qu'est la bouddhéité. Les bouddhistes du Mahayana et les bodhisattvas disent, eux, qu'il ne peut y avoir d'éveil véritable tant que tous les êtres ne se seront pas éveillés.

Les merveilleux instants de grâce qu'on goûte parfois font partie des expériences d'éveil les plus communes et, même s'ils paraissent transcendants, ils ne sont que momentanés. Il semblerait que, de nos jours, il soit plus facile de trouver l'éveil que de rester éveillé. Ils sont légion, ceux qui qualifient d'éveil les expériences fugitives qu'ils ont pu avoir, depuis la vision du Bouddha dans des rêves de claire lumière jusqu'à des instants d'éveil pendant la méditation, en passant par des visions d'anges, de saints, de Marie ou de Jésus.

Le bouddhisme explique qu'il existe différents degrés d'éveil. Celui qui en a atteint le premier niveau est généralement désigné par le terme d'« entré dans le courant ». Les « entrés dans le courant » sont des hommes et des femmes qui ont eu une expérience directe de l'ultime réalité, aussi brève fût-elle. Mes maîtres ont toujours dit à propos de l'expérience transcendante : « Un bref aperçu ne suffit pas », signifiant par là que celui qui a vu la réalité ne s'en satisfera pas et s'efforcera d'aller plus loin. On peut comparer ces aperçus d'éveil au moment où les nuages s'ouvrent un bref instant et laissent passer le soleil qu'ils voilaient. Quand les nuages se referment, on ne voit plus le soleil mais on sait qu'il existe bel et bien. On comprend pourquoi il fait jour.

Voir, c'est savoir, et ces expériences d'éveil peuvent être très importantes, tout au long d'un cheminement spirituel. Elles éradiquent le doute et le scepticisme, donnent la conviction que la réalité est bien là, derrière les brumes et les nuages de l'illusion, même si elle est temporairement occultée. On sait ce qu'on cherche. Comme l'a chanté Kabir, le grand poète mystique indien : « Je l'ai aperçu quinze secondes et j'en suis devenu le serviteur à vie. »

Cependant, on a parfois la surprise de s'apercevoir que l'idée de l'éveil nous effraie autant qu'elle nous séduit. On veut bien l'éveil, mais pas avant d'avoir assouvi toutes ses ambitions profanes. On a peur qu'il ne sonne le glas des rapports avec ceux qu'on aime. On craint que l'illumination spirituelle ne nous laisse avec un encéphalogramme plat, comme un lobotomisé, sans passion ni enthousiasme aucun. Et si ça ne nous plaisait pas, l'éveil ? Et si l'on était déçu ?

On peut redouter de perdre ses références, de ne plus savoir qui l'on est, ni pourquoi l'on agit de telle ou telle manière. À vrai dire, on a une frousse bleue de l'inconnu. Et si en allant au-delà de soi, on basculait et on se perdait ? Ce genre d'inquiétude est une réaction prévisible quand l'emprise de l'ego s'atténue et qu'on commence à sortir des ornières et des schémas de pensée habituels. Le cheminement spirituel ne signifie pas quitter le sentier pour basculer dans le vide, puisqu'il nous amène au contraire au centre, au Juste milieu. Retour à la santé, au bon sens, à l'authenticité. Il suffit de s'ouvrir à la vérité et à la réalité. À la vue d'ensemble.

Je pense qu'il est utile de se pencher sur l'exemple du Bouddha et d'autres maîtres éveillés. On constatera que les hommes et les femmes éveillés qui ont cheminé dans notre monde ont continué à mener des vies riches et saines, mentalement et physiquement, qu'ils ont eu des relations aimantes, des idéaux passionnés et des idées originales.

Certains sont très préoccupés à l'idée de ne jamais trouver l'éveil. Ils ne peuvent pas consacrer tout le temps qu'ils voudraient à la méditation, ils n'arrivent pas à se conformer à toutes les règles et coutumes traditionnelles, trop d'obligations prennent leur temps et leur énergie. Or, le génie du Bouddha Dharma est justement de pouvoir offrir à chacun un itinéraire qui lui convienne ; je crois qu'il est vraiment important que ceux qui cheminent sur la voie spirituelle le comprennent. Tout le monde peut y arriver, même si l'on est incapable de mémoriser ou de croire quoi que ce soit.

Une de mes histoires préférées concerne l'arhant Tchounda. Ledit Tchounda n'était pas intelligent. Quand son frère aîné devint moine, il voulut en faire autant et alla trouver Ananda, l'assistant du Bouddha, qui lui déclara : « Désolé, tu n'arriveras jamais à faire un moine. » Ananda le trouvait en effet trop bête pour devenir moine, vu qu'il ne pouvait même pas se souvenir des règles. Tchounda et son frère en appelèrent alors au Bouddha, connu pour sa bonté et sa compassion.

Le Bouddha passa en revue les vies passées du jeune Tchounda. Et il vit que, comme la plupart des êtres, Tchounda avait dans son karma au moins une graine, une racine de mérite qui pourrait l'aider à trouver l'éveil. Qu'importait qu'il fût limité intellectuellement, ou qu'il ne pût mémoriser la moindre règle. Le Bouddha déclara alors à Ananda : « Ananda, tu n'es pas un bouddha, tu n'as pas vu que ce jeune homme pouvait trouver l'éveil. Mais moi, le Bouddha, je vais l'ordonner moine. Pourquoi ne parviendrait-il pas lui aussi à se libérer ? »

Ainsi le Bouddha ordonna Tchounda, mais celui-ci était incapable de se souvenir de quoi que ce fût, pas même de la manière de revêtir ses robes. Ça peut être assez compliqué d'être moine, tout au moins au début : il y a des quantités d'enseignements et, comme il n'y avait pas de livres à cette époque-là, il fallait tout apprendre par cœur. Tchounda n'y arrivant pas, on lui donna la tâche de nettoyer les sandales que les moines laissaient à la porte pendant qu'ils recevaient les enseignements.

Mais Tchounda voulait pratiquer comme les autres moines et atteindre ce fameux éveil dont il entendait parler jour après jour. Il alla directement trouver le Bouddha pour lui demander ce qu'il pouvait faire pour parvenir à l'éveil. Le maître lui répondit : « Quand tu frottes et nettoies, pense simplement : “Je purifie toute les souillures de l'esprit” », et il lui donna deux vers de prière à répéter : « Avec chaque paire de sandales que je nettoie, j'enlève les impuretés qui recouvrent l'esprit naturel, lumineux et parfait. » Le Bouddha lui fit répéter la formule, Tchounda s'exécuta. « Tu t'en souviendras ? — Oui. »

Tchounda repartit et se mit à répéter la formule : « Chaque fois que j'enlève la saleté, je nettoie… », mais impossible de se rappeler la suite. Heureusement, il avait du bon karma et le gentil Ananda pour lui remémorer la formule. Comme il continuait malgré tout à oublier, il allait régulièrement voir son moine de frère pour que celui-ci lui rafraîchît la mémoire.

Un jour, le Bouddha compatissant vint voir Tchounda :

— Alors, tu nettoies les sandales ?

— Oui.

— Tu balaies la poussière qui est par terre ?

— Oui.

— As-tu enlevé les impuretés qui recouvrent l'esprit naturel, lumineux et parfait ?

Et, à l'instant même, Tchounda s'éveilla ! Le cœur battant de joie, il comprit que les sandales sales étaient néanmoins toujours des sandales, que le sol, même couvert de poussière, restait toujours le sol. Et il devint arhant.

Tous les gens du coin qui connaissaient Tchounda n'arrivaient pas à croire qu'il fût un arhant éveillé mais, partout où allait le Bouddha, il réservait une place pour Tchounda, disant que c'était le moins orgueilleux de tous les arhants, celui qui avait l'esprit le plus pur. Il était le plus pur en esprit, pour la bonne raison qu'il ne savait rien ; et le moins fier, parce qu'il reconnaissait ses limites. Ce qui compte, c'est la sincérité d'intention et la pureté du cœur.

Libre et à l'aise : chant spontané
du Vénérable Lama Genndunn Rimpotché

Le bonheur ne se trouve pas
par l'effort et la volonté.
Il est déjà là dans la détente, l'ouverture et le lâcher prise.

Ne forcez pas,
il n'y a rien à faire ni défaire.
Ce qui surgit passagèrement dans le corps-esprit
n'a pas la moindre importance véritable,
n'a que fort peu de réalité.
Pourquoi s'y identifier et s'y attacher,
émettre un jugement dessus et sur soi-même ?

Mieux vaut simplement
laisser le grand jeu se dérouler à sa guise,
à la manière des vagues qui enflent et retombent,
ne pas changer ni manipuler quoi que ce soit,
et constater que tout s'évanouit et
réapparaît, comme par magie, encore et toujours,
indéfiniment.

Seule notre quête du bonheur
nous empêche de le voir.
Comme un arc-en-ciel aux vives couleurs qu'on poursuivrait sans jamais l'attraper,
ou un chien qui court après sa queue.
Bien que paix et bonheur n'existent pas

en tant qu'objet ou endroit réels,
ils sont toujours disponibles
et vous accompagnent à chaque instant.

Ne croyez pas en la réalité
des bonnes et mauvaises expériences :
elles sont aussi éphémères que le temps qu'il fait aujourd'hui,
que les arc-en-ciel au firmament.

En voulant saisir l'insaisissable,
vous vous épuisez en vain.
Dès qu'on ouvre et détend la main crispée du désir,
l'espace est là : ouvert, invitant, confortable.

Profitez de cet espace, de cette liberté, de cette aisance naturelle.
Ne cherchez pas plus loin.
N'allez pas dans les fourrés de la jungle
chercher le grand éléphant éveillé
qui déjà, tranquillement chez vous,
se repose devant l'âtre.
Rien à faire ni à défaire,
rien à forcer,
rien à vouloir,
et rien qui manque.

Emaho ! Quelle merveille !
Tout se fait tout seul.

Traduit à Dhagpo Kagyu Ling, Dordogne, France.

ÉPILOGUE : VERS UN BOUDDHISME OCCIDENTAL ET UN DHARMA CONTEMPORAIN

> *Qu'est-ce qui importe ? Le passé est passé, c'est l'avenir qui est important. Nous en sommes les créateurs, le futur est entre nos mains. Pas de regrets, même si nous échouons. Il faut faire l'effort… d'apporter quelque chose aux autres plutôt que de vouloir les convertir. Avec pour seule motivation constante la bodhicitta altruiste, il faut que vous, Occidentaux, soyez créatifs en adaptant l'essence intemporelle du Dharma à votre propre culture, à l'époque et aux circonstances.*
>
> Sa Sainteté le Dalaï-Lama.

Je suis allé en Asie dans les années 70, j'ai appris le tibétain et hanté les monastères de l'Himalaya pendant dix ans, allant voir des quantités de lamas pour les questionner et leur demander des enseignements. Rentré ici, dans notre pays, je ne suis resté finalement que le temps d'aider à établir un monastère tibétain à Woodstock, dans l'État de New York, avant de changer encore de cap pour aller passer neuf ans dans un centre de retraite cloîtré, au milieu des forêts du sud de la France.

Jamais je n'aurais pu imaginer, à mon premier départ des États-Unis, qu'à mon retour, vingt ans plus tard, le Dharma serait complètement installé en Occident. J'en avais vu un signe avant-coureur durant un bref séjour aux États-Unis dans les années 70, lors d'une réunion de famille où j'avais parlé avec mon grand-oncle Max, natif du « vieux pays », comme il disait. Il s'était mis, sur les conseils de son médecin, à pratiquer la méditation, à raison de vingt minutes matin et soir. Il avait appris à méditer dans un YMCA[1] de quartier, à Brooklyn.

« Je peux plus m'en passer, Jeffrey, m'avait-il confié avec son accent d'Europe centrale. Maintenant, je comprends ce que t'as fabriqué pendant toutes ces années ! » Mon grand-oncle Max était un précurseur.

Un des meilleurs exemples de la manière dont la philosophie bouddhiste s'est répandue en Occident est le travail de Jon Kabat-Zinn, qui a

1. *Young Men's Christian Association* : association internationale, à l'origine destinée à promouvoir le bien-être spirituel, intellectuel, social et personnel des jeunes chrétiens, ensuite élargie à tous et qui fonctionne souvent comme un club d'animation populaire. (N.d.T.)

sorti la pratique méditative de la vigilance de son contexte religieux pour l'appliquer au domaine de la santé et de la thérapie, où elle s'est avérée efficace pour gérer la douleur et le stress chroniques. Qui, hormis le Bouddha éveillé, aurait pu songer qu'un jour la médecine orthodoxe et officielle prescrirait régulièrement la méditation comme traitement pour une vaste gamme de problèmes de santé, tels le stress, l'asthme, l'hypertension et la migraine ? Qui aurait pu se figurer la somme de travaux importants sur la mort consciente, réalisés dans le cadre d'hôpitaux et d'institutions spécialisées ? Qui eût cru qu'on enseignerait le yoga, le taichi et la méditation au YMCA du quartier, à la synagogue, à l'église, dans des clubs du troisième âge, dans les cours du soir pour adultes ? Qui aurait pu s'imaginer des librairies spirituelles florissantes, des clubs du livre spirituel, des troisièmes cycles universitaires d'études bouddhistes et plus de deux mille centres bouddhistes, rien qu'aux États-Unis ?

Trois grandes traditions, un Dharma occidental contemporain

Historiquement, quand le bouddhisme s'est implanté quelque part, il a changé la culture, non sans être lui-même changé par elle. C'est dans la nature même de la traduction et de la transmission du Dharma. Le Dharma sait toujours conserver son essence, tout en se réinventant pour rester applicable, accessible et pertinent.

Lors de la première Conférence des enseignants bouddhistes occidentaux à Dharamsala, en Inde, un groupe se retrouva là pour discuter de la transmission du Dharma dans le monde contemporain. À un moment de la réunion, nous étions une trentaine, assis en cercle sur des chaises ou des divans, dans une des pièces de la maison de plain-pied du Dalaï-Lama. On apercevait les cimes neigeuses de l'Himalaya par les fenêtres.

À première vue, notre groupe semblait sans doute disparate. Certains étaient en jeans et en pull-over, d'autres en veston cravate, certaines en robes ou drapées de châles du Kashmir, d'autres encore portaient des robes monastiques — jaune, orange, bordeaux, grise ou noire, selon les traditions. Le groupe comprenait les enseignants les plus expérimentés des grandes traditions bouddhistes, venus de onze pays. Issus de cultures différentes, formés dans des traditions différentes, nous avions des méthodes d'enseignement différentes. Et pourtant, nous avions beaucoup en commun.

Le Dalaï-Lama nous taquina sur la façon dont nous, Occidentaux, avions adopté les vieux instruments rituels asiatiques, des vêtements, meubles et décors étrangers et démodés. Il souligna que ce n'était pas là l'essence du Dharma mais seulement une culture qui, du reste, avait changé selon les pays où le bouddhisme s'était établi au cours des siècles, se déplaçant de son berceau de l'Inde vers les contrées himalayennes, l'Asie du Sud-Est, la Chine et le Japon. Il nous rappela une fois encore que le Dharma est intemporel et n'est pas lié à une culture particulière. L'essentielle vérité du Dharma — le cœur de l'éveil — ne se limite pas à des détails extérieurs tels qu'une culture, une langue ou une époque particulières.

Aujourd'hui, la rencontre avec l'Occident est l'amorce d'un tournant capital pour le bouddhisme. Pas étonnant qu'il y ait eu tant d'obstacles à surmonter — culturels, linguistiques, politiques et matériels — pour réaliser la transmission du Bouddha Dharma de l'Orient vers l'Occident, du passé vers le présent et l'avenir. C'est une double transition, temporelle et spatiale, au-delà des continents et des océans : d'un monde oriental traditionnel à une culture scientifique occidentale postmoderne.

Nous avons hérité de l'Asie trois grandes traditions bouddhistes et leurs diverses ramifications. Elles ont été traduites, synthétisées et distillées sous des formes accessibles en Occident, en particulier par ceux qui enseignent dans le cadre des lignées de pratique du Zen, de Vipassana et du Dzogchen. Présentement, cette sagesse est dans une phase riche et fascinante de transformation et d'adaptation, et nous contribuons à promouvoir sa renaissance sous des formes contemporaines viables et libératrices. Parallèlement, des groupes bouddhistes d'ethnies particulières ont formé des îlots où les traditions bouddhistes de leurs patries d'Asie ont été transplantées quasi intactes.

De solides ponts ont été jetés entre l'Orient et l'Occident, et le Dharma est arrivé dans le Nouveau Monde. Ce qui suscite inévitablement quantité de questions et de défis intéressants, voire un certain degré de confusion, des contradictions et des paradoxes. C'est la première fois que toutes les écoles du bouddhisme coexistent et se côtoient de près au même endroit et au même moment.

Nous sommes nombreux à avoir étudié avec plusieurs maîtres de traditions différentes. On peut fort bien imaginer une personne participant à un groupe de méditation silencieuse le mardi et à un groupe de psalmodie ou de visualisation le vendredi, sans que cela passe pour de la superficialité, du dilettantisme ou du « bouddhisme pop ». On a actuellement l'occasion, en Occident, d'essayer différents enseignements et pratiques afin de voir ce qui convient le mieux à nos aspirations et nos centres d'intérêt. Dans la phase initiale de « shopping spirituel », on peut faire l'essai d'un certain nombre de voies et de techniques avant de fixer son choix et de s'engager dans une pratique spécifique. La mobilité sociale qui a cours dans nos sociétés peut agir en formidable catalyseur de la quête spirituelle. Chacun de nous a l'occasion de trouver ce qui évoque le plus de résonance en lui, ce qui est le plus proche de son expérience.

Nous arrivons tous au bouddhisme d'horizons différents

Il y a quelques années, un homme sincère, originaire du sud des États-Unis, était venu participer à un programme de pratique à long terme dans un centre de méditation du Massachusetts. Quelques mois passèrent et, un jour qu'il avait une entrevue avec son instructrice, celle-ci se rendit compte que lorsque le groupe chantait la prière aux trois refuges, l'homme en question répétait : « Je prends refuge dans le Bouddha, le Dharma et le *Sun God*[1]. » Cependant, son erreur n'avait pas eu l'air de gêner sa pratique de la méditation, qui progressait de façon satisfaisante. Ça n'a rien de très anormal d'avoir des difficultés avec des mots étrangers.

En tant qu'Occidentaux, nous abordons les Trois Joyaux — le Bouddha, le Dharma, la Sangha — à partir d'horizons très différents. Je crois qu'il est juste de souligner que rares sont ceux qui ont été introduits au Bouddha Dharma et à la méditation par leurs parents. Enfants, certains ont fréquenté l'école du dimanche, d'autres ont chanté dans des chœurs à l'église, d'autres ont étudié le catéchisme catholique, d'autres ont appris des prières en hébreu et allumé les bougies du sabbat, d'autres ont été élevés dans la religion de la science, d'autres encore dans des familles où Dieu était plutôt persona non grata.

Nous ne sommes pas issus d'une culture monolithique où tout le monde aurait chanté les mêmes hymnes et récité les mêmes prières. Nous n'avons pas grandi dans des pays où tout le monde partageait les mêmes statues, les mêmes ancêtres, les mêmes icônes, les mêmes fêtes sacrées. Rien d'étonnant, en ce cas, qu'on ne sache parfois plus très bien sur quel pied danser… Nous participons à la grande rencontre de l'Orient et de l'Occident et, bien que la vérité essentielle, la graine du Dharma, conserve son intégrité, la balle qui l'enveloppe continue à évoluer et à changer.

L'un des traits les plus intéressants de la spiritualité bouddhiste est qu'elle n'exige pas forcément qu'on abandonne aussitôt sa religion actuelle ou celle de ses ancêtres. Kalou Rimpotché a expliqué qu'on pouvait prendre refuge dans les Trois Joyaux, pratiquer le bouddhisme et obtenir des résultats spirituels sans nécessairement renoncer à ses croyances antérieures. De fait, nombre de gens pratiquent une méditation bouddhiste, tels la vigilance ou le zazen, sans se considérer comme bouddhistes.

Personnellement, j'ai dû passer en revue des quantités de formes et de types d'enseignement avant de pouvoir vraiment apprécier l'essence du Dharma en moi et dans notre culture. J'ai dû assimiler des langues étrangères, prendre des vœux monastiques, me raser la tête, porter des robes

---

1. Ayant sans doute mal compris le mot *sangha* (la communauté bouddhiste), il l'avait déformé en « dieu du soleil », *Sun God*… (N.d.T.)

de moine, vivre à l'étranger dans des monastères, apprendre à pratiquer les nombreux rites et rituels du bouddhisme tibétain avant de trouver enfin la quintessence du Dharma dans les enseignements du Dzogchen. Cependant, dans ce cadre même, je me suis aperçu que, pour découvrir ma propre pratique, il fallait synthétiser et épurer ce qu'il y avait de plus utile et de plus applicable dans les différentes traditions, y compris celles de l'Occident où j'avais mes racines intellectuelles. Ma nature même — de par mes éléments constituants — nécessitait une telle synthèse. Je suis américain et bouddhiste. C'est notre karma occidental.

Regarder vers l'avenir

> *Je suis profondément convaincu qu'il faut trouver, tous ensemble, une nouvelle spiritualité. Un nouveau concept à élaborer aux côtés des religions, et de manière telle que tous les hommes de bonne volonté puissent y adhérer.*
>
> Sa Sainteté le Dalaï-Lama.

Je crois qu'aujourd'hui, en matière de spiritualité, on a grand besoin de regarder devant soi plutôt que derrière. Pour être porteur de lumière dans un monde enténébré et violent, il faut apprendre à collaborer harmonieusement et efficacement, dans un esprit de respect mutuel, de compréhension véritable et d'ouverture. Il faut cultiver les plus nobles valeurs et rester sincère, moral, humain et même doué d'humour, pour ne pas se prendre trop au sérieux. Il faut être prêt à aller au-delà de ses habitudes de pensée.

Il y a eu trois vagues de transmission du bouddhisme en Occident, correspondant à trois générations d'enseignants du Dharma. Le premier groupe a été celui des enseignants d'origine asiatique, dont la démarche était essentiellement traditionnelle. Ils ont introduit la méditation et certaines pratiques annexes, et ils ont formé des disciples occidentaux, tant en Occident qu'en Orient. La deuxième vague correspond à la génération des enseignants bouddhistes occidentaux formés par ceux de la première vague. Ils ont eu pour tâche de poursuivre la traduction et l'adaptation de la terminologie, des concepts et des formes de pratique bouddhistes, afin de les transmettre, chacun dans son propre pays, à des Occidentaux. On voit actuellement apparaître la première génération d'enseignants du Dharma à avoir été formée exclusivement en Occident, par des enseignants occidentaux.

Parmi les personnes originaires d'autres cultures, certaines s'enorgueillissent d'avoir préservé une bonne part de leur identité culturelle, d'autres ayant préféré s'adapter et s'assimiler. Nous sommes en train de réaliser une synthèse, une fusion du Dharma, entre de la quintessence de ce que nous ont transmis le passé et l'Asie et le meilleur de notre expérience moderne. C'est la version contemporaine de l'« *ekayana* » la grande voie unique de l'éveil, selon le terme qu'employait le Bouddha lui-même pour désigner l'ensemble de ses enseignements. Un seul et unique Dharma, une voie cohérente et libératrice menant à l'éveil.

On ne peut pas, vivant à notre époque, ignorer que le paysage contemporain a été largement modelé par les principes démocratiques, l'écologie, la pensée féministe, les droits civiques, la psychothérapie, l'esprit d'entreprise et le réformisme religieux. Le protestantisme a modifié le christianisme sans le répudier ; le judaïsme réformé a relâché nombre de contraintes du judaïsme orthodoxe tout en conservant l'essentiel de la tradition juive. C'est un phénomène semblable qui se produit actuellement dans le Bouddha Dharma. J'estime que cette évolution est positive, qu'elle donne un regain de vitalité au Dharma, sous un nouvel habit occidental qui lui sied bien. Un peu comme les bons vins de Californie, élaborés à partir de plants venus d'Europe.

L'une des tâches principales des enseignants occidentaux du Dharma est de stabiliser l'étude et la pratique du Bouddha Dharma, et de trouver des moyens novateurs d'intégrer les valeurs du Dharma, les modes de vie bouddhistes et les pratiques contemplatives à la vie ordinaire des citoyens de nos sociétés postmodernes.

Nous nous devons à nous-mêmes de perpétuer le Dharma d'une manière saine et équilibrée. Il faut préserver l'esprit, le cœur même du Dharma, les garder vivants, sans pour autant avoir peur de laisser mourir les formes périmées, quitte à ce qu'elles renaissent de manière appropriée au contexte actuel. Chacun de nous peut engendrer un Bouddha.

Les dix tendances qui se dessinent

Cela fait un certain nombre d'années que j'observe les tendances religieuses et le processus de transplantation du bouddhisme asiatique dans les champs fertiles du monde occidental. Et, de la position avantageuse qui est la mienne, je vois s'esquisser ce que je pourrais appeler les dix tendances du bouddhisme occidental ou du Dharma américain.

Le bouddhisme occidental en voie de développement est un peu comme une grande tapisserie faite de quantité de petits fils de couleurs différentes. Selon les groupes, on privilégie plutôt le bouddhisme monacal ou celui des laïcs, le bouddhisme d'un groupe ethnique particulier, la méditation bouddhiste, la psalmodie bouddhiste, un bouddhisme ritualiste ou minimaliste, mystique ou pratique ; un bouddhisme universitaire ou thérapeutique ; un bouddhisme intellectuel, ou anti-intellectuel ; un bouddhisme du non-esprit. Il y a des gens qui sont attirés par le bouddhisme des ermitages et des retraites, d'autres par celui des communautés religieuses, d'autres par un bouddhisme socialement engagé, un bouddhisme missionnaire, un bouddhisme orienté vers la santé et la thérapeutique, un bouddhisme tendance cadre supérieur, un bouddhisme juif, un bouddhisme zen chrétien, un bouddhisme végétarien, un bouddhisme pacifiste, un bouddhisme tantrique « Folle sagesse », un bouddhisme *beatnik*, un bouddhisme éclectique, un bouddhisme *New Age*, un autre dans le style « fait maison »... la liste n'est pas exhaustive.

Comme l'a remarqué le maître zen vietnamien Thich Nhat Hanh : « Les formes du bouddhisme devront changer pour que l'essence du bouddhisme demeure inchangée. Cette essence est faite de principes vivants qui ne tolèrent aucune formulation spécifique. »

Stephen Batchelor écrit, dans *The Awakening of the West* : *The Encounter of Buddhism and Western Culture* : « Aucun des termes suivants ne peut définir le bouddhisme : un système d'éthique, une philosophie ou une psychologie ; une religion, une foi ou une expérience mystique ; une pratique fondée sur la dévotion, une discipline de méditation ou une psychothérapie. Pourtant, il peut comprendre tous ces éléments. »

Je m'accorde à penser avec lui qu'en réalité il n'y a pas vraiment de « bouddhisme » : il n'y a que des bouddhistes. C'est pourquoi, en évoquant dix tendances du bouddhisme occidental, je le fais sous certaines réserves, la moindre n'étant pas que je me suis surtout basé sur les groupes de pratique de la méditation. Cela dit, rappelez-vous qu'il ne s'agit là que de tendances qui se dessinent et qu'il faudra encore un certain temps pour qu'elles se concrétisent.

Tendance n° 1
Un bouddhisme basé sur la méditation et orienté vers le vécu

Les Occidentaux que nous sommes viennent généralement au bouddhisme pour la méditation et la contemplation, et ce dans le but d'améliorer notre qualité de vie. On se voudrait capable d'agir avec plus de vigilance. Ce n'est d'ordinaire pas à la faveur d'études universitaires qu'on est attiré vers le bouddhisme, mais parce qu'on a soif de transformation personnelle et d'expérience religieuse directe, et parce qu'on aimerait bien intégrer la sagesse, la bonté et la compassion à son quotidien. Le Dharma n'est pas seulement une chose à laquelle on croit, c'est une manière d'agir.

Tendance n° 2
À dominante « laïque »

Bien qu'il y ait place pour un monachisme traditionnel, pratiqué sur de courtes ou de longues périodes, le bouddhisme occidental a manifestement une plus forte dominante laïque que ce ne fut le cas, historiquement. Et ceux qui le pratiquent et fréquentent un centre du Dharma y viennent avec leurs problèmes personnels de relations, de famille et de travail, dans l'espoir de donner plus de sens à la vie.

Tendance n° 3
Égalité des sexes

En nous efforçant de dépasser la nature patriarcale des structures et des cultures traditionnelles, nous avons déjà fait un grand pas en avant en donnant la même possibilité aux femmes qu'aux hommes d'accéder au rôle d'enseignant et à une position d'influence. Il y a de plus en plus d'enseignantes, dont les enseignements sont parmi les meilleurs. L'égalité des sexes demeure un idéal, mais un idéal qui semble réalisable. On a tous — homme ou femme — la possibilité de raffiner le côté féminin de sa nature et de pratiquer un bouddhisme dans lequel on s'efforce de maintenir le cœur et l'esprit en équilibre, de respecter autant le corps que l'âme.

Tendance n° 4
Démocratique et égalitaire

Il faut que le bouddhisme occidental devienne sagesse occidentale. Comme on pouvait s'y attendre, il évolue de manière beaucoup moins institutionnalisée, moins hiérarchisée et plus démocratique que dans le passé. L'évolution personnelle et les intérêts de l'individu vont, presque par définition, primer sur la préservation et le développement de l'institution.

Tendance n° 5
Ramené à l'essence, simplifié et démystifié

On peut remarquer l'absence, dans le bouddhisme occidental, de la plupart des rites complexes et ésotériques, et autres rituels hermétiques réservés aux initiés. Les enseignants occidentaux s'intéressent plus à l'essence qu'à la forme et privilégient les instructions qui s'appliquent à la vie quotidienne. C'est donc un bouddhisme pratique et orienté vers l'ici-bas, plutôt que vers l'au-delà et l'hermétisme. Un bouddhisme qui met fortement l'accent sur l'intégration de la pratique du Dharma au quotidien, grâce à la vigilance et à la compassion.

Tendance n° 6
Non sectaire

La plupart des Occidentaux éprouvent, semble-t-il, un vrai respect pour les différentes traditions et techniques de méditation. On sait trop le chaos engendré dans les diverses communautés religieuses par la politique, la soif de pouvoir et le sectarisme... Nous comprenons qu'il est essentiel de travailler assidûment à ne pas tomber dans les mêmes pièges. En tant que pratiquants du Dharma, nous trouvons généralement intéressant d'élargir et d'approfondir notre expérience des différentes pratiques spirituelles bouddhistes. Je crois qu'on peut raisonnablement affirmer qu'il existe une véritable appréciation des bienfaits du non-sectarisme, de l'œcuménisme et de la fécondité des échanges. De fait, il y a d'ores et déjà de nombreux enseignants qui s'emploient à faire la synthèse des meilleurs éléments des diverses traditions en un tout unifié — un Dharma occidental dont l'avènement paraît inévitable. Le karma américain est notre grand melting-pot. Il faut vivre avec et en tirer le maximum.

Tendance n° 7
Versé en matière de psychologie

On commence à apprécier la pertinence du langage de la psychologie transformationnelle pour expliquer les principes du bouddhisme. La foi et la dévotion sont certes importantes et utiles pour certains, mais la plupart se préoccupent surtout du développement spirituel de l'individu, de son bien-être psychique et émotionnel. On encourage les étudiants du Dharma à intégrer la spiritualité à leur vie, au lieu de s'en servir comme prétexte pour éluder leurs problèmes personnels. On travaille sur soi et on dispose d'un certain nombre d'outils et de méthodes interdisciplinaires. La psychothérapie et le bouddhisme sont le plus souvent considérés comme complémentaires.

Tendance n° 8
Exploratoire

On encourage le questionnement et la réflexion, qui sont dans le droit-fil de notre éducation scientifique et sceptique. On s'efforce d'être dynamique et tourné vers l'avant, plutôt que de simplement conserver les choses en l'état. Il me semble que le Dharma contemporain est essentiellement un bouddhisme sans croyances, moins doctrinaire et dogmatique ; un Dharma qui repose plus sur l'examen, qui est plus sceptique et rationnel, qui permet d'éprouver et de découvrir les choses par soi-même. Le Dharma occidental se veut au-delà du dogme, de l'insularité et de l'intégrisme.

Tendance n° 9
Orientation communautaire

Le fait de partager les mêmes intérêts spirituels, éthiques et éducatifs crée une communauté spirituelle entre les individus, en même temps que des liens entre eux. Au lieu de privilégier le rôle de prêtre ou de chef spirituel, on met l'accent sur la sangha, au sens de communauté dans son ensemble, et sur ses besoins.

Ananda demanda un jour au Bouddha :

— Est-il vrai que la sangha, communauté des amis spirituels, représente la moitié de la vie sacrée ?

— Non, Ananda, répondit le Bouddha. La communauté de la sangha, c'est l'intégralité de la vie sacrée.

Les amis spirituels, l'amitié spirituelle, et même l'amitié tout court — voilà la vie sacrée. Ici, en Occident, où de plus en plus de gens expriment leur besoin personnel de développement spirituel, c'est le défi que doit relever la sangha d'aujourd'hui : offrir aux générations à venir un encouragement spirituel et un environnement aimant, solidaire et enrichissant.

Tendance n° 10
Une sensibilité sociale et écologique

Comme l'a déclaré Gandhi : « Ceux qui disent que la religion n'a rien à voir avec la politique ne comprennent pas la religion. » On s'efforce, en tant que bouddhiste, d'élargir son sens de la responsabilité sociale et morale à tous les autres, et particulièrement à ceux qui subissent des injustices ou qui vivent dans le dénuement. On cherche aussi des moyens d'exprimer le profond souci qu'on a du monde naturel. La sangha laïque contemporaine est une sorte de « groupe de pression interdisciplinaire en faveur de la sagesse et de la compassion ». Contraste spectaculaire avec l'image traditionnelle du moine reclus, souvent coupé de tout et de tous, complètement déphasé par rapport aux problèmes du monde.

Le Dharma convient très bien au mode de vie occidental. Il n'a pas besoin d'être compliqué, mystérieux ou exotique. Le Bouddha Dharma, c'est la vie ordinaire en version intégrale, de la méditation au yoga des relations, en passant par le rôle de parents. Le Dharma s'intéresse, entre autres, au lien corps-esprit et donne d'utiles suggestions telles que manger juste, prendre de l'exercice en juste mesure et entretenir son sens de l'humour. L'un de mes maîtres, feu Dudjom Rimpotché, a dit un jour : « Le Dharma, ce n'est pas du chiqué. C'est comme les blue-jeans, ça convient en toute occasion, tous les jours. Ça convient pour le travail, pour l'école. On peut porter des jeans à un mariage, pour monter à cheval, n'importe quand. »

Réalité vertueuse : trouvez votre propre voie de pratique

Quand le Bouddha ne sera plus, considérez le Dharma comme votre maître. Faites de la pratique votre maître. Le Dharma et la Sangha seront votre maître.

Le Bouddha, s'adressant à ses disciples.

Une bonne part des questions qui se posent dans le contexte du Dharma contemporain ont trait à la relation maître-élève. Je les entends souvent de la bouche de ceux qui veulent commencer une pratique de méditation et adopter un mode de vie spirituellement plus satisfaisant. Ai-je besoin d'un maître ? Et si oui, de quel genre ? Faut-il faire partie d'un groupe ? Où chercher conseil en matière spirituelle ? Quel est le rôle légitime du maître ?

Des questions pratiques comme celles-ci sont fort pertinentes. C'est votre prérogative que de choisir un enseignant ou un groupe spirituel. Ces gens avec qui vous allez psalmodier, méditer et étudier vont faire partie de votre famille spirituelle, alors, quel genre de famille voulez-vous ? Ce sont des interrogations qui méritent une attention particulière quand on veut établir un Dharma occidental sain et équilibré — une « réalité vertueuse », comme j'aime l'appeler.

Il fut un temps où les aspirants à la vérité cheminaient sur la voie de l'éveil. Aujourd'hui, semble-t-il, on ne marche plus, on court. Raison de plus pour garder les yeux au large ouverts. Il faut cultiver la conscience de soi et rester très vigilant pour éviter les embûches, les ornières et autres problèmes susceptibles de nous barrer la route. Sinon, on risque de ne plus y voir clair, à cause de l'ombre que jette notre comportement inconscient, source de déception, voire de désillusions futures. Il faut à la fois du discernement et du bon sens quand on cherche un enseignant, un groupe et une pratique.

Il y a une citation du Bouddha à ce propos qui m'a souvent été utile :

> « Ne croyez pas en quelque chose, simplement pour en avoir entendu parler.
> Ne croyez pas dans les traditions pour la simple raison qu'il y a des générations qu'elles se transmettent.
> Ne croyez pas en quoi que ce soit pour la simple raison que beaucoup en parlent.
> Ne croyez pas en quoi que ce soit, simplement parce que vos maîtres et aînés le recommandent.
> Néanmoins, si, après observation et analyse, vous constatez qu'une chose s'accorde avec la raison, favorise le bien et

l'avantage de tous et de chacun, alors acceptez-la et vivez conformément à elle. »

Le BOUDDHA.

Voilà un conseil qui vaut son pesant d'or. Ceux qui, comme moi, sont dans le Dharma depuis longtemps ont vu cette citation tellement de fois qu'ils ont tendance à la trouver normale. Mais je crois qu'il est important de considérer ce conseil du Bouddha avec attention, non seulement pour en tirer sa propre ligne de conduite, mais aussi pour respecter les autres quand ils font preuve de circonspection et de scepticisme dans la recherche de leur spiritualité authentique.

CHOISIR UN GROUPE OU UN GUIDE SPIRITUELS

On me demande souvent ce qu'il faut rechercher et éviter. Je pense qu'en général il faut se garder de s'associer à des groupes qui contrôlent le comportement, la pensée, les émotions ou le droit des individus à mettre en question la direction du groupe, les enseignements ou le mode d'organisation. Les nouveaux venus risquent de mauvaises surprises si l'information est étroitement contrôlée. N'oublions pas qu'il arrive que des sectes destructrices se présentent sous le masque de groupes religieux — le loup déguisé en agneau.

Voici quelques points précis à considérer :

1. Si vous devenez membre d'un groupe spirituel, ne vous dessaisissez pas trop vite de votre pouvoir au profit des personnes en position d'autorité, sous peine de vous exposer à l'impuissance, voire à l'infantilisation. Ne devenez pas excessivement dépendant des responsables du groupe ; méfiez-vous du risque de projection, d'idéalisation et de transfert, faites attention de ne pas mettre sur un piédestal les enseignants et maîtres doués de charisme. Ne prenons pas, naïvement, tous les leaders pour des figures parentales omniscientes, infaillibles et omnipotentes. Répétons le conseil du Bouddha à ce propos :

> « Ne vous fiez pas à l'enseignant mais à l'enseignement.
> Ne vous fiez pas à la lettre de l'enseignement mais à son esprit.
> Ne vous fiez pas à la théorie mais à l'expérience. »

2. Méfiez-vous des gourous ou des chefs spirituels exotiques qui promettent monts et merveilles, se vantent de posséder des pouvoirs fabuleux, exigent une obéissance aveugle.

3. Réfléchissez-y à deux fois quand plane autour d'un enseignant ou d'un responsable de groupe le moindre soupçon d'intérêts personnels,

d'abus de pouvoir, de sexe, d'argent, d'alcool ou de drogue. Cherchez plutôt quelqu'un qui pratique ce qu'il prêche.

4. Quand vous envisagez de vous joindre à une sangha ou de faire partie d'un groupe spirituel, méfiez-vous des préjugés, de la bigoterie, de l'autosatisfaction, de la « pensée de groupe », des valeurs à géométrie variable (deux poids, deux mesures), du genre d'ambiance qui encourage les coteries, les secrets, les pieux mensonges.

5. Évitez comme la peste tout groupe qui tente de vous séparer de votre famille ou de vos amis, ou qui a un comportement de secte. Parmi les signaux d'alarme de la corruption spirituelle figurent l'exigence d'une allégeance totale à la ligne du parti, tout indice suggérant qu'on pourrait vous demander de vous faire du mal ou d'en faire aux autres, l'usage de menaces et de sorts, le recours à l'excommunication et l'évocation des feux de l'enfer pour ceux qui envisagent de quitter le groupe, toute velléité de contrôler votre comportement ou vos finances.

Pour découvrir votre voie, vous trouverez peut-être utile de lire des livres spirituels, d'écumer les librairies, les bibliothèques publiques et celles de vos amis. Vous pouvez consulter les listes de lectures recommandées établies par des enseignants, visiter les sites bouddhistes sur Internet où figurent aussi des listes de livres et des groupes de discussion. Voyez ce qui évoque le plus de résonance en vous, selon vos besoins personnels. Assistez à des conférences, à des cours d'introduction à la méditation et aux événements organisés par différents centres spirituels. Apprécions la riche table de Dharma qui est maintenant offerte à nos appétits. Cela peut être utile aussi d'assister à un week-end de méditation ou à une retraite dans un centre. Faites preuve de discernement, fiez-vous à votre cœur et à votre intuition. Bref, ayez du nez.

S'agissant de choisir un enseignant, n'accordez pas trop d'importance aux titres impressionnants, aux grades ecclésiastiques, aux CV ronflants ou à toute forme de publicité dithyrambique. Même si ces maîtres entourés d'un grand battage publicitaire sont les meilleurs, même si leurs enseignements sont sublimes, peut-être que quelqu'un dans votre genre vous serait plus utile au départ. De même qu'il n'est pas nécessaire de recourir à un prix Nobel de physique pour apprendre l'arithmétique, l'enseignement d'un maître de si haute volée risquerait de vous passer par-dessus la tête, au lieu de vous donner les bases qu'il vous faut. Pensez aussi qu'un enseignant n'a pas pour but premier d'être brillant, amusant, fascinant ; mieux vaut ne pas le juger selon les critères d'un comédien se donnant en spectacle devant un public.

Le bouddhisme a pour objectif de fournir les outils et les techniques dont on a besoin, et qui ne sont d'ailleurs pas toujours ceux dont on avait envie. Avant de vous engager irrévocablement vis-à-vis d'un groupe ou d'un enseignant, examinez-les très soigneusement au préalable. Citons le

Dalaï-Lama à ce propos : « Pourquoi ne pas apprendre le maximum de chacun, en tout lieu ? Allez écouter de simples instructeurs, retenez ce que vous trouvez utile et laissez le reste. Mais si vous envisagez de prendre un enseignant donné comme maître, comme gourou, alors, avant de vous lier à vie, vérifiez méticuleusement tout ce qui le concerne, et pendant des années. Espionnez ! » J'ai pu vérifier l'excellence du conseil.

N'oublions pas qu'en tant qu'étudiants du Dharma, c'est la vérité même — la réalité, le Dharma — qui est notre maître. Quand on trouve quelqu'un qui l'incarne fidèlement, ce serait dommage de passer à côté de cette occasion d'apprendre. À vrai dire, on peut apprendre de pratiquement n'importe qui. Chuang Tsu disait qu'il y a autant à apprendre des idiots que des sages. De l'idiot, on apprend ce qu'il ne faut pas faire, et du sage comment agir et vivre.

À côté des différentes sortes d'enseignants qu'on connaît traditionnellement — le gourou, l'ancien, l'instructeur, l'ami spirituel —, d'autres apparaissent en Occident, tels le répétiteur, le mentor, le moniteur de stages et l'animateur qui représentent souvent pour nous un modèle plus accessible que celui du gourou omnipotent et omniscient. La pratique fondée sur la dévotion a certes sa valeur, et j'ai moi-même éprouvé les bienfaits de la dévotion dont étaient empreints mes rapports avec mes gourous tibétains. Mais ce dont les Occidentaux ont généralement le plus besoin actuellement, c'est d'une personne qui joue une sorte de rôle de sage-femme auprès d'eux, pour les accoucher de leur transformation spirituelle sans chercher à faire d'eux des disciples ni des élèves attachés à sa personne. On n'est pas obligé de s'engager à perpétuité vis-à-vis d'un enseignant. Avec la pratique pour maître, on peut conserver son autonomie et sa responsabilité, et découvrir une voie riche d'infinies possibilités.

EXAMINER SES PROPRES MOTIVATIONS

Je crois que c'est aussi un bonne chose de consacrer un certain temps à l'examen de soi, pour réfléchir sur ses motivations et ses pulsions. Voici quelques questions à considérer :

1. Cherche-t-on vraiment à suivre l'exemple du Bouddha, celui de la Voie du Milieu, à marcher sur la voie spirituelle en cultivant conjointement la sagesse et la compassion ?

2. Éprouve-t-on une fascination excessive pour les expériences extraordinaires, les états spirituels particuliers ? Risque-t-on ainsi de devenir un drogué de l'expérience mystique, un accro de la béatitude ?

3. Est-on parfois victime d'accès de superficialité et de dilettantisme, amateur de « Dharma allégé », attiré par la mentalité café instantané —

avide d'éveil immédiat, sans sacrifice, sans apprentissage, sans efforts sincères et sans abandonner quoi que ce soit ?

4. Quand on choisit un enseignant ou un groupe, essaie-t-on inconsciemment de s'insérer en reproduisant la situation qui est la nôtre dans notre famille biologique ? Joue-t-on le rôle de l'enfant, en s'efforçant de devenir le chouchou ou la chouchoute ? Cherche-t-on à se créer une relation privilégiée ?

5. Y a-t-il la moindre tendance malsaine à prétexter de la pratique spirituelle pour se retirer du monde ? Y a-t-il de notre part une recherche excessive de tranquillité, une fuite, un désir de se cacher, un déni de soi, un refoulement ?

6. Limite-t-on son développement personnel et sa richesse de vie par désir d'atteindre des états spirituels supérieurs ? N'oublions jamais, il faut le redire, que le Dharma est affaire de lucidité et d'amour de la vie, sous toutes ses formes diverses et variées.

7. Est-on parfois trop motivé par l'ambition de monter en grade dans la hiérarchie religieuse, au lieu de s'efforcer à vraiment réduire l'emprise et l'empire de l'ego ?

8. Est-on atteint du « syndrôme de Shangri-la », à savoir l'idéalisation naïve de cultures étrangères qu'on croit parfaites, comme par enchantement, et en tous points supérieures à la nôtre ? (Non, l'herbe n'est pas plus verte de l'autre côté de la barrière, et l'éveil n'est pas plus éblouissant de l'autre côté de la planète !)

9. Se fie-t-on trop à la tête, aux dépens du cœur ? Se borne-t-on à réfléchir au bouddhisme et à l'étudier, au lieu d'en faire pleinement l'expérience, d'intégrer et d'assimiler le riche message apaisant du Dharma ?

10. Se laisse-t-on parfois aller à l'orgueil spirituel, à l'hypocrisie et à l'arrogance ? S'emploie-t-on vraiment à adoucir son caractère endurci et récalcitrant, ou se contente-t-on d'affirmations verbales tout en renforçant les desiderata de l'ego ?

ATTENDEZ-VOUS À AVOIR DES FOULES DE QUESTIONS À POSER

Il ne faut pas avoir peur de poser des questions quand on est là pour étudier la vérité : on peut poser des questions sur tout, depuis les enseignants jusqu'à l'enseignement. Le Dharma n'est pas fragile, il peut soutenir un examen approfondi. Je suis très reconnaissant à mes maîtres qui ont été d'une grande bonté envers moi, comme de seconds parents, et j'ai une grande foi en eux et dans les enseignements. Ce qui ne m'a pas empêché de leur poser des quantités de questions. Kalou Rimpotché m'appelait « l'Océan de questions ». Quand je vivais dans son monastère de Sonada, près de Darjeeling, au milieu des années 70, il savait toujours où poser son regard dans l'auditoire quand il disait, à la fin d'un enseignement :

« Y a-t-il des questions ? » Un jour, je lui ai demandé : « Rimpotché, est-ce correct de poser tant de questions ? » À quoi il a répondu : « Posez toutes vos questions et, un jour, vous comprendrez. »

PRÉVOYEZ UN CHEMIN CAHOTEUX

Soyez conscient de la tentation de renoncer prématurément parce que vous aurez du mal à trouver une position confortable pour méditer. Vous finirez par vous y habituer, ou bien vous trouverez une meilleure façon de vous asseoir : peut-être constaterez-vous que vous arrivez mieux à méditer assis sur une chaise que jambes croisées.

Je crois qu'il est important aussi que les nouveaux venus évitent de succomber au syndrome de la comparaison, à savoir regarder autour de soi et se dire que tout le monde y « arrive » sauf vous. Un débutant qui vient méditer dans un groupe a parfois l'impression que tous les autres ont l'air de bouddhas, alors que lui, il est assis là, mais son esprit s'active tous azimuts. En réalité, il y a de fortes chances pour que les autres aussi soient distraits, et même celui qui dirige la méditation est peut-être obligé de lutter contre la distraction ou la somnolence. Pourquoi comparer ? Chacun de nous est un peu comme une fleur dans le jardin de Dieu : chacune fleurit à son rythme et à sa façon, chacune à la saison de sa vie physique et spirituelle qui convient. Chacun de nous a reçu un don spécial, du seul fait de se trouver dans la course. Alors, souvenez-vous : vous êtes d'ores et déjà gagnant !

Quand on commence à pratiquer le bouddhisme, on peut s'étonner de ne pas le trouver exactement tel qu'on s'y attendait. Tâchez de ne pas vous laisser démonter si ça ne se passe pas tout à fait comme vous le pensiez. La voie spirituelle n'est pas une route qui monte droit vers le bonheur, il y a beaucoup de bosses, de côtes et de descentes qu'on rencontre en chemin. Il se peut que les choses deviennent plus difficiles avant de retrouver plus de cohérence et de tranquillité. Cela dépend en grande partie de ce qu'on a préféré ignorer sur son propre compte : certaines choses doivent refaire surface pour qu'on puisse se connaître et se libérer.

La voie spirituelle n'est pas toujours une partie de plaisir, elle prend parfois des airs de montagnes russes. Ne vous bornez pas à des satisfactions faciles, visez l'épanouissement à long terme. Accrochez-vous, tenez bon contre vents et marées. Tenez bon pendant les traversées du désert ou quand vous aurez l'impression de rester coincé à une étape de votre développement. On dit souvent que plus la lumière est vive, plus l'ombre devient sombre et épaisse. Car l'ombre est inséparable de la lumière. Elle vient de la lumière, elle est lumière. La constance et la persévérance finissent par payer. Sans oublier que la vie, c'est un peu comme la photographie : on se sert du négatif pour le développement.

À la faveur du cheminement spirituel, on se défait de cette camisole de force qu'est le cocon de l'ego. On menace l'empire de l'ego sur nous. Mais c'est un peu comme si l'on serrait un savon mouillé dans la main : soudain, il glisse et vous échappe. L'ego est un client retors et glissant, bien décidé à survivre à n'importe quel prix. Et si on ne lui serre pas le cou, il ne sera que trop content de continuer à trôner là et à régner sur notre domaine. Quand la pratique gagne en force, l'ego peut réagir comme le savon et la situation devient un brin confuse. C'est à pareil moment qu'il faut vraiment conserver du recul, la vue d'ensemble qui joue un rôle si important dans tout ce processus. C'est à de tels moments qu'on mesure toute l'utilité de la pratique avec la sangha, du contact avec des amis spirituels et des enseignants expérimentés.

Préfigurer l'avenir

> *Tout ce que vous êtes capable de faire ou d'imaginer, entreprenez-le. Il y a de la beauté, de la magie et de la puissance dans la témérité.*
>
> GOETHE.

Chacun de nous est une étoile qui brille dans cette constellation universelle qu'est la sangha au sens large, la totalité des êtres. Nous sommes des mystiques modernes qui vivent dans des monastères sans murs. La planète entière est notre paradis sur terre. Au lieu de dépendre de qui que ce soit, soyons des leaders et des visionnaires. Prenons l'initiative et voyons par nous-mêmes. Lève-toi, prends ton coussin de méditation et marche.

Ici, en Occident, tandis que nous nous ressourçons grâce au Dharma, le Dharma lui-même se ressource. Maintenant, nous sommes les anciens ; nous sommes les ancêtres des générations à venir, ne l'oublions pas. Ce n'est pas une mince responsabilité, mais nous sommes capables de l'endosser allègrement.

Le Dharma est un cadeau, un présent qu'on peut se faire à soi-même. Comme disait un sage du temps jadis : « Et qui, sinon toi ? Et quand, sinon maintenant ? »

Le sommet de l'Everest est fait de calcaire marin car il tapissait jadis le fond d'un océan. L'éveil est une simple question d'évolution spirituelle. La pratique est parfaite. Nous sommes ce que nous cherchons. « Aide-toi toi-même », disait le Bouddha.

Lectures recommandées

EN FRANÇAIS

Chogyal Namkhai Norbu, *Dzogchen et Tantra*, Albin Michel (Poche), 1995.
Thich Nhat Hanh, *La Paix : un art, une pratique*, Bayard, 1996.
Joseph Goldstein, *L'Expérience de la clarté intérieure : un guide simple et direct de la méditation bouddhique*, Adyar, 1997.
Sogyal Rinpoche, *Le Livre tibétain de la vie et de la mort*, La Table Ronde, 1993.
Shunryu Suzuki, *Esprit zen, esprit neuf*, Seuil, 1997.
Mark Epstein, *Une pensée sans penseur*, Calmann-Lévy, 1995.
Chögyam Trungpa, *Shambala, La voie sacrée du guerrier*, Seuil, 1990.
Jocko Beck, *Vivre zen*, Presses Pocket, L'Âge d'être, 1995.
Patrul Rinpoche, *Le Chemin de la grande perfection*, Padmakara, 1997.
Pema Chödrön, *Entrer en amitié avec soi-même*, La Table Ronde, 1997.
Dalaï-Lama :
Au loin la liberté : *mémoires*, Fayard, 1990.
Le Monde du bouddhisme tibétain : sa philosophie et sa pratique, La Table Ronde, 1996.
Jon Kabat-Zinn, *Où tu vas, où tu es : apprendre à méditer en tous lieux et toutes circonstances*, Lattès, 1996.

EN ANGLAIS

Tulku Orgyen Rinpoche, *Repeating the Words of the Buddha*, Rangjung Yeshe Publications, Hong Kong, 1992.
Sylvia Boorstein, *The Buddhist Way to Happiness*, Harper, San Francisco, 1995.
Sharon Salzberg, *Lovingkindness : The Revolutionary Art of Happiness*, Shambala Publications, Boston, 1995.
Surya Das, *The Snow Lion's Turquoise Mane* : *Wisdom Tales from Tibet*, Harper, San Francisco, 1992.
Jack Kornfield, *A Path with Heart : A Guide through the Perils and Promises of Spiritual Life*, Bantam Books, New York, 1993.
Stephen Batchelor, *Buddhism without Beliefs : A Contemporary Guide to Awakening*, Riverhead Books, New York, 1997.
Noyshul Khempo Rinpoche et Surya Das, *Natural Great Perfection*, Snow Lion Publications, Ithaca Ny, 1995.

À propos de la Fondation Dzogchen

La Fondation Dzogchen est une institution qui a pour but la transmission des pratiques contemplatives et des enseignements éthiques du bouddhisme à un public occidental, et leur adaptation sous des formes pouvant contribuer à soulager la souffrance et à créer une civilisation fondée sur la sagesse et la compassion.

La Fondation organise des retraites annuelles aux États-Unis et en Europe, publie une lettre d'information, présente des conférences sur les modes d'interaction entre le bouddhisme et la culture occidentale, et gère un site de Cyber-Dharma sur l'Internet. Elle propose également des livres, des enregistrements vidéo et des monographies annuelles.

Si vous souhaitez d'autres renseignements sur Lama Surya Das et le travail de la Fondation Dzogchen, envoyez vos coordonnées à :

Lama Surya Das
c/o Dzogchen Foundation
P.O. Box 734
Cambridge, MA 02140

E-mail : foundation@dzogchen.org

Ou visitez notre site Internet :
http ://www.dzogchen.org

DZOGCHEN
FOUNDATION

Je souhaite exprimer toute la gratitude que je ressens envers mes maîtres bouddhistes, source d'inspiration et de conseil : feu mes maîtres Kalou Rimpotché, le Gyalwa Karmapa, Dilgo Khyentsé Rimpotché, Dudjom Rimpotché, Toulkou Urgyen Rimpotché ; mes maîtres vivants que sont le Dalaï-Lama, Nyoshoul Khempo Rimpotché et Tulku Péma Wangyal ; et tant d'autres qui ont si aimablement partagé leur sagesse avec moi.

Que soient remerciés également tous les amis et collègues en spiritualité, les compagnons engagés dans la Voie. Merci aussi à ceux qui ont concrètement contribué à ce que ce livre voie le jour : Dan Goleman, Ananda Friend, Paula Crafts, John Miller, Suil, Roger Walsh, Sylvia Boorstein, Julia Coopersmith, Bob Hildebrand, Lewis Richmond, Josh Baran, Mitch Kapor, Sharon Salzberg, Jack Kornfield, Stephen Batchelor, Kate Wheeler, Amy Elizabeth Fox, Gary Cohen, Mirabai Bush, Luci Duggan, David Berman, Martha Ley, Florence Tambone, John Bush, Rebecca Holland, Michele Tempesta ; Bill Shinker, mon éditeur chez Broadway Books, Janet Goldstein, mon conseiller éditorial, ainsi que mes agents littéraires Eileen Cope et Barbara Lowenstein.

Je leur souhaite joie, paix et bénédictions.

Table

Ce volume a été composé
par Nord-Compo
et achevé d'imprimer en septembre 1998
par **Bussière Camedan Imprimeries**
à Saint-Amand-Montrond (Cher)
pour le compte des éditions Robert Laffont
24, avenue Marceau, 75008 Paris

N° d'éditeur : 39242 – N° d'imprimeur : 984664/4
Dépôt légal : octobre 1998

Imprimé en France